现代教育管理丛书

# 现代学校管理学

王世忠 著

科学出版社
北京

## 内 容 简 介

本书以管理和治理相统一的系统论观点，全面阐述了现代学校管理的理论基础、职能及其发展变化的客观规律，系统总结我国现代学校管理的新经验、新常态，探讨现代学校管理发展与改革过程中的新机制、新课题。既从教育学、心理学和管理学角度分析学校管理，也从经济学和法学理论角度分析学校管理，以此推动现代学校管理科学理论的研究，指导现代学校管理实践，建设具有中国本土特色的学校教育治理体系，推进现代学校治理能力现代化建设。本书具有理论创新、内容全面、实践性强等特点。

本书可以作为高等院校公共事业管理专业和教育学相关专业基础课教材，以及中小学校长、教育行政干部培训教材，也可供相关管理者和科研人员阅读参考。

**图书在版编目（CIP）数据**

现代学校管理学 / 王世忠著. —北京：科学出版社，2015
（现代教育管理丛书）
ISBN 978-7-03-044883-5
I. ①现… II. ①王… III. ①学校管理 IV. ①G47
中国版本图书馆 CIP 数据核字（2015）第 126860 号

责任编辑：王京苏 / 责任校对：张海伦
责任印制：赵 博 / 封面设计：蓝正设计

科学出版社出版
北京东黄城根北街 16 号
邮政编码：100717
http://www.sciencep.com
中煤（北京）印务有限公司印刷
科学出版社发行 各地新华书店经销
*
2016 年 1 月第 一 版 开本：787×1092 1/16
2024 年 12 月第十七次印刷 印张：17 3/4
字数：415 000

**定价：49.00 元**
（如有印装质量问题，我社负责调换）

# 前　言

本书是“现代教育管理丛书”的一个分册。丛书的综合性研究成果——《教育管理学》（专著）已于2011年8月由科学出版社出版发行，于2013年荣获湖北省第六届教育科学研究优秀成果二等奖，并且第二版于2014年6月问世。本书的撰写主要是建立在拙著《现代学校管理观引论》（青海人民出版社，2003年；2004年荣获湖北省第四届教育科学研究优秀成果二等奖）、《学校管理概论》（中国地质大学出版社，2004年；2004年荣获湖北教育学院教学成果三等奖）、《校长专业发展与培训》（湖北人民出版社，2007年；2008年荣获湖北省第五届教育科学研究优秀成果三等奖）和《学校的社会责任与校长智慧》（湖北人民出版社，2009年）等基础上的，具有基础理论性质，目的在于阐述现代学校管理学的一般原理。

什么是现代学校管理学？它有哪些原理？用什么方法、在什么范围和层次上探讨现代学校管理学原理？作为一部著作，《现代学校管理学》如何既能吸取和借鉴他人的研究成果，认真研究把握已有的学校管理学学科体系架构，又能适应当下我国教育领域综合改革的需要，立足学校管理的主体性发展，从历时性与共时性逻辑关系出发，做到有机统一？就此而言，仍然需要广大理论和实际工作者共同努力，探索具有中国特色社会主义的本土化的现代学校管理学理论体系。

作者力求把本书的撰写过程当做一个不断学习、研究和不断反思的过程。本书的目的重在探讨现代学校管理学的一般原理，但这并不意味着它必然脱离实际，只是其所关注的主要不是对策性、操作性的问题，而是现实的学校管理理论和学校管理思想。作者认为，从我国当前的国情出发，针对新中国成立70多年来学校发展过程中遇到的重大问题，从学校管理理论和学校管理思想上进行探讨，是学校管理理论与实际统一或学校管理学理论有用性的重要方面。有的学者在阐述学校管理改革的问题上，把学校管理观念的转变放在突出地位，但在阐述学校管理研究时，却把学校管理研究的注意力限定在一些具体问题的对策与操作上，这在逻辑上实在令人费解。学校管理学理论的形成是一个动态的发展过程，本书的撰写也是在他人的研究成果基础之上进行的，一方面有选择地吸收已有的研究成果，另一方面争取提出一些自己的见解。学校管理学理论的探讨还应当是开放的，需要借助多学科的知识与方法，如吸取哲学、心理学、教育学、经济学等方面的某些知识，对学校管理学的学科建设具有重要的意义，应当引起我们的重视。

所谓现代，有两层意思。一是历史上、时间上的概念。它依据现代教育的发展分为三个阶段：以使用蒸汽机为标志的第一次工业技术革命阶段（18世纪末至19世纪后期）；以电气化为标志的第二次工业技术革命阶段（19世纪末至20世纪中期）；以使用计算机为标志的第三次工业技术革命阶段（20 世纪中期至今）。二是在当下的时间节点上与时俱进、实现现代化。所谓现代化，是某一事物的发展达到特定历史阶段或时期的世界先进水平，是人类社会从传统的农业社会向现代工业社会转变的历史过程，更确切地说是经济落后国家实现工业化的进程。关于现代学校管理学，有的学者从管理学角度来论述，忽略了教育学的发展规律而未能抓住学校教育的根本；而有的学者从教育学的角度来论述，忽略了管理学的发展规律而未能抓住学校管理的根本。管理学和教育学既有区别也有联系，要从宏观上整体把握，不能把二者割裂开来。教育是一种培养人的社会活动，其中的管理活动则是派生出来的、使培养人的活动更加有效的活动。在学校组织中存在两类活动，一类是学校教育活动，另一类是学校管理活动。学校管理活动是学校教育活动实施的手段和保障条件，二者共同形成学校管理工作。可以说，有什么样的学校教育活动就有什么样的学校管理活动。

学术界对于学校管理学的定位有所争议，作者认为现代学校管理学是教育学与管理学相结合的、交叉的、边缘性的、应用性学科，它是以正式的、制度化的学校组织为研究对象的。很多关于学校管理学的论述没有找到学校管理学和教育学的生长点，把“学制”作为专章论述，而本书的写作起点正是“学制”，是作者试图在教育学和管理学中寻找的一个共同结合点，这是以往的书中没有考虑过的角度，是一种必要的、正式的“重复”。本书的根基是在教育学中写管理学，这是研究现代学校管理的依托，是一种制度化的、正规的、正式的学校组织概念，是各级各类学校办学的制度依据。

作为以学校管理学原理为主要研究内容的一部书，本书着力对学校管理的学科理论体系、管理模式、管理思想、办学思想进行梳理。有学者认为学校管理学存在所谓偏重理论研究的学院派和偏重实践的实务派，本书认为这两种观点并不是截然对立的，而是相互联系和互动发展的。源于实践的理论越是抽象对实践的指导作用就会越大，而没有理论的实践经验，其可借鉴性和可操作性是有限的，甚至其被运用的时间和空间也是极其有限的。

本书主要有以下几个特点。

一是“新”，即内容新和编排体例新，能与时俱进，体现了内容的时代性。事物是不断发展的，我国的学校管理及改革也是如此，尤其是进入 21 世纪以后，我国的教育改革如火如荼，学校管理面临着教育治理体系和治理能力现代化的新问题、新挑战和新机遇，因此，学校管理研究的内容应满足时代发展的需求，体现时代的气息，唯有如此，才能指导学校管理实践，不断提升学校管理现代化水平。

二是“实”，即理论联系实际，具有可操作性和指导性，能很好地反映学校管理的新的理论、政策、实践。本书体系完备、结构严谨、内容丰富、资料翔实、重点突出、视角新颖，集理论性与实践性、知识性与学术性于一体。

三是“全”，其一是指本书内容的系统性，既能结合学校管理的实际内容，以及作者多年来自身的研究和对学校管理学学科知识的总体把握，又能系统地论述现代学校管理学知识体系。作者先后进行了教育领域的微观、中观以及宏观领域系统研究。其二是指本书体系的相对完整性，本书在前人研究成果的基础上，将当前“三位一体”式、“过程系列”式、“职能排列”式加以尝试性的整合，从而形成了学校管理学学科知识体系的立体局面。

全书共十三章，包括：第一章，绪论；第二章，现代学校管理学的理论基础与研究价值；第三章，现代学校教育制度；第四章，现代学校管理基本模式；第五章，现代学校管理思想；第六章，现代学校管理组织；第七章，现代学校资源配置；第八章，现代学校管理目标；第九章，现代学校管理过程与质量；第十章，现代学校管理原则与方法；第十一章，现代学校激励理论与应用；第十二章，现代学校领导；第十三章，现代学校组织发展。

本书在撰写过程中得到许多人的帮助，作者指导的研究生刘然、邹筱雯、李佩、杨朝林参与了相关资料的收集、整理和校对工作。同时，书中部分地方引用了王道俊、黄济、张济正、周浩波、关红羽等学者的文献，参阅并借鉴了国内外其他学者的有关文献资料，均已注明出处或列入书后参考文献，在此谨向上述原著作者表示诚挚的感谢。

本书从写作到出版得到了科学出版社王京苏编辑的关心、支持和帮助，他为本书的文字润色、编辑成书付出了辛勤的劳动，在此深表谢意。限于作者的理论水平，书中存在不足之处在所难免，期待专家和读者提出宝贵的批评意见。

王世忠

2023 年 12 月

的总体情况。

全书共十三章。前言；第一章，[illegible]；第二章，现代学校管理学的理论基础[illegible]；第三章，现代学校教育[illegible]；第四章，现代学校管理基本[illegible]；第五章，现代学校管理[illegible]；第六章，现代学校[illegible]；第七章，现代学校[illegible]；第八章，现代学校管理目标；第九章，现代学校[illegible]；第十章，现代学校管理[illegible]；第十一章，现代学校[illegible]；第十二章，现代学校[illegible]；第十三章，现代学校[illegible]。

本书在撰写过程中得到了许多人的帮助，[illegible]

本书[illegible]

[illegible]

[illegible]年[illegible]月

# 目　录

# 第一章 绪 论

任何学科都有自己特定的研究对象，都有自己特定的研究领域。科学是按照研究对象的特定领域所具有的特殊矛盾而分成各种学科门类的。因此，学习和研究一门学科，首先要明确它的研究对象。正如恩格斯所指出的："每一门学科都是分析某一个别的运动形式或一系列互相关联和互相转化的运动形式的，因此，科学分类就是这些运动本身依据其内容所固有的次序的分类和排列，而它的重要性也正是在这里。"[①]毛泽东也曾指出："科学研究的区分，就是根据科学对象所具有的特殊的矛盾性。因此，对于某一现象的领域所特有的某一种矛盾的研究，就构成某一门科学的对象。"[②]

## 第一节 现代学校管理学的学科与范畴体系

### 一、现代学校管理学的学科体系

"学科"译自于英文中的"discipline"，从它的最初意义理解，"discipline"至少包括三种含义：一是学科、学术领域及其相关的课程；二是严格的训练或熏陶；三是纪律、规范准则、戒律等。所谓"学科"，有三种含义。一是一定科学领域或一门科学知识的分支，如自然科学中的化学、生物学、物理学以及社会科学中的法学、社会学等。学科是与知识相联系的一个学术概念，是自然科学、社会科学和人文科学三大知识系统内知识子系统的集合概念，学科是分化的科学领域，是自然科学、社会科学和人文科学概念的下位概念。二是学校教学的科目，如语文、数学、地理、生物、英语等。三是高等院校学术组织的基本单元。世界上不存在没有学科的高等院校，高等院校的各种功能活动都是在学科中展开的，离开了学科，不可能有人才培养，不可能有科学研究，也不可能有社会服务。而"学科体系"则是指知识的内部构成，如教育学一级学科由教育学原理、教育史、课程与教学论、比较教育学等一系列知识构成一个完整的学科体系。学校管理学采用不同的维度可以进行不同的划分。

---

① 马克思恩格斯全集．第二十卷．中共中央马克思恩格斯列宁斯大林著作编译局译．北京：人民出版社，1975：593.

② 毛泽东选集．第一卷．第2版．北京：人民出版社，1991：13.

## （一）学校管理学的学科分层

遵照传统的、约定俗成的学科分类法，我们不妨将学校管理学分为理论、历史、应用三个层次，这种学科分层有利于学校管理学的分支设定与归类。在学校管理学的研究中，理论学校管理学是研究的主干和核心，可以为学校管理史学、应用学校管理学提供锐利的思想武器和理论基础，成为它们的理论指南。学校管理史学则是学校管理研究的历史基础，是理论学校管理学与应用学校管理学理论研究的落脚点。理论学校管理学与学校管理史学的研究，其最终目的和归宿都是服务于人类的学校管理实践活动，为学校管理实际应用提供知识和方法论。如果只有理论和历史，没有实际应用部分，那么理论和历史就不能有力地发挥其应有作用；如果只有实际应用部分，没有理论和历史，那么就会使人知其然而不知其所以然。

（1）以探究学校管理规律、形成学校管理理论为主要研究目的的理论学校管理学。普通学校管理学是理论学校管理学的核心，是借鉴吸收相关学科理论，研究人类社会中学校管理现象，总结学校管理实践经验，探讨学校管理基本规律和原理的科学认识，是学校管理学各分支学科的理论基础。它研究各学校管理学分支的共同性问题，具有方针性、战略性和方法论的性质，所以在整个学校管理学科体系中占有“基础理论”的地位。普通学校管理学对其他学校管理学分支学科的研究，具有方法论的意义，并且是学习和研究其他学校管理学分支学科的入门“向导”。在普通学校管理学的基础上，那些理论性的学校管理主题发展形成的理论性分支也是理论学校管理学的重要组成部分。

（2）以梳理学校管理历史、探讨学校管理发展规律为指向的学校管理史学。学校管理史学是借鉴吸收史学理论与方法，研究学校管理活动产生、形成及其发展规律的学问。学校管理史学是学校管理研究的基础，学校管理理论必须结合学校管理产生、发展的历程及其所揭示的经验性材料才能启发人们更好地从实际出发并加以应用，丰富的学校管理史料是总结、概括、丰富和发展普通学校管理学不可缺少的条件。鉴古知今，学校管理史上的经验和教训也是具体的学校管理活动及实用研究重要的借鉴内容。学校管理史学包括学校管理史料整理、学校管理通史研究、断代学校管理史研究、区域学校管理史研究、学校管理组织发展及学校管理人物研究等。

（3）以应用学校管理规律、拓展学校管理理论为主要研究目的的应用学校管理学。首先，在理论学校管理学的基础上，那些应用性的学校管理主题，由于各自研究内容的深入与扩增，逐渐拓展形成一门甚至数门独立的学科。例如，应用性的学校管理，不但本身已经早于学校管理学独立发展，而且又逐渐分化成学校后勤管理、学校教师管理等。其次，由于学校管理实践的需要，由不同主题的相关研究结合而成多种不同的分支。最后，当学校管理学发展到一定阶段，学校管理学“反哺”其他学科或者与其他学科交叉生发出一些交叉应用科学，如学校绩效管理、学校战略规划、学校班级与班主任管理等。

有必要指出的是，理论、历史和应用三个层次的划分并不是绝对的。从大的学科谱系看，整个学校管理学科都是应用性学科，这些交叉学科的发展也有着强烈的应用性目的。只不过从学校管理学科体系的内部看来，其理论性色彩较为浓重一些。

### （二）学校管理学的学科分支

明确了学科定位和学科层次，还有一个问题需要再讨论，就是如何将学校管理学进行划分？以什么作为学校管理学研究的重点和专业支撑点？

学校管理学的应用性分支学科的设置思路有以下几种。

（1）按研究视角层次的不同划分，学校管理学包括宏观学校管理和微观学校管理。宏观学校管理以学校整体为研究对象，通过对学校发展的历史和现状的分析以及对学校未来的发展战略等方面的研究，探寻学校管理的一般规律。微观学校管理主要是以学校管理过程中的某一具体环节、学校组织中的某一部门或单元为研究对象，具体包括学校班级管理、学校教学管理、学校课程管理、学校考试管理、学校德育管理、学校财务管理、学校智育管理、学校体育管理、学校卫生管理等。

（2）按照学校教育类型的不同划分，学校管理学包括普通学校管理、职业学校管理和其他类型的学校管理，其中普通学校管理又包括初等学校管理、中等学校管理、高等学校管理。

（3）按照投资所形成学校形态的不同划分，学校管理学包括公立学校管理、民办学校管理和公办与民办相结合的"混合式"学校管理。公立学校由国家举办，政府财政拨款，其办学规模和办学数量都超过民办学校，学费较低，教学设施较为完善，带有极强的公益性。民办学校由私人或私立机构投资或由其他社会力量举办，由政府的教育部门批准成立，它是教育和市场结合的产物，由于其办学经费的来源主要是学生的学费和一定的社会捐助，因此，民办学校的管理更应具有公益性，以适应民办学校的特点。

（4）按照学校管理活动过程的阶段不同划分，学校管理学包括学校管理前期战略规划分析、学校实施过程管理和学校管理后期绩效评估。学校管理前期战略规划分析，就学校管理而言，主要是进行学校管理规划的可行性研究，对管理策略进行价值分析和技术分析。学校实施过程管理，主要是学校的教学管理、成本管理、质量管理、人力资源管理和后勤保障管理等。学校管理后期绩效评估，主要是研究学校管理绩效的评估指标、评估程序和评估方法等。

## 二、作为核心范畴的学校管理

任何一门科学都是由一系列范畴构成的系统。这些范畴各自在范畴系统中的地位和作用不同。其中，有些是基本的范畴，有一个是最基本的范畴，即核心范畴。这个核心范畴是一门科学赖以建立的基石，它的确立是该科学成熟的主要标志。这个核心范畴蕴涵着该科学的全部内容，是其全部内容的凝练和浓缩。换言之，它的展开可以派生出该科学其他的基本范畴和一般范畴，可以派生出该科学的基本原理。总而言之，它的完全而充分的展开就是该科学的全部内容。

现代学校管理学的领域不应仅仅局限于单一学科，也应包括那些复合领域。具体地说就是毫无疑问地首先将视野放在"学校管理"的领域，根据一定的需要将与"学校管理"相关联的其他领域综合起来进行考虑，并且常返回到最初的"学校管理"这一出发点对所得到的结论加以论证。“学校管理”是现代学校管理学这个范畴系统中的核心范畴，是现代学校管理学的基石，整个现代学校管理学就是建立在“学校管理”基础之上的。“学校管理”是现代学校管理学理论体系的逻辑核心。全部现代学校管理学的范畴乃至全部现代学校管理学的原理，都是由“学校管理”的逻辑展开而派生出来的。因此，我们研究现代学校管理学，构建现代学校管理学的学科范畴与理论体系，不能不着力研究“学校管理”这个现代学校管理学学科体系中的核心范畴。

### （一）学校管理的含义及其一般特征

1. 学校管理的含义

所谓“管理”是指在特定的环境条件下，以人为中心，对组织所拥有的资源进行有效的决策、计划、组织、领导、控制，以便达到既定组织目标的过程。更确切地说，广义的“管理”是指应用科学的手段安排组织社会活动，使其有序进行。狭义的“管理”就是指挥他人用其最好的工作方法去工作。管理由管理主体、管理客体、组织目标、组织环境或条件四个基本要素组成，并且可以分为行政管理、教学管理、班级管理、后勤管理等。

学校管理是管理以学校组织为载体的一种具体表现形式，是教育管理的一部分，是学校管理主体对学校组织的办学资源进行有效整合以达到组织既定目标的具有创造性的动态活动过程。它是学校工作中相对独立的活动，其作用是将有限的学校办学资源充分利用起来以形成高效的办学力量，提高办学效益，科学高效地完成学校育人的任务。

2. 学校管理的一般特征

学校管理与一般管理一样，其性质具有二重性，即自然属性和社会属性。

学校管理的自然属性也叫一般属性或科学属性，表现为与生产力、科学技术联系在一起的管理活动，如学校管理中的计划、组织、指挥、检查、总结以及课程的设置和计划安排、学校经费、校舍、设备的管理等。这些管理活动是与自然科学、生产技术、教育科学技术联系在一起的，而与社会制度没有直接的联系，属于客观、技术操作层面。我国学校如此，外国学校也是如此。

学校管理的社会属性表现为与社会制度、生产关系联系在一起的管理活动，如教育方针、学校领导班子建设、学校规章制度，以及教职员工的管理、学生思想政治工作的管理等，这些方面的管理都受一定时期、一定社会性质的制约。学校管理的社会属性体现着一定社会统治集团的意志，代表着统治集团的利益，如在阶级社会中，管理具有阶级性。

学校管理二重性的理论对学校管理的实践活动与理论研究都具有重要的指导意义。

第一，研究学校管理时，全面理解学校管理的自然属性与社会属性，有利于客观地认识学校管理的本来面目，抓住它的本质联系，掌握它的客观规律。

第二，在学习国外的学校管理理论时，从二重性的认识出发，对于一些科学的理论、方法，我们应该鉴别、吸收、改造，使之与我国学校管理实际相结合，为我所用，而不应该采取简单排斥否定的态度。学习国外的学校管理理论与经验，应注意学校管理的社会属性，不能照抄照搬别国经验，否则，就会导致“水土不服”。

第三，学校管理的自然属性与社会属性是辩证统一的同一事物的两个方面。在学校管理的实际工作中，如果只强调它的社会属性，而忽视它的自然属性，就会出现重政治、轻业务，外行领导内行，违反学校教育规律的现象。反之，如果片面重视学校管理的自然属性，而忽视其社会属性，就会出现重业务、轻政治，忽视思想政治工作的现象。

总之，遵循学校管理二重性理论，有助于按教育规律办学，克服"左"倾错误对学校教育活动和管理活动的影响，充分发挥我国具有中国特色的社会主义制度的优越性。加强和改善学校的管理，调动师生员工的积极性，完成教书育人的任务，同时也有利于创建有中国特色的社会主义学校管理学。

3. 学校管理学

学校管理学是教育管理学的一个分支学科，是研究人的特点和人的价值观念，研究学校工作是如何在满足人的合理需要中有效运转，研究学校管理活动的现象和规律的一门学科。国外学校管理学的发展学校管理学产生于 20 世纪初，人们一般认为美国学者达顿（Dutton）和斯耐登（Snedden）在 1908 年合著出版的《美国教育公共管理》是现代学校管理学形成的标志。美国当代教育管理专家坎贝尔曾指出，此书也许相当准确地反映出教育管理领域的一批博士生当年所学习的内容。但是根据现有资料，在 1910 年前后，一批学者的著述更能反映时代追求效率的一种氛围。例如，1908 年，艾伦和斯耐登合著了《学校报告和学校效率》的调查报告，在此报告中他们主张应用统计学的方法来研究学校效率问题，考察学校效率必须包括学校设施、教育成本、入学率、升学率等指标。另一学者博比特（Bobbitt）在 1913 年著有《用来解决城市学校系统问题的若干一般原则》，在此书中明确提出要采用科学管理的经济、秩序、服务及统一性等管理原则来进行学校管理，从而确定学校生产的理想标准，规定教师的必备资格及提供教师详细的工作准则。总之，他认为现代学校管理应该把工业管理的一套原则和操作方法应用到学校活动的操作中来。总的来看，学校管理学发展的第一个阶段是以追求效率为目标的科学管理阶段。学校管理学发展的第二个阶段受到梅奥人际关系学说的影响，强调学校管理中的教职工民主参与。梅奥及其合作者通过一个实验提出人际关系学说，认为人是社会人，通过获得社会需要方面的满足从而提高劳动生产率。学校管理学发展的第三个阶段受到 20 世纪中期管理学界研究韦伯著作热潮的影响，学校管理主要集中于对科层组织的研究。对这些问题研究的总体结论是学校是科层组织和专业性组织的二元化组织，学校建设应努力做到二者之间的协调。学校管理学发展的第四个阶段是 20 世纪 70 年代后在开放系统理论指导下进行的。研究表明，学校是一个开放系统，研究内容主要涉及学校与它所存在的环境之间的相互作用的方式，具体研究课题包括社会对于学校管理的参与、学校的公共关系、学校与政府和社会的关系以及校本管理等，新时期学校的效能问题也是此时期研究的话题。

（二）学校管理定义的类型

1. 类型分析的必要性及其标准

"学校管理"一词，在不同的时代有不同的含义，在不同的语种中具有不同的意蕴，在不同的现代学校管理学者那里亦有不同的理解和定义。当人们开始系统研究学校管理、致力于建构现代学校管理学之后，对"学校管理"这一范畴的学术研究始终没有停止。

特别是随着现代科学技术（尤其是互联网）的兴起和发展，人们对学校管理的本质认识发生了许多新的变化。对学校管理的代表性定义进行类型分析，并以此为基础探讨学校管理的本质所在无疑是必要的。

要对学校管理定义作类型研究，首要问题就是分类的标准，即如何对已有的学校管理进行定义和归类。稍加分析，标准无非可以从两个角度设定：一是定义的外在要素，如定义提出的主体、定义提出的时间、定义被引用的情况等；二是定义的内容本身。显然，后一角度更有价值，因为定义的内容本身才是定义的核心所在。那么，如何从不同的定义表述内容中寻找一种规律呢？应该说，外在要素和内容本身这种分类是粗浅的，没有指明分类的标准所在，尤其是没有涵盖一些重要的学校管理学的定义。

基于学校管理定义的文本分析，研究发现，学校管理普遍地被定义为由几个环节组成的一种过程。的确，通过构成学校管理过程核心环节的界定来定义学校管理无疑是科学有效的方法。据此，可以将定义文本中动态性环节数量作为分类的标准。文本中没有动态性环节的则一并归入其他类另作讨论。需要说明的是，此处分析的学校管理定义主要是基于文本的分析，不见得其原始表述者的观点就是这一学术观点的表述，而且有些表述本身不见得是对学校管理的严谨定义，只是一种解释或者描述而已。

综上所述，可以认为，不同类型的学校管理定义反映了不同的学校管理内涵，对学校管理本质的揭示也不尽相同。应该说，每种定义都有其时代和语境的限定，我们很难断定哪一种或哪一个学校管理定义最科学。不过，在此基础上作些总结性的比较分析，无疑有助于我们认识学校管理的本质。

### （三）学校管理（现象）的内涵与外延

#### 1. 学校管理（现象）的内涵

作为现代学校管理学核心范畴的“学校管理”，其定义应是科学定义而不能是普通定义。普通定义只满足于把下定义对象与其他范畴区别开来，不一定要求必须揭示其本质特征。作为“学校管理”的科学定义应当能够反映“学校管理”的普遍本质和具体特征。要想把握“学校管理”的普遍本质和具体特征，就必须从能够表现这种本质和特征的方面去分析它的质的规定性。从辩证逻辑的角度看，分别分析学校管理的性质、对象、环节和目的等方面的质的规定性，然后加以综合，就可以达到关于“学校管理”的多方面质的规定性的统一，科学地把握“学校管理”的内涵。

学校管理是学校管理主体作用于学校管理客体的活动。学校管理主体就是从事教育管理活动的人，学校管理客体则是进入学校管理活动，接受学校管理主体作用的对象。学校管理的对象经过了一个历史发展的过程，在把握学校管理对象时必须对这个历史过程有所了解。关于最初的学校管理活动，学界有不同的意见。其中有人认为学校和学校教育是人类社会发展到一定历史阶段的产物。在原始社会后期始有学校组织形式的萌芽，奴隶社会时期正式产生，经过了各个历史时期的不断发展变化。学校管理活动是随着学校组织形式的产生而产生，随着学校组织的发展而演变的。国内外学者对学校管理有不同的看法，但多数学者认为，学校管理学的产生和形成时间为 19 世纪末 20 世纪初。同其他学科相对而言，学校管理学产生与发展仅有百余年的历程。因此，学校管理学是一门年轻的正在发展中的学科，并且该学科的最终目的是通过学校管理者和被管理者的共同努力来解决学校管理理论与学校管理实践的矛盾。这一逻辑终点表明现代学校管理学理论体系既是一个相对完整的体系，又是一个开放的体系，它将在学校管理实践和学校管理理论的矛盾运动中不断完善自身，不断得到发展。

可以看出，在现代学校管理学理论体系从逻辑起点开始，通过先行范畴、中介范畴、后继范畴，落到逻辑终点的过程中，后继范畴包容了先行范畴，其内涵一个比一个丰富，范畴一个比一个具体，呈现出必然的递进的逻辑联系。

2. 学校管理（现象）的外延类型

我们对学校管理这一范畴，不仅要掌握其内涵，而且要明确它的外延。进而言之，就要说明它的外延反映的是什么对象，包含了哪些分子（或子类），适用于多大的范围。很显然，对于学校管理这一基本范畴的外延，其包含的分子并非有限的、可数的，很难用列举对象的方法来明确它的外延。但是我们可以采用对学校管理的外延进行划分的办法，尤其是可以据其本质属性或显著特征将其分为若干个类，使每个类相对于其他类都具有确定的地位，即通过分类的方法来明确学校管理的外延。

学校管理研究不是为学校管理者作注解的，而是应该为学校广大师生的教育教学活动服务的。现有的学校管理理解普遍地置身于学校管理现象内部观察学校管理现象，犹如使用仪器钻到人体内部检查身体一样，而忽视了跳出学校管理框框，从社会、人类历史的角度，即从外部考察学校管理。我们认为，与其说学校管理是“学校管理的社会”，不如说学校管理是“社会的学校管理、人类的学校管理”。总之，学校管理也是人类社会的共同行为的主要组成部分。所以，这一定义是一个总命题，是对学校管理理论与实践的总体把握，揭示了学校管理这一范畴所反映的对象的本质属性，只不过定义“只是用概括的形式”。我们认为，学校管理现象与学校管理活动是同一个范畴。它们只是界定的角度不同，前者偏于静态，后者则强调动态。

## 三、学校管理范畴的逻辑展开

### （一）学校管理学的逻辑结构

我们对学校管理范畴的内涵和外延做了界定和分析。整个学校管理科学的建构都是从这一范畴展开的。那么它又是怎样展开的呢？围绕学校管理这一核心，其逻辑起点是什么？逻辑中介和逻辑终点有什么？“逻辑”在这里是指人们对学校管理现象的理性把握。逻辑方法从抽象理论的形态上揭示学校管理的本质，通过范畴、判断和推理等思维形式，揭示学校管理发展规律并建立理论体系。

“学校管理”是现代学校管理学范畴体系的核心范畴，基本要素的分析和综合是揭示其内涵与本质的基础。学校管理主体与学校管理客体（对象）、学校管理资源配置、学校管理质量和学校管理技术等范畴是学校管理基本要素的逻辑再现，这些要素本身在历史的发展过程中不断地充实、丰富和发展。它们相互之间在历史和现实中形成的逻辑关系，对学校管理现象在理论上的整体再现，具有本质的规定和基本属性的意义。因此，

"学校管理主体"成了现代学校管理学的逻辑起点，毕竟学校管理是人的学校管理，离开人类，离开人，也就无学校管理可言。人类社会为什么要学校管理？学校管理者是怎样进行管理的？被管理者又是怎样接受管理的？所有这些问题都是围绕学校管理主体而设置的，也是学校管理研究的起点性问题。学校管理主体是指参与学校管理活动的人，包括学校管理者和被管理者两大系统。其中，承担学校管理活动任务的学校管理者系统则应最先被引入学校管理研究的视野，包括管理者和被管理者两大主体。其他学校管理要素范畴相应地成为现代学校管理学的中介性范畴，主要包括学校管理资源、学校管理质量、学校管理技术等。"学校管理规律"是"学校管理"的后继范畴，因为讨论了学校管理本质之后，继续讨论学校管理基本规律是必然的事。从学校管理到学校管理基本规律，这是最简单的一种推导。学校管理基本规律包含了学校管理基本范畴，还增加了基本规律的内容，所以它是比学校管理更为具体的范畴。从学校管理本质到规律，通过对学校管理与人和社会内在关系的历史性探讨，加深对学校管理的认识，使现代学校管理学理论体系中的思维之网更加紧密而清晰。

对学校管理范畴和本质的揭示，以及对其基本规律的阐述都属于认识学校管理的活动，即回答学校管理是什么的问题。按照马克思主义的观点，认识世界是为了改造世界，同样的，我们认识学校管理当然也是为了改进和完善学校管理活动。因此，我们还要回答学校管理做什么和怎么做的问题，需要在讨论基本规律之后将逻辑终点落在"学校管理目的及其实现途径"上。学校管理目的是一个更为具体的范畴，它以先行范畴为前提，以主体对需要的自我意识为中介，是连接主观与客观、理论与实践的重要环节。因为学校管理者和被管理者之间存在着差距，即矛盾，为了解决矛盾，所以需要实现学校管理的目的。

### （二）学校管理规律

#### 1. 遵循学校组织自身发展规律

对学校管理基本规律进行研究，不仅是学校管理理论建设的需要，更是学校管理实践的内在价值诉求。规律是客观世界中两个或两个以上的现象以及某一现象内部两个或两个以上方面的本质的、必然的联系或关系，单独的一个现象或现象中的单独方面是谈不上有规律的，那些非本质的、偶然的现象之间的联系也不是规律。因此，学校管理规律是指学校管理活动内部各要素之间、学校管理与社会之间固有的、本质的、必然的联系。

学校管理规律的根本特点就在于不以人的意志为转移，具有客观性、必然性、稳定性、重要性和隐蔽性。例如，学校管理与社会的政治、经济、文化、人口之间的关系，学校管理活动与人的发展之间的关系，学校管理系统内部的管理者与被管理者之间的关系，学校管理系统内部的互动机制，个体成员与学校组织之间的关系，学校组织、学校教育和学校管理研究之间的关系等，都存在着规律性联系。现代学校管理学的任务就是要探讨并揭示种种学校管理的规律，阐明各种学校管理问题，建构现代学校管理学理论，完善其知识学科体系。

学校管理规律本身也是有结构层次的，可分为基本规律和特殊规律。学校管理基本规律，即学校管理普遍规律，是指体现在学校管理活动中所有矛盾诸方面的联系与斗争的客观法则和必然趋势。学校管理特殊规律，即学校管理具体规律，是指具体的某一学校的或同一学校内部某些方面独特的管理活动运行过程中固有的、本质的、必然的联系。

2. 总结学校管理基本规律的两条思路

学校管理规律表现为两个方面，即学校管理现象与外在环境（主要是与社会环境）之间的必然联系和学校管理现象内部诸要素之间的必然联系。这就为我们提供了总结学校管理基本规律的两条思路。

第一，我们需要思考整体性的学校管理活动与社会环境之间的关系。我们一贯主张并坚持劳动生产发展的需求是学校管理产生的根本原因。劳动需要协作，协作需要交流信息。在人类不断膨胀的交流信息的需求中，学校管理得以发生、发展和完善。于是，劳动、社会关系、学校管理之间呈现出这样的内在关系：人类社会的劳动生产力水平越高，社会关系越密切，社会对学校教育的需求就越大，学校管理自然就越发达。因此，我们可以将学校管理视为一种整体性的社会交往活动，突出学校管理与社会的关系，以人们在共同活动过程中所结成的生产关系为基础的社会关系来考察学校管理活动。

第二，我们也需要思考个体性的学校管理活动内部诸要素的关系。当我们正确地看到学校管理与社会协同发展的同时，往往会忽视学校管理的另一个层面——人际关系的个体性。学校管理说到底，还是人与人之间的交往，是人与人之间信息交流的一种活动。“人们是可以彼此交往的，因为一个人的经验能够唤起自己的思想和感情，引起自己的行动，也能够唤起他人的思想和情感，导致他人的行动。这样，个人的生活样式便衍生开来成为社会的生活样式，而人类历史生活就是这种相互作用的连续过程”[①]。一方面，“人的本质并不是单个人所固有的抽象物。在其现实性上，它是一切社会关系的总和”[②]。另一方面，“正是个人相互间的这种私人的个人的关系，它们作为个人的相互关系，创立了——并且每天都在重新创立着——现存的关系”[③]。显然，社会关系依靠人际关系得以存在和展示。因此，我们有必要将学校管理视为一种个体性的人际交往活动，突出参与学校管理活动的主体之间的互动关系，以人们在学校管理过程中所结成的人际关系来考察学校管理活动。总之，个体性层次和整体性层次，其实也是考察学校管理现象的两个基本层次。个体性层次是从纷繁复杂的人类社会活动中抽象出一般的学校管理过程进行考察，分析其基本要素、基本流程和基本规律。整体性层次则是对存在于社会中的无数的学校管理过程形成的整体，即学校管理发展的观照。可见，这两个相互联系、密切统一的基本层次同时也为我们提供了两条总结学校管理规律的基本思路。

3. 学校管理规律的内涵

规律，是指事物现象和过程内在的、本质的、必然的联系，具有客观性和普遍性，不以人的意志为转移，人们不能创造、改变和消灭规律，只能认识它，利用它来改造自然界、改造人类社会，并限制某些规律对人类的破坏作用，是人们进行科学预测，制订实践计划的客观依据。人们试图通过对学校管理活动的研究，来揭示学校管理的规律，

---

① 韦伯 M. 社会科学方法论. 韩水法，莫茜译. 北京：中央编译出版社，1998：3.

② 马克思恩格斯选集. 第1卷. 中共中央马克思恩格斯列宁斯大林著作编译局译. 北京：人民出版社，1972：18.

③ 马克思恩格斯全集. 第三卷. 中共中央马克思恩格斯列宁斯大林著作编译局译. 北京：人民出版社，1972：515.

并以此来指导学校管理的各项工作。但对于学校管理规律的认识，可谓仁者见仁，智者见智。

一般来说，对于学校管理规律的探讨应坚持以下几项原则：第一，学校管理规律的研究应该从学校管理工作内部进行探讨，因为规律是事物内部本质的、内在的、必然的联系。第二，要明确学校管理规律与学校管理原则之间的关系，学校管理规律是一种客观认识，而学校管理原则是建立在客观规律认识基础上的主观认识。第三，明确学校管理规律中一般规律与特殊规律之间的关系。一般来说，学校管理一般规律是学校管理宏观层面的规律，学校管理特殊规律是学校管理某个具体领域的，即微观层面的规律。第四，明确学校管理外部规律与内部规律之间的关系，学校管理外部规律是将学校管理视为整个人类社会系统中的一个子系统来认识所揭示的规律，学校内部规律是将学校管理视为独立的系统来认识所揭示出的规律。严格地说，外部规律是探讨学校管理与外部事物诸要素之间的关系，内部规律是探讨学校管理内部诸要素之间的关系。因此，通常所讲的规律应该是学校管理的内部规律，而不应是外部规律。第五，学校管理规律的探讨应该从对学校管理工作进行要素分析开始，即学校管理工作究竟包括哪些要素，而规律就是要素之间存在什么样的内在的、必然的、稳定的联系。

综合国内学者对学校管理规律的基本认识，特别是对规律概念的认识，我们提出以下几点探讨学校管理规律的思路。规律是存在于两种现象之间的可被观察的、有规则的关系。规律可能是决定性的，也可能是概率性的，前者构成恒定关系（如果有 A，那么总会出现 B），后者构成可能性的关系（如果有 A，那么 B 出现的概率是 $X$）。硬科学（如自然科学）有许多决定性的规律，但几乎所有的社会科学规律都是概率性的。规律既可能具有因果关系（如 A 导致 B），也可能不具有因果关系（如 A 和 B 都由 C 导致，而 A 和 B 就只是相关关系而不具有因果关系）。规律（可能是因果关系，也可能是非因果关系）必须使用联言陈述（如果 A，那么 B；或者，A 的可能性越大，则 B 的可能性越大；或者，A 的可能性越高，则 B 的可能性越低；等等）。因果规律也可以用因果关系的语言陈述（A 导致 B）。我们主要探究的是因果规律，当然，也探究非因果规律出现的可能性，但探究它的目的是为了排除它，以便确定我们所观察到的是因果规律。因果规律可以设定为四种基本模式，即直接因果关系（A 导致 B）、相反因果关系（B 导致 A）、互为因果关系（A 导致 B，B 导致 A）、自耗性因果关系（A 导致 B，B 则削弱 A）。因此，要建立起一个具体的因果关系（A 导致 B），我们必须排除所观察到的 A 和 B 之间的关系是虚假关系（C 导致 A 和 B）或相反因果关系（B 导致 A）的可能性，还必须查明互为因果关系以及自耗性因果关系是否在起作用。

从学校管理范畴的内涵和个体性层次的角度思考，我们知道任何一所学校管理过程的展开与运行自始至终离不开“人”这个核心要素，即学校管理主体和学校管理客体。因此，这两者之间的关系是学校管理领域中的主要关系，两者的矛盾构成学校管理活动的主要矛盾。进而言之，学校管理者与被管理者围绕学校教育活动发生的主、客体之间的本质联系构成了学校管理的基本规律。这一本质联系具体表现为学校管理者制约和主导被管理者，被管理者又反作用于学校管理者的辩证统一规律。从学校管理活动的内在运行机制来看，学校管理者与被管理者关系问题伴随着学校管理的发端而产生并伴随其发展始终，而且表现出多种形式，在价值观上表现为社会导向与个性导向的关系，在结构上体现为学校组织控制和个体选择的关系。究其本源，社会性是学校管理活动的产生机制，是管理者的范畴，解决“管什么”与“为什么管”的问题；个体性是接受方式，属于被管理者的范畴，解决“如何管”的问题。学校管理必须适应学校管理者的社会化特征和被管理者的个性化要求，可谓学校管理的内在规律。同时，学校管理产生于人类劳动和社会生活的需要，从它产生之日起就与整个社会生活有密切关系。社会生活中最重要的政治、经济、文化与学校管理有着本质的联系，这就构成了学校管理的外在规律：学校管理受一定时期社会的政治、经济和文化制约，又反作用于社会的政治、经济和文化。正因为如此，学校管理从整体上必须适应和促进社会的发展，自身才能获得发展。

学校管理的内在规律与外在规律并非孤立的，而是内在统一的整体。内在规律规定着学校管理内在要素之间的运行特征，外在规律则决定了学校管理作为一个整体在社会发展中的地位和功能。

### （三）学校管理目的

学校管理目的，即学校管理活动所要达到的某种标准、状态或规格，是通过学校管理活动期望教育者和受教育者发生什么样的变化的规定。它由两个方面构成：一是指明学校管理的社会价值，即有关为某个社会、阶级、阶层或某个集团服务的规定；二是它规定着受教育者的具体标准、状态或规格，即学校管理活动的质量要求。学校管理目的也就是学校管理宗旨，是学校管理工作的出发点和终极目标，具有重要的地位和意义。可以说，学校管理目的是学校管理者的行动目标，是确定学校管理内容、选择学校管理方法、评价学校管理效果的依据。从历史角度看，学校管理目的是随着社会的发展而发展的。例如，封建社会形态下的学校管理主要是为了封建统治的巩固和改善，而资本主义社会的学校管理只能顺应资本主义社会的实用主义的学校管埋目的，而具有中国特色社会主义的学校管理宗旨则是：传承和积累有益于提高中华民族素质、有益于经济发展和社会进步，有益于传播科学技术和文化知识，弘扬民族优秀文化，促进国际文化交流，丰富和提高人们的精神生活，促进人的全面和谐发展。可见，学校管理目的有其社会制约性，社会经济、政治和文化条件不同，学校管理目的也会有所不同。

尽管现代学校组织发展不均，类型多样，目的也不尽相同，但所有的学校管理都有共同的目的：从学校管理的内在规律来看，促进学校教育者和被教育者身心全面发展，是学校管理活动的基本动机和普遍目的，也是实现其他目的的重要基础；从学校管理的外在规律来看，实现学校组织信息社会化分享的自由，实现学校治理体系和治理能力的现代化建设，从而促进社会的发展，则是学校组织发展的根本目的。所有的学校管理活动都是在这两层目的的导引下展开的。正因为如此，确定学校管理目的要坚持社会需要与受教育者个人需要的统一。一方面，学校管理的目的必须适应它所处的社会环境，使学校为社会发展培养所需要的人才；另一方面，学校管理所指向的又是充满个性特征的受教育者个体，离开了受教育者个体，学校管理为人类社会服务便无从谈起，学校管理也就失去了存在的价值。因此，学校管理目的的两种价值取向应该是一致的、统一的，而不能是截然分开的。

总之，揭示一个范畴的内涵，不可能揭示事物的全部的、丰富的内容，其总是不完全的。列宁说："所有的定义都只是有条件的、相对的意义，永远也不能包括充分发展的现象的各方面的联系。"①描述中国人对自然和社会运动看法的古典优秀著作——《道德经》也告诫我们，过于刻板的定义有使精神实质被阉割的危险："道可道，非常道。名可名，非常名。"所以，我们还应该从外延方面进一步理解学校管理。

## 四、现代学校管理学的范畴体系

### （一）现代学校管理学范畴的已有研究

范畴体系，又称概念框架，是所有科学基本的激增要素。如果没有科学合理的概念框架，科学研究将是盲目的，甚至是毫无成效的。反之，科学之核心的概念框架越发达，说明科学具有的独立性范围就越大。所谓现代学校管理学范畴体系，就是指在现代学校管理学研究过程中用来表征学校管理现象的一系列范畴、概念按照一定的逻辑关系而生成的系统。它从总体上反映现代学校管理学的学科发展水平、理论成熟程度、学科研究重点和功能。范畴体系是生发理论体系、构建学科体系的重要基础。我们要客观地、历史地评价已有的学校管理研究成果，实际地、全面地掌握学校管理工作的发展状况，系统地、多维地建构现代学校管理学的范畴体系。从已有的研究文献看：第一，尽管对现代学校管理学基本范畴的划定具有不同的观点，但普遍地认为现代学校管理学研究应该重视"学校管理"这一范畴。"学校管理"作为学校管理学的核心范畴基本上取得共识；第二，主张现代学校管理学的基本范畴由"学校管理"这一核心范畴生发出来，仅仅是罗列了出来，但对其基本范畴的生发机制及其内部的逻辑联系揭示不够。

### （二）构建现代学校管理学范畴体系的基本原则

1. 逻辑与历史的辩证统一

"逻辑"在这里是人们通过概念、判断和推理等思维形式对学校管理现象的理性把握。"历史"在这里则是学校管理现象发生、发展的演变过程。它具有生成的客观性、过程的曲折性和时间的一维性等特点。逻辑方法，指人们在逻辑思维过程中，根据现实材料按逻辑思维的规律、规则，形成概念、做出判断和进行推理的方法。具体而言，包括形式逻辑方法和辩证逻辑方法。形式逻辑方法包括普通（传统）逻辑方法（如综合、抽象、概括、定义、划分等）和现代形式逻辑方法（如形式化方法、公理化方法）。辩证逻辑方法包括归纳与演绎结合、分析与综合结合、逻辑的与历史的结合、抽象上升到具体等。

历史方法也就是按照学校管理发展的时间顺序、具体形态来建构现代学校管理学范畴与理论体系，从而揭示学校管理的本质和规律的一种方法。历史方法与逻辑方法既互相区别又互相关联、功能互补，在具体运用中可以有所侧重，但必须将理论概括与历史过程恰

① 列宁选集．第2卷．中共中央马克思恩格斯列宁斯大林著作编译局译．北京：人民出版社，1972：808．

当地结合起来，实现有机统一。因此，逻辑与历史相统一的原则是构建现代学校管理学范畴体系的基本原则。

2. 宏观与微观的辩证统一

学校组织是一个多元的复合存在，任何一种现代学校管理现象都应该是现代学校管理学的研究对象，甚至与学校管理有关的现象也会经常性地被纳入研究的视野。从不同的角度审视学校管理，学校管理存在宏观和微观两大领域，现代学校管理学的宏观领域主要侧重于揭示作为一种整体的学校管理（这里谈到的学校管理主要是指各级各类的、制度和体制的、历史和文化的层面）形成和发展及其与社会环境的关系的变化，其主要内容是以社会、政治、经济、文化为总参照系而展开的。社会、政治、经济、文化从研究的展开角度讲无疑具有本原的意义，因而学校管理问题可以成为社会问题、政治问题、经济问题以及文化问题。以此为基本范畴展开研究形成的理论，可称为"宏观学校管理学"，它主要着力于整体的学校组织系统的研究。然而，每一个社会形态固有的学校管理系统的多元化和多层次性、学校管理的内容和形式、学校管理意识形态和学校管理行为的复杂性，决定了现代学校管理学的研究不能仅局限于宏观领域。因此，现代学校管理学必须扩展自己的研究对象和范围，开辟新的视角和领域，遵循学科发展规律，展开微观研究。特别是随着研究手段和方法的现代化，微观研究也已成为可能。微观研究在说明各种具体学校管理的要素、途径和程序的同时，研究学校管理运作过程、学校管理功能、学校管理行为的心理和文化因素，其研究成果往往具有应用价值。由此可见，如果说现代学校管理学的宏观研究具有一般性、概括性、抽象性的特点，那么微观研究则具有具体性、过程性和动态性的特征。

我们所设计的范畴体系应将上述二者结合起来。现代学校管理学的基本范畴及相互之间形成的逻辑体系均应具有上述属性。例如，学校管理主体既包括个体意义上的学校管理者和被管理者，又包括中观意义上的组织、机构，还包括宏观意义上的政党、政府乃至阶层和阶级。又如，学校管理目的的研究既包含社会对学校教育培养人才的总要求和人类自身发展需要的总目标，又将微观学校管理问题引入了分析的视野和研究领域，即具体的学校管理过程中的出发点。这种宏观学校管理研究与微观学校管理研究的统一并非是生硬的机械拼图，更不是为了追求某种时尚，而是根据宏观学校管理现象的实际构成和逻辑关系，为科学地揭示学校管理现象的全貌而实现的微观与宏观的内在结合和统一。这种统一势必增加现代学校管理学的科学功能，为人们进一步全面、深刻、具体地认识学校管理现象提供新的手段和新的视角。

3. 认识与实践的辩证统一

"通过实践而发现真理，又通过实践而证实真理和发展真理。从感性认识而能动地发展到理性认识，又从理性认识而能动地指导革命实践，改造主观世界和客观世界。实践、认识、再实践、再认识，这种形式，循环往复以至无穷，而实践和认识之每一循环的内容，都比较地进到了高一级的程度。"①毛泽东指出的这一人类认识发展的规律对构建现代学校管理学范畴与理论体系同样具有重要的指导意义。它要求我们实现对学校管理现象的认

① 毛泽东选集. 第一卷. 第2版. 北京：人民出版社，1991：296-297.

识及其规律的把握同学校管理实践的具体的历史的统一。根本而言，即要坚持不断深入实践，树立实践第一的指导原则。实践性是现代学校管理学的重要特征之一。理论来自实践，实践为解决各种学校管理问题提供了直接的知识与经验，是学校管理理论发展和创新的源泉和动力。就我国的情况而言，改革开放以来学校管理活动日趋活跃，为学校管理实践的发展提供了广阔空间。进入 21 世纪以来，对外开放进入全方位、多层次、宽领域的新阶段，也使我国的学校管理组织面临国际激烈的竞争和挑战。因而迫切要求找出学校管理实践活动中存在的问题，探索学校管理组织在资源开发战略等方面的新思路。这必将大大促进学校管理实践的进一步拓展，为学校管理理论的创建提供无尽的源泉和科学依据。我们要抓住有利时机，进一步总结和完善具有中国特色社会主义的学校管理实践，进行学校管理理论的建构；同时，要重视学校管理案例的收集、整理和研究。总之，我们要不断深入实践，对实践经验及时进行系统的、科学的总结，将其上升为理论的高度，同时注重理论的前瞻性，根据学校管理理论最新进展，把握发展方向。只有这样，现代学校管理学范畴与理论体系才能成为来自实践并在实践中不断发展的、科学的、完整的体系。

4. *原生与借用的辩证统一*

范畴作为人类认识的“网结”，它往往是作为不同释义系统背后的共同模式而存在，在各学科的交流中起到桥梁作用。学科范式中的现代学校管理学无疑也是一种范畴体系。这种范畴体系的构成可分为原生范畴和借用范畴两大部分。原生范畴，即在长期的学校管理实践活动中所形成的一组或若干组属于学校管理实践特有的范畴。这一范畴群表现出学校管理活动与其他社会活动的根本区别，如学校内部教学的管理、德育管理等。当然，这些原生范畴本身也是随着学校管理活动的变化而变化的，包括称谓、内涵、外延等方面的变化。但总体而言，这些范畴比较稳定地表现着学校管理活动的特质而较少地在其他学科中论及。现代学校管理学范畴体系的建构自然要“善待”这些原生范畴，要结合学校管理实践的特征及时地加以梳理。那么，是否仅仅依靠这些原生范畴就能建立现代学校管理学的范畴体系并生发出理论和学科体系了呢？答案是否定的。早有学者指出，不愿意从其他领域借用范畴，实际上是将自身孤立于相关学科之外的一种迹象，是不可取的[①]。有人做过统计，政治学在引进、借鉴其他学科范畴方面是很“疯狂”的，借用社会学范畴 22 种、人类学和经济学范畴各 12 种、心理学和法学范畴各 9 种、新闻学范畴 5 种，以及生物学、数学、社会心理学、统计学和神学范畴各 2～3 种，而“纯”政治学范畴只有 9 种[②]。范畴借用在社会科学领域中是非常普遍的现象。现代学校管理学也不例外，一方面，从相关学科借鉴研究方法的同时也需要借用一些范畴为我所用。例如，借用传播学中的传播、反馈等来分析学校管理过程；借用经济学中的供给、需求来分析学校办学规模、学校的设点布局和财务管理；借用营销学中的营销、推销来研究学校特色创建和品牌管理；等等。另一方面，从相关学科借用一些范畴与原生范畴组合生成新的范畴，如学校办学特色、学校管理资源、学校管理品牌等。总之，为了更好地认识并改造学校管理活动，在建构现代学校管理学范畴体系中需要坚持原生与借用相统一的原则。

---

① 多冈 M，帕尔 R．社会科学中的杂交领域．黄育馥译．国外社会科学，1990，（2）：22-23.

② 陈振明．当代西方社会科学发展的整体化趋势：成就、问题与启示．学术月刊，1999，（11）：47.

综上所述，作为一个完整、系统而又开放的现代学校管理学范畴体系，遵循着逻辑与历史、宏观与微观、认识与实践、原生与借用相统一的建构原则，从形式上看，它是由学校管理这一核心范畴及其派生的一系列基本和次属范畴，以及这些范畴引发的一连串的命题按一定的框架构成的逻辑体系；从内容上看，则是沿着考察学校管理的两条基本路径，探究现代学校管理过程中主体（学校管理者与被管理者）之间学校管理活动过程信息共同分享的条件和机制，分析学校组织发展及其与社会发展的关系的思想体系。

## 第二节 现代学校管理学与相关学科的关系

### 一、学校管理学与教育行政学

学校管理学与教育行政学都是介于教育科学与管理科学之间的边缘性的学科，又都是现代教育科学的分支。学校管理学主要研究学校组织内部关系的协调，以学校组织内部各要素关系的协调和权力配置为重点。教育行政学主要研究各级教育行政部门对一定时期各级各类教育事业的宏观管理，其中包括对学校管理组织的管理。从指导学校管理工作的角度来说二者缺一不可，同时，二者又是紧密相连的两门学科，人们习惯把它们统称为“教育管理学”。

教育行政是指各级政府及其专门负责管理教育事务的专门机关和各社会团体对教育进行管理的活动。在我们具体地探讨教育行政和学校管理的职权划分之前，应该先从总体上对教育行政和学校管理的属性、基本特征以及它们之间的共性和区别有一个明确的认识。我国以及世界上绝大多数国家都将普通中小学列为国民教育，中小学教育成为国家公共事务的组成部分，即使是社会团体、企事业单位和私人举办的中小学教育，也必须贯彻执行国家的教育方针、政策、法令，实现国家的教育目标，接受国家的教育行政管理。因此，教育行政和学校管理在社会属性、指导思想、教育目标、实现任务上都是一致的，它们之间的本质、共性、联系是基本的、主要的方面。但是，教育行政与学校管理毕竟在管理性质、管理方式、责权关系上有着严格的区别。首先，教育行政机关是国家政权机关（在社会团体和企事业单位则为社会组织和企事业单位的管理机关），教育行政对学校的管理是国家行政管理（社会团体和企事业单位管理中小学为国家行政的委托或授权），教育行政的管理权限必须具有，但又不应超过国家行政管理的权限。而学校则是国家（或国家委托、批准）设立的公益性组织，是以实现国家教育目标为宗旨的从事实际教育活动的教育实体。学校是教育行政管理的对象，而不是教育行政的分支机构或附属机构，因此学校应当享有法人地位所应享有的权限。其次，教育行政管理是间接管理和目标管理，它不直接组织指挥教育过程，不应是实际的具体过程的管理。教育行政的基本职能为：第一，法规管理。教育行政最基本的职能是制定和贯彻执行教育法规。第二，计划管理。通过制订和调整教育事业发展计划，对教育进行宏观控制。第三，选任教育人员。在学校中主要是选任学校校长和教师编制人员。第四，教育经费的征集和分配。第五，教育督导。对学校办学进行检查、监督、指导、评价。第六，通过对学校的种种服务、指导，如提供信息等对学校进行管理。学校管理是常规性的直接管理，学校校长必须直接调动教师、学生等的积极性，合理安排教学内容和教学设备等教育要素，具体组织实施教育过程，学校管理是基于特定目标的过程管理。因此，凡涉及管理学校组织内部活动的权利应该划归校长。教育行政的一切行政行为都必须有直接的法律依据，即必须做什么、可以做什么、禁止做什么都应有明文规定，严格依法行政，任意度很小。学校管理首先要根据教育法规来具体操作，但活动空间较大，在依据国家有关法规的前提下，学校校长应有充分发挥创造性、自主办学的法定权利。

长期以来，我们过分地强调了教育行政和学校管理的共性，否认它们之间的差异，因而把学校当做教育行政机关的下属行政机构，教育行政机关直接干预教育过程，其工作日益繁杂，机构、编制日益庞大，而自身应有的职能却未能很好地发挥。与此同时，学校事事要听命于行政部门，千校一面，无特色、少生气。在教育体制改革过程中个别地方的教育行政部门放弃自己的职责，或以扩大学校自主权为名，把自己的职责推诿给学校；也有的校长片面地认为学校的权限越大越好。职权是职责与权限的统一，不能放任和超越，合理地划分教育行政部门和学校管理者的职权是教育体制改革的一项重要内容。完善教育行政部门和学校管理者的职权划分是我们的理想目标，但实现这一目标必须具备一定的基础和条件。

教育行政部门和学校管理者的职权划分是一个科学性和实践性很强的问题，需要经过严格的论证和实践经验的积累。要认真考察我国历史和现实当中的校长职权划分的范围及其利弊，要对各种情况进行比较研究，要从行政学、管理学、法学等方面进行深入的探讨，要认真总结在地方教育体制改革中的经验、吸取教训，继往开来，全面推进教育体制综合改革。要在上述研究的基础上提出设想，重点试验。经过多次实践和论证，才能得出比较科学可行的方案。

在现代教育管理中，教育行政部门和学校管理者的职权划分必须形成明确的法定权利和义务的关系。服从教育行政机关的职权，是校长的义务；保障校长的职权是教育行政机关的义务。因此必须将教育行政部门和学校管理者的职权分别以法规形式确定下来，并严格依法行事，保证教育行政和学校管理的有机统一、持续稳定，以实现教育管理的最佳效益。因此，我们不但要选拔适当的人选担任校长，而且要不断提高校长的素质，激发校长的工作积极性。如果没有一整套保证校长素质和校长管理的制度，单纯地规定校长职权是没有多大实际意义的。

由此可见，完善教育行政部门和学校管理者的职责权限，特别是合理确定校长权限，是一个长期复杂的划分过程。任何简单化、急于求成的想法和做法只能不利于现代教育事业的发展。

## 二、学校管理学与教育学

学校管理学和教育学都是教育科学的一个分支，二者都是以教育现象作为研究对象的，但各有其独立性。教育学研究学校教育现象，并揭示教育的规律；而学校管理学则研究管理学校的社会活动，并揭示学校管理的规律，教育学中的许多理论原则，都广泛地被应用到学校管理学的建设上。因此，学校管理必须遵循教育学所揭示的教育规律。教育是广泛存在于人类生活中的社会现象，是有目的地培养社会人的活动。为了有效地进行教育活动，必须对其进行研究。教育学是研究人类教育现象和问题、揭示一般教育规律的一门社会科学。根据我国教育部公布的最新版《学位授予和人才培养学科目录》（2011 年），教育学作为学科门类，包括教育学、心理学（可授教育学、理学学位）和体育学三个一级学科。学校管理学是人的科学。社会是由人组成，人是社会的主体，人的个体和群体行为决定了社会的发展动向和趋势。学校管理学要研究人的特点和人的价值观念，研究学校工作是如何在满足人的合理需要中顺利运转的。学校管理中的每个人都有自己的价值观念，有自己对待事物的态度、情感、愿望，而人们又按照不同的标准划分为不同的群体，每个群体也都有自己的利益，所以学校管理学研究的是社会中的微观群体，研究该群体时必须研究人的特点、人的价值观念、人的行为模式，各种不同群体的行为特征，这样才能保证学校管理在满足人的合理要求过程中能顺利地进行。

第一，学校管理学活动是伴随着学校教育活动的产生而产生、发展而发展的。学校教育研究成为学校管理学的重要组成部分，学校管理既要遵循教育的普遍规律，也要遵循学校管理的普遍规律。这就需要在学校管理研究中，自觉地吸收教育学的原理和方法，同时努力寻找学校管理的特殊规律。第二，教育学与心理学的联系是与生俱来的。心理学是研究心理现象和心理规律的一门学科。心理学家按照科学的方法，通过观察、研究、思考人的心理过程（包括感觉、知觉、注意、记忆、思维、想象和言语等过程）是怎样的、人与人有什么不同、为什么会有这样和那样的不同，即人的人格或个性，包括需要与动机、能力、气质、性格和自我意识等，从而得出适用于人类的、一般性的规律，继而运用这些规律更好地服务于人类的生产劳动实践。教育是培养人的一种社会活动，人的身心发展规律是教育学理论生成的基础之一。第三，学科教育也不容忽视。例如，体育学与学校管理学的关系应该说不是特别密切，不过，当体育信息作为学校管理内容而专门研究体育管理这样的课题时，恐怕还是需要借鉴体育学的相关知识。

## 三、学校管理学与管理学

学校管理学也是管理学的一个分支，它们是特殊和一般的关系。管理学所阐释的一般管理概念、理论、原则和方法，体现了各种管理活动的普遍规律，对学校管理学具有重大的指导和借鉴意义，而学校管理学的具体理论又可丰富管理学的内容。管理学作为一个大的学科门类，是研究以最佳的投入产出关系组织经济和社会活动，使系统良性运行，并使相关利益主体需求获得相对满足的一个独立的应用性学科。管理学是不同学科理论及方法的系统集成，其理论基础是数学、系统科学、经济学和心理学，其研究对象是人类有组织的活动及其形成的系统，管理学是为人类的管理实践服务的。管理活动是人类的一项基本实践活动，因为任何有组织的活动都不同程度地需要管理，所以自从有组织的活动产生以来，就有了人类的管理活动。管理是为了有效实现特定的组织目标，对运用人、财、物等资源进行的有组织的活动进行决策、计划、组织、领导和控制的过程。管理学就是对管理活动规律的提炼和概括，是关于对有组织活动的管理的系统化、专门化的理论知识体系。管理科学对20世纪人类社会的巨大进步起到了十分重要的推动作用，与科学技术一起被称为驱动现代经济和社会发展的“两个轮子”。管理学门类下的管理科学，如工程学、会计学、企业管理学、图书馆学、情报学、档案学等学科与学校管理学的关系都是比较密切的。学校教育活动是有组织的活动，离不开管理，学校管理研究很有必要吸收管理学的理论精华。学校管理学可谓学校教育和管理学交叉形成的研究阵地。目前学校管理学研究主要集中在学校教学管理、后勤保障管理、学校财务管理等领域，这些领域离不开管理科学，如工程学、企业管理学、会计学的支持。管理学是学校管理学的重要学科基础之一。

现代管理学的主要特点和观点正在不断影响和引领着学校管理理论和实践的发展方向。就现代管理学的主要特点而言。一是强调系统化。指运用系统思想和系统方法指导实践，研究管理问题。在用系统思想和系统方法解决实践问题时要求我们把组织看做一个整体，同时也看做是一个子系统，运用系统分析的方法整体地认识问题，防止在观察问题中产生片面性。其发展之一就是提出了两个规律。现代系统理论认为在整体中不仅存在着整体大于部分之和的规律，而且存在着整体小于部分的规律，应将二者融合起来考虑。一方面，整体大于部分之和是指整体发挥的功能大于部分，如一把筷子比一根筷子更不易折断。另一方面，整体小于部分，指整体中的某些部分代表了新生事物，而整体可能已经趋于衰落，因此新生的部分优于整体。一般系统理论强调事物循序渐进的稳定的发展，比较注重研究常规事物，但是社会发展、自然界发展中存在很多无序现象，可能产生两方面的作用，其消极作用是可能打破整体的秩序，可能打破已经成熟的规律，可能造成混乱，带来不便。但从另一角度来看，可能产生新的事物，我们应该鼓励新生事物的出现，坚持用系统思想指导管理工作。二是重视人的因素。把人放在中心，注意人的社会性，深入研究人的合理需要的满足，重视人的发展，把人当做组织的目的。三是重视理论与实践的结合。管理理论从历史渊源来看，本身是从实践中产生的，在很长一段时间内管理者注重从理论上来推导其规律，强调它的理论化，但管理作为一种社会实践，即管理理论必须为实践服务，为组织的改革和发展服务。因此不是为理论而理论，而是为解决实际问题，要不断地产生新的理论。新的理论出现是要解释和指导实践，实践是动因和目的。四是强调创新。由于社会实践的不断发展和变革，管理理论必须不断走在管理实践的前面。因此需要不断吸收新的思想观念，理论的更新非常重要，我们要了解其渊源以及其最新的发展。

现代管理学的主要观点体现在以下几个方面。一是战略的观点。所谓战略的观点是根据组织的特点和内外环境的变化，用长远、全面、发展的观点看问题。在思想上要使全体组织成员的想法和组织创业目标一致起来，调动组织全体成员的积极性，使每个成员都可跟上时代的脉搏，接受一些新思想、新事物，并将其运用到实际工作中去。在管理上必须依靠优秀的管理人员和出类拔萃的专家，运用一些新的技术和方法进行科学的管理，并在组织上根据组织的总体发展和具体情况随时变更组织结构，使组织的发展符合长远目标的需要，处于可持续发展状态，永远立于不败之地。二是市场的观点（开发、风险）。市场的观点就是要明确社会对组织所提供的服务或产品的需求，社会的需求在不断变化，这种需求关系到每个组织的存在和发展，因此在实际工作中必须有服务的观点，明白是为谁服务，如何满足服务中的新要求，把握住这种要求就可以推动整个组织的变革，使组织不断发展。三是变革的观点。变革的观点是指任何组织都要追随社会政治、经济、技术方面的变化而对组织的各项业务进行变革，使我们适应社会的要求。在科学技术不断发展的情况下，生产力的发展水平及丰富程度都在不断增长，因此必须树立变革的思想，追随变革，并走在变革的前面。四是竞争的观点。有市场就有竞争，优胜劣汰是一种客观规律，可以给社会带来前进的动力。通过竞争，可以充分利用资源，扬长避短，改进技术。五是人本的观点。以人为本是管理学研究和管理实践的基本观点，以人为本要注重两个方面，首先，要注意人是目的。不论做任何工作都应考虑到其本身是为了人，不仅为服务对象，而且为服务者，如在学校中不仅要以学生为本，而且要以教师为本。也即把人看做目的本身，他们的成长和发展就是我们的目的。因此既要干好工作，又要促进人的发展。其次，要主意用好人，调动起人的积极性，通过用好人把工作完成好，也即人一方面是目的，另一方面也是功绩。要考虑到人的素质的高低是任何工作成败的关键。六是服务的观点。管理就是服务。管理就是管理者为被管理者服务，这一思想不是从管理的本质来说，而是一种态度，是管理的一种方针或指导思想。传统管理中管理者高高在上，管理者和被管理者之间存在一种对立，而现代管理思想提倡充分调动下属的积极性，应该放权，千方百计为下属创造条件，最大限度地调动他们的积极性，这样才能把工作做好。七是现代技术的观点。运用现代技术推动整个管理活动高效率、高效能的发展。现代管理特别强调信息决定组织发展，谁能迅速把握信息，处理好信息，谁就能推动组织的迅速发展。迅速获得和处理信息需要现代技术，不能用传统的观点来应付多姿多彩、迅速发展的社会生活。八是经营的观点。指要追求管理中的独立自主性，讲究管理的效益性。经营指管理者有独立的决定权，能从全局出发追求社会效益和本组织的效益的一致。传统管理中管理者常常扮演着执行者的角色，缺少自主性，不讲究本组织的效益，使组织的发展了无生气。现代社会的变革要求我们迅速适应变化，这就使组织的自主性显得非常突出。因此要争取组织的自主权，进行科学的运筹，提高经济和社会效益。

## 第三节 现代学校管理学的学科特征

### 一、学校管理学学科属性辨析

在明确了学校管理学的研究对象及其相关概念后，需要进一步研究的问题就是学校管理学究竟是一门什么性质的学科，其学科体系的构造如何，以及与相关学科存在何种关系。正确认识这门科学的性质，对于我们学习和研究学校管理学以及加强这门学科的建设，都具有极其重要的意义。

学科属性与学科特点都是学科特征，前者是学校管理学在更大层次上的学科归属，后者是学校管理学的理论体系本身所具有的特点。关于学校管理学学科的性质，学术界存在几种观点和争论。

1. 现代学校管理学从属于教育学科

这一观点认为学校管理学应从属于教育学科，是教育学的一个分支。学校管理学起源于传统教育学中对学校管理问题的专题探讨，它主要研究的是教育领域中的学校管理问题，因此教育的特性在学校管理学中至关重要，失去教育性质的学校管理学也就失掉了学校管理的灵魂，因此学校管理学应作为教育学的分支学科而存在。

2. 现代学校管理学从属于管理学科

这一观点认为学校管理学应从属于管理学科，是管理学的一个分支。因为学校管理学的理论是以一般管理学理论为基础的，且其发展进程伴随管理学发展进程的始终。学校管理学除内容与管理学有所不同之外，其理念、职能、过程、方法手段皆是借鉴于管理学，并承袭了管理学的理论基础。

3. 现代学校管理学是一门交叉学科

这一观点认为学校管理学是以教育学科和管理学科为基础的、与其他学科广泛联系的一门交叉学科。一方面，学校管理学必须以教育科学为基础。例如，在研究学校的管理目标时不能脱离学校的教育目标，在研究学校的教学管理时不能脱离对学校教学活动的研究，若离开了教育科学，学校管理学就失去了它生长的母体，没有了教育的特点和性质。另一方面，学校管理学又是管理学科的分支。对学校管理而言，管理科学从管理的理念和技术方面提供了管理学校的指导和依据，若离开了管理理论的指导，最后形成的学校管理学就等同于教育学、教学论、德育论，而没有管理的学科属性。

4. 现代学校管理学是一门边缘性的应用学科

这一观点认为现代学校管理学是边缘性的应用学科。其边缘性主要表现在学校管理学既与教育学紧密相连，又与管理学紧密相关。它既要用教育的眼光分析学校管理中的实际问题，又要用管理学的基本理论、方法解决学校管理问题。其应用性主要表现于管理本身所具有的鲜明的实践性。现代学校管理学要把教育学、管理学的相关理论应用于学校管理的实际问题中，以便找到解决问题的最佳途径和有效手段，最终做到理论与实践的统一。

5. 学校管理学是一门政策性较强的学科

学校管理是一种多因素组合的活动，包括多方面的活动过程，进行管理活动需要多种有关的政策方针和理论作为指导，并且学校管理学科内容上同国家在一定时期的方针政策必须保持一致，它要研究政策，反映一定时期国家教育政策的内容和规定，要有助于国家意志在学校教育系统的贯彻执行。

6. 有观点认为现代学校管理学是一门复杂学科

20 世纪 80 年代中期，在诺贝尔物理学奖获得者盖尔曼、安德逊和诺贝尔经济学奖获得者阿罗等的支持下，成立了桑塔费研究所并开始了对复杂科学的研究。复杂科学具有三个主要特点：一是研究对象是复杂系统；二是研究方法要定性判断与定量计算相结合、微观分析与宏观综合相结合、科学推理与哲学思辨相结合；三是研究深度不限于对客观事物的描述，而是更着重于揭示客观事物构成原因及其发展规律。学校管理正具备了复杂科学所描述的全部复杂特性：首先，学校管理的研究对象是学校管理活动，而学校管理活动中包含了学校管理现象、本质和规律等，是一个复杂的系统；其次，在学校管理工作的门类很多，必须根据学校的特点，以育人为核心，运用不同的手段和方法对学校的人、财、物以及与之相关的各种特殊要素资源进行合理配置及至优化配置；最后，学校管理的目的是通过对学校管理现象的逐步研究，揭示学校管理的本质，认识和把握学校管理的规律，更好地服务于学校教育实践活动。由此看来，学校管理学是一门复杂学科。

## 二、科学的属性分类

关于科学的属性分类，经典的划分是将人类的科学分为自然科学、社会科学和人文科学三大类。人类的科学知识形成了这样的一个三分格局：一端是数学和各门实验自然科学，如物理学、化学和生物学；另一端则是人文科学，如哲学、文学、艺术；介于二者之间的是社会科学，如经济学、政治学和社会学。社会科学获得这种中介地位，是由它自身特征所决定的：①它的目标是获得制约人类行为或某一社会生活领域的一般法则或规律；②力图把握各种必须当做个案来加以研究的现象（而非个别事实）；③强调必须将人类社会的现实分割成若干不同的部分来分别加以研究；④主张采取科学方法及程序，为科学的客观性和严谨性而努力；⑤偏向通过系统的研究方法获得证据，这种研究方法以控制条件下的观察，而不以普通的文献资料为主。从这个角度看，学校管理学当属社会科学。

按照学科的发展历史可将学科分为新兴学科和成熟学科。顾名思义，前者是兴起时间不长，学科体系有待完善的学科；后者是有较长的发展历史，体系完备，理论成熟的学科。按照学科在学科谱系中的地位，可将那些居于“中位置”的学科称为中介学科，将那些处于“边缘地带”的学科称为边缘学科。按照一门学科是否由学科之间的交叉知识生成可将学科分为交叉学科和独立学科。按照学科内容的性质可将学科分为理论性学科和应用性学科。依据这些分类方式，可将学校管理学归入新兴学科、边缘学科、交叉学科、应用学科的行列。

国外学者范·阿肯（van Aken）将科学分为三种类型：①形式科学（formal sciences），如哲学和数学；② 解释科学（explanatory sciences），如物理学、生物学、经济学、社会科学；③ 设计科学（design sciences），如工程科学、医药科学和现代心理疗法。形式科学几乎不依赖经验，其使命是建立命题系统，而对该命题的验证主要是其内在的逻辑一致性。解释科学的使命是拓展知识以加深对自然与社会的了解，具体地说，就是描述、解释和尽可能地预知该领域内可观察到的现象。设计科学的使命是为设计和实现产品而开发出相应的知识，主要解决结构问题或者是改善问题。例如，建筑师和土木工程师主要是处理结构性的问题，而医生主要是处理改善性的问题。设计科学以拓展知识、应用知识为目标，最终目的是解决问题。在学校管理学中，为了开发出能够解决学校管理问题的设计方案，不仅需要描述性研究，还需要进行技术性研究——开发设计知识，以架起解释科学与实际运用之间的桥梁。应用科学知识去解决一个具体的学校管理问题是属于专业实际管理工作者的领域，而开发抽象的科学知识去解决学校管理问题才是现代学校管理学研究的真正归宿。

## 三、对学校管理学学科属性的把握

概括而言，我们不妨认为学校管理学是具有交叉性、边缘性、应用性和新兴性的社会学科。当然，我们在理解和把握学校管理学的学科属性的同时，要注意以下几点。

1. 交叉性与独立性的辩证统一

现代学校管理学是基于现代学校管理实践的发展逐步发生的，尽管在研究过程中借鉴了许多学科的原理和方法，但是现代学校管理学在内核上具有独立自主性。一方面，现代学校管理学具有相对完整的体系、明晰确定的品格、个性独到的框架，它追求稳固的逻辑线索、独到的话语系统。以及学科内容与表达方式的有效统一，因此它具有独立自主的地位。另一方面，这种独立自主性表现在其学科来源的回溯性，即学校管理研究逐渐成形开始向学科化迈进时才追求学科定位，而不是一开始就有明确的学科归属。

2. 边缘性与中介性的辩证统一

现代学校管理学的任务就是要告诉人们应该如何实现学校管理为学校教育工作目标的达成服务。显然，如果缺少现代学校管理或缺少现代学校管理学，必将带来对现代学校组织机理和现代学校组织秩序的困惑。可见，现代学校管理学在整个教育学学科谱系中具有重要作用，在现代学校教育学专业的教育体系中无疑也是很必要的。

3. 应用性与理论性的辩证统一

应用学科是直接服务于社会实践的科学。现代学校管理学是行业组织之学，是一定学科领域之学，直接服务于现代学校管理实践，有很强的实践性，但它也有自己的理论基础和理论原理。现代学校管理学固然是要直接服务于现代学校管理实践活动才能获得其生命活力的，但同样也有自己深厚的理论基础。

4. 新兴性与继承性的辩证统一

现代学校管理学的年轻是显而易见的，但它同样具有深厚的理论渊源。丰厚的历史文化积淀，可资借鉴的学术话语和原理同样是不可或缺的。所以，在现代学校管理学的建构历程中对优秀学术传统的继承是必不可少的，也只有在继承中方能更好地体现发展与创新。

5. 社会性与人文性的辩证统一

从根本上说，现代学校管理学属于社会科学。社会科学属性决定了现代学校管理的功能发挥是与社会实践紧密相关的。因为在实际的学校管理活动中，学校管理秩序的确立、学校管理规范的遵守和维护、学校管理主体行为价值的判断与分析，都与实际的社会集团利益密切相关，都与社会活动的质量和效率密切相连，都应付诸社会实践进行检验。另外，学校管理学同样具有一种不可忽视的人文属性。从大的方面说，整个社会科学若失去内在灵魂与价值理想的引领，就会迷失在冷冰冰的技术操作与功利化的精神荒原上。从管理学意义上看“学校管理”，它不只是一种单纯的物态化生产行为，而是一种本身就蕴藏着生命和灵魂的精神生产与再生产的行为。对学校管理人文属性的解读，实际上包含着对学校管理整体价值取向的信息文本内容和学校管理人文属性自身的双重解读。对学校管理整体价值取向的信息文本内容的解读构成了学校管理关于学校管理主体性的思考，对学校管理人文属性自身的解读构成了学校管理的内部运行机制。可以说，学校管理本身就蕴涵着深刻的人文内涵。所以，在学校管理学的研究及其社会化进程中，有必要在把握社会属性的前提下警惕其人文属性的缺失。

## 四、学校管理学的学科特点

现代学校管理学具备上述学科属性的同时，其自身的学科特点是什么呢？已有文献从学科历史、学科实践、研究对象和学科研究方法四个方面论证了学校管理学是一门独立的学科。在上述论证基础上，可以得出学校管理学具有以下的学科特点：一是学校管理学的本质属性有教育性、累积性、文化性和传承性。二是学校管理学科的特征表现为实践性、复合性、开放性、交叉性。三是学校管理学具有中国特色社会主义初级阶段的鲜明特点。除此以外，以下三点也是至关重要的。

1. 综合整体性

科学的发展在各种动因的推动下呈现着不断的持续性，但是，每一阶段都因其内容、对象的不同而体现出的不同特点。现代科学和文化的发展呈现出高度综合性和整体性。这不仅表现在自然科学内部各学科、各门类之间的交叉与融合，而且也扩展至自然科学和人文科学之间。现代学校管理学作为一门交叉的综合性科学，无疑也将汇入这一强大的潮流。实际上，现代学校管理的现代化进程，正是得益于多种学科知识和技术的交叉、渗透与融合，才得以迅速地展开，现代学校管理学同样也在这种互为借鉴、互为观照、互为启示的多种学科交叉、渗透与融合中体现出科学与人文、技术与价值等多重关系的矛盾、对立乃至冲突。

2. 开放发展性

现代学校管理学是一门富有创造性的学问，绝不是故步自封的。既然它是严格地依照现代学校管理实践经验，在学校管理学学科成就的基础上发展起来的，那么，它也必然要随着现代学校管理实践的发展、科学的发展，不断总结现代学校管理实践新经验，吸取新的科学成果，努力使学校管理实践和理论不断得到丰富、补充、完善、创新和发展。

3. 本土原创性

在我国，现代学校管理学的诞生与发展具有不同于大部分社会科学的特点。我国的现代社会科学大多经历“西学东渐”的学术路径，即发展初期主要是从西方引进、移植、借鉴。而我国的学校管理学在其初创时期就具有以本土原创为主的特点。因此，我国学校管理学在创立时期可以不受国外（尤指西方）的强势学术话语支配，有着更多自由发展的空间。的确，学校管理学在我国具有本土原创性，不过需要指出的是，这种本土性不能作为不学习和借鉴国外学校管理研究成果的借口，也不能作为否定学校管理学的学科地位的托辞。

# 第二章　现代学校管理学的理论基础与研究价值

但凡一门学科的创立，大致需要具备四个基本的前提条件：一是该学科的历史；二是该学科的实践；三是该学科自成为一个相对独立的“客体”；四是该学科的研究方法。从某种意义上说，方法是学科的标志和象征。作为一门学科，必然要寻找与学科专业特性相适应的科学的最佳方法。以科学方法为对象，对它进行理论概括的就是方法论，方法论是研究方式和方法的综合。现代学校管理学研究方法论以学校管理学的理论基础和研究价值为导向，为学科研究起着选择研究途径、确定研究程序、提供研究手段的作用，理所当然地应该成为学校管理学核心理论研究的重要命题。

## 第一节　现代学校管理学的哲学基础

### 一、马克思主义哲学

学校管理学的研究方法根据适用性分为哲学方法和一般研究方法。哲学方法通常是科学研究方法的最高层次，有高度的概括力和较强的适用性，它是学校管理学方法论的基础。学校管理学研究首先必须确立正确的、科学的哲学指导思想。对人文、社会科学而言，马克思主义的唯物史观与方法论是科学的，也可以说是到目前为止诸多学说与学派中最科学的。因为马克思主义的唯物史观对客观世界存在的事物与现象涵盖面最宽、最广泛，剖析的层次最深刻，对事物发展的规律性阐述得最透彻。

只有确立马克思主义的指导地位，才能构建起有中国特色的为我所用、为我所有的学校管理学。我们讲只有确立马克思主义的指导地位，才能构建起科学的学校管理理论体系，绝对不是出于意识形态的嗜好和偏见，而是出于马克思主义本身的科学性。学校管理学研究要有哲学头脑、哲学训练，要运用马克思主义哲学这一伟大的认识工具和根本方法，使我们的研究成果多一些规律性的东西。要想揭示事物的本质和规律，只有对研究者进行哲学训练，使他们具备足够的哲学素养，掌握哲学世界观和方法论，这样才能使其他科学方法发挥应有效应，揭示现象中蕴涵的本质，发现事物内部的稳定性联系及规律。具体而言，马克思主义对学校管理学的指导作用表现在以下三个方面。

第一，马克思主义哲学提供了总体的科学方法论。马克思主义的整个世界观不是教义，而是方法，它提供的不是现成的教条，而是进一步研究的出发点和供这种研究使用的方法。它不仅是科学的世界观，更是科学的方法论。从内容上说，马克思主义哲学是唯物论和辩证法达到高度统一、唯物辩证的自然观与历史观达到高度统一的完整严密、开放发展的科学体系；从社会作用上说，它是指导我们认识世界和改造世界的思想武器，当然也是学校管理学研究的基本方法。学校管理的本质和特征、历史发展、社会功能等关于学校管理的诸多基本问题的研究，都离不开唯物辩证法和历史唯物论。

第二，马克思主义对现代学校管理学的研究和发展从基本方法上进行了指导。例如，"实践—认识—实践"的认识路线，是认识无限曲折上升发展的过程，即实践、认识、再实践、再认识的循环往复。现代学校管理学的相关研究是否正确，需要靠学校的管理者、被管理者以及相关利益者通过实践来检验；同时，学校管理的相关人员在应用这些相关研究的结论、思想时，也会创造出新的经验，从而丰富和发展现代学校管理理论。

第三，今天我们讲的马克思主义绝不单纯是文本上的马克思主义，或者说马克思、恩格斯写过的马克思主义，还应包括当代的马克思主义、现实的马克思主义。所以，发展形态的马克思主义理论——列宁主义、毛泽东思想、邓小平理论、"三个代表"重要思想以及科学发展观，同样是学校管理学的重要指导思想。学校管理任务建设以及新时期学校管理的工作方向与科学发展观等理论,都是学校管理研究的重要内容和重要方法。总之，进行学校管理学理论研究，马克思主义这一科学的指导思想是不能抛弃的。辩证唯物主义和历史唯物主义的理论应当作为主要的理论，因为这是迄今为止研究人文科学与社会科学最接近客观、最讲究本真、最能说明问题本质、最合乎科学的理论。党的十一届三中全会以后，我国社会主义现代化建设在各条战线上取得的光辉成就就是最生动的说明。十八届三中全会的精神对我们学习和研究现代学校管理科学具有指导意义。我们要管理好一个教育部门或一所学校，就必须在辩证唯物主义和历史唯物主义的指导下进行。

## 二、人学理论

人乃"万物之灵"，是生产力诸因素中最活跃的因素，也是管理科学研究的核心内容。人的潜在才能能否充分发挥将直接影响到现代化建设和人类历史的进程。马克思在《1844 年经济学哲学手稿》里，第一次提出了"人学"的设想，并就人学的基础及其与自然科学的关系做了精辟的论述："自然科学将失去它的抽象物质的或者不如说是唯心主义的方向，并且将成为人的科学的基础。"他明确地预示："自然科学往后将包括关于人的科学、正像关于人的科学包括自然科学一样，这将是一门科学。"[①]

一百多年来，人类科学史的发展证实了马克思光辉思想的正确性。自然科学如果长期把研究范围局限在低级运动形式里，不研究人的运动规律，不充分发挥人的作用，就

① 韦伯 M．1844 年经济学哲学手稿．北京：人民出版社，1985：180.

不可能有长足的发展，就达不到它应有的高度。同样，人学如果不研究自然科学，不从自然科学中汲取营养，则将失去坚实的基础，人的作用也不可能得到更充分的发挥。

人不仅是自然的人，还是社会的人。人对自然的认识和改造是通过社会进行的。人的发展既受社会的推动，又受社会的制约。人的一切活动总是与人类社会息息相关的，总是与人所处的阶级地位相联系的。在阶级社会里，阶级矛盾、阶级斗争是客观存在的。人的聪明才智只有在消灭了阶级压迫和阶级剥削的时候才能得到充分的发展。社会科学的研究成果为人学的建立和发展提供了丰富的素材。因此，人学实际上是自然科学和社会科学发展到一定历史时期的产物。

人学是研究人的现象及其运动规律的科学。它从人的总体着眼，来研究人的特殊性、人的运动形式和运动规律以及人的作用，目的在于增强人的生命运动和思维运动的综合效应，不断提高人的素质和创造力，不断提高干部的领导管理水平，以便加快现代化建设的步伐，促进人类进步事业的发展。

### （一）文化传统与人的理论

谈到文化对经济，特别是对管理的影响，就不能不对文化的本质做出说明。人们对文化的认识虽有很多不同的理解，但人们似乎都承认，凡是超越本能，人类有意识地作用于自然界和社会的一切活动及其结果都属于文化。由此可以看出，凡谈到文化总离不开人。

这是因为文化即“自然的人化”。处于原始状态的人类，面对普遍稀缺的自然资源和敌对的自然环境，为了生存而联合成组织，创造出表达意向、把握事物、相互沟通的各种语言或其他符号，建立起调节相互关系的各种制度性规范，这便形成了一系列不同于原始自然状态的产物。

人类所面对的“自然”包括存在于人身之外并与之对立的自然界，也包括人类的本能、人的身体等各种生物的、自然的属性，以及人们之间各种原始的关系。因此，人类的文化创造活动包括改造自然，也包括改造社会和改造人类自身。人类在改造自然的过程中，便注入了人的劳动技能和价值观，从而使被改造的对象进入“文化”范畴，使之从“自在的”变成“人为的”，这便是所谓的“自然的人化”。同时，在这一过程中，人类自身也获得了改造，使人类生命价值不断得到提升，人与人之间关系不断得到改善和优化。从此意义上说，文化又是人类自我成长、自我完善、自我展现的过程。

人类在创造文化的过程中发展并显示自己的本质，也在这一过程中探索和认识自己的本性。因此，人类改造自然、改造自身而创造文化的历史，同时也是人类不断反思、认识自我的历史。人类认识自我，最终仍是为了文化的创造，即为了使外在世界成为人的生命存在的现实之家，使之对于人的生命存在来说变得更舒服适宜；同时也为了使外在世界成为人的生命存在的精神之家，使之对人的生命存在来说变得更丰富多彩和富有意义。总之，人类认识自我，是为了把不断提高的自己在外部世界中进一步表达出来，使人性得以在外在世界中不断伸展扩张，使外在世界不断人化为一个有较高“文化”水准的世界。在此意义上说，文化的发展又是一个人性不断提升的过程。

就人类总体而言，人类创造文化的活动是越来越趋于自觉、越来越能动的，人性内容的展开和人类对自身的认识也是越来越趋于全面的。但是，由于在文化发轫时期各个民族所处的社会地理条件不同，以及由此所决定的各民族早期物质生产方式和社会组织形态不同，人类创造文化的活动内容以及表现伸张自己本性的方面，在各个民族那里便一开始就存在着较大的差异。这一点又决定了不同民族，特别是东西方民族对人的认识有着较大的差别。

在影响人类早期活动内容，决定一个民族后来文化特征的诸多因素中最主要的、作为第一项，即存在约束条件的，无疑是地理环境。这诚如李约瑟在谈到中西文化差异的根源时所说："地理因素当然不只是背景，它实是构成中国与欧洲文化间模式之差别及其所包含的一切意义之要端。"[①]作为西方文化源头的古希腊，是一个境内多山贫瘠而又三面环海的半岛。这决定了古希腊人的社会生产活动一开始就与海洋密切相关，航海业与商业特别发达。与此相应，其原始氏族血缘关系也被破坏得较早和较为彻底。这一切又都造就了古希腊人一种外向型的民族性格，长于逻辑思辨的特点，以及热衷于知识、权力和物质追求的文化传统。

与古希腊不同，中华民族祖先生活的东亚大陆则是一种一面临海、三面陆路、腹部为广饶沃土的自然环境。在此约束下，氏族社会的各种共同体在进入阶级社会后几乎被完整地保留了下来。宗族血缘关系渗透到社会的最深层，成为维系人际关系的主要纽带。所有这些，不仅塑造了中华民族内倾的性格、直悟式的思维以及重和谐的心理特征，并且使中国古代文化，无论是宗教、哲学还是艺术，均与伦理道德紧紧纠缠在一起。如果说，在古希腊人那里，人被定义为"天然的政治动物"，那么在中国古代哲人的观念中，人则是一种天然懂得仁义的动物或情感的动物。

总之，人类在创造文化的过程中，也把自己的本性投射到自己创造成果的"屏幕"上，而人类便通过这个"屏幕"来认识社会。

### （二）人性假设与管理模式

如上所述，文化深深影响着甚至在某种程度上决定着管理的实践模式。这诚如丹尼尔·A. 雷恩所说："管理思想不是在没有文化的真空中发展起来的，管理人员往往会发现，他们的工作总是受到当前文化的影响。"[②]

文化对管理的影响和制约，表现在经济、社会、政治乃至社会意识形态方方面面。其中，文化的经济方面，即人与物质资源的关系，主要表现为人们以一种怎样的方式去指导资源分配，是传统的方式、命令的方式还是市场的方式；文化的社会方面，即人与人的关系，主要表现为人们之间以怎样的价值准则来规范自己的行为，以使一个组织的所有成员能够协调一致；文化的政治方面，即人与国家的关系，主要表现为人们以怎样的法律和政治制度安排来建立和规定权力；至于文化的社会意识形态方面，即人与整个世界和整体人类的关系，主要表现为一批具有共同的经济、社会和政治制度背景的人的观念意识，表现为人们以怎样的信仰、世界观和价值观来看待世界和人类自身，如人在

---

① 李约瑟. 中国之科学与文明（第 1 册）. 台湾：台湾商务印书馆，1980：105.

② 雷恩 DA. 管理思想的演变. 赵睿，肖聿，戴旸，等译. 北京：中国社会科学出版社，1986：298.

世界中的地位、人的本质和人生意义等。

文化的上述方面共同作用于管理，决定一种管理模式在总体表现方面是独裁式、监护式、支持式或同事式；在计划方面是集中式或民主式；在领导方面是独裁式或参与式；在控制方面是外部式或内部式；在激励方面是物质式或精神式。然而，如果我们能更深一步探讨，就会发现文化的观念层面，特别是其中关于人的认识和信念的方面，对管理理论及实践模式的影响尤为直接。可以说，在每位管理学家和实际管理者那里，都有一个一定文化传统下关于人的理论模型和思想信念作为其理论或实践的出发点。对此，在不同的管理模式背后，无论是科学管理还是文化管理，隐喻的都是一个在一定文化传统背景下关于人的理论模型，即人的假设问题。孔茨曾指出：管理者是否自觉地知道这些，在他们的心目中，总有一个个体的模式和基于人的假定的组织行为模式。这些假定和它们的有关理论影响着管理者的行为①。一个管理者的人性如何，将会影响着激励和领导的方法。管理史上是否重视人、如何看待人、是否有人的发展观，就形成了不同的管理主张和措施。

纵观历史，无论在中国还是在西方，各种管理理论、管理模式的产生和嬗变，都是以一定文化传统中的人论作为基础前提的。在现代西方管理史上，先后出现的科学管理模式、人际关系模式、新人道主义模式和权变模式，就是分别从“经济人”、“社会人”、“自我实现的人”和“复杂人”等人论出发的。在中国历史上，交替或混合发生作用的仁政思想、无为原则和集中模式，也都是分别以儒家“人性可塑论”、道家“人性自然论”和法家“人性好利论”为哲学基础的。另外，从横向比较，西方管理中表现突出的命令的高度统一、严格的作业制度、高强度的物质刺激以及明确的权力等级和劳动分工等，之所以明显有别于中国乃至东方管理中的强调价值观念引导、注重管理者人格榜样的力量和追求人际间普遍的和谐，也主要在于两种文化传统在人性的理解方面存在着差异。

综上所述，人的理论乃是管理模式中的一个重要变量，是文化影响管理的一个强有力的作用点。一方面，随着文化传统的缓慢变迁，有关人的理论也处于不断变化之中，并成为管理模式变迁的一个决定性因素。另一方面，一种文化传统无论如何变化，将始终保持自身独特的品质和特点，并进而影响到一个国家或民族管理的特色。或者说，在某种管理模式的背后，都深深隐藏着一个国家民族文化传统中所包含的一系列价值理念和人性信念。

由此，我们认为：第一，在考虑建立一种管理模式时，应顾及民族的文化传统和人性信念，尽管物质生活或其他经济活动的共同规律使管理可有一般性的通则，但管理具有民族性，不同的民族文化背景对人性的不同理解将导致形成不同的管理风格和管理模式。第二，中国和西方的管理思想各自具有自己的民族文化精神印记，因此，不同国家民族管理模式的相互引入和借鉴，首先是不同文化传统、不同价值观念体系、不同的人性信念相互磨合的问题，我们对西方现代管理的有效引入，既依赖于对传统文化进行创造性的转化，又依赖于对西方管理学的人论展开分析性的批评。第三，富有成效的管理，主要取决于对文化历史的真实了解和对人性持有的正确信念。

---

① 孔茨 H，奥唐奈 C，等. 管理学. 韦里奇 H，黄洁纲，范煦译. 上海：上海人民出版社，1990：577.

# 第二节　现代学校管理学的经济学基础

## 一、西方经济学的借鉴意义

列宁指出："睁开眼睛来看资产阶级科学，注意它，利用它，批判地对待它，不放弃自己完整的和确定的世界观，这是一回事；匍匐在资产阶级科学面前，重复马克思的"倾向性"，等等之类的一些具有完全确定意思和意义的词句，这是另一回事。"[①]因此，了解现代西方经济学，以马克思主义为指导，实事求是地加以研究，吸取其中有益的东西，进行比较、鉴别、参考或利用，是我们当前在治理经济环境，整顿经济秩序，全面深化改革，从而逐步建立社会主义商品经济新秩序的进程中，以科学来改造和发展哲学的有效途径。

西方微观经济学的研究是从个人做出决策的四个原理开始的。第一，人们面临权衡取舍，其中包含两个主要方面：一方面是如何配置稀缺的资源的问题。例如，一个学生决定如何配置他的最宝贵的资源——时间，他可以把所有的时间用于学习语文，可以把所有的时间用于学习数学，也可以把时间在这两个学科之间进行分配，对于他用于学习一门课的时间就意味着放弃学习另外一门课的时间。另一方面是社会面临着效率与公平之间的权衡取舍。所谓效率，是指社会从其稀缺资源中得到的最大利益。所谓平等，是指这些资源的成果平均地分配给社会成员。换言之，效率是指经济蛋糕的大小，而平等则是指如何分割这块蛋糕。第二，成本问题。由于人们面临着权衡取舍，所以做出决策就要比较可供选择的行动方案的成本与利益。例如，一个人考虑是否上大学，主要的利益是丰富了知识并且一生中拥有了更好的工作机会，但成本是什么？一是用于学费、书籍、住房和伙食加总起来的实际成本。二是一种东西的机会成本，即为了得到这种东西所放弃的东西。第三，理性人考虑边际量。经济学家通常假设认识是理性的。在机会成本为既定的条件下，理性人系统而有目的地尽最大努力去实现其目标。例如，生活中的许多决策很少是黑与白的选择，而往往是介于其间的，经济学家用边际变动这个术语来描述对两者行动计划的微小增量调整。第四，人们会对激励做出反应。激励是引起一个人做出某种行为的某种表现，如惩罚或奖励的预期。由于理性人通过比较成本与利益做出决策，所以，他们会对激励做出反应。你将会知道，在经济学研究中激励起着中心作用。一位经济学家甚至提出，整个经济学的内容可以简单地概括为："人们对激励做出反应，其余内容都是对此的理解。"

研究当代西方经济学，在当前有着重要的意义：①有助于我们了解西方资本主义国家经济发展的情况和问题，更好地贯彻执行对外开放这一基本国策。②有助于我们吸收和借鉴西方国家关于组织社会化大生产和市场经济的成功经验，加快社会主义市场经济体制的建立和现代化建设的步伐。③有助于我们深刻理解马克思主义经济学与当代西方经济学的根本分歧，坚持和发展马克思主义经济学。

---

① 列宁全集．第3卷．中共中央马克思恩格斯列宁斯大林著作编译局译．北京：人民出版社，1990：581．

## 二、提高办学效益的经济学解释

### （一）办学效益

“效益”由“效”和“益”两字组成，“效”是效果、功用，“益”是利益、收益。“效果”，按照《辞海》的解释是“由行为产生的有效的结果”，“功用”是事物的有效性，“利益”或“收益”是对人的益处。因而，效益可理解为效果与利益。作为经济生活中的概念，效益是指社会经济活动中物化劳动和活劳动的占有与消耗，与所取得的符合社会需要的劳动成果之间的比较，或简单理解为产出与投入、成果与消耗、所得与所费的比较。实际上学校办学过程也可看成是一个生产过程，一个特殊的人才培养的“生产过程”，在这个过程中，与其他生产过程一样，既有投入，又有产出。因而，学校办学效益可以定义为学校的物化劳动和活劳动的消耗与所取得的符合一定社会需要的劳动成果之比，或简单理解为学校的产出与投入、成果与资源消耗、所得与所费之比。办学效益的内容涉及三个方面：一是表明数量方面的对比关系；二是具有一定的质量要求；三是达到一定社会适应性规定。学校办学只有在数量、质量和适应性上与一定社会的要求相适应才能使效益得以实现。如果学校在一定的投入条件下产出数量很多，但质量不高、适应性不强，则数量越多，浪费就会越严重；如果质量虽然很高，但适应性不强、产出数量不足，则对社会同样是一种浪费；而如果适应性很强，但质量欠佳、产出数量不足，也难以体现学校办学经济和社会的价值。因此，办学效益体现了数量、质量、适应性三者的统一。三者是一个相互联系的有机整体，即数量的对比关系是办学效益产生的前提，一定的质量要求是办学效益产生的基础，一定的社会适应性是办学效益的质的规定性。

### （二）规模、结构与质量

布点散、规模小、效益低、浪费大是实现教育两个根本性转变的最大障碍。因此，统筹规划、合理布点、适度规模、提高投资效益、改善办学条件成为当前教育改革的主旋律。

发展中国家教育规模的迅速扩大是 20 世纪中后期的一种世界现象。20 世纪 70～90 年代的 20 年间，亚太地区各级正规教育学生数量由 3.88 亿人猛增至 6.37 亿人。与此不协调的是，发展中国家的教育经费在 GNP（国民生产总值）中的百分比几乎都在 4%以下，最低者只有 1.1%[①]。拥有世界 3/4 教育总量的发展中国家只拥有世界教育经费的 1/8。因此，西方无论怎样强调小班教学的合理性，东方仍旧崇尚夸美纽斯的 1 个教师可以同时教 300 个学生的具有普及功能的规模办学。

检验教育结构合理与否，要看它是否满足了社会和经济发展对教育的需要。在这方面，我们贯彻的原则是：和谐发展，适度超前。然而，对于大发展时期的教育最容易出

---

① 周南照．亚太地区教育、经济、文化的互动和比较研究的作用．比较教育研究，1996，（2）：21．

现的是教育结构失调所造成的结构性浪费，其中，脱离当地实际需要，片面追求教育体系的完整是造成浪费和效益下降的重要原因。教育教学质量是办学效益直接而外在的表现形式，尽可能地降低办学成本和实现教育教学质量的最大化是办学效益集中完整的体现。教育教学质量是教育永恒的课题，是一项庞大复杂的系统工程。

总之，教育的规模、结构、质量、效益是辩证统一的关系，它们相互作用、相互联系。只有完善科学的质量指标体系，规模、结构、质量协调发展，才能促进办学效益，形成办学的良性循环。

### （三）内涵式发展

《现代汉语词典》指出，内涵有两层意思：一是指一个概念所反映的事物的本质，即概念的内容；二是指内在的涵养。外延是一个概念所确指的对象的范围。外延式发展强调的是数量增长、规模扩大、空间拓展，主要是适应外部的需求表现出的外形扩张；内涵式发展强调的是结构优化、质量提高、实力增强，是一种相对的自然历史发展过程，发展更多的是出自内在需求。学校内涵式发展方式主要通过学校内部的深入改革，激发活力、增强实力、提高竞争力，在量变引发质变的过程中，实现实质性的学校的跨越式发展。

### （四）教育资源配置

教育资源的优化配置、充分利用和不断开发是提高办学效益最直接、最有效的三个因素，这对于现行的条块分割、自成体系和大而全或小而全的习惯做法是一种具有革命性意义的冲击。而资源共享、协同发展是效益原则下避免浪费的重要办学原则。在经济学中，资源有狭义和广义之分。狭义资源是指自然资源；广义资源是指经济资源或生产要素，包括自然资源、劳动力和资本等。可以说，资源是社会经济活动中人力、物力和财力的总和，是社会经济发展的基本物质条件。在社会经济发展的一定阶段里，相对于人们的需求，用来满足人们需求的资源是有限的，因此，资源总是表现出相对的稀缺性。资源配置（resource allocation）是指对相对稀缺的资源在各种不同用途上加以比较做出的选择。从而要求人们对有限的、相对稀缺的资源进行合理配置，以便用最少的资源耗费，生产出最适用的商品和劳务，获取最佳的效益。资源配置合理与否对一个国家经济发展的成败有着极其重要的影响。一般来说，资源如果能够得到相对合理的配置，经济效益就显著提高，经济就能充满活力；否则，经济效益就明显降低，经济发展就会受到阻碍。

### （五）教育均衡发展

2006 年《中华人民共和国义务教育法（修订草案）》首次提出义务教育向均衡化方向发展，从原来义务教育注重重点发展转向均衡发展。均衡最初是物理学中的名词，后来经济学家提出了市场均衡理论，教育均衡发展是经济均衡发展的移植。基础教育均衡发展是一个历史范畴，是相对的、动态的过程，基础教育均衡发展只能是相对的，不是绝对的，是一个从不均衡到均衡，又从均衡到新的不均衡，再到新的均衡的持续的动态发展过程。教育均衡问题不仅是一个客观事实的问题，同时也是一个主观的价值判断的问题。基础教育均衡发展，目的就是让每一个孩子，无论其民族、地域、出身，作为国家公民都能够有平等地、平均地享受优质教育资源的权利，并能享受到教育均衡带给自己的人生价值的提升①。

教育均衡发展涵盖教育领域与其他领域之间的均衡发展、教育领域内部各级各类教育之间的均衡发展、教育系统各要素之间的均衡发展、教育各要素内部的各组成单元之间的均衡发展，以及教育各阶段之间的均衡发展。从不同层次来说，基础教育均衡发展不仅包含宏观层次的国家法律政策的因素，也包含中观层次的区域之间、城乡之间、学校之间、群体之间的教育资源配置的因素，还包含微观层次的学校内部的教育教学和管理等因素②。

# 第三节　现代系统科学方法论基础

## 一、现代科学方法论

所谓“方法论”，就是人们认识世界、改造世界的一般方法，是人们用什么样的方式、方法来观察事物和处理问题。它是普遍适用于各门具体社会科学并起指导作用的范畴、原则、理论、方法和手段的总和。随着19世纪末20世纪初的物理学革命，各门科学都迅速发展，方法论在科学知识中的比重日益提高，对科学发展的作用也日益显著，而这也和科学发展的时代特点密切相关。首先，科学对自然和社会的研究越来越广泛、深入，使科学研究中抽象化的程度提高，于是逻辑思维方法迅速发展。其次，科学的进一步分化和综合产生了一些新兴的学科和边缘学科，促使科学研究的整体性和综合性增强，产生了系统理论等具有方法论意义的新学科。再次，现代科学发现了一系列原有科学理论体系不能解释和说明的新的事实，出现了一些佯谬，破坏了科学体系原有的原则和思维前后一贯的逻辑严密性，使现代科学范畴体系发生了许多根本性的变化，同时也促使逻辑方法向前发展。最后，由于科学研究课题的复杂性、综合性日益加强，科学研究手段日益复杂、精密，科学研究课题的各个不同方面、不同层次需要相互协调、相互配合，因此产生了协调科学研究不同方面和不同层次的方法论。

现代自然科学的发展不仅发展了各门具体科学自身的特殊的方法论，而且孕育产生了一些只是反映世界某个侧面但带有普遍意义的科学方法论，如出现了系统论、控制论（见控制论哲学问题）、信息论等横断科学，它们对诸多科学部门都具有方法论的意义。其中，系统科学的方法论不仅涉及一般与个别、部分与整体、简单与复杂、原因与结果等传统的哲学范畴，而且还提出系统、要素、层次、结构、功能等具有哲学意义的新范畴。这些方法论所涉及的都只是世界的某一个侧面，它们都是专门的科学方法论，不能代替唯物辩证

---

① 张婷．关于基础教育均衡发展的研究综述．江苏教育研究，2011，（1）：62.

② 翟博．教育均衡发展：理论、指标及测算方法．教育研究，2006，（3）：17.

法的唯一科学的哲学方法论的地位，但这些专门科学方法论对唯物辩证法的丰富和发展有着积极的意义。

系统科学方法是指以“老三论”（系统论、信息论、控制论）和“新三论”（耗散结构论、协同论、突变论）为主导的系统科学理论指导学校管理研究产生的方法群。“老三论”是20世纪40年代几乎同时产生的综合性横断科学，是被各学科重视并得到广泛利用的研究方法。“新三论”则在“老三论”的基础上发展起来，旨在探索复杂性的新兴学科群，同样具有重要的方法论意义。它们对学校管理研究的方法论指导意义主要体现为以下几点。

1. *以系统论为基础的研究方法*

它要求我们把学校管理放在系统的形式中进行考察和研究。其特点是基于一般系统论的基本思想和原理，强调学校管理系统的整体性，学校管理要素之间，以及学校管理系统与社会环境之间的有机关联性，系统的动态性、有序性和目的性。例如，系统论认为，系统各组成要素之间的相互作用使系统最终达到平衡状态（终态），对封闭系统而言是定态，对开放系统而言是稳态。而学校管理系统应该是一种开放系统，我们的改革所追求的应该是一种稳态，而不是定态。这种稳态就要求学校管理改革要遵循循序渐进、稳步推进的原则，不可急功近利。

2. *以信息论为基础的研究方法*

信息论本是一门研究通信和控制系统中普遍存在的信息传递和信息处理的科学，现已逐步发展为一门研究信息的产生、获取、变换、传输、存贮、处理、显示、识别和利用的信息科学群。学校管理学从根本意义上说也是一门处理信息的学问，处理的是作品信息的传播。因此，学校管理学的研究离不开信息论的指导。

3. *以控制论为基础的研究方法*

控制论方法有助于描绘学校管理过程和发展的多样性，强调系统状态的控制和反馈，提高学校管理策略的有效性。这类方法包括反馈控制方法、功能模拟方法、黑箱辨识方洪以及模型化方法等。

4. *以系统自组织理论为基础的研究方法*

这类方法包括耗散结构论、协同论、突变论（即“新三论”）和超循环理论等。普利高津的耗散结构论认为，系统逐步由无序向有序演变，当系统的外部环境发生变化时，系统会随之发生量变，如果这种改变突破某一界限，系统就会发生质变。哈肯的协同论提出，开放系统达到稳态时，各要素间的结合方式是有规律的，各要素自身的“新陈代谢”并不改变这种结合方式，这种现象称为自组织现象，这种结合方式称为协同。突变论中的“突变”一词是强调变化过程的间断或突然转换的意思。其主要特点是用形象而精确的数字模型来描述和预测事物的连续性中断的质变过程。突变论在学校管理过程中，对解决学校突发事件，应对公共危机具有一定的指导意义。艾根的超循环理论提出，系统的演化是一个从低层次循环到高层次循环的过程。这些方法论可以指导学校管理系统的运动、发展和演化问题，尤其是解释学校管理系统自发形成，具有充分组织性的有序结构的内在机制问题。

5. *以非线性科学和相似性理论为基础的研究方法*

非线性科学是20世纪60年代以来，以非线性数学系统和自然现象的非线性系统为研究对象的一门新兴前沿学科，包括混地学理论、分形几何学理论、非线性数学理论、孤立子理论和非系统论等。相似性理论主要包括相似学、全息学、模型理论、比较学、周期学、系统动力学等。这些方法虽然发端于自然科学的研究，但对学校管理学同样有重要的启发意义。例如，分形的基本特征是自相似性，即事物不同尺度上具有相同的性质或形状，这样，使得这个分形事物既表现出高度的复杂性、混迹性、不规则性，又表现出内在的高度有机性、立体有序性、血脉贯通性。学校管理正是结构的多尺度、多层次的丰满性和主题的和谐性的统一。

## 二、“老三论”——系统论、信息论、控制论

在现代科学中，系统论、信息论、控制论研究是新型的综合性的基础理论。与其他基础科学不同，其既不是研究客观世界中哪一种物质的结构也不是研究物质的某种运动形态，而是从横向综合的角度来研究物质运动的规律。系统论、信息论、控制论不仅为管理科学提供科学的方法论，促进了现代科学技术的快速发展，而且为辩证唯物主义的发展提供素材，更好地继承和发扬了中华民族的优秀文化，促进了人类文明的发展。因此“老三论”不仅改变了世界科学发展的图景，还改变了人们的思维方式。

系统论是研究系统的模式、性能、行为和规律的一门科学，它为人们认识各种系统的组成、结构、性能、行为和发展规律提供了一般方法论的指导。学校组织既是国家教育系统的一个组成部分，又是一个自身具有稳定功能的系统。作为系统的学校组织主要由目标系统和管理系统组成。目标系统是根据办学宗旨，由德育、智育、体育、美育几个方面的任务和工作事项构成的，包括一切教育活动；管理系统是由目标系统决定的管理体制和组织机构构成的，它是为实现目标服务的。由于学校具有系统性这一特点，因此就要根据学校工作的特殊性，从实际出发，在管理实践中科学地运用系统论整体原则、有序性原则、定量分析原则、最优性原则和动态平衡原则等对学校进行管理。

“信息”是指反映事物存在和运动差异的，对解决问题有用的，可以被人类理解和接受的新的消息。信息论则为正确地认识并有效地控制系统、了解和掌握系统的各种信息的流动与交换提供了一般方法论的指导，它是研究各种物质的信息沟通与控制规律的科学。信息是学校联络的媒介，它便于学校内的各个职能机构、院系、教师、学生之间在工作上和教学上的交流与协调配合。信息是学校决策的重要依据，它是管理者制定决策的第一手可靠资料，它可以及时、准确地说明当前的情况，便于管理者整体把握现状。

人们研究和认识系统的目的之一，就在于有效地控制和管理系统，控制论则为人们对系统的管理和控制提供了一般方法论的指导。它的主要思想就是研究整个系统，用最小的信息，实现最优的调控，取得最佳的效果。从整个国民教育系统来说，学校是一个多层次、多结构的系统；从教育方式上来说，学校是一个多因素、长周期的系统。各系统、各层次、各结构与环境中的各因素间有着错综复杂的联系，因此必须要有科学的管理来调节控制，运用控制论的基本观点来对学校进行科学管理才能取得成效。

## 三、“新三论”——耗散结构论、协同论、突变论

1969 年，比利时自由大学教授普利高津率先提出了耗散结构论。他认为，“耗散结构”是一个远离平衡态的开放系统，当其中某个变量达到一定的临界值时，通过涨落发生突破，即非平衡突变，就有可能从原来的混沌无序状态转为一种空间、时间或功能有序的新状态，这种远离平衡的非线性区形成的宏观有序结构需要不断与外界交换能量才能维持，并保持一定的稳定性。因此，根据耗散结构论的观点，学校管理者在进行管理时，一定要使所建立的管理系统是一个开放的系统，使之加强与外界的物质、能量与信息交换，特别是信息交换，形成一个经济和信息的输入和输出流，这样才能使管理系统保持稳定而处于有序状态。

协同论是斯图加特大学理论物理学教授赫尔曼·哈肯提出的。协同论是研究各种系统和运动现象从无序到有序转变的共同规律，力图阐明在具体性质极不相同的系统中产生新结构和自组织的共同性，揭示合作效应引起的系统的自组织的作用。协同论告诉我们，系统之间可以通过协同形成优于部分运动之和的整体宏观效应，即 1+1>2；而如果系统与系统及系统内部各要素间相互制约，也会使整个系统的力量削弱，使整体功能从“内耗”中泄漏出去，即 11<2。这就是说，协同可以提高效率，而不协同就会损失效率。因此，学校管理中要使各个部门发挥其协同作用达到 1+1>2 的效果，就要将协同论充分运用于学校管理之中。

1968 年，法国数学家雷内·托姆提出突变论。他认为，系统从一种稳定状态进入不稳定状态之后略作变化而进入另一种稳定状态，就发生了突变。因此，突变论研究的是系统从一种稳定状态到另一种稳定状态。突变论为我们提供了描述事物突变现象的数学模型。事物由通常的“渐变”过程发展到一定程度，到了一定临界点，“渐变”的一般平滑过程就会突然中断，新的质变突然出现，这种现象叫“突变”，而在学校管理过程中，导致“突变”的因素众多，为了保持学校组织系统畅通运行，需要将突变论运用于学校管理之中。

# 第四节　现代学校管理学的研究价值

## 一、现代学校管理学研究的理论价值

### （一）推动学校管理学学科建设

现代学校管理所面临的最重要的问题是理论建设、理论研究问题。随着社会主义市场经济体制的确立，面对社会转型给学校教育带来的错综复杂的局面，没有理论的指导，就没有从宏观透视全局、驾驭全局的能力，是很难开展学校管理工作的。而我们恰恰是在这些方面缺乏必要的理论准备。与不断发展的形势相比，理论建设滞后的状况，不能不说还在延续和存在着。可以这么说，学校管理的发展很大程度上仍然没有实现“理论

自觉”和“理论先行”。学校管理学的巨大历史意义、理论意义和现实意义，远未得到充分发挥。加强学校管理学研究，可以促进学校管理改革、革新学校管理思想、建构学校管理文化等，是推进学校管理理论建设的根本途径，也是促进学校管理学学科建设的必由之路。

### （二）提高学校管理的科学化水平

现代学校管理学研究除了有助于解决对学校管理现象和本质的认识问题外，更重要的是能够落实到指导学校管理的实践上，有助于解决现实的学校管理问题。当前，学校建设飞速发展，实践中的学校管理活动面临的社会环境日趋复杂，通过学校管理学的研究，有助于从战略的高度认清形势和把握发展态势，有助于整合性地挖掘和开发好学校资源，有助于应对学校管理面临的前所未有的挑战。此外，加强对学校管理学的研究，有助于拓宽研究思路，有助于解决学校管理学的难题，提高学校管理的科学化水平，提升学校管理体制改革的自觉性和明确性。

### （三）有利于学校管理创新人才的培养

对于一门科学来说，没有教育就没有基础，没有人才就没有前途，当然学校管理学也不例外。学校管理人才培养是关系到学校管理学研究后继有人和实现可持续发展的重大问题，应当引起高度关注。学校管理人才需要具备多种素质，其中最为基本的就是要对学校管理现象有一个全面的了解和把握，而学校管理学研究正是实现这一目的的有效前提，特别是学校管理专业高层人才（如硕士、博士）的培养，更需要加强学校管理学基础理论的教育。学校管理理论既是学校管理的基础，也是学校管理人才培养的必修课，它可以使学生对学校管理学由个别了解上升到整体把握，由经验分析上升到理论分析，由片面认识上升到全面认识，取得事半功倍的效果。开展学校管理学研究是提高学校管理科学性和有效性的需要，也是学校管理创新人才培养的客观需要。

## 二、现代学校管理学研究的方法论价值

### （一）创新研究方法是学校管理实践发展的客观需要

从根本上而言，研究方法是人们为了实现改造世界这一基本目的而去认识世界所采取的手段和途径，是认识、分析与解决问题的工具。可见，学校管理实践的发展是其研究方法更新与变革的内在驱动力。快速发展的学校教育事业为我们展现出了许多新景观，也使我们产生了不少困惑。要想全面、立体、动态地把握新问题，传统方法和单一方法势必会显示出其局限性，这就需要开拓和发展新的方法。研究方法的更新与发展，不仅能够帮助我们对令人迷眩的学校管理现实世界保持足够的定力与评判力，而且能够有效促进学校管理实践。从历史上来看，学校管理发展本身就是一个生动的方法创新过程。

### （二）创新研究方法是学校管理理论创新的内在诉求

从某种程度上说，正如社会生产力的提高与进步在很大程度上是因生产工具的更新与变革一样，一门学科发展史也是方法的更新变革史。正是因为方法的革命性替代或补充，人们才得以用更为有利与多样的工具重新认识事物，对客体与对象获得全新的认识，服务于学科自身存在和发展的需要。“可行、向前看、后果、创新及解决问题”与否就是判定方法好坏的标准，也是各种方法综合化趋势的基础。学校管理学研究从总体上也服从于方法论科学合理与否的标准，不仅学校管理的发展使传统或者单一方法捉襟见肘，而且学校管理学理论也因囿于既有的固定框架与视角难以有所发展，方法的更新与变革因此成为学校管理学理论发展的重要工具。可见研究方法的创新促成了学校管理学的确立，也是学校管理学发展和成熟的内在需求。

### （三）创新研究方法是确立学校管理学科专业学术价值的体现

当前学校管理学的独立程度较低，表现为研究方法较多依赖或借用企业管理实务总结或现象描述等方法，这使学校管理学的学术价值在很大程度上受到削弱，这与学校管理学研究方法的陈旧与单一不无关系。实务总结和现象描述当然很必要，但是，过多使用则说明学校管理学不是也难以成为一个独立的具有专业与价值的成熟学科。尤为重要的是，如果没有或者缺乏学校管理学独有的研究与分析方法，则不仅其学术价值受到削弱，就连学校管理学存在的必要性都会受到质疑与挑战。随着我国学校管理改革的深入，发展学校管理学独有的研究方法就成为树立其独立学术地位与品格的必经之路。如果研究方法得到更新，不仅学校管理学理论有较大发展的可能，其学术价值也会日益被人们重新认识，从而能更好地服务于我国社会主义学校事业的发展，彰显学校管理学的学科特性与专业价值，对基于方法创新而建立的学校管理学的研究方法的探讨做出贡献。

## 三、现代学校管理学研究方法的应用价值

### （一）加强方法继承中的创新

尽管有人批评已有的学校管理研究有诸多缺陷，但并不能就此抹杀其已取得的成就，也不能武断地认为没有学校管理学借鉴的研究方法。如果当真没有研究方法，那么就不会有什么能站得住脚的学校管理学术思想，而事实上我们的学校管理学术思想是丰富多彩的。正是已有的研究方法，大力支持了学校管理理论并进而指导了学校管理实践。学校管理学研究不能一味地摒弃这些方法，而应该有效地加以继承。学界也认为目前学校管理学的研究方法主要是继承其他相关学科的方法。因为学校管理学属于一门跨学科的研究领域，在学术上与其接近的有社会学、管理学、政治学、经济学、教育学、心理学、伦理学等，均可借鉴应用它们的研究方法。因此，一方面，主张自身独立方法的无效性，学校管理学是应用科学，学校管理学现在所应该做的是不沉溺于关于学校管理学自身独立方法的幻想，而是作为一门应用的学科充分地借用其他诸学科的先进方法，需

要结合学校管理现象的特征有目的地加以调整即可；另一方面，对以主观价值判断为前提来论述学校管理现象的教条式立论和那些认为学校管理研究直接有实用性的观点，予以严厉批判，阐明如果没有科学方法则学校管理学不成立。教育学、教育史等与管理学相关的领域从整体上对学校管理学研究的深度和广度大有贡献。然而，只要这些研究结果停留在各学科的边缘部分，是补充性的，对于综合学问领域的学校管理学的建构就没有直接意义。这样的研究难以使学校管理学有显而易见的发展。虽然这样的研究表面上看似有矛盾，其实深刻地表述了学校管理学研究方法要注意继承和创新。一方面，要继承相关学科的方法，为学校管理学所用；另一方面，更要注意调整，要自觉地站在建构学校管理学的立场上来继承，也就是要有所创新。研究方法的创新，不仅是指创造一种全新的方法，而且也包括研究视角的创新和已有方法使用上的创新。

### （二）定量研究与定性研究有机结合

众所周知，研究方式的思辨性是社会科学的一大特点。具有高度抽象性、思辨性的逻辑论证，是传统社会科学的主要研究方式。随着社会的发展和科学技术的进步，社会科学的研究方式也在日益摆脱纯思辨性质，逐步产生了诸如调查访问、问卷测试、社会统计、数学模型等一系列实证方法。如果使定量和定性研究有机联系，实现统计数据和理论分析的结合、科学判断和价值判断的结合、电脑和人脑的结合，必将有力地推动社会科学研究从传统向现代的转变。对学校管理学研究而言，也是如此，需要注意定量与定性、应然的价值判断与实然的事实陈述相结合。在构建学校管理学的范畴体系和学科体系、探求学校管理学的基本原理和基本规律的过程中，需要严密的逻辑论证。因为，任何使用定量方法所作的研究都不可能完全地涵盖研究对象，只能通过部分反映全部。人们需要借助思辨、推理来认识学校管理现象，尤其是宏观的学校管理发展现象。不过，就目前科学的发展趋势和学校管理学的研究状况而言，更迫切地需要加强定量和实证研究。

### （三）在整体论的视野中加强案例研究

学校管理研究需要整体论与个体论相结合的综合研究方法。一味地研究个体，“只见树木，不见森林”，形成不了人类宏观的学校管理世界观。哪怕是一味地研究一个国家、一个区域的学校管理现象，也很难形成国际大视野，当前，学校管理学研究需要在整体论、宏观论的研究视野中加强个案研究，切实重视案例研究法的运用。在学校管理学界关注到个案研究法在学校管理学研究中的运用时，从某种程度上说，个案研究方法在学校管理实践、管理体制和管理方式方面发生变化，这在大多数学校管理面临转型的时期显得更有意义和价值。的确，学校管理学的个案研究相当广泛，包括学校管理工作的各个环节、管理过程运作以及某一学校管理问题、现象、事件深层次的个案分析研究等。

### （四）研究方法追求多样化，但要以“解决问题”为指向

学校管理学研究要积极采用多样化的研究方法，如同时运用比较研究、调查研究、系统研究、历史分析、思辨推理、定量研究方法等；还要吸收新的技术方法，研究者要密切关注新兴的互联网研究方法。例如，学校管理学研究可采用网站（页）问卷调查方

法（给调查对象发一份 e-mail，邮件中有与调查问卷的超级链接，只要点击链接，浏览器就会打开问卷，调查对象填写完成以后调查结果会自动进入数据库，便于快速处理）和电子邮件调查方法（将问卷直接发到被访者的电子邮箱，类似于传统的邮寄问卷调查）等。同时，学校管理学研究应加强不同研究方法的互补，如描述性研究和解释性研究的互补、思辨研究与实证研究的互补、定量研究与定性研究的互补等。这种思路在原则上无疑是正确的，学校管理学研究需要通过多样化的研究方法的使用，方能取得更多的有价值的研究成果，并革新人们的学校管理理念。

# 第三章　现代学校教育制度

教育治理体系和治理能力现代化研究是当前教育研究的一个重要课题，而学校治理体系与治理能力现代化则是教育治理体系和治理能力现代化的重中之重， 是实现教育治理体系和治理能力现代化的关键环节。2004 年 3 月国务院批准了教育部《2003—2007 年教育振兴行动计划》，其中第九部分“加强制度创新和依法治教”中第 34 条明确提出：“深化学校内部管理体制改革，探索建立现代学校制度。”这是国家级政策文件首次对现代学校制度概念的认定。党的第十八届三中全会通过了《中共中央关于全面深化改革若干重大问题的决定》，该决定提出“全面深化改革的总目标是完善和发展中国特色社会主义制度，推进国家治理体系和治理能力现代化”，引发了我们对教育领域学校治理体系和治理能力现代化的思考。

## 第一节　现代学校教育制度概述

### 一、现代学校制度的含义

无论是从汉语还是从英语词源来看，“制度”一词都包括两个方面的内容：一是机构或组织的系统；二是机构或组织系统运行的规则。因此教育制度则指的是一个国家各级各类教育机构与组织的体系及其管理规则，它包括相互联系的两个方面：一是各级各类教育机构与组织的体系；二是教育机构与组织体系赖以生存和运行的一套规则，如各种各样的教育法律、规则、条例等。

“学校制度”又称“学校教育制度”，有狭义和广义之分。狭义的“学校制度”指的是一个国家的各级各类学校的体系方面的规则，简称“学制”。它规定了各级各类学校的性质、任务、入学条件、学习年限以及它们之间的衔接和关系。广义的“学校制度”指的是为了指导和约束学校的行为和与学校有关的组织、机构、人员等的行为而制定的教育法律、规章等成文的规则体系，以及学校、学校所在的社区中的组织、人员认可了的与学校有关的习惯、道德标准、风俗等未成文的规则体系。这种规则体系的作用在于调整学校的内外部关系，使教育有序运行。学校制度所要调整的内部关系包括学校与教师、学校与学生、教师与学生的关系，外部关系包括学校与政府、学校与社会等的关系。好的学校制度对于理顺学校与其他利益主体的关系、促进教育的健康发展意义重大。广义的“学校制度”包含了狭义的“学校制度”。

现代学校制度是一种适应时代要求的学校教育制度安排。它强调的是制度安排的“现时性”，它是一种“好的、先进的、能适应时代要求的”学校制度。当前，建设现代学校制度就是要求改革者根据时代发展的要求，设计和构建与各方面改革相适应的规则体系。因此，现代学校制度通常是教育改革发展过程中的重要关注点，也是现代教育制度的核心部分。

## 二、现代学校制度的特点

### （一）教育制度

教育制度既有与其他类型的社会制度相类似的特点，又有其自身独特的特点，如规范性、客观性、历史性、强制性等。任何教育制度都是其制定者根据自己的需要制定的，是有其一定的规范性的。在阶级社会中，教育制度的规范性主要表现为其阶级性，即教育制度总是体现着某一阶级的价值取向，总是为某一阶级的利益服务。因而社会主义的教育制度应该最大限度地保障和满足广大人民日益增长的文化教育需要，从而体现社会主义教育的性质。然而，教育制度作为一种制度化的东西，不是从来就有的，它是一定时期的人们根据自身的需要而制定的，某种教育制度的制定或废止有它的客观基础，是有规律可循的，而这个客观基础和规律性主要是由社会生产力发展水平所决定的。教育制度是对客观现实的反应，具有一定的客观性，而这种客观性又是随着社会的变化而变化的，因此在不同的社会历史时期和不同的文化背景下，产生了不同的教育制度，教育制度是随着时代和文化背景的变化而不断创新的。但无论何种教育制度，它作为教育系统活动的规范是面向整个教育系统的，它独立于个体之外，对个体的行为具有一定的强制作用。只要是制度，在没有被废除之前，都不管个人的好恶，无条件地要求个体遵守，违反制度就要受到不同形式的惩罚。

### （二）现代学校制度

现代学校制度是一种协调校内和校外关系的制度安排。制度是人们在调节各种关系时形成的一种规定。现代学校制度把学校视为一个开放的组织，它不仅关注学校内部的运作过程，而且也重视学校与家长和社会的互动过程。校内制度和校外制度是现代学校制度的两个主要内容。通常所提的学校制度不仅在制度的完整性上存在缺憾，而且也缺乏动态的观点。现代学校制度以学生的发展为核心来构建校内制度和校外制度，强调学校利益相关者在制度构建和发展中的作用。

2012 年，为推进现代学校制度建设，教育部颁布了《教育部关于建立中小学幼儿园家长委员会的指导意见》《依法治校——建设现代学校制度实施纲要（征求意见稿）》，对校内关系和校外关系做出具体规定，以协调和整合影响学生发展的各种力量。

### （三）现代学校与传统学校的区别

现代学校是指反映后工业社会（信息时代、知识社会）的政治、经济、社会、文化特点，具有现代教育特征的制度化、正规化的学校组织系统。现代学校与传统学校的区别在于：①从教育目的的角度比较，传统学校强调以社会为本位（人作为工具，接受教育以更好地服从于政治需要和资本经济需要）；现代学校强调以人为本位（关注师生作为人的本体的发展，人接受教育以促进每一个人的多元化人生与个性化的发展）。②从学校功能的角度比较，传统学校强调选拔与淘汰（选拔出适合进一步“教育”的学生，淘汰一大批不合适“教育”的学生，为“金字塔型”等级社会结构服务）；现代学校强调促进人的全面发展（每一个人都有接受教育和得到发展的权力与机会，学校应为学生潜在能量向现实能力的转化创造条件，提供服务与帮助）。③从教育内容的角度比较，传统学校强调学科中心主义（课程的设置与内容编排以满足学科发展与完善为目的，强调系统化，内容繁难偏旧，具有高组合性与低选择性）；现代学校强调学生中心主义（课程设置与内容编排从学生作为一个人的全面发展需要出发，符合不同学生身心的发展特点，具有高组合性与高选择性）。④从教与学的方式的角度比较，传统学校强调对学生知识的灌输与塑造（以教师为主体，以纸笔为平台，以向学生的单向度灌输和学生的无条件接受为主要方式）；现代学校强调探求与建构（以学生为主体，以纸笔、数码共为平台，以学生的主动探求和自我建构，教师的对象化引导为主要方式）。⑤从教育效果的角度比较，传统学校强调以知识掌握多少“论英雄”（单一评价，以复现知识为主要评价要求）；现代学校强调以解决问题能力高下“论英雄”（多元评价，以学生潜能开发与全面素质提高为评价要求）。⑥从学校管理的角度比较，传统学校强调人治校具有权力化、非制度化、经验化的特点；现代学校强调法治（形成法人治理结构，民主决策，依法治校，以德立校，文化兴校）。

## 三、现代学校教育制度的类型

现代学校教育制度大致可分为三种类型：一是双轨学制，二是单轨学制，三是分支型学制。西欧学制大都为双轨学制，美国则以单轨学制为主，苏联则是分支型学制的代表[①]。

### （一）双轨学制

双轨学制形成于 19 世纪末 20 世纪初的欧洲，一轨自上而下，其结构是——大学（后来也包括其他高等学校）和中学（包括中学预备班）；另一轨自下而上，其结构是——小学（后来是小学和初中）以及其后的职业学校（先是与小学相连的初等职业教育，后发展为和初中连接的中等职业教育）。由于这种双轨制与第二次工业技术革命，特别是第三次工业技术革命所推动的普及教育由初等教育向初中教育甚至向高中教育的发展相矛盾，于是便引起了双轨学制的变革。这一变革从英国 20 世纪初的学制图和英国现行学制图的对比中可以看出来[②]。

① 黄济，王策三．现代教育论．北京：人民教育出版社，1996：269．

② 黄济，王策三．现代教育论．北京：人民教育出版社，1996：271-272．

### （二）单轨学制

单轨学制最早产生于美国，后被世界许多国家采纳。18 世纪末，美国在产业革命和电气化的推动下，由农业社会向工业社会急剧地转变，然而在这种发展的经济条件和美国没有特权传统的文化背景之下，美国原有的双轨学制中的学术性一轨并没有得到充分的发展，而是被短期内迅速发展起来的群众性小学和群众性中学所淹没，从而形成了美国的单轨学制。美国单轨学制自下而上的结构是——小学、中学，而后可升入大学。其特点为一个系列、多种分段。这种单轨学制不但有利于过去初等教育的普及，也有利于后来初中教育的普及以及 20 世纪以来高中教育的普及①。

### （三）分支型学制

分支型学制是苏联创造的一种学制形式。在十月革命前实行的是传统的欧洲双轨学制。十月革命后苏联制定了单轨的社会主义统一劳动学校系统，在其后的发展中，又部分恢复了原文科中学的某些传统和职业学校单设的做法，由此形成了既有单轨学制特点又有双轨学制某些因素的苏联型学制。该学制前段（小学、初中阶段）是单轨，后段分叉，是介于双轨学制和单轨学制之间的分支型学制。其最大特点是上通（高等学校）下达（初等学校）、左（中等专业学校）右（中等职业技术学校）通畅②。

# 第二节　现代学校教育制度历史沿革

## 一、现代学校教育制度的演变

我国现代学校教育制度始于清朝末年。鸦片战争之后，帝国主义列强疯狂侵略我国，国内资本主义势力蓬勃发展。迫于压力，清政府开始进行教育制度的改革，于是，开始“废科举，兴学校”，制定现代学校教育制度。

### （一）壬寅学制

1901 年，清政府签订了《辛丑条约》，中国完全沦为半殖民地半封建社会。统治阶级为了维护、挽救其即将没落的腐朽统治，开始推行“新政”。学制改革是其中一项重要的内容。

1902 年，管学大臣张百熙在整顿京师大学堂的同时，还主持制定了中国近代的第一个学制文件，即《钦定学堂章程》，因为这一年是壬寅年，所以该章程又称为“壬寅学制”。壬寅学制具体地规定了各级各类学堂的性质、培养的目标、入学的条件、入学的年限、课程的设置以及它们的相互关系，并且将教育划分为三个阶段：第一阶段是初等

① 黄济，王策三．现代教育论．北京：人民教育出版社，1996：278．

② 黄济，王策三．现代教育论．北京：人民教育出版社，1996：281．

教育阶段，第二阶段是中等教育阶段，第三阶段是高等教育阶段，总学程是20年。蒙学堂学习年限是4年，寻常小学堂和高等小学堂学习年限都是3年，简易实业学堂和高等小学堂平行。中学堂的学习年限是4年，与之平行的有中等实业学堂和师范学堂。高等学堂或大学预科（分政、艺两科）学业年限为3年，与之平行的有高等实业学堂、师范馆和任学馆。大学堂分为了7科，学习年限共3年。最顶层的就是大学院，学习年限不定。但是，壬寅学制由于制定得十分急促、不够完备，以及其本身存在着若干不足和局限，再加上清朝朝廷内部的权力竞逐，在公布后未能得以实行①。

### （二）癸卯学制

1904年张之洞等以日本学制为依据，重新拟定了一系列的学制系统文件，又颁布了《奏定学堂章程》，亦称“癸卯学制”，这是我国正式实施的第一个现代学制。癸卯学制不仅规定了各级各类学堂的性质任务、入学条件、修业年限及相互关系，还说明了立学的宗旨是“忠君、尊孔、尚公、尚武、尚实”。其指导思想是“中学为体，西学为用”，该学制的主系列分为三段七级，学业年限为25~26年。第一阶段为初等教育，包括蒙养学院4年、初等小学5年和高等小学4年。第二阶段为中等教育，包括中学堂，学习年限为5年。第三阶段为高等教育，包括三级。高等学堂或大学预科，学制为3年，根据大学堂分科的需要，为大学预备作为目的；大学堂，还设有通儒院，以5年为年限，属于研究院性质，目的在于深入研究各科学精深意蕴，为著书制器作储备。主系列之外的学堂还分为师范学堂、实业学堂，分别实施师范教育和职业教育。癸卯学制是中国近代史上由中央政府颁布并首次得到实施的全国性法定系统，比壬寅学制更为系统详细，分化了各级各类学堂的培养目标并培养不同的人才，单独建立了师范教育体系和事业教育体系，具有一定程度的进步意义。但是该学制具有十分浓厚的封建性，女子没有受教育的权利，特设了读经讲经课，为封建统治服务。该学制直至1911年辛亥革命后才被废止，对中国的学校制度具有极大的影响②。

### （三）壬子·癸丑学制

1911年辛亥革命后至1913年8月，中华民国以日本学制为基础，陆续颁布了有关学校体系、学校规程等的一系列章程说明，并经整合后形成了“壬子·癸丑学制”。它是辛亥革命胜利后的产物，是中国近代第二部学制，也是中国教育史上第一个具有资产阶级性质的学制。该学制规定了总学程为17年或18年，分为三段四级。第一阶段是初等教育阶段。设有初等小学和高等小学，初等小学，修业年限为4年，具有义务教育性质，毕业之后可选择进入高等小学学习或乙种实业学校学习；高等小学，修业年限是3年，毕业之后可选择进入中学校、师范学校或者甲种实业学校学习。第二阶段是中等教育阶段。仅设有中学校，并为女子专门设立了女子中学，修业年限是4年，毕业后可入

① 田正平．中国教育近现代化研究．广州：广东教育出版社，1996：78.

② 王道俊．王汉澜．教育学（新编本）．北京：人民教育出版社，1989：150.

大学、专门学校或高等师范学校学习。第三阶段是高等教育阶段。设有预科和大学本科，预科的修业年限为3年，大学本科的修业年限是3年或4年；专门学校，预科修业年限为1年，大学本科修业年限为3年，其中医科的修业年限是4年。此外，下设蒙养院，上有大学院，不计年限。该学制废除了小学和师范的读经讲经的课程，废除了尊孔读经。在教育上也保障了女性受教育的权利，实行男女教育平等，具有一定的先进性[①]。

### （四）1922年学制

1922年，北洋政府通过学制会议修订了全国教育会联合会整理出来的草案，1922年11月，通过大总统令颁布了《学校系统改革案》，这是1922年推出的新学制，由于这一年是壬戌年，也称之为“壬戌学制”。该学制以美国的学制为蓝本，采用了美国的六三三分段法。因而也称“六三三学制”。该学制强调适应社会进化之需要，发挥平民教育精神，谋个性之发展，注重国民经济力，注重生活教育，使教育易于普及，多留各地方伸缩余地。该学制将全部学校教育分为三段五级：初等教育段为6年，分为初小（4年）和高小（2年）两级；中等教育段6年，分为初中（3年）和高中（3年）两级；高等教育段为4~6年，不分级。壬戌学制标志着中国近代以来的学制体系建设的基本完成，1932年后，壬戌学制才被停止使用[②]。

### （五）1951年学制改革

新中国成立后，为了提高广大劳动人民的科学文化水平，促进工农干部的继续深造以及国家政治经济的发展，中央人民政府政务院于1951年颁发《关于改革学制的决定》。这是我国学制发展的一个新阶段。该决定的主要内容有以下几点。

1. *幼儿教育*

育儿园为实施幼儿教育的组织，招收三周岁到七周岁的幼儿，通过幼儿园的教育来促使他们的身心在入小学前获得健全的发育。

2. *初等教育*

初等教育不仅包括儿童的初等教育，还包括青年、成人的初等教育。小学，是针对儿童进行初等教育的学校，为儿童提供全面的基础教育。小学的修业年限为5年，入学年龄为7周岁，实行一贯制，取消了以往初级小学和高级小学的分段制，毕业之后需要通过考试来升入中等学校或者其他的中等学校。小学还附设各种补习班或者是专业训练班，从而不能升学的小学毕业生可以继续得到适当的教育，受到这种教育的学生若想插入中等学校的适当班次必须经过考试。工农速成初等学校、业余初等学校、向成人实施初等教育的学校和识字学校（冬学、识字班）为从小失学的青年和成年提供初等教育。工农速成初等学校专门招收工农干部和其他失学劳动者，授予相当于小学程度的教育，修业年限为2~3年，毕业之后需要经过考试进入工农速成中学或其他中等学校。业余初等学校招收工农劳动者或者其他青年、成人，修业年限为学完规定的课程，授予相当于

① 田正平. 中国教育近现代化研究. 广州：广东教育出版社，1996：168.

② 王道俊，王汉澜. 教育学（新编本）. 北京：人民教育出版社，1989：151.

小学程度的业余教育。毕业之后必须经过考试才能升入业余中学或者其他中等学校。识字学校是以扫盲为目的的学校，修业年限不确定。

3. 中等教育

中等教育的学校主要分为两类，第一类是授予学生全面的普通的文化知识的学校，包括中学、工农速成中学和业余中学；第二类是根据国家建设的需要，实施各类的中等专业教育的学校，即中等专业学校。中等学校分为初级中学和高级中学两个阶段，二者单设，修业年限均为 3 年，但是教学内容上采用一贯制。初级中学的入学年龄为 12 周岁，招收小学毕业生或者是具有同等学历者，毕业通过考试可升入高级中学或者其他同等的中等专业学校；高等中学的入学年龄为 15 周岁，招收初级中学毕业生或者具有同等学历者，毕业后通过考试可升入各种高等学校。若初中或者高中的毕业生选择不升学，则应在政府指导下就业。工农速成学校的修业年限是 3～4 年，为参加革命斗争和生产工作达到特定年限并具有相当于小学程度的工农干部和产业工人提供中学程度的教育，毕业后通过考试可升入各种高等学校。业余中学分为初级和高级两个阶段，均要单独设立，入学年龄不作统一规定，修业年限为 3～4 年，招收业余初等学校或业余初级中学毕业生或者同等学历者，授予相当于初级中学或者高级中学的教育，需要通过考试进入高一级的学校。中等专业学校分为技术学校、医药及其他中等专业学校（贸易、银行、合作、艺术等）和师范学校初级技术学校的入学年龄不作统一规定，修业年限为 2～4 年，招收小学毕业生和具有同等学历者。初级技术学校和技术学校的毕业生应该在生产部门提供服务，在服务达到规定的年限后，必须经过考试，分别进入技术学校、高级中学或各种高等学校。各类技术学校还要附设短期技术训练或者技术补习班。医药及其他中等专业学校，其修业年限、招生条件等都参照技术学校的规定。师范学校，入学年龄不作统一规定，修业年限为 3 年，招收初级中学毕业生或者具有同等学历者。初级师范学校的入学年龄不作统一规定，修业年限为 3～4 年，招收小学毕业生或者具有同等学历者。师范学校和初级师范学校均要附设师范速成班，修业年限为 1 年，招收初级中学毕业生或者具有同等学历者，并要附设小学教师进修班为在职小学教师进行训练。幼儿师范学校，修业年限和招生条件与师范学校相同。师范学校和初级师范学校均要附设幼儿师范科。初级师范学校、师范学校和幼儿师范学校的毕业生，应在小学或幼儿园进行服务，在服务达到规定的年限后，经过考试，分别升入师范学校、高级中学、师范学院或其他高等学校。

4. 高等教育

高等教育学校包括大学、专门学院和专科学校，在全面的普通的文化知识教育基础上授予学生高级的专门教育，为国家培养具有高级专门知识的人才。大学和专门院校的修业年限是 3～5 年，而专科学校的修业年限是 2～3 年。各种高等学校还要附设先修班或补习班，为工农干部、少数民族学生及华侨子女等入学提供便利，高等学校毕业生的工作由政府分配。

5. 各级政治学校和政治训练班

这是为了给青年知识分子和旧知识分子进行革命的政治教育而设立的。

6. 各级各类补习学校和函授学校

各级人民政府还设立了各级各类补习学校和函授学校，来适应广泛的政治学习和业务学习的需要。政府并应设立聋哑、盲等特殊学校，为生理上有缺陷的儿童、青年和成人提供教育[①]。

### （六）1985年的学制改革

1985年5月27日，中共中央颁布了《中共中央关于教育体制改革的决定》。该决定中重点提到：第一，地方应该承担发展基础教育的责任，有步骤地实行九年制义务教育，实行基础教育由地方负责、分级管理的原则。第二，调整中等教育结构，大力发展职业技术教育。社会主义现代化建设不仅需要高级科学技术专家，还迫切需要千百万受过良好职业技术教育的中、初级技术人员、管理人员、技工和其他受过良好职业培训的城乡劳动者。第三，改革高等学校的招生计划和毕业生分配制度，扩大高等学校办学的自主权。该决定中还提到了大学以及研究生培养的改革问题、师资问题、教育收费问题等。

### （七）1993年的学制改革

1993年2月31日，中共中央和国务院印发了《中国教育改革和发展纲要》。该纲要提出，“在保证必要的教育投入和办学条件的前提下，各级各类教育发展的具体目标是：全国基本普及九年义务教育（包括初中阶段的职业技术教育）；大城市市区和沿海经济发达地区积极普及高中阶段教育。大中城市基本满足幼儿接受教育的要求，广大农村积极发展学前一年教育。高中阶段职业技术学校在校学生人数有大幅度的增加，未升学的初中和高中毕业生普遍接受不同年限的职业技术培训，使城乡新增劳动力上岗前都能得到必需的职业技术训练。高等学校培养的专门人才适应经济、科技和社会发展的需求，集中力量办好一批重点大学和重点学科，高层次专门人才的培养基本上立足于国内，教育质量、科学技术水平和办学效益有明显提高。全国基本扫除青壮年文盲，使青壮中的文盲率降到百分之五以下。通过岗位培训、继续教育和在职学历教育，提高广大从业人员的思想文化素质和职业技能。各地区、各部门根据实际情况，制定本地区本行业的分阶段教育发展目标和任务”。在此基础上，该纲要还提出了实现这些目标的相应措施。

## 二、现行学校教育制度形态

在《中华人民共和国教育法》（以下简称《教育法》）中确认了我国比较完整的学制。该学制包括幼儿教育、初等教育、中等教育和高等教育。在幼儿教育阶段，幼儿园招收3岁以上学龄前儿童，修业年限为3年。初等教育包括普通小学和成人初等教育。普通小学，儿童入学年龄为6～7周岁，修业年限为5～6年，实行一贯制，普及初等义务教育。成人初等学校是为未能接受初等教育的成年公民而开办的，主要是进行扫盲教

---

① 王道俊，王汉澜. 教育学（新编本）. 北京：人民教育出版社，1989：152.

育和基本的文化知识教育，教授语文、算术两科。扫盲识字班，为文盲、半文盲提供受教育的平台，以学会1 500～2 000个常用字为扫盲标准。中等教育分为初级和高级两个等级。初级阶段分为普通初中和成人中等教育（初中），普通初中的入学年龄为12～13岁，修业年限是3～4年。小学和初中现行学制“六三制”和“五四制”、“九年一贯制”并存，多数地区是以“六三制”为主。因此，小学修业年限是6年或5年，初中是3年或4年。成人中等教育（初中）招收具有小学或初中程度的青壮年入学，修业年限2～3年。高等教育肩负着重要的任务，培养专门人才和进行科学研究、为社会服务的人才，分为普通高等教育、成人高等教育和职业教育。从办学形式和办学类型的角度，高等教育大致可分为以下几种。其一，大学和大专院校。大学主要招收具有高中毕业文化程度的青年入学，修业年限一般为4年，部分专业和少数重点学校为5年；大专院校主要招收具有高中毕业文化程度的青年入学，修业年限一般为3年，部分大专院校附设短训班、专修班。其二，成人高等学校包括广播电视大学、职工和农民大学以及高等学校举办的函授大学、夜大学或者独立函授学院。广播电视大学招收具有相当高中毕业文化程度者入学，修业年限为4～5年；职工和农民大学修业年限一般为3～4年；高等学校举办的函授大学、夜大学或独立函授学院中实行学年制的，修业年限一般为5～6年，实行学分制的不限修业年限。其三，高等教育自学考试制度。学科考试合格者，发给单科成绩证明书；累积分达到专业毕业要求者，颁发毕业证书。其四，研究生制度。由各高等院校和有关科研单位招收攻读硕士学位或博士学位的研究生，修业年限为2～3年；部分高等院校设有研究生院（部）。

从形态上看，我国现行的学制是从单轨学制发展而来的分支型学制。20世纪初期我国从西方引入现代学制，总体上属于单轨学制，但随着生产和社会发展，对有文化的劳动者的需求越来越大也越来越迫切，我国的单轨学制逐渐走向分支型学制，所以参考苏联分支型学制制定了我国的新学制①。

## 第三节　现代学校法律制度

### 一、学校的设置、职能与地位

#### （一）学校的设置

学校设置必须具备法定的条件，必须依法定的程序进行，学校及其他教育机构的变更、终止或解散同样要具备法定的要件，并遵守法定的程序。

1. 学校设置的条件

我国《中华人民共和国民法通则》（以下简称《民法通则》）第37条规定了法人应具备的条件。与这一规定相适应，我国《教育法》第26条对学校法人设置规定了以下

---

① 吴文侃，杨汉清．比较教育学（修订本）．北京：人民教育出版社，1999：70.

几条基本的条件。

1）有组织机构和章程

学校的设立首先要有组织机构。学校的组织机构指的是学校的职位结构系统或职务结构系统。学校组织机构的设置是根据拟建立的学校的规模和类型确定的。如果计划成立的学校规模大，其组织机构就复杂一些，否则就简单一些。学校的类型和规模对学校组织机构的设置会产生很大的影响。我国的公办学校机构大致如下：第一，幼儿园的组织机构主要由园长、副园长、教务部及教务主任、生活部及生活主任、财务部及财务主任、教师、医师、保健员、保育员以及其他工作人员构成；第二，中小学的组织机构主要由校长、副校长、教务主任、总务主任、年级组长、教研组长、科任教师以及其他工作人员组成，有一定规模的学校还设有教职工代表大会（以下简称教代会）；第三，大学的组织机构有行政系统、党务系统、学术（教学）系统，在层次上分有校、院、系、教研室，从职能上分有教学、财务、人事、科研、保卫等部门，从职务上分，校级有校长、副校长、书记、副书记，中层有各职能处处长和副处长、各学院院长、副院长以及书记和副书记，基层有各系主任和教师等；第四，民办学校的组织机构设置有多种模式，一是创办人兼校长的学校，这类学校的组织机构与公办学校类似，二是董事会领导下的校长负责制学校，董事会是学校的创办机构、领导机构，负责聘任校长和教师，校长对学校办学事务负责，学校的其他部门同公办学校类似。私立学校或民办学校的组织机构和西方国家的学校有类似之处。

学校组织机构建设和学校章程是密不可分的。所谓章程是约定和阐述独立主体使命，界定各利益关系的责任和义务，书面写定的有法定意义的组织规程。学校章程是根据教育法规，对学校办学宗旨、内部管理体制、各部门的职能、教师的职责以及财务活动等制定的管理制度。学校的章程赋予了学校组织机构的内涵，规定了学校的名称、办学宗旨、办学目标、学校的内部管理体制、校长的权利与义务、学校主要部门设置及其职能分工、教职工权利和义务、学生的权利和义务、学校的民主管理的行使、学校的财务制度等。其核心价值在于保障学校办学自主权，完善学校内部治理结构。学校章程有学校“宪法”之称，从制度建设上保障了学校依法有效、有序运转。为此，我们既需要以制定章程为契机推动学校依法自主办学，更需要把改革的成果以章程的形式固定和规范下来。总之，学校的科学发展取决于制度，需要法理性的章程把学校与政府、学校与社会的关系及其内部治理结构明确下来，不因人而异，章程的制定正是要体现这种依法治教的精神。

2）有合格的教师

学校组织机构和章程一旦确定就需要把合格的教师聘任到合适的岗位上，这是学校办学的必备条件。我国对教师的资格做了法律规定，《中华人民共和国教师法》（以下简称《教师法》）第 10 条规定：“国家实行教师资格制度。中国公民凡遵守宪法和法律，热爱教育事业，具有良好的思想品德，具备本法规定的学历或者经国家教师资格考试合格，有教育教学能力，经认定合格的，可以取得教师资格。”第 11 条对教师的学历进行了规定，教师要具有法定的教师资格，取得相应的教师资格证书。

3）有符合规定标准的教学场所及设施和设备

学校办学必须拥有符合规定标准的校舍、场地、教学仪器设备、图书资料等，这是完成办学任务、达到相当教育教学质量的基本保障，也是学校达到卫生、安全标准的体现。学校及其他教育机构的硬件设备根据不同类型和级别的教育有所不同。我国对此有较为详细的规定。国家教育委员会（以下简称国家教委）在1988年发布的《城市幼儿园建筑面积定额（试行）》第二章“园舍建筑面积定额”，规定了园舍建筑是由活动及辅助用房、办公及辅助用房、生活用房三部分构成，并分别对这些用房的规格、面积等做了详细的规定；1982年国家教委发布的《中等师范学校及城市一般中、小学校舍规划面积定额（试行）》和1986年国家计划委员会批准的《中小学校建筑设计规范》等对中等师范学校和城市中小学校的用地面积定额、校舍规划面积定额、用地面积定额做了详细的规定；国家教委在1979年发布的《一般高等学校校舍规划面积定额（试行）》、1984年发布的《关于调整和补充〈一般高等学校校舍规划面积定额〉的意见》、国务院在1986年发布的《普通高等学校设置暂行条例》和教育部1993年发布的《民办高等学校设置暂行规定》以及其他的法规对高等学校的场地、设备和设施做了具体的规定。

4）有必备的办学资金和稳定的经费来源

无论是公立学校还是社会力量办的学校，在申请审批时都需要提交拟办教育机构的资产及经费来源的证明文件。举办者要根据所办学校教育机构的性质和要求，做好办学经费的收支和预算，并保证通过财政拨款、自有资金和社会捐赠等合法途径筹集到设立学校及其他教育机构所必须具备的最低限度的经费，同时还要保证所办的学校及其他教育机构设立后有稳定的经费来源。公办义务教育学校的经费以财政拨款为主，是有保障的；公办义务教育后，学校（包括普通高中、职业高中、高等院校等）的经费主要是财政拨款，同时需要自筹一些经费。民办学校的经费则主要靠自筹，这就需要经过严格的审批，以保证有足额的启动经费和稳定的经费来源。《教育法》、《中华人民共和国义务教育法》（以下简称《义务教育法》）和《社会力量办学条例》等有关法规对办学经费的拨付和要求有严格的规定。例如，《教育法》第53条规定：“国家建立以财政拨款为主、其他多种渠道筹措教育经费为辅的体制，逐步增加对教育的投入，保证国家举办的学校教育经费的稳定来源。企业事业组织、社会团体及其他社会组织和个人依法举办的学校及其他教育机构，办学经费由举办者负责筹措，各级人民政府可以给予适当支持。”

2. 学校设置的程序

学校法人设置的程序既是学校法人成立的形式要件，也是国家及其主管机关对学校法人进行管理和监督的首要环节。我国《教育法》第27条规定：“学校及其他教育机构的设立、变更和终止，应当按照国家有关规定办理审核、批准、注册或者备案手续。”学校的设置程序主要采取审批和登记制度。

1）审批制度

审批制度适用于各级各类学校以及其他教育机构的设立。举办者向主管机关提出申请，主管机关根据设置标准和办法，对申办的办学机构的名称、章程、机构、经费来源、场地、师资等内容进行审核，符合规定的就批准设立，不符合标准的就不批准。审批往往分两个阶段：第一个阶段是筹建阶段，也就是审核其可行性，如果可行，就进入筹办阶段；第二阶段是正式批准阶段，经过筹建后，主管机关对其进行审核，正式批准建立。不同的学校其审批制度是不同的。例如，我国《普通高等学校设置暂行条例》对高校的设置标准、学校名称做了规定，同时对审批验收程序做了规定。该条例第 17 条规定：“设置普通高等学校的审批程序，一般分为审批筹建和审批正式建校招生两个阶段。完全具备建校招生条件的，也可以直接申请正式建校招生。”

2）登记注册制度

登记注册制度是指主管部门对申请者提交的申请设立学校的报告进行审核。只要拟办的学校符合设置标准，就可以登记注册，取得合法地位。许多国家的私立学校采取的是登记制度，即许可原则。我国只对幼儿园或者实施非学历教育的高等教育机构的设立采取登记制度，其余的学校都采取审批制度。国务院于 1998 年发布了《事业单位登记管理暂行条例》，该条例对事业单位登记的有关事项做了规定。例如，该条例第 3 条规定：“事业单位经县级以上各级人民政府及其有关主管部门（以下统称审批机关）批准成立后，应当依照本条例的规定登记或者备案。事业单位应当具备法人条件。”第 5 条规定：“国务院机构编制管理机关和县级以上地方各级人民政府机构编制管理机关是本级人民政府的事业单位登记管理机关（以下简称登记管理机关）。事业单位实行分级登记管理。分级登记管理的具体办法由国务院机构编制管理机关规定。”该条例就登记的内容和程序做了规定。

### （二）学校的职能

从有关的学校法规和规章看，我国有关学校的基本职能体现在：坚持社会主义办学方向，贯彻国家的教育方针，执行国家的有关法律、法规、规章和政策；制定学校内部的各项管理制度；组织实施教育教学活动，保证教育质量，按规定授予学业证书；负责本校教师的任用、考核和奖励；负责对学生的管理，保护本校学生的身心健康发展；采取多种形式加强与社会的联系合作；占有、使用学校的校舍、场地、仪器设备及办学经费；维护校内的教学、工作秩序；接受人民政府及其有关部门对学校工作的管理、指导和监督等。我国近年来通过教育体制改革，高等学校的权限有所扩大，主要有：在完成国家下达的计划招生任务的前提下，自行招收计划外学生，按社会需要调整专业方向；制订教学计划和课程基本要求，选编教材；自行接受有关单位委托的科学研究项目，开展面向社会的科学技术服务和咨询活动；报请任免副校长，自行任免其他行政干部，聘任、解聘教师；在不违反国家财政制度的前提下，自行安排使用主管部门拨发的教育经费和自筹资金；自行审定实行投资包干的基本建设方案，调整基本建设计划；经过批准的高等学校，可评审副教授或教授职务资格，审定授予硕士学位学科和专业，增补博士研究生导师；在上级下达的外汇经费限额内或利用自筹外汇资金，派遣人员出国访问、进修或邀请国外学者来校讲学或进行科学研究；兴办与本校教学和科学研究有关的经济实体，拥有校办产业等。

### （三）学校的法律地位

1. 学校具有独立的法人地位

我国《民法通则》第 36 条规定：“法人是具有民事权利能力和民事行为能力，依法独立享有民事权利和承担民事义务的组织。”对学校来说，只有学校具有实施教育活动的权利能力和实施教育活动的行为能力，能够依法享有教育方面的权利和承担教育方面的义务，才能成为法人。

根据不同的标准，可以将法人作多种分类。根据组织活动的性质和宗旨，可以把法人分为企业法人与非企业法人。企业法人是从事生产、经营等商业活动，以创造社会财富和营利为目的法人，如公司、商店、工厂等。非企业法人是从事非生产性、非营利性活动的法人，它分为国家机关法人、事业单位法人和社会团体法人。非企业法人包括依靠国家预算拨款从事政治、文化、教育、卫生等活动的国家机关、事业单位和公民共同集资以发展文化艺术、科学技术等为目的的事业单位和社会团体等。根据企业组织形式的不同，企业法人可分为公司法人和非公司法人。公司法人是指依据《中华人民共和国公司法》（以下简称《公司法》）规定的条件和程序而设立的企业法人，如根据我国《公司法》设立的有限责任公司和股份有限公司。非公司法人是指不是按照《公司法》设立的企业法人。根据法人设立是否以社员的存在为基础，可将法人分为社团法人与财团法人。社团法人是指由自然人的集合体而组成的法人，如我国的各类学术组织、社团组织。财团法人是指仅以财产的集合而组成的法人。根据这些分类，学校属于事业单位法人。

我国《教育法》第 31 条规定："学校及其他教育机构具备法人条件的，自批准设立或者登记注册之日起取得法人资格。"。学校成为法人必须具备法人的条件。《民法通则》第 37 条对法人的条件做了具体的规定："法人应当具备下列条件：（一）依法成立；（二）有必要的财产或者经费；（三）有自己的名称、组织机构和场所；（四）能够独立承担民事责任。"学校具备了这 4 个条件，就成为法人。一般情况下，具备了法人条件的组织机构，并不一定就是法人，还需要办理相关手续。但具备法人条件的学校及其他教育机构就不需要办理专门的法人登记手续。我国《民法通则》第 50 条规定："具备法人条件的事业单位、社会团体，依法不需要办理法人登记的，从成立之日起，具有法人资格；依法需要办理法人登记的，经核准登记取得法人资格。"国务院发布的《事业单位登记管理暂行条例》第 11 条对此做了详细的规定："法律规定具备法人条件、自批准设立之日起即取得法人资格的事业单位，或者法律、其他行政法规规定具备法人条件、经有关主管部门依法审核或者登记，已经取得相应的执业许可证书的事业单位，不再办理事业单位法人登记，由有关主管部门按照分级登记管理的规定向登记管理机关备案。"根据这些规定，学校及其他教育机构在申请设立和审批的时候，教育主管部门需要同时审核学校或其他教育机构是否具备法人条件，如果学校具备了法人的条件，教育主管部门就批准其成立并确认其法人资格。

*2. 学校法人地位确立的意义*

首先，学校作为法人或法人主体，能够以自身的名义参与各种民事活动。例如，大学可以独立制定办学目标、确定办学规模、设置专业、聘任教师等，并承担由此所引起的一切责任。这样有利于在根本上改变国家举办的学校处于政府及其教育行政部门附属物的地位，充分发挥学校自主办学的积极性，有利于学校自主地完成自己的教育教学任务。同时有利于教育行政部门摆正自身的位置，认清其主要的任务应放在监督学校依法办学方面，而不应放在直接办学方面。

其次，确立学校的法人地位就等于承认学校有法定权利能力和行为能力，可以独立经营学校的资源并获得更多的资源，使学校成为自我发展的主体，获得学校办学权、人事权、课程权等权利。学校作为事业单位法人，虽然其举办者是国家，但国家依法拨付给学校的任何财产都是属于学校独立的财产，包括学校的土地、校舍、设备以及学校依法获得的各类经费等。任何侵占学校财产的行为都被视为违法行为，学校有权制止这种侵权行为或采取法律手段保护自身的财产。这样，学校就可以根据自身的特点和社会的教育需要不断地改善办学条件，改进教育内容，提高教育质量。

最后，学校成为法人可以使学校以法人的身份承担因自身的行为所引起的一切责任，包括行政责任、民事责任乃至刑事责任等。一方面，法人独立承担责任还表现在具有行政隶属关系的上级法人和下级法人之间，即上级法人只承担自身的行为所引发的责任，不承担下级法人的行为所引起的责任；另一方面，下级法人只承担自身的行为所引起的责任，而不承担上级法人的行为所引起的责任。例如，学校法人必须承担自身的行为所引发的一切责任，教育行政主管部门、学校的教职工、学生不承担学校的债务以及其他民事责任或刑事责任；学校的债务需要学校来偿还，而不是其他部门来偿还。

### （四）学校作为行政相对人的法律地位

以上我们是从民法的角度来讨论学校的法律地位。从民法来看，学校法人和其他法人包括政府、企业、其他学校、公民等都是平等的关系。这种关系是由民法、刑法或其他法律来调整的。而学校与上级政府或同级政府的教育行政主管部门之间的关系受行政法调节。教育行政主管部门是同级政府的组成工作部门，代表政府或国家行使管理教育的权力，学校及其他教育机构须接受其领导和管理。在这种关系中学校不是行政主体，政府或教育行政机关才是行政主体，学校是作为行政相对人出现的，与教育行政机关的地位是不对等的。

1. 学校作为行政相对人的特点

对教育行政主体——教育行政机关来说，学校作为行政相对人有其鲜明的特点。这些特点可以概括为以下几个方面。

1）在行政管理中具有被动性

学校作为行政相对人从成立到解散，始终都被置于教育行政机关的行政管理权限内，受教育行政部门控制和监督。首先，学校及其他教育机关是经教育行政主管部门审批或登记合格后才被批准成立的，否则就不能诞生，如果未经教育行政主管部门批准，就是不合法的组织，必须依法取缔。例如，我国《教育法》第 75 条规定：“违反国家有关规定，举办学校或其他教育机构的，由教育行政部门予以撤销；有违法所得的，没收违法所得；对直接负责的主管人员和其他直接责任人员，依法给予行政处分。”其次，学校和其他教育机构必须接受教育行政部门的管理，我国《教育法》对此有明确的规定。学校必须按照国家的法规和教育行政部门的有关规定办学，否则就会受到教育行政部门的行政处罚。教育行政机关依法对学校的财政、人事、课程、教学、管理进行监督和检查，以保证学校健康发展。从这两点来看，学校在与政府教育行政部门的关系上处于被管理者的地位。例如，《教育法》第 78 条规定：“学校及其他教育机构违反国家有关规定向受教育者收取费用的，由教育行政部门责令退还所收费用；对直接负责的主管人员和其他直接责任人员，依法给予行政处分。”

2）在行政法律关系中具有法定性

学校与教育行政主管部门的关系是法定的。我国的《中华人民共和国行政复议法》（以下简称《行政复议法》）、《中华人民共和国行政诉讼法》（以下简称《行政诉讼法》）、《中华人民共和国行政处罚法》（以下简称《行政处罚法》）等规定了我国行政相对人的范围、权利和义务。我国《教育法》《义务教育法》《中华人民共和国职业教育法》《中华人民共和国高等教育法》《社会力量办学条例》等法规也对教育行政相对人的范围、权利和义务做了规定。例如，《行政处罚法》第3条规定：“公民、法人或者其他组织违反行政管理秩序的行为，应当给予行政处罚的，依照本法由法律、法规或者规章规定，并由行政机关依照本法规定的程序实施。”

3）在行政诉讼中有主动性

学校行政诉讼的时候处于主动地位，行政诉讼是国家为行政相对人提供的一种救济手段。由于行政相对人和行政主体的不等性可能导致行政相对人的权益受到来自行政机关及行政人员的不法侵害，所以各国都制定行政诉讼法规对行政相对人给予法律保护。学校作为行政相对人可能会受到教育行政部门以及教育行政人员的不法侵害，如果遇到行政侵害，学校可以依法提出行政诉讼。我国《行政诉讼法》第2条规定：“公民、法人或者其他组织认为行政机构和行政机关工作人员的行政行为侵犯其合法权益，有权依照本法向人民法院提出诉讼。”第8条规定：“当事人在行政诉讼中的法律地位平等。”

2. 学校作为行政相对人的法律地位

政府或教育行政部门与学校的关系是行政人与相对人的关系，而不是相对人与相对人之间的关系。所以，学校与教育行政部门的关系需要从行政法的角度来分析。在行政法律关系中，学校作为行政相对人的法律地位可以通过其权利和义务两方面来体现。

1）学校作为行政相对人的权利

学校作为行政相对人的权利是行政法律规范和教育法律规范所赋予的。概括来说，学校作为行政相对人的权利可以归纳为以下几个方面。

（1）自由权。学校作为行政相对人在法律允许的范围内有自主活动的权利和要求教育行政部门以及其他政府部门不得侵犯并提供保障的自由。学校在行政法律规定的范围内可以自主行为。

（2）管理权。学校接受教育行政部门的管理，同时也有管理学校内部事务的权力。《教育法》第28条第1款规定了学校有“按照章程自主管理” 的权力。

（3）救济权。学校受到行政不法侵害的时候，有维护自身合法权益和获得救济的权利。我国《行政复议法》第2条规定：“公民、法人或者其他组织认为具体行政行为侵犯其合法权益，向行政机关提出行政复议申请，行政机关受理行政复议申请、作出行政复议决定，适用本法。”第5条规定：“公民、法人或者其他组织对行政复议决定不服的，可以依照行政诉讼法的规定向人民法院提起行政诉讼，但是法律规定行政复议决定为最终裁决的除外。”

2）学校作为行政相对人的义务

学校作为行政相对人在享有以上权利的同时，必须履行相应的义务。具体地说，学校作为行政相对人的义务可以归纳为以下几点。

（1）遵守国家的宪法和法律的义务。学校作为一种社会组织，有义务遵守国家的宪法和法律。《中华人民共和国宪法》（以下简称《宪法》）第5条规定，“一切国家机关和武装力量、各政党和各社会团体、各企业事业组织都必须遵守宪法和法律”“任何组织或者个人都不得有超越宪法和法律的特权”。

（2）执行国家行政机关的委托的义务。作为行政相对人，学校有义务代理执行国家行政机关的委托。

（3）承担违法后受到处罚的义务。任何社会组织在违法后都必须接受处罚，以保障社会公平和正常秩序，学校有义务承担违反法律而受到的处罚。

## 二、学校的权利、义务及法律责任

### （一）学校的权利

学校作为依法成立的实施教育教学活动的专门机构，为完成其基本职能，必须拥有相应的权利。从民法的角度看，学校作为法人从其登记之日起就享有民事权利能力，由学校法人机关行使，始于学校法人依法设立或进行法人登记的法律事实，终于学校法人依法撤销或解散的法律事实。学校法人机关是实施教育教学活动的学校机构和个人。根据《民法通则》第38条“依照法律或者法人组织章程规定，代表法人行使职权的负责人，是法人的法定代表人”的规定，学校校长是法人代表。法人的法定代表人在其职权范围内，代表法人进行的各种行为就是法人的行为。在行政法律关系中，学校作为行政相对人也有自身的权利，上文对此已有论述，此处不再赘述。根据我国教育法律规定，我国学校及其他教育机构享有的具体的权利可以概括为以下几个方面。

*1. 按照章程自主管理*

《教育法》把“有组织机构和章程”列为设立学校必备的条件之一，把“按照章程自主管理”作为学校的权利之一。1999年，教育部在《教育部关于加强教育法制建设的意见》中指出：“各级各类学校特别是高等学校要提高依法管理学校的法律意识，依据法律、法规的规定，尽快制定、完善学校章程，经主管教育行政部门审核后，按章程依法自主办学。”学校章程是对学校重大的基本问题进行规定的自律性文件，其主要内容有学校的名称、地点、规模、宗旨、体制、任务、法人代表、人事制度、课程与教学制度、招生制度、财务制度等。学校根据章程自主制定办学目标，设置组织机构，规定岗位职责，对教职工实行聘任制，搞好课程建设，做好教学组织工作，实施财务管理，是体现学校法人地位的重要保证。

*2. 组织实施教育教学活动*

组织实施教育教学活动是学校的职责和权利。教育教学活动是学校的中心工作，学校有权根据国家有关教学计划、教学大纲和课程标准等方面的规定，根据学校的章程自主组织学校教育教学活动。教育教学活动分为课堂教学和课外活动，其组织实施工作可以分为多个方面，主要包括教学管理、教师教学、学生学习和课外活动的组织等。

3. 招收学生或者其他受教育者

学校是为受教育者提供教育服务的机构，这种服务必须通过招收学生或受教育者来实现。学校根据自身的办学宗旨、培养目标、办学条件、办学能力和学校类型，根据国家有关的招生法律、规章和制度或政策，决定招生人数，制定本校的招生办法，发布招生广告，本着合理、公开、公平、科学的原则，进行招生工作。义务教育阶段所有适龄儿童都必须依法接受九年制义务教育，义务教育后的教育则实行的是择优录取。

4. 对受教育者进行学籍管理，实施奖励或者处分

学校可以根据有关法规制定具体的学籍管理办法，还可以根据国家有关学生奖励、处分的规定制定奖励和处分办法。学籍管理的基本内容有学生的政治思想、成绩与考核、升级、留级、降级、转学、休学、复学、退学、报到与注册、考勤、奖励与处分等，旨在通过规范化的方法对学生进行严格的管理，以培养德、智、体、美、劳全面发展的人。学生奖励是指学校对受教育者在德、智、体等方面的优良表现，给予精神上或物质上的表彰，如颁发奖学金、给予“三好学生”称号等。学生处分又称学校纪律处分，是指学校依据教育法律或其内部管理制度对违反学校纪律的学生的一种校内惩戒教育形式。目前我国对中小学生的处分方式共有六种，即警告、严重警告、记过、留校察看、勒令退学、开除学籍。对义务教育阶段的学生一般只适用于前四种，即警告、严重警告、记过和留校察看，其中对小学生不适用留校察看的处分方式；对非义务教育阶段的学生，这六种处分方式均可适用。学校应该根据学生违纪的性质、情节、后果等具体情况，选择恰当的法定处分方式，做到处分适度。如果学校选择法定处分方式之外的方式或者在处分时有侮辱、体罚、殴打、限制人身自由、罚款、随意停课等侵犯学生人身、财产等合法权益的行为，就是一种超越法定权限的违法行为。例如，有些学校非法隐匿、开拆、毁弃学生信件，传播学生信件内容或者公开学生隐私等，都属超越法定权限的侵权行为。

5. 对受教育者颁发相应的学业证书

学校有权根据国家有关学业问题管理的规定，对经考核成绩合格的受教育者，按照其类别颁发证书，这是学校的权利，也是学校的义务。如果学校在招生、考试、录取或者教学环节中不严格要求，降低对学生的要求，则属于违法行为。《教育法》第 80 条规定：“违反本法规定，颁发学位证书、学历证书或者其他学业证书的，由教育行政部门宣布证书无效，责令收回或者予以没收；有违法所得的，没收违法所得；情节严重的，取消其颁发证书的资格。”

6. 聘任教师及其他职工，实施奖励或者处分

我国学校及其他教育机构根据国家有关法规，可以从本校的办学条件、办学能力和编制实际情况出发，制定本校教职工聘任、解聘、奖励、处分办法，有权对教师和职工实行聘任和解聘。《教师法》第 17 条规定：“教师的聘任应当遵循双方地位平等的原则，由学校和教师签订聘任合同，明确规定双方的权利、义务和责任。”实施教师聘任制，学校和教师的关系以共同的意愿为前提，以平等为原则，双方的权利和义务是对等的，没有行政隶属关系。同时，教职工在接受聘任之后，学校有权对其工作成绩进行奖励，对其不良表现进行惩罚。《教师法》第 33 条规定：“教师在教育教学、培养人才、科学研究、教学改革、学校建设、社会服务、勤工俭学等方面成绩优异的，由所在学校予以

表彰、奖励。”学校实行聘任制以及奖惩制度可以极大地促进教师工作积极性的提高，有利于提高教育教学质量。

7. 管理、使用本单位的设施和经费

学校对本单位的设施和经费有管理权和使用权，这是学校法人设立的基本条件之一。《民法通则》第 71 条规定：“财产所有权是指所有人依法对自己的财产享有占有、使用、收益和处分的权利。”根据这一规定，学校有权对学校的场地、校舍、教学仪器设备、办学经费以及其他财产，享有财产的管理权和使用权。不过，学校对本单位的设施和经费的管理和使用要遵守国家有关法规，符合国家和公众的利益，不得侵害国家或举办者的财产权利。同时，学校的财产受国家的法律保护。侵犯学校校舍、场地及其他财产的行为是法律明确禁止的行为，是一种违法行为。《教育法》第 72 条规定：“破坏校舍、场地及其他财产的，由公安机关给予治安管理处罚；构成犯罪的，依法追究刑事责任，侵占学校及其他教育机构的校舍、场地及其他财产的，依法承担民事责任。”

8. 拒绝任何组织和个人对教育教学活动的非法干涉

为了维护学校及其他教育机构的正常教育教学秩序，学校有权拒绝来自任何方面的非法干涉。这些干涉是多种多样的，如对校舍和场地的非法强占、对师生的人身安全的侵犯、向学校摊派、对教学秩序的干扰等。如果学校不能制止其他机构或个人对学校的侵害行为，可以诉诸公安机关或司法部门。《教育法》第 72 条规定：“结伙斗殴、寻衅滋事，扰乱学校及其他教育机构教育教学秩序或者破坏校舍、场地及其他财产的，由公安机关给予治安管理处罚；构成犯罪的，依法追究刑事责任。”

## （二）学校的义务

权利和义务是统一的，有权利就一定要承担一定的义务。《教育法》第 29 条规定，“学校及其他教育机构应当履行下列义务：（一）遵守法律、法规；（二）贯彻国家的教育方针，执行国家教育教学标准，保证教育教学质量；（三）维护受教育者、教师及其他职工的合法权益；（四）以适当方式为受教育者及其监护人了解受教育者的学业成绩及其他有关情况提供便利；（五）遵照国家有关规定收取费用并公开收费项目；（六）依法接受监督”。

1. 遵守法律、法规

这是对任何一个组织和个人的基本要求。《宪法》第 5 条规定：“一切国家机关和武装力量、各政党和各社会团体、各企业事业组织都必须遵守宪法和法律。一切违反宪法和法律的行为，必须予以追究。任何组织或者个人都不得有超越宪法和法律的特权。”因此，学校应该履行作为一般社会组织的义务和作为正规的教育机构的特定义务，遵守宪法、法律、行政法规、自治条例、单行条例、规章和条约，同时遵守教育的法律和法规。对违反法律和法规的行为，学校要承担由此所带来的法律后果。

2. 贯彻教育方针、教育教学标准，保证教育教学质量

在学校的教育教学活动中，学校有义务贯彻国家的教育方针，有义务按照国家教育教学标准，组织教育教学活动，以达到提高教育教学质量的目的。学校还应该对其组织的活动是否有利于学生的身心发展、是否能保证教育教学质量进行考虑，否则会造成恶劣的影响。

3. 维护受教育者、教师及其他职工的合法权益

这项义务要求学校不但不能侵犯受教育者、教师和其他职工的合法权益，而且在受教育者、教师及其他职工的合法权益受到侵犯的时候，学校应当积极维护其合法权益。对受教育者合法权益的保护从学生入学开始，到学生毕业结束，教职工合法权益的维护也应从招聘、工作待遇或解聘着手。学校的招生和培养，学校教职工的聘任和使用都要遵循公平和公正的原则，要坚决制止侵害教师和职工权益的行为。例如，学校在女教师休产假期间另外找教师填补岗位空缺，是学校职权范围内的事情，但要是单方面解聘女教师是没有法律依据的。

4. 为受教育者及其监护人了解情况提供便利

受教育者及其监护人对受教育者的学业成绩和其他情况有知情权，学校可以采取多种方式，如学业成绩报告单或书面通知、家长会、家访等，使受教育者及其家长了解受教育者学业情况和其他方面的表现。受教育者及其家长或监护人了解受教育者的学业成绩以及在校的表现是实现公民平等受教育权和学生在校获得公正评价权利的必要条件之一，受到法律保护。学校及其他教育机构不得拒绝受教育者及其监护人了解受教育者学业成绩及其在校情况的请求。但是这种知情权是以不侵犯受教育者的隐私权和名誉权为前提的，学校应注意不得侵犯学生的隐私权和名誉权等合法权益，不得损害受教育者的身心健康。

5. 遵照国家有关规定收取费用并公开收费项目

教育机构分为多种类型，有义务教育机构、学前教育机构和义务教育后教育机构等，这些教育机构可以按照国家的有关法规制定收取学杂费等费用的规定，并按照这些规定向学生收取费用，但收取费用必须合法，必须公开收费的项目，接受教育行政部门、家长和社会的监督。教育部于 2002 年 8 月 28 日曾专门下发通知，要求高等学校招生收费工作必须严格执行教育部、国家计委、财政部《关于 2002 年高等学校招生收费工作有关问题的通知》的规定，不得提高学费、住宿费标准，不得出台任何新的收费项目。高校要严格按照招生简章上公布的收费项目和标准收费。招生期间，不得超过收费标准或另设新的收费项目，对增加招生计划录取的考生，要按已公布的本专业收费标准收费。学生进校后，也要按公示的项目和标准收费，不得收取“转专业费”和其他费用。

6. 依法接受监督

监督是管理的一个重要环节，可以保证权利得到充分实现，义务得到有效履行。学校作为法人必须接受来自行政部门、司法部门、社会和公民个人依法对其进行的监督，监督的内容主要有：学校是否按照国家的方针、政策办学；是否有违法行为；是否按照国家的规定做好学校的财政预算、执行和结算工作，使有限的经费发挥最大的效用；学校的发展是否有利于社会的健康发展。学校有责任接受来自各方面的合法监督，以保证学校健康发展。

### （三）学校的法律责任

随着现代社会作用和学校作用和地位的变化，国家的法律控制也越来越明显。这种法律控制不仅赋予学校某些管理上的职能，而且对学校违法行为追究法律责任。

学校法律责任是指学校违反了法律规定的义务时，在法律上就应当承担一定的后果，受到一定的制裁、处罚。因此，学校法律责任是与学校违法联系起来的。其目的在于制裁行为人，以儆效尤，保护受害人和恢复原有状态与秩序。学校法律责任作为一种法律责任，其区别于学校的其他社会责任的特点在于：在法律上有明确具体的规定，运用国家强制力量保证其执行，并且由国家授权的机关来依法追究。学校法律责任的追究对象，可以是责任团体（法人），如各级各类学校（公、私立学校）等，也可以是责任人（自然人），如学校主管及经办人员、教师等。学校法律责任的性质主要是一种行政法律责任，这与《教育法》的行政法性质是相一致的。但是不能排斥学校法律责任也涉及民事法律责任、刑事法律责任甚至宪法法律责任。从国外教育立法实践看，学校法律责任确实存在多种法律责任并存的情况。

1. 行政法律责任

行政法律责任是指行为人违反了属于行政方面的法律、法规、规章所规定的义务，致使国家、社会或公民的利益受到损害时，在行政上所应承担的法律后果。学校违反行政法的行为主要有：违反关于学校设置、招生、停办的规定；不按法定手续变更学校开办人，不按规定使用和变更学校名称；允许不符合学历条件的人进入大学学习；不按规定授予学位；违背规定的教学计划和教学大纲；等等。以上所列举的学校违法行为既有侵害他人权利的侵权行为，也有违反职责方面的行为。对上述违法行为的行为人就其应负的法律责任所采取的惩处属于行政制裁，行政制裁的种类很多，通常可以分为行政处分、行政处罚和经济处罚，如警告、限期整顿、限制或停止招生、封闭学校、撤销立案、罚款等。

2. 民事法律责任

民事法律责任是指行为人不履行民事义务，对产生的后果所应承担的责任，通常是一种损害赔偿责任。民事法律责任就其内容看，可以划分为违反合同的民事责任和侵权行为的民事责任。这两种民事责任在学校中都是存在的，学校作为团体法人，在参与民事活动中，往往要签订各种教育合同，存在各种民事性质的法律责任。学校由于管理不善，或者没有按照责任或义务的要求采取某一行为而造成的对学生的伤害或损失，那就可能构成侵权性质的法律责任。从国外的大量法院的判例看，学校承担民事责任主要是这一类内容。

3. 刑事法律责任

刑事法律责任是指犯罪主体做了刑事法律所禁止的行为而必须承担的法律后果，这一责任只能由犯罪行为的人承担。行为人是否应承担刑事责任，只能由司法机关按照刑事法律的规定和刑事诉讼的程序来确定。这类刑事责任主要涉及学校领导、经办人员和教师的个人责任。学校领导人、经办人员、教师可能触犯刑律，一般有玩忽职守罪、受贿罪、贪污罪等。

总之，学校在享有权利的同时，负有各种义务。学校违反了应尽的义务，就是失职，就应承担法律责任。如果违法行为范围仅仅属于行政行为范围，所违反的仅仅属于行政法律、法规、规章的规定就只受行政处分或处罚；如果学校的行政违法行为同时涉及民事范围或触犯了刑法，那么除了承担行政责任并受行政制裁之外，还要承担民事责任或刑事责任。因此，学校法律责任尽管有性质不同的行政责任与民事、刑事责任，但可兼负。

# 第四节 现代学校治理体系与治理能力

## 一、治理

### （一）治理的含义

20 世纪初，西方行政管理学治理理论的核心内容是“治理”。“治理”的英文单词“governance”，源于拉丁文，具有导航、掌舵的意思，常被用来指称有关指导（guiding）的活动，组织引导（steer）自身的过程。“governance”被翻译成“治理”，最早出现在市政学中。自 20 世纪 90 年代以来，“治理”一词在公共管理领域逐渐获得了话语权，并在很多地方取代公共行政和公共管理。

对于治理的内涵，学者们有着不同的理解，在治理的定义上也远未达成一致的看法。在 R. 罗茨看来，治理可用于代指任何活动的协调方式，至少包含六种不同的用法：作为国家的治理，作为公司的治理，作为新公共管理的治理，作为善治的治理，作为社会控制系统的治理和作为自组织网络的治理[①]。詹姆斯・N. 罗泽瑙将治理定义为一系列活动领域里的管理机制，这些管理机制“虽未得到正式授权，却能有效发挥作用”。虽然学者们对于治理的见解各异，但是可以肯定的是，治理是一个内容丰富、包容性很强的概念，是各种公共的或私人的机构和个人管理其共同事务的诸多方式总和，是使相互冲突或不同利益得以调和并采取联合行动的持续过程[②]。联合国全球治理委员会总结了治理的四个特征：第一，治理不是一整套规则，也不是一种活动，而是一个过程；第二，治理过程的基础不是控制，而是协调；第三，治理既涉及公共部门，也包括私人部门；第四，治理不是一种正式的制度，而是持续的互动[③]。

### （二）治理与管理

治理包括了治理主体、治理结构、治理内容以及治理机制，以实现决策科学化和民主化为目标，以规则和制度为治理方式，来重塑相关利益主体之间的关系。治理不同于管理，也不同于统治，具有自身的特点：其一，治理主体多元化，不仅是政府，公共权力机构和民间机构都可以成为治理权力的中心。其二，治理手段多元化，手段包括平等、合作、对话等，实行网络式的多元互动。其三，治理的目的是均衡不同相关利益主体间利益，实现公共利益最大化。其四，治理比较抽象，以法律规范为依据，作用于权利和责任，注重决策指导和责任体系的明确。由此可见，治理范围比管理、统治更加广泛，更加强调各个方面的共同治理。

从教育领域的学校主体来看，治理指的是学校管理制度、管理方式和管理机制的总

---

① Rhodes R. The new governance: governing without government. Political Studies, 1996, 44（4）: 653.

② Commission on Global Governance. Our Global Neighborhood. Oxford: Oxford University Press, 1995: 2.

③ Commission on Global Governance. Our Global Neighborhood. Oxford: Oxford University Press, 1995: 23.

称。学校是一个社会组织，它需要制衡、协调、监督和赏罚的有效的制度安排，这一组制度安排规范着学校各相关方面，包括学校教职工、学生、行政部门以及其他利益相关者的权、责、利。

## 二、现代学校治理体系与治理能力现代化

### （一）现代化的含义

现代化是一个综合性极强的概念，具有复杂的内涵和外延。第一，现代化是一个动态的过程性的概念，是一个社会不断变革、创新的动态发展过程。第二，现代化又是一个实体性的概念，具有多层面性。它不仅仅包括以经济和技术指标为基础的物质层面的现代化，还包括社会关系、社会结构等制度层面的现代化以及人的观念、心理、人格上的现代化。其中，人的现代化是其核心。

### （二）治理能力与治理体系

从传统“管理”到现代“治理”的跨越，虽只有一字之差，却是一个“关键词”的变化，是学校管理模式包括权力配置和行为方式的一种深刻的转变。治理的核心是多元治理，核心价值是实现民主管理，在组织架构上，则体现为扁平化管理。治理能力指的是制度的执行能力，是某个组织机构利用机制或制度来管理组织各个方面的能力。治理体系涉及各个相关领域的制度安排和体制机制安排，是进行有效治理、规范和维护秩序的制度运行系统。同时，制度运行系统中的各个制度是紧密相连、相互协调的，具有动态性、整体性和协调性。治理体系既包括自上而下的管理，也包括自下而上的依法治理。治理体系与治理能力是相辅相成的有机整体。要使治理体系充分发挥效能，就要提高治理能力；要提高治理能力，就要具备良好的治理体系。治理体系和治理能力的关系是结构与功能的关系，治理体系的现代化具有本质属性，是治理结构的转型，是体制性“硬件”的更换。只有实现了治理体系的现代化，才能培养治理能力的现代化。

### （三）现代学校治理体系与治理能力现代化的内涵

学校组织结构包括学校内部组织架构的纵向分层和横向分类。一般来说，初等教育学校组织和中等学校教育组织的架构，包括学校领导层、中层（职能部门和年级组）和班级组织。横向分类通常包括教学管理、后勤管理、德育管理等。

对学校治理体系与治理能力现代化应作两个方面的理解。第一，现代学校治理体系与治理能力现代化是一个不断变革、创新和完善的动态的发展过程，并且在发展过程中不断被赋予新的时代精神和内涵。第二，现代学校治理体系与治理能力现代化是一种学校治理整体转化运动。学校治理体系与治理能力现代化不是一个孤立、狭义的治理现象，而是广义的整体转换；不是治理的某一方面的现代化，而是内容十分丰富的现代治理体系。现代学校治理体系与治理能力现代化包括思想观念行为层面、制度层面、物质层面三个层面的现代化。这三个层面相辅相成、密切结合，构成现代学校治理体系与治理能

力现代化的整体运动。

## 三、现代学校治理体系与治理能力现代化建设

现代学校治理体系与治理能力现代化的范畴一般包含人的现代化、组织制度现代化和信息技术装备现代化三个方面内容。三者的内涵不同，对学校治理现代化的影响作用也不在同一个水平上。现代学校制度是一种以学生发展为核心的制度安排。制度是一种约定成俗的规定，它的生成和重建始终围绕特定领域的变化。现代学校制度将“学校”作为自身的本质规定，更加重视教师的“教”和学生的“学”，并以此作为构建整个学校制度的法则。在现代学校制度的框架下，所有的规则体系都是围绕更好地促进学生发展来构建的，从而更加凸显了教育的独立性和学校的自主性。因此，现代学校制度主要是为学生更好的发展搭好舞台，系统构建学校教育的核心制度和外围制度。

### （一）人的现代化

管理者的治理观念的现代化是学校治理现代化的深层面。它虽然只涉及管理者的思想、意识，不涉及人、财物，但对学校治理现代化的影响力却最大，具有决定性的意义。正如英格尔斯所说：“再完善的现代化制度和管理方法，再先进的技术工艺，也会在传统人的手中变为废纸一堆。”这是因为，现代治理思想、治理观念既是学校管理者进行学校治理的指导思想，又是他们施行治理行为的行动指南。无论是以物的形式出现的现代技术装备，还是以规范、条文形式出现的组织制度，都要受管理者的治理观念的影响和制约。如果学校管理者不能自觉改变已经滞后的教育思想，确立现代治理观念，仍然用自己习以为常的思维方式去思考和判断业已变化了的管理对象，不要说管理组织制度的制定和实施，难以适应学校治理实际的需要而无法奏效，乃至形同虚设，就是现代技术装备也难以充分发挥其促进作用，甚至变成调动和发挥师生工作学习的积极性和创造性的阻力。

1. 以人为本

要完整地认识管理中的人，把握人性的实质。要理解人本管理，还要把握什么是“人本”。现代学校人本管理的核心是：对学校中的人应当视为人本身来看待，而不仅仅是将他们看做一种生产要素或资源。因此，从严格意义上讲，以人为本之中的“本”实际上是一种哲学意义上的“本位”“根本”“目的”之意，它是一种从哲学意义上产生的对组织管理本质的新认识。因此，人本管理在本质上是以促进人自身自由、全面发展为根本目的的管理理念与管理模式，而人自身自由、全面发展的核心内容是个体心理目标结构的发展与个性的完善。著名管理学家陈怡安教授把人本管理提炼为三句话：点亮人性的光辉，回归生命的价值，共创繁荣和幸福。

学校育人活动以知识为基础、服务密集型的教学环境要求高层管理者转换职能，即超越战略、结构和体系的旧的管理原理，建立一种更广阔、更有生命力的新管理哲学，也就是建立在发展目标、过程和师生员工基础上的管理哲学。这种“目标—过程—师生员工”的新管理哲学要求学校高层管理者超越战略，发展目标；超越结构，发展过程；超越体系，

培育师生员工。"战略—结构—体系"原理中，结构因素是当今大部分管理者仍依赖这种因素集中体现在配置资源、职责和控制有效教学上；而"目标—过程—师生员工"的管理原理则建立在这样一个前提上：学校组织的基本任务是塑造师生员工行为，建立师生员工主动创新、合作学习的校园环境。也有人认为以人为本的实质内容是把人作为一种资源或资本，即人力资源或人力资本，强调管理中人相对于物的优先重要性。据此推论，"人本的关键是人的能力，即人可以在管理过程中作用于物的力量，或者说是能力资源"。因此，有学者主张以能力为本的"能本管理"，并认为能本管理是更高阶段、更高层次和更大意义上的尊重人的个性，发挥人的主动性和创造性的管理，是人本管理的新发展。

2. 以能为本

所谓能本管理，就是以人的能力作为管理的对象和管理的核心，提倡能力本位，建立起以能力为核心的价值观。能本管理体现在管理过程中，就要求以能力价值观来支撑和统摄其他价值观（如利益、效率、个性、主体性、自由、平等、民主、创新等），坚持以人的能力为实施管理的根本立足点和根本依靠力量，其管理措施则是建立一种"能级制"。由此可以看出，根据对人本管理和能本管理本质的上述认识以及现代学校管理实践的发展，我们认为能本管理和人本管理是既有区别又有联系的。

首先，能本管理与人本管理存在本质与目标的差异。人本管理在本质上是以促进人自身自由、全面发展为根本目的，而且，人本管理所理解的人是一个完整意义上的人。能本管理虽然也强调人与组织的共同发展，而一个人的全面、充分发展不可能离开组织和社会的发展。在能本管理中，人的发展也主要服务于能力资源的开发与利用。因此，能本管理与人本管理在本质与目标上是相联系的。

其次，人本管理代表着先进文化的前进方向，是现代人类文明发展的趋势和历史必然，也是现代学校管理发展的一种新的趋势，这种趋势在知识创新型学校中表现得尤为明显。而能本管理在充分彰显人本管理实质的基础上，展示人的个性发展，它既代表人本管理的过去，又代表人本管理的未来，它与现代学校人本管理的实践相向而行。在一定意义上，能本管理是人本管理的彰显，是人本管理的发展阶段。

再次，能本管理所要求的能级制在实际管理中是不可分离的。人力资源管理要求位得其人，人得其位。人员配置要求适当的人在适当的位置上，而社会是有分工的，而且不同的岗位往往对任职者所具有的能力和个性特征具有不同的要求，在一个组织中就有必要建立一个能力要素相同的"能级"。尽管如此众多的特殊能力难以测量，但实际上可以体现人们对社会的贡献。

最后，能本管理彰显了人发展的本质。重视岗位对人的其他个性特征的要求和群体结构对群体工作效率的影响，强调能力因素，这充分体现现代学校管理的个性化趋势。诚然随着知识更新的加快和知识经济的发展，管理中师生员工的能力开发与使用将越来越重要，人不仅仅是能力的载体，能力发展是人的发展的最重要、最本质和最激动人心的方面。能本管理可能成为人本管理发展的未来，应该成为21世纪占主导地位的管理观。如果实际领导者全面理解以人为本、以能为本的新的管理理念，那将会推动我国现代学校管理的科学化进程。

## （二）组织制度现代化

组织制度现代化是学校管理现代化的中层面。它规定着学校的隶属关系、机构设置、管理职责和权限划分等，界于人和物之间，是具有现代管理意识的管理者进行科学管理的载体，对学校管理现代化具有保障性影响力。它能保证管理者的管理行为具有较强的控制力，保证学校工作高效、正常地运转，同时也必然是管理者的教育思想和管理观念的反映，其科学性和先进性必然受到客观社会环境和个人主观因素的限制和影响。

1. 学校的特征

教育的公益性特点表明，教育事业是我国国计民生中的重要组成部分，发展教育事业是全社会的共同责任和义务，具体而言有以下几个特点。

首先，不以营利为目的。《教育法》第 25 条规定：“任何组织和个人不得以营利为目的举办学校及其他教育机构。”确立这一基本原则，有利于维护教育的公益性质，促进办学体制健康发展，端正办学方向，保证必要的教育投入和办学条件，提高办学质量；同时，也有利于杜绝社会组织、个人以及教育机构以营利为办学宗旨。而划分是否以营利为目的的办学的标准，主要不在于学校及其他教育机构是否有收入，也不在于是否高收费，而在于将办学和其他经营性活动获得的收入用于何处。凡是用于学校及其他教育机构的建设和发展，用于填补自身办学经费不足的，不属于以营利为目的的办学。反之，则属于以营利为目的的办学。

其次，教育与宗教相分离。《教育法》第 8 条规定：“国家实行教育与宗教相分离。任何组织和个人不得利用宗教进行妨碍国家教育制度的活动。”教育与宗教分离是体现教育公益性的一个重要方面。由于宗教的社会根源和认识根源的长期存在，宗教在社会生活中亦将长期存在。我国宪法在规定宗教信仰自由、保护正常的宗教活动的同时，禁止任何人利用宗教进行破坏社会秩序、损害公民身心健康、妨碍国家教育制度的活动。

最后，学校的公益性。学校的公益性不仅是国家举办的学校的特点，而且也是社会力量举办的学校的特点。国家举办学校，本身就是从国家与社会的整体利益出发，因此它的公益性是显而易见的。学校及其他教育机构的公益性特点，是伴随着现代化教育的普及与发展而产生的。

2. 学校与企业组织的区别

根据《教育法》《民法通则》及其他相关法律的规定，学校作为事业单位，在法律上有别于企业组织。学校及其他教育机构有别于企业组织的根本性特点就是其公益性。

首先，学校的设置目的不同于企业。设置学校及其他教育机构的根本目的是培养德、智、体等全面发展的社会主义事业的建设者和接班人，提高全民族的素质。而企业则是以营利为目的的生产和经营单位，追求最大化的剩余产品价值是其发展的动力。因此，对企业可以直接以经济效益指标来衡量其对社会的贡献，而对学校及其他教育机构则不能。

其次，学校的经费来源不同于企业。学校及其他教育机构的经费来源是多渠道的，其中主要部分是国家的拨款。国家出于公益性要求，拿出一部分财政收入用行政的办法分配给学校及其他教育机构。这种资金的使用，与企业借贷资金不同，是无需偿还的。

而企业则必须拥有直接从事经济活动的资产，并以这种资产为基础进行经营性活动，经过不断的周转而实现增值。尽管企业也可以通过贷款筹集到资金，但这些资金是有偿使用的。

最后，对学校的调节手段不同于企业。由于学校及其他教育机构属于公益性机构，因此在遵循教育规律，允许学校自主的同时，必须对其权能做出必要的限制。国家应根据社会整体利益的需要，加强对学校及其他教育机构的宏观指导和管理。学校及其他教育机构在国家的监督和控制下，在执行国家有关法规、方针、政策的前提下，享有办学决策权、用人自主权、招生分配权、经费使用权、学校财产权等。而企业则不然，构成企业的基本条件之一就是必须拥有自主经营权，否则就不能称为企业。国家虽然也会用计划的手段对企业进行宏观控制，但在大多数情况下是通过市场来进行调节的。

3. 现代学校组织发展的基本趋势

一是拒绝附属化，摆脱行政管理的控制与教育行政机关的附属品的身份，是建立现代学校制度的一个重要方向；二是防止市场化，现代学校制度的主导价值追求是“社会公平”而不是“经济效益”，应凸显教育的主体性，凸显教育的社会价值，用教育投入制度、行政管理制度等为现代学校制度服务，不能完全用市场化的方式去运作；三是强调伦理性，学校是一个教育人、培养人的场所，其伦理性特征要求学校不仅仅是一个灌输知识、传授学问的场所，而且要求学校是一个全面培养人的道德修养、文化品位的场所。如果我们的教育评价指标缺乏对学生道德、伦理、情感、态度等方面的评价，这对于学生的成长是很不利的；四是定位学生的多元化发展方向，现代学校制度应强调学生的多元发展、终身发展，那么就需要与其适宜的评价制度，使学生和学校的多元化发展得以实现；五是走向法制化，学校进行自主建设和发展的过程中必须要有法律保障，并且，在定位政府与学校的关系，以及学校、教师和学生三者之间的关系中都要予以明确的界定。

4. 制定学校章程，加强学校内部治理

1）制定和完善学校章程

学校章程是学校依照《教育法》及其他相关法律法规的规定制定的，有关学校性质、办学宗旨、办学规模、主要任务、组织机构、教师和学生管理、财务管理的纲领性文件。现代学校制度的一个显著特点是学校工作法制化、规范化。学校依法治校，既是现代学校制度的必然要求，也是现代学校制度的重要内容。学校要全面实行依法治校，就必须制定和完善学校章程。制定和完善学校章程的意义在于：①学校章程是教育行政部门监督、管理学校的依据。学校章程是学校办学的纲领性文件，是学校成为法人组织的必备条件。学校按照章程办学，是我国政府监督、管理学校的基本依据。②学校章程是学校自主管理、依法办学的依据。学校要真正实现自主管理，形成自主发展、自我约束的机制，就必须制定和完善学校章程。《教育法》明确赋予了学校“按照章程自主管理”的权利。1999 年 12 月，教育部在《教育部关于加强教育法制建设的意见》中进一步指出，各级各类学校要“依据法律、法规的规定，尽快制定、完善学校章程，经主管教育行政部门审核后，按章程依法自主办学”。因此，建立现代学校制度，首先要制定和完善学校章程，将学校重大的、基本的问题用章程的形式明确和稳定下来，从而为实现政府对教育的宏观管理、学校面向社会依法自主办学创造条件。

2）加强治理内部结构

第一，学校应该培养并任用具有现代治理理念的治理主体包括校长、各行政人员，来推动学校内部的有效治理。校长是学校内部推进学校治理体系和治理能力现代化的主导者，其他学校各行政部门的人员都是学校治理的利益相关者。因此，这些学校管理者的思想观念对学校的治理体系和治理能力现代化进程有着最直接的影响。

第二，学校管理者应该加强理论研究，学习并总结先进经验和治理理论，来创新和完善学校治理的理念和体系。推进学校治理能力和治理体系现代化离不开理论的指导，还要求管理者不断加强学习，勇于创新。学校管理者们不仅要对国家治理理论进行研究，还要积极借鉴国外发达国家适合我国学校实际的先进经验，为实际治理工作提供向导。

第三，学校应该建立起自我监督的机构和机制，增强自律。例如，利用学校发展联盟等机构对学校进行监督和评判来约束学校的办学行为，在一定程度上，可以提高学校的教育质量，建立学校的自我特色。

第四，学校管理活动应以课程内容改革为载体。课程作为连接教育制度与教育过程的“枢纽”，常常成为历次教育改革的焦点。目前，对传统课程模式的批评集中在四个方面：①传统课程面对过去，无法面对变化的当今社会和未来；②传统课程体系学科分离，普教、职教分离，在世界一体化的今天弊端过多；③传统课程重知识积累，轻情感培养；④内容固定不变，缺乏开放性和弹性。纵观课程改革的历史，基本上是学术性课程和职业性课程此消彼长的过程。改革趋向是弱化学术性课程的数量和难度，增加应时的职业性课程，内容上更趋时代化，但要防止世界上许多国家曾一再出现的课程“钟摆现象”。最后，有必要重温联合国教育、科学及文化组织国际21世纪教育委员会的报告——《学习——财富蕴藏其中》的一段话：“在提高教育投入时，必须重视提高教育效益和质量，而经费的提高并不是提高教育效益和质量的唯一或关键的因素。”该报告提出的终身学习的愿景和范式，以及学会求知、学会做事、学会共处和学会做人这四大支柱在教育话语、教育政策和教育实践中都产生了极其重大的影响。

### （三）信息技术现代化

第一，管理技术装备现代化，如校园网络、视听及传输设备、卫星通信及信息高速公路等现代通信设备、校园监控系统等，虽然是学校现代化实施过程中必要的现代技术设备，但仍然只是学校管理现代化的表层面的东西。作为一种基础条件，它对学校管理现代化具有明显的影响力，但它们没有生命，需要具有现代管理观念的管理者去运用、去操作，还需要现代管理制度的规范化、程序化作支撑。

第二，现代教育效率的提高，主要依赖教育教学方法的改进。应该看到，教学手段的现代化正在给教育教学带来一场革命，我们从来没发现历史上的任何一次关于教学方法的改革像现代多媒体技术那样大幅度地提高着教学效果，以至于成为改变教学低效率状态的首选手段。因此，我们选择教育教学技术的概念来取代传统意义上的教法概念，试图说明的就是包含有现代多媒体技术等教学手段的教学方式方法改革才是提高教学效率的有效途径。

总之，学校治理体系与治理能力现代化的建设，要以国家治理体系和治理能力建设为基础，以教育规律和教育现代化为依据，以管办评分离为基本要求，以构建学校、政府和社会的新型关系为核心，建立起科学有效的制度体系，发挥政府、学校和社会的协调作用。政府、学校和社会应该实行管办评分离，各自的权责边界要清晰。政府应该对学校进行间接管理，简政放权，做到不缺位、不越位。学校要明确自己的责任和权利，依照教育方针、教育政策和教育法规，对学校内部进行直接管理，促进自身个性化健康发展。社会要积极参与到对学校教育的评价中来，对学校的教育决策进行监督，为学校提供更多的社会资源。

# 第四章　现代学校管理基本模式

按照系统论的观点，结构要素之间的排列组合决定了系统的性能和作用。学校管理模式就是指在一定管理思想支配下建立起来的，有关设计和调控学校管理活动全过程的理论模型与操作程序。20 世纪 80 年代，我国教育管理学界开始了学校管理模式的研究，从不同的角度归纳了学校管理模式，我国目前中小学管理实际活动中，就其主要侧重点而论，主要有三种模式，即经验型、行政型、科学型。

## 第一节　现代学校管理的基本模式

### 一、经验管理为主导的模式[①]

经验管理为主导模式的主要特点是强调经验和实际操作在学校管理中的决定作用，通过学校管理的实践获得经验，总结经验树立典型，推广典型指导学校管理工作。以经验管理为主导的学校管理，非常重视管理者本身的素质、才干，重视他们的资历，强调教龄和工龄在学校管理经验形成中的累积作用。在组织管理过程时，以经验管理为主导的模式突出总结提高的环节，特别注意总结经验教训，并以此作为新的决策的依据。在人员的培养、提高方面，重视老教师的作用，强调以老带新、师徒相传、优秀的校长和教师是干出来的而不是学出来的。在管理的方式和方法方面，注重建立常规和严格的考试考查，强化考试分数和升学率对学校管理的推动作用和决定作用。

无论在我国还是在外国，经验管理都曾是发展现代管理的基础。在今后的学校管理中，这种模式的优势，也将继续发挥作用。但是，以经验管理为主的管理模式有明显的局限性，这种局限性是经验的局限性的反映。这主要表现在忽视理论的指导，不相信正确理论对经验的反作用。我们要珍视经验、总结经验、吸取教训。但如果不重视理论的研究，经验就难以上升到理论的高度，而没有理论高度的经验，则不具有普遍的指导意义。凭经验办事，管理可能成功，也可能失败。因为经验是在具体环境中形成的，离开具体环境条件，照抄别人的经验，管理的效果往往不明显，甚至产生相反的效果。只重视经验的作用，忽视理论的价值，管理往往会陷入盲目性。

① 王世忠．论经验在教育决策中的局限性．教育研究与实验，2007，（3）：46 - 48．

善于总结经验，从成功中得出规律性的认识，是学校管理决策成功的重要条件。对于总结经验的重要性，许多人都注意到了，但对如何正确对待经验，并没有给予足够的重视。因为依靠经验决策是一种传统的决策方式，它一般具有直观感知性、认识表面性、分析情况的非定量性等特点。在生产力还不发达、科技比较落后、事物发展变化的速度还比较缓慢的条件下，学校管理者凭借个人的经验进行决策，有它的合理性。但是，进入社会化大生产和经济全球化、信息化的时代之后，这套经验决策的方式就远远不能适应了。

### （一）经验导致决策失败的案例分析

在一项实验中，一组有经验的心理学家和另外两组经验相对较少甚至没有经验的人，使用标准的班德—完形测验来诊断病人是否患有脑部损坏症。在测试的过程中，研究者先将一些图形（如圆形、三角形等）展示给病人看（为了便于实验，研究者选择了所有画图的人均确诊患有脑部损坏症，但是心理学家及另外参加测试的人并不知道），然后要求病人用手将他们看到的图形画出来，如果病人的手绘图呈现某些特点，那么病人可能就患有脑部损坏症，但相关症状是很难判断的。

在实验中三个互相对比的小组是：第一组，有多年运用班德—完形测验经验的心理学家；第二组，平均有三年经验运用这套测试方法的研究生；第三组，心理学家的助手，他们了解这项测试的大致内容，但没有做过这样的判断工作，也没有受过训练，也就是说，他们没有这方面的经验。测试的结果令人吃惊：富有经验的心理学家正确地判断出病人是否患脑部损坏症的比率是 65%；研究生的正确比率是 67%；助手的正确比率是 70%。从这个结果可以看出，多年来使用这套测试方法的，有经验的心理学家对于病人判断的正确率竟然比没有经验的助手还要低[①]。还有一位美国教授做过这样一个实验：把几只蜜蜂和几只苍蝇装进一个玻璃瓶中，然后将瓶子平放着，瓶底朝着光亮，瓶口朝着暗处，结果会是什么样呢？蜜蜂朝着有光亮的方向，拼命地想在瓶底上找到出口，一直到它们力竭倒毙或饿死；而“愚蠢”的苍蝇则全然不顾亮光的吸引，乱冲乱撞，竟在不到两分钟之内穿过另一端的瓶颈逃逸。蜜蜂之死，死于它们对光亮的喜爱，死于它们的“经验”和“智力”。蜜蜂以为，囚室的出口必然在光线最明亮处，于是它们就不停地重复着这种“合乎逻辑”的行动。然而，在这种它们在自然界中从没遇到过的、不可穿透的“大气层”中，它们的经验越多，这种奇怪的障碍就越显得无法接受和不可理解，以致最后死在瓶子里。蜜蜂之愚固然可笑，然而现实中我们却也往往重演着蜜蜂的“逻辑”而自己竟浑然不知。上述这些案例都表明，经验有时并不管用，相反，在今天这样一个瞬息万变的信息社会里，教育管理经验会越来越使人们产生错觉，如果陶醉于过去的成功教育管理经验就可能带来教育决策的失败。

① 罗宾斯 RA. 决策的陷阱. 袁汝涛译. 长春：吉林文史出版社，2004：207-208.

## （二）经验导致决策失败的主要原因

1. 忽视了环境的变化

首先，仅靠经验而忽视了不确定因素。现代社会，信息流动加快，可变因素增多，随机性增大，要在瞬息万变的环境中快速灵活地应对各种情况，必须考虑到未来的不确定因素。缺乏弹性和灵活的教育决策，必将导致教育决策的死板和僵化，因此，在进行教育决策时要充分考虑到未来环境可能的变化，统筹兼顾。越是在信息流量大、不确定因素多、预测性把握不大的情况下，越应如此，绝不能仅凭过去的成功经验仓促地做出教育决策。

其次，仅凭经验教育决策会忽视学校未来发展过程中所隐藏的各种风险，从而给学校带来灾难性的影响。例如，某民办学校，在短短四五年的时间内，便使资产达到四十多亿元。可以说，在中国学校发展史上，还没有哪一家学校能在短短的时间内创下民办学校不曾有过的成长奇迹。然而，就是这样一个神话般崛起的学校，竟然在一场不大的官司困扰下迅速走向衰落，其衰落速度之快也同样令人瞠目结舌。但往深处追究，该校的快速成长速度超过极限，而教育决策者固守其成功的经验，没有去建立自己的风险控制体系，使得学校实际上非常脆弱，突发的一件事，就使学校面临巨大的灾难。该校成功后，其教育决策也大多依靠过去的成功经验，认为庞大的自己对什么都可以无所畏惧，因而忽视了提高学校的风险承受力。

最后，干扰因素。有些经验往往会受到各种信息的干扰，导致经验本身就出现了偏差。1968 年，心理学家罗森塔尔和雅各布森来到美国一所小学，从 1 ~ 6 年级中各选出 3 个班级，对 18 个班的学生作发展预测，然后以赞赏的口吻将“有优异发展可能”的学生名单通知有关教师，并叮嘱名单不要外传。实际上，这份名单的学生并不是根据智力鉴定而完全是随机选择出来的。8 个月后，他们对 18 个班进行复试，结果列入名单的学生比没有列入名单的学生智力水平有更明显的提高。由于被列入名单的学生是完全随机抽取的，因此，学生智力发展的差异，只能由教师对两类学生形成不同的期待来解释。对列入名单的学生，教师抱有积极的期望，并在实际教学中倾注给他们更多的关注与鼓励；相比之下，未被列入名单的学生，受到了教师有意无意的忽视，得到的关注较少，由此导致这两部分学生在学业、智力发展上的差异。这就是众所周知的“罗森塔尔效应”①。

2. 移植别人的经验

许多成功的经验，多是天时、地利、人和的结果。因为环境发生了变化，过去或者他人在某件事上的成功，并不意味着用同样的方法解决别的问题就一定能获得成功。有的教育决策者认为，自己在这个学校干得很出色，在别的学校管理系统里也一定干得很好。其实不然，每一个学校管理系统都有自己不同的规律、不同的运营模式、不同的外界环境等，所以，在这个学校管理系统里获得了巨大成功的经验，在别的学校管理系统里也许毫无用处，如果把这学校管理的经验直接转移到别的学校管理系统中，必然会导致教育决策的失败。任何一件事情的发生都受必然的时空条件限制和影响，时空的改变

① 宋书文．心理学词典．南宁：广西人民出版社，1984：69.

也会导致事物之间因果关系的改变，因此过去发生的事物之间的因果关系，不一定就会在将来完全重现。所以，依据历史经验对未来进行教育决策也就会出现各种程度的误差。

3. 经验固化

经验的基础是历史信息，它展示的是现在的结果，这个结果是过去的教育决策造成的。对于现在的教育决策如何影响未来的结果往往并不具备参考和预测价值。但是许多教育决策者身上不同程度地都有这种经验固化的影子。他们觉得利用过去的成功经验一定会帮助自己取得新成绩，认为那些成功经验是理应“发扬光大”的宝贵财产，因而时常沉浸在过去的成功中。可是，一旦成功的经验在大脑中被固化下来，就会用过去的历史去指导未来的道路，“以史为鉴”也就成了“历史决定未来”。而历史的环境同未来的环境是无法相同的，因此结局可想而知。然而，在现实中，又有很多人不断地重复这些失败。有些人在过去取得了很大的成功，于是就为过去成功的经验而得意，然后就把这些经验用在以后的教育决策中，忽视了可能出现的危险，因此，在这个环境多变的时代要看适应能力，看谁能更快地摆脱过去经验的束缚，看谁更能学习，从而比别人更迅速地识别和发现新的机遇。

4. 照搬别人的经验

很多教育管理者在进行教育决策的时候，看到别人的教育决策获得了成功，便盲目地照搬别人的经验，缺乏全面、科学的分析与论证，尤其是在学校办学模式的问题上更是如此。例如，有的学校打出“特色”的旗号获得了成功，于是许多学校就不顾自身的资源状况，照搬这个经验，猛刮“创特色”之风，似乎只要与“特色”一沾边，就无往不胜。其实，特色同样也蕴涵着个性，特色学校在具备一般学校应有的资源之外，必须具有可持续发展能力，如果是照搬别人的经验，不考虑自己的实际情况，最终必然导致办学模式的趋同。

经验是从实践中得来的。因此，人们往往重视“经验”和“教训”，乐于接受他人传来的“经”和送来的“宝”。但任何经验都是在一定条件下产生的，所以我们在接受他人的意见和学习别人的经验时，还应该分析经验产生的客观条件，否则，不加分析、生搬硬套，就会碰钉子。有一则寓言故事，一匹小马要过河，诚实的牛根据自己过河的经验，告诉小马水很浅，能够趟过去；而好心的松鼠则根据同伴过河被淹死的惨痛教训，告诫小马不要过河。小马糊涂了，到底谁说的对呢？小马开动脑筋思考问题，将牛和松鼠的“经验”和“教训”加以分析比较，亲身实践，终于顺利地过河。它的认识是“既不像牛说的那么浅，也不像松鼠说的那么深”。小马的成功在于没有照搬牛和松鼠的经验，而是认真思考，勇于实践，在实践中悟出了真知。

### （三）如何运用经验进行科学决策

经验为教育决策只能提供资料而非知识。只有在人们了解怎样去评估资料，知道它们是真的在表示些什么时，才可将它转化为知识。也就是说，只有升华了的经验才能成为知识。而升华了的经验就在于：一方面，它能够认清过去经验的前提和条件，检讨经验的实质和内涵；另一方面，它能对以往经验创造性地使用。

1. 建立学习型组织

所有的组织都应该做定期的学习和分析，通过对经验的学习可以将教育决策的失败降低到最小。从经验中学习不是某些人或某些部门的事，它要求全体成员、所有职能部门都积极行动起来，促进知识在组织内部快捷流畅地传播。因为知识只有为更多的人所掌握，才能发挥更大的效用。把知识封锁在一个人或一个部门的手中，只会限制组织的成长，是建立学习型组织的大忌，因为即使经验是最好的老师，它也只是私人的老师，而不是集体的老师。组织中的成员总是集体行动，却单独学习，这是目前组织学习的重要特点，也是组织学习的最大障碍。学习型组织的一个基本特征就是开放、自由的组织文化氛围。促进知识传播的方法有很多种，包括书面或口头报告、经验交流、参观观摩、个人岗位轮换、教育与培训等。

2. 善于自我反思

“温故而知新”，从自己过去的经验中反思，重新审视学校过去的成败得失，系统、客观地对其做出评价，并铭记教训。从过去经验中反思的精髓在于使学校养成认清有价值的失败与无意义的成功的思维方式。有价值的失败指的是能使人产生顿悟，澄清人们的认识，从而能够增强组织智慧的失败；而无意义的成功指的是虽然万事大吉，但人人浑浑噩噩的尴尬局面。表面的成功或相安无事，并不一定意味着可以高枕无忧。同样，对于失败，也不能“一棒子打死”，必须能透过表象看清事物的本质及其发展规律。因此，从过去经验中学习不能停留于表象，将一些肤浅、凌乱的知识、经验堆砌在一起就算了事，必须对其进行深入的分析、提炼出精华，并将其上升为可以指导行动的一般理论和基本规律。

值得注意的是，虽然大多数人都知道“失败是成功之母”的道理，但实际上，对失败的反思往往要比回顾成功困难得多。一方面，人们都有趋利避害和虚荣的本性，不愿意提及失败的痛苦经历，而比较喜欢回忆成功的辉煌；另一方面，在组织中，对失败的反思还必然会涉及由谁来承担责任这一棘手的问题，因此对失败的反思难以有效进行。不能坦诚地面对失败，往往无法发现人或组织存在的缺陷，为以后的发展埋下了隐患。因此，从某种意义上说，失败比成功具有更大的反思价值。

3. 借鉴别人的经验

教育决策者不能只从自己的经验中学习，因为外部存在更多、更丰富的知识。聪明的教育决策者知道，虚心向他人学习可以使自己获益匪浅，即使是毫不相关的领域都有可能激发创新的灵感，对于学校来说更是如此。向他人的经验学习包括很多内容，几乎囊括学校整个外部环境，从同行竞争对手到不沾边的学校、科研机构、大专院校，从学校管理专家到街头摆摊儿的小贩，都可以成为学习的对象。可以毫不夸张地说，现实生活中，学习的机会几乎俯拾皆是。其中，向同行学校学习是主要的学习形式。由于是同行，在对教育系统、环境的判断以及学校的运行机制等方面的经验就有很多“共同的语言”；同时，教育系统内一所学校的举动或多或少都会对其他学校乃至整个教育系统产生影响。这使得向同行学校学习对于学校更具有特殊重要的意义。

4. 正视失败的教训

从别人的成功经验中学习和从其失败经验中学习的最大差别是，前者很容易限于模仿层面，即知道如何做；而后者则能够知道为什么，即从失败的经验中学习，知道了别人失败的原因，就能尽量避免自己将来遭到同样的失败。导致人类失败不断重演的原因，乃在于人们不从失败中学习，因此也就无法了解真相。我们都把失败当成是可耻的事情，都想尽力隐瞒，因此很难从失败中学得教训。当失败发生后，大家关注的是“谁该负责”，而不是弄清事情的真相，这是人性使然，也导致错误发生后，大家都忙于寻找推卸责任的借口。成功的管理者不是不犯错误，只是极少犯同样的错误。而失败的管理者就是那种在管理过程中不善于总结经验、不善于吸取教训的人，在这些学校里，管理者常常遇到的大量难题其实都是由来已久的。

综上所述，通过案例的分析，集体经验、植根于学校内部只可意会的知识和积累性技巧的丧失，在教育决策过程中产生了一个犯重复错误的传送带，在这种情况下，即便能取得成功，那也是相当短期的行为。研究的结果告诉我们，经验的丰富和业绩的突出，有时会成为失败的诱因。从文化角度看，相信经验几乎是人类共有的特性，有些能力超群、充满自信的成功人士更是如此，他们经历了太多事情，获得了太多成功经验，使他们很少会去怀疑自己。往往固执地遵循过去的经验，他们坚信只有试过的成功方法才是可行的。然而，我们在进行教育决策的时候，不能仅凭经验，而要及时地将经验升华为理论，以对大量资料进行分析后的结果为依据，根据自身的条件、所处的发展阶段和未来的终极目标，做出科学的判断，最后谨慎地做出教育决策。

## 二、行政管理理论为主导的模式

彼得·布劳和马歇尔·梅耶在《现代社会中的科层制》中断言：“在当今社会，科层制已成为主导性的组织制度，并在事实上成了现代性的缩影。除非我们理解这种制度形式，否则我们就无法理解今天的社会生活。”[①]以行政管理为主的管理模式是一种强化行政的职能，强调首长的权威，以行政指令、条例、规章、制度、上级文件、行政首长讲话为依据，以法制、法规和行政纪律为手段，以严密的组织层次为保证的管理模式。

### （一）科层管理理论的主要内容

1. 根据组织目标进行劳动分工并实现专业化

劳动的明确分工可以使每一个特定的岗位，雇佣到受过专门训练的人，并使每一个人有效地履行各自的职责。科层制中的劳动分工，把任务分成大多数人都能胜任的工作，并根据标准由受过训练的人员执行这种任务。这不仅提高了人的可靠性和胜任能力，而且可以使普通人发挥个人专长去达到不平常的目标。科层制可能会限制一个天才做高级工作的能力，但它也会减少不符合要求的人犯重大错误的机会，使“傻瓜”也能为社会作贡献。所以一个技术不高明的工人只要对单项专门化的任务进行最少量的训练，就会变得业务纯熟。

---

① 布劳 P，梅耶 M．现代社会中的科层制．马戎，时明究，邱泽奇译．北京：学林出版社，2001：8．

2. 实行等级制原则，建立合法权威

科层制中的权力按职务的阶梯方式根据规章而固定地确立，从而形成固定的等级制度，每一级都在更高一级的管理、控制和监督之下，组织结构的形状像金字塔。科层制的职权等级确定了个体的权力与责任，使能力及精力有限的个体，通过整个科层制的目标结合起来，从而使大量的具有专长的人有效地在一起工作，以合乎逻辑和高效率的方式完成一个复杂的目标，保证了大规模组织的控制与协调。根据等级制原则，在这个行政体系内，每一个管理人员都能够在上级面前为自己和自己下属的决定和行为负责。因为他要为自己下属的工作承担责任，所以他对下属具有权威性，这意味着对下属他有发号施令的权力，下属则有服从的义务。这种权威只限于工作范围，超出这个范围，利用自己地位的特权去操纵下属并不是科层制权威的合法行为。

3. 科层制通过稳定的规章程序运作

科层制的组织活动是由一些固定不变的抽象规则体系来控制的，这个体系包括了在各种特定情形中对规则的应用。组织中的任何成员都要严格遵循这一套抽象的规章制度，组织成员职务的运作受规则的约束。设计制定这样的规范体系，是为了保证不管多少人从事某项工作，其结果都能一致，而且不同的工作之间能得到协调。规章制度是科层制的管理基础，保证了科层组织活动的常规性、稳定性以及连续性。

4. 科层制中的职位占有者具有非人格化的理性特征

在科层制中，由于科层组织中的职务和地位不为占据者所专有，所以在处理公务时，要求将私人关系和公务关系严格分清，不徇私情。职位集中体现了地位与角色的内涵，代表了一整套规范和行动模式，不受担任这一职位的任何个人的性格、气质、品德等影响，在一定限度内不因人员变动、个人偏好而改变。因为只有不考虑个人的兴趣和感情，才能做到无私无偏。如果某位官员不注意保持社会距离，并对当事人的事情产生了私人情感，在处理中就容易照顾自己喜欢的当事人。唯有不带私人情感的超脱态度，才能平等地对待所有的人，这样才能在行政事务中做到公正。这种普遍主义的非人格特征是现代社会理性的标志。

5. 普遍性的用人标准，量才用人

在科层组织中就业的人员必须在技术素质上合乎要求，而且不能被随意地解雇。这个原则造成了一种程序、一个系统，职务晋升要取决于候选人的资格或做出的成绩，或者同时参考两方面①。雇员受雇依靠的是他们的能力，而不是像种族、家庭背景这类先赋的条件；对人的评价不是以其职务、个性、与领导者的关系等为标准，而是以组织的章程为标准，这既保护其成员被任意解雇又避免任人唯亲的现象的发生。这些人事政策不仅实施于公务部门，而且也实施于许多私营企业。因此，科层制度解决的不仅仅是单个雇佣者的生产效率，而且是组织方面的特殊问题，即如何最大限度地进行合作与控制，并由此提高组织的效率。

韦伯构建了科层制的一个“理想型”。一是权力分层。组织按照等级原则，从顶层到基层有一条权力线，依次为高层、中层和基层，每个层次有着不同的职务、责任和权

① 韦伯 M. 支配社会学——韦伯作品集（Ⅲ）. 康乐，简惠美译. 桂林：广西师范大学出版社，2004：25.

力。高层是负责人，其职能是决策；中层是行政官员，主要职能是贯彻决策；下层是一般工作人员，主要职能是执行决策。二是职位分工。组织成员在工作上应有专门分工，按个体受过的训练、技能和经验来指派他们各自的任务，并详细规定各个职位的权力和责任范围。三是规章制度的设立。以规章制度来控制成员在组织中的组织行为，使每个成员都必须按规章制度从事职务活动，并以成文的规章制度为依据，以此保证一致性、可预料性和稳定性。四是人情关系的淡化。组织中的成员要除去纯粹个人情绪的干扰和非理性的因素，以此保证组织中人与人之间都是一种非人格化的关系，减少成员间的摩擦，使成员在主管部门的指导和控制下，服从系统化的严格纪律。从科层管理理论的内容，我们可以看出科层制具有明确的专业化分工、严格的权威等级、稳定的规章制度等特征。作为一种行政管理的组织形式，科层制的效率形式让人瞩目。

## （二）科层管理理论在学校管理中的运用

### 1. 科层管理理论在学校管理中运用的合理性

科层制由于其本身特有的技术性、理性等特点，对于行政管理组织效率的提高具有重要的意义，它在学校管理的运用中也具有合理性，主要表现在以下几个方面。

第一，学校作为社会系统中的一个正式组织，其管理采用科层制具有其合理性。一般而言，正式的社会组织具有明确的目标，专门化的分工，统一的、制度化的等级体系，法定的权威等特征。那么，学校是否具备以上这些特征呢？其一，学校设置具有明确的总体目标或长期目标。《教育法》第 17 条规定："国家实行学前教育、初等教育、中等教育、高等教育的学校教育制度。国家建立科学的学制系统。学制系统内的学校和其他教育机构的设置、教育形式、修业年限、招生对象、培养目标等，由国务院或者由国务院授权教育行政部门规定。"其二，学校还有各种各样的规章制度，如教学管理制度、人事制度、财务管理制度等。由此可见，学校是一个正式的社会组织，当科层制作为高效率的组织形式被广泛应用于各类社会组织之中时，组织的科层化已经变得如此普遍以至于我们很难想象科层制的替代形式。因此，在学校实行科层管理有其合理性。

第二，行政事务要从学术、教学中分离出来，需要科层管理。学校是一个存在着行政、教学学术的二元化单位。要想实现教学和学术的高效运转，就必须把行政事务与学术、教学事务区分开来，对日常事务实行专门化管理，因为每一方面都有各自的工作要求和原则。事务性工作具有高标准化、高程序化、劳动分工细、按程序办事、集中决策、易于定量等特点，因而其目标是产出数量和效率。而科层制作为一种组织原则，它恰好迎合了事务性工作对效率追求的需要。因此，行政事务从教学学术事务中分离出来并实行管理职能的专门化，决定了学校的科层管理不仅是必然的，而且是长期的。

### 2. 科层管理理论在学校管理中的具体运用

既然科层制在学校管理中的运用具有其合理性，那么学校管理是如何体现科层制的原则和内容的呢？学校实行科层管理，其目的是追求效率和合理化。其中，效率是指学校组织的投入与产出的比率；合理化是指学校组织内一切管理行为均应合乎理性，并为学校教育目标的实现而服务。

第一，分工与专门化是保证学校工作顺利开展并获得较高的专业知识水准的重要条件。分工是科层管理的一个显著特征，它是人类社会政治经济发展到一定程度的结果，因为大部分现代组织内部的工作都很繁杂，单独个人无法胜任。分工不仅使组织内的各项工作井然有序，而且分工导致的专门化使员工富有专门的知识和技能，更利于履行其职能。另外，分工使组织可以根据各类工作所需的专门技术招聘其相应资格的成员。所以，分工与专门化是提高组织工作效率的重要途径。具体到学校内部来说，学校组织结构的划分，依据不同性质的分工可划分为各种性质的管理职能部门、各种科目的教研室以及不同层次水平的班级等。由此形成教务处、德育处、团委、语文教研室、英语教研室、各个年级组等部门，这些部门分工明确、各司其职。

第二，等级制强化了学校管理的合理性，学校组织中每一职位都赋予其承担者对下属进行合法控制的权力，整个组织系统以“服从命令，遵守纪律”为最高控制原则，构成学校内部严格的层级节制系统。这种以职权、职位作为组织内部的控制与被控制关系的原则，取代了传统组织中以裙带关系作为控制关系的原则，使学校管理比以往任何时候都更具有合理性。

第三，规章制度的制定使得学校管理更为制度化、秩序化和科学化。强化规章制度管理的作用是科层管理的一个重要特征。它的作用在于将学校组织内每一职位的业务范围、工作程序、行为标准以及学校系统内各组织结构的职责及其相互之间的关系，以规章制度的形式明确下来，使学校内的各项工作有法可依，有章可循。现代学校组织有其自身的使命和责任，要想有效、有序地实现学校的目标，就必须通过规则制度来约束人们的非理性行为，规范人们在组织中的活动，使学校朝着良性的方向发展。

### （三）科层管理理论在学校管理实践中的局限性

1. 权力过于集中，组织中个体的影响力过大

许多组织的运行依赖于领导者个人的权威、意志，而不是依赖于组织规范，个性角色替代了组织角色。有些组织的领导不重视组织管理工作，凭经验进行所谓具体指挥、现场领导，把组织丢在一边，凡事都要亲自过问。由于权力过分集中，容易造成个人独断和决策失误，不能充分调动和保护下级的积极性，产生主观主义、官僚主义；也出现了组织领导者高高在上、脱离群众、滥用职权、欺上瞒下、压制民主、打击报复等现象；有的领导者利用组织结构赋予的职权安插亲信、走后门、拉关系、大搞不正之风，甚至徇私舞弊、行贿受贿、贪赃枉法。在这里科层组织不仅没有成为提高组织效率的手段，却成了个体牟取私利的工具。这样的科层组织不仅仅是无益的，而且是有害的。

2. 机构重叠，权责不清

有些社会组织机构因人设职、因人设岗，造成组织机构臃肿、层次重叠、人浮于事、手续繁杂、效率低下。另外，政校不分、政事不分、政社不分，导致权责不清，工作中相互扯皮、相互推诿、不负责任，最终影响了各类社会科层组织自主性和积极性的发挥。

3. 组织行为缺乏理性

学校工作所面对的对象是“人”而非“物”。这就要求教师在从事教学时必须要从学生的整体特点和个人特性出发，实行因材施教，因时施教。而科层管理所要求的是工作的固定化、标准化和划一化，如果在学校管理中完全把这种理论加以应用而不注意具

体问题具体分析，便会压抑教师的创造性，使教学工作变得枯燥乏味，最终会导致教育质量的下降。

4. 学校组织以“二元化”结构为重要特征

学校与企业、政府一个很大的不同点是它存在着“二元化”结构。在学校，行政职位并不是唯一的权力来源，学术影响也会产生权力性威望。只有学校拥有一支稳定的、高素质的教师队伍，培养出优秀的学生，创造出有价值的科研成果并服务于教学、服务于社会，才是学校生存和发展的根基，而学术上出类拔萃的教师更是学校的灵魂所在。因此，教师专业发展理应受到重视。此外，学校作为传递文化的专业组织，教师对专业最有发言权。并且，这种学术权力所产生的影响会随着学校级别的提高和专业分化的增强而加强。

5. 学校以育人为本

学校还是一个铸造学生情感和培养学生高尚情怀的地方。教师的人格魅力、学术修养都会在日常的教学和生活中影响着学生的道德和情感的养成，会通过一言一行渗透到学生的意识中去。因此，教师本身所具有的这种育人素质，决定了教师不可能是完全理性的、毫无情感的。在这一点上，科层管理所强调的组织关系的理性化将受到弱化。学校组织的非科层制特征，使科层管理理论在学校的适用性受到限制，因而在学校管理中完全推行科层制是行不通的。科层管理强调的是效率、标准化、划一化，它只能适用于处理“物”的事务性工作，因而它可以适用于学校的行政领域部分。而对于学校的教学领域部分，由于它所面对的是具有个性特点的“人”，因而不适用科层管理。所以，对于学校这种存在着“二元化”结构的文化组织，在管理中运用哪种管理理论更为合适，应当从分析它本身所具有的特征出发，而不能“一刀切”。

从上述关于科层制在学校管理应用的分析，我们可以看出，学校科层管理具有的正面效应是：管理的专业化、关系的理性化、工作的协作化和行为的制度化。但同时科层制应用在学校管理中也会带来一定的负面效应，如导致教师和行政管理人员频繁的矛盾冲突、学校上下级之间缺乏感情交流等。如果学校管理不与学校实际紧密结合，就会因唯书、唯上、而不唯实，最终使学校管理活动失去科学管理的目标。

## 三、科学管理理论为指导的模式

以科学管理理论指导为主的模式，把企业中科学管理的理论引入学校管理领域，试图运用这些理论解决学校管理中的各种问题，包括以一般管理理论为指导，分析和预测学校管理问题；对学校管理过程、管理主体和管理客体进行定量分析；运用经济手段，强化物质刺激，引进竞争机制，破除分配中的平均主义；运用现代统计、测量、实验、评估以及与此配套的计算机、音像等现代化技术和手段，增强学校管理的效果；等等。

### （一）科学管理理论及其特点

弗雷得里克·温斯洛·泰勒（1856—1915）创立了科学管理理论。他第一次系统地把“科学管理理论”引入管理实践中，提出了“泰勒制”，开创了科学管理理论研究的先河，使管理真正成为了一门科学。科学管理原理与方法不仅在当时起了重要的作用，直接推动了科学管理运动的兴起和社会生产力的提高，而且对后来的管理理论的发展和实践也有着深远的影响。同样，泰勒的科学管理理论对于学校管理的理论和实践具有重要的启示和借鉴作用。

著名管理学家厄威克说："目前所谓现代管理方法，如果不说是绝大多数，至少有许多可以追溯到泰勒及其追随者半个世纪以前提出的思想。这些管理方法虽然已改进和发展得几乎面目全非了，但其核心思想通常可以在泰勒的著作和实践中找到。"①

在19世纪末20世纪初，"科学管理之父"泰勒使管理真正步入科学的大门。泰勒的两个重大贡献在于：一是提出管理要走向科学化，即主张实现劳动方法标准化、人事管理科学化、薪酬管理合理化和管理职能高效化；二是认为要实现劳资双方的"精神革命"。具体表现在以下几个方面。

1. 劳动方法标准化

泰勒认为，管理就是"确切地知道你要别人去干什么，并使他用最好的方法去干"。最佳的管理是一门实在的科学，基础建立在明确规定的纪律、条例和原则上。为了有效完成生产任务，要合理制定出各项劳动标准，代替传统经验作业方法。

2. 人事管理科学化

为了提高劳动效率，要依据工作职位精心挑选"第一流的工人"，并对他们进行科学系统的培训，使之掌握和运用"标准化"的操作方式，做到人职匹配、人尽其才。

3. 薪酬管理合理化

泰勒主张实行一种被称为"积极性加刺激性"的管理模式，即工人的薪酬由定额付酬和差异付酬两部分组成。所谓定额付酬，是指制定出一个作业和动作要素的定额或标准，并依此付酬。所谓差异付酬，即是实行"差别计件制"的刺激性付酬制度。按照工人是否完成其定额而采取不同的工资率，以此来督促和鼓励工人完成和超额完成定额。

4. 管理职能高效化

为有效提高工作效率，泰勒主张将计划职能与执行职能分开，在管理人员和工人之间进行分工，明确各自的职责，变经验工作法为科学工作法，遵循科学管理的职能化原理。另外，在管理实践中，例外原则是非常重要的。所谓例外原则，就是企业的高级管理人员把一般的日常事务授权给下级管理人员去处理，自己只保留对"例外事项"，即重要事项的决策和监督权，如有关重大政策的决定和重要人事的任免等。做到管理权利下放的同时又注重对企业的整体监督和决策。

5. 劳资双方实现"精神革命"

科学管理不仅仅是将科学化、标准化引入管理，更重要的是提出了实施科学管理的核心问题——"精神革命"。这也是管理思想在哲学上的转变。在这场精神革命中，劳资双方利益趋向一致，和平将代替斗争，合作将代替冲突，最终实现企业的发展、工人个人潜质的发挥和利益的实现，也可以说是实现劳资双方"双赢"的局面。由此可以看出，泰勒的科学管理理论除了构建一套规范化、标准化、科学化的管理模式外，还非常

---

① 厄威克 L. 管理备要. 孙耀君译. 北京：中国社会科学出版社，1994：72.

重视改造企业内部的管理气氛和管理环境，通过营造企业内部和谐的人际关系，通过尊重、激励等手段使工人发挥最大潜能，以有效提高生产效率和管理效能。科学管理的产生是管理从经验走向理论的标志，也是管理走向现代化、科学化的标志。即使处于 21 世纪的今天，泰勒的科学管理思想仍然闪烁着光辉，充满着生机，其思想理论对现代学校管理有很大的理论价值。

## （二）科学管理理论在学校管理中的运用

1. 加强现代学校内部管理制度建设

目前，许多专家和学者倡导学校施行“人本管理”理念，将人才视作学校生存和发展中最宝贵的资源财富，这也是学校管理的特点及新时期对学校管理改革的要求和大势所趋。但是，单纯奉行“人本管理”缺乏制度的约束和监督会产生管理松散、效率低下、决策不力、人浮于事、学校资源浪费严重、教师不作为等问题。而科学管理的理性化正好弥补学校管理人性化的不足。管理既要他律，也要自律，因此，“人本管理”理论的实施，如果没有科学管理的保驾护航、道德管理的鼎力相助，那么将很难达到预期的效果。因此，学校管理需要引入科学管理。人类一直在寻求和建构好的学校制度，在学校管理实践中，制度匮乏将是阻碍学校发展的一个关键因素。诚然，学校内部的管理制度应该紧紧围绕着学生的发展，涉及学生的“学”和教师的“教”，包括教学制度、考试制度、学生评价制度、教师评价制度、教研制度、培训制度、教育督导制度等，此外还应该涉及相近的一些管理制度，如教师聘任制度、教师职务晋升制度、教职工代表大会制度、薪酬分配制度等。

2. 专业化程度提高了对教师的要求

教育教学质量是学校的生命线。而高质量人才的培养又需要高素质、高水平、专业化的教师。因此，泰勒的科学管理理论给我们以启示。一是泰勒科学理论中主张对工人要精挑细选，并做好岗前培训，了解每个工人的性格、表现和能力，再将其安排到合适的工作岗位上，同样，学校在聘用教师时要严格把关，广泛吸纳高素质、高水平、专业化的教师，通过专业的培训，使教师具备较好的职业技能和个人素质，将其安排到最合适的岗位上，充分发挥才能，做到知人善任、人尽其才，为教师的个人发展提供良好的环境和更广阔的天空。二是泰勒提出劳资关系要进行思想上的大革命，实行对立转向合作，这对学校处理教师关系有着借鉴作用，让广大师生意识到学校和大家的根本利益是一致的，树立共同目标，将学校的命运和教师个人的发展联系在一起。三是差别工资制度解决学校的公共性导致缺乏竞争的问题，教师职业都是相对稳定的，学校要采取“铁饭碗”与流动机制并行。对工作表现突出、有突出贡献的教职工给予物质和精神上的奖励。例如，提高工资和福利待遇、提供培训机会和优先发展的晋升机会、提供更好的工作环境等，这既是对优秀教职工的激励，也是对后进教职工的促进，这也表明泰勒科学管理思想彰显着人性化的色彩。

3. 适度分权决策科学化

我国公立学校的科层管理模式容易导致学校领导独断专行。这大大伤害了基层管理者和师生参与决策的积极性，决策不能代表大多数人的意见，在执行时就会遭到下级的阳奉阴违甚至是抵制。目前我国学校大多实行“校长制”，充分赋予校长决策权，让校长可以充分利用现有资源管理学校。但权力过度集中容易滋生专制和腐败，因此，要施行适度分权，进行民主管理，充分赋予教师参与决策的制定的权力，调动教师的主动性和积极性，广泛征集意见，使决策的制定科学化、民主化、规范化。民主化的决策代表了大部分人的意志，而伦理道德是民主管理的思想基础，管理既需要他律，也需要自律。因此，学校管理需要加强道德管理来提升学校师生的自身素质，用伦理道德、职业道德来对师生进行自我约束。

### （三）科学管理理论在学校管理实践中的局限性

以科学管理理论指导为主的学校管理模式的突出优点在于管理思想新颖、思路清晰、手段先进。与经验管理和行政管理相比，观念有大的更新。它不只停留在一般定性分析上，而是广泛应用定量分析，决策往往比较科学，管理效果比较明显。

但是，以企业管理为对象的科学管理理论引入学校管理，应该特别慎重。这是因为对人的管理和对物的管理有着本质的区别。例如，人的思想感情和思维过程，带有很大的主观能动性，对这些因素的分析，不可能单纯运用数理统计的方法；企业中的计件工资制与教师的工作量核定也存在着很大的差别，一个熟练工人的操作技术是相对稳定的，而一个教师的教育、教学质量，与其工作态度密切相关，在计算工作量时，必须充分考虑备课和其他教辅（如辅导、作业、实验、考试、考查、讨论）环节中教师所付出的劳动，教师没有完全重复的劳动，教师每一次成功，都是新的创造的结果。因此，将企业管理理论运用于学校管理时，必须充分考虑学校管理的本质和特点，学习和借鉴其中的有益成分，不能简单地照抄照搬。否则，必然会落得与燕人邯郸学步一样的可笑又可悲的下场。

## 四、简评三种学校管理模式

1. 突出知识、经验、能力的经验型管理模式

经验型管理模式以管理者个体或群体的经验作为管理行为的依据。这种管理模式极重视教育管理者的经验价值，因此对教育管理者本身的素质要求很高，认为经验水平一方面取决于个体的知识能力（文化基础知识、专业知识、教育科学知识、管理科学知识）、预见能力、决策能力、应变能力等；另一方面取决于个体的工作经历，在实践中磨炼的程度及工作时限。当然就教育管理而言，管理者的经验必不可少，越是基层的教育部门、学校，经验的作用就越大，决策、执行中凭经验的成分就越多。管理者经验越丰富就越能应付自如，即使运用科学手段的科学管理模式，决策也离不开经验。然而我们也了解经验有局限性，其存在是有条件的，现实环境变了、条件变了，经验也就不存在了，面对新问题、新情况，拿老经验去套用还可能带来很大的危害。但这种经验的局限性并非此模式本身所固有的，可以通过主观因素加以防止和克服。

2. 强调法规、组织、程序的行政型管理模式

行政型管理模式以行政职能为中心，对教育事业和学校的管理按教育行政系统来实

施。行政管理重视依法行政、以法行政，所以此模式最重视法律赋权的行政手段。强调管理要以上级的法令、指示、决议、文件为依据，以服从为主要管理原则，具有一定的强制性和权威性。此模式有章可循、有法可依，职、责、权分明，执行中不打折扣，往往贯彻速度快、执行效率高。但这种自上而下的行政管理有着严格的组织、程序，难以全面反映被管理对象的实际，行政组织分层次管理，也会使下属感到多头领导，无所适从。当然，行政型管理模式的局限性也同样非模式自然拥有，人为因素占有很大比重。

3. 注重理论、方法、素质的科学型管理模式

科学型管理模式以反映教育规律和管理规律的科学理论为指导，采用了现代科学研究所提供的手段。由于科学型模式采用了先进的理论思想和管理手段，将定性分析与定量分析相结合，有利于提高整个管理的效能。现实中人们易倾向于科学型模式，实际上这种模式也存在问题。一方面，采用科学理论、指导思想，不等于管理的科学化；另一方面，科学管理重逻辑分析，但教育管理实际中大量的非逻辑因素，如经验、情感、创造性等无法进行定量描述，因此教育管理系统中的大多因素都难以采用教育测量、统计等现代化方法量化。

## 第二节　现代学校管理模式发展趋势

### 一、从高度统一走向多元化

我国已确立社会主义市场经济体制的改革目标。随着经济体制、政治体制和科技体制改革的深化，学校宏观管理体制的改革，必然要加快步伐。其目标是改革包得过多、统得过死的体制，初步建立与经济体制、政治体制和科技体制相适应的学校管理体制，增强学校主动适应并促进社会发展的活力，为建立具有中国特色的社会主义学校管理体制奠定基础。其发展趋势是改变政府包揽办学的旧格局，逐步建立以政府办学为主体、社会各界共同办学的新体制。为建立这种新体制，对中小学管理的改革包含以下四方面的内容。第一，中小学实行分级办学、分级管理，在原有基础上，进一步发挥地方、学校和群众办学的主动性和积极性。中央政府对中小学的管理主要是宏观的调控和监督，包括制定教育方针政策，确定基本学制，确定人员编制、教师资格和基本工资标准，编制课程及其标准等。其他办学具体事项由省、市（自治区）以下各级政府按其权限决定，中央相对地扩大了地方办学的权限。第二，促进城乡学校教育同经济、科技的密切结合，把教育纳入当地经济、社会发展整体规划，实行基础教育、职业技术教育和成人教育“三教统筹”。第三，中小学实行校长负责制，校长有全面贯彻国家教育方针政策的主动权，并依靠本校教职工办好学校，把集中统一指挥和充分发扬民主结合起来。第四，中小学同其附近的企事业单位、街道或村民委员会建立社区教育组织，吸引社会各界支持学校建设，参与学校管理，优化育人环境，探索符合中小学特点的教育与社会结合的办学形式和建立家庭、学校、社会三者和谐共生的关系。

## 二、从外延发展走向内涵发展

我国的经济正在发展过程中，社会主义现代化的建设在财政方面还存在许多困难。中小学教育的发展要靠国家、各级政府和群众对教育的投入，从多方面创造发展教育的外部环境，在这方面我国已经做了许多工作，并产生了良好的效果。财政部公布的2012年度财政收支情况数据显示，2012年全国公共财政收入11.72万亿元，同比增长12.8%；全国公共财政支出12.57万亿元，同比增长15.1%。在各项支出中，教育支出增长最为明显，首度突破2万亿元，全国公共财政教育经费支出21 165亿元，占GDP之比20年来首次突破4%，“教育支出占GDP 4%”的承诺首次得以实现①。

多年来，为了办好学校，在学校管理过程中，我们集中力量于增加教育投资、改善办学条件、呼吁重视教育、提高教师地位等方面，这是完全必要的，在这方面仍需继续加强。与此同时，人们越来越认识到，为了提高管理质量和水平，除了改善外部条件外，还需启动学校内部的机制，增强学校发展的原动力。任何事物的发展，需要外力的推动，但其根本的原因在于事物的内部。近年来教育管理的实践使我们获得了两方面的认识。一方面，有些地区学校办学的物质条件（经费、校舍、设备）有明显的改善，但相应的教育质量提高很慢，个别学校甚至发生“滑坡”。从中可以认识到，办学条件的改善并不能直接转化为教育质量，“有钱就有质量”的观点是不能成立的。另一方面，近年来在全国许多地区和学校，实行学校内部体制的改革，把教育的有限投入与改革劳动制度、分配制度、岗位责任制等结合起来，形成了有效的激励机制、竞争机制、协作机制和导向机制，虽然投入相对增加不多，但管理效果却非常明显。从中可以认识到，提高学校管理质量必须把改善学校外部环境与启动学校内部机制结合起来，这已经成为我国学校管理的发展趋势。

## 三、从强调个人权威走向民主集中制

我国传统的学校管理重视管理者个人在管理过程中的作用。在实际管理中，侧重管理者个人素质的修养和培养，注重建立领导者和管理者的权威，强调领导班子的配备和调整。学校管理有成绩，首先归功于领导；学校一旦发生问题，首先考虑调整领导班子。从“政治路线确定以后，干部就是决定的因素”的角度分析，这是完全正确的。但如果从全员管理的角度思考问题，则仍需继续完善，这是因为，师生员工不只是被管理的对象，他们的参与是学校管理获得成功的重要条件。因此学校管理不只是要强调被管理者的服从和执行的品质，还应当重视他们的参与管理的作用。

我国中小学已经实行了校长负责制，学校管理中更要突出职工的民主参与、监督和管理，要重视教职工代表大会的作用。校长负责和职工民主监督是实行校长负责制的重要条件和保证，它与党支部的政治核心作用一起构成校长负责制的完整体制。

---

① 教育经费支出占GDP之比20年来首超4%. 财新网，http://finance.qq.com/a/20130123/004466.htm，2013-01-23.

在我国深入改革和开放的条件下充分发扬学校管理民主，不能只理解为一种管理方式，而应视为反映我国学校管理性质的重要特征。加强民主管理，是我国学校管理发展的又一重要趋势。

## 四、从分部治理走向整体优化

我国传统的学校管理一般是把整体分解为若干部门，形成若干个不同的小部门，按部门分别进行管理。在管理实践中经常出现两种倾向：一是只把具体部门作为管理的对象，忽略学校整体的管理，造成“头痛医头，脚痛医脚”“治标不治本”的弊端；二是管理者“分兵把口”，具体部门各自为政，封闭管理，忽略相互之间的联系和互动作用，经常形成内耗。

随着我国对外开放的力度加大，外国的先进管理思想传播到我国，与我国传统的管理思想相结合，推动着我国管理实践的发展。这对学校管理也有很大的影响，其中影响最深的是系统的思想和方法。它使我国学校管理在继续重视部门管理的基础上，突出整体优化。一方面，强化各部门的工作规范和岗位责任制；另一方面，更重视划分管理的层次，按层次确立管理目标，建立合理的科学的管理体制机制，注重管理的整体平衡，达到管理效果的整体优化。

## 五、从单一的行政管理走向综合治理体系

我国传统的学校管理手段，大体上可分为三个方面：①宏观控制，这主要是制定统一的教育方针、政策，颁布各种条例、规章，保证学校的办学方向；②统一管理思想和做法，这主要是通过召开各种会议，传达上级的文件、指示和首长讲话精神，通过组织与会者讨论，达到统一思想和行动的目的；③检查、督促和总结，这主要是通过检查发现问题和经验，通过总结和推广典型，指导面上的工作。这些管理的手段和方法，无疑是必要的、正确的。

但是，以上三个方面的手段和方法，多侧重于行政管理和宏观控制。近年来，随着现代科学技术的发展和学校管理科学的发展，学校管理改革正在逐步深入。这主要表现在继续使用行政手段和方法的同时,现代管理的技术和手段在学校管理中逐步得到推广。由于教育统计、教育评估、教育测量、教育实验和电子计算机的应用，使学校管理的手段和方法更加科学和先进。通过定性分析和定量分析的结合、终结性评价和形成性评价的结合、经验总结和教育实验的结合，达到学校宏观管理与微观管理、静态管理与动态管理的统一。

## 六、从单纯注重经验走向理论联系实际

新中国的学校管理理论研究是从总结实验开始的。“文化大革命”之后，在拨乱反

正过程中，广大中小学校长在管理学校的过程中迫切需要理论的指导。为了满足这一需要，学校管理理论工作者从两方面做了大量的研究。一是着重于研究教育科学在学校管理中的应用，他们总结我国传统学校管理实践的经验和教训，将优秀的中小学校长的管理经验加以整理、概括、研究，使之条理化，并以教育科学为指导力图将经验上升到理论，以探索学校管理的规律，逐步形成初步的理论体系。这方面的研究获得了一定的成果，出版过一批学校管理的论著。这些研究成果的特点是实践性强、便于操作，能直接应用于学校管理过程，实效明显。但这些论著的理论概括不够强，往往带有经验的痕迹。二是着重于研究西方管理理论在学校管理中的应用。他们从管理科学出发，以系统理论和方法为主线，力求探索学校管理的规律，形成学校管理的理论体系。这方面的研究也取得了一定的成果，出版过一批学校管理的论著。这些研究成果的特点是观点新颖、理论概括性强、介绍的管理手段先进。但由于从一般管理理论过渡到学校管理理论的梯度较大，很难摆脱物质生产管理理论的痕迹，因而这些理论与我国学校管理实践有明显的距离，很难直接在实践中应用。

总之，通过广大学校管理工作者和理论工作者的共同努力，我国学校管理理论已有了进一步发展。既总结我国学校管理的基本经验，又有一定的理论高度；既继承了我国的教育管理的优良传统，又注意了吸收外国先进管理思想和方法；既重视理论，又强调实用。这可以说它代表了我国学校管理实践与发展的方向。

## 第三节　战略性管理模式

### 一、培养战略性思维

社会环境中的躁动和变革既带来挑战，又蕴藏着机遇。因此，学校组织的生存和发展需要管理者必须用一种积极的、寻求机遇的心态来面对这些问题。学校组织要想能够驾驭那些足以影响该组织的变革浪潮，就绝对不能只是被动地做出反应，必须积极预测各种变化，为迎接这些机遇和调整做好准备，这样，才能够永远处于发展的顶峰。研究表明，高层管理者特别看重培养这一能力所需的战略性思维，即“向前看”和“面向未来的发展模式”，用寻求机遇的态度，变消极为积极，力争做“领头羊”而不是追随者。

#### （一）面向未来发展

摆脱“反应模式”从而形成“自主控制局面”，从实践上来说，这就意味着学校管理者必须学会理解周围环境的发展趋势和潜在的转折点，并且将它们的含义转化为行动计划，避免这些趋势和潜在转折点对组织造成突然冲击。特别要指出的是，学校高层管理者必须树立起一种“任何地方都有可能发生变革”的思想，尽可能广泛而深入地了解其组织运作的环境。高层管理者需要将潜在转折点的内涵转化为现实，这样他们在处理有关问题时，就能够对未来有清晰的把握。面向未来的发展模式意味着透过挡风玻璃而不是从反光镜中看事务——观察、预测、随时准备着，一旦发现现在或不久的将来需要进行变革的重要提示，就可以采取措施了。

### （二）寻求机遇

人们需要为自己创造机遇，扩大自己的视野，我们日益需要那些能够感知机遇的人，而不仅仅是那些能够提出新观点的人。运用战略性思维，你能够以非常积极的姿态识别机遇。寻求机遇的思维是管理的一项基本内容，尽管这一思维方式经常被看做个性和经验的产物，但它事实上可以作为一种共同价值观来逐步制度化。例如，通过鼓励人们养成乐观的思考方式，不管他们做什么，都会想“总是会有办法解决这个问题的”。现实中的学校管理者往往履行与其组织内角色相关的职能和职责，却很少关注发现和创造机会。

### （三）化消极为积极

环境的负面因素可以被看做创造新机遇的参照物。有些组织非常巧妙地运用了这一方法，该组织和政府以及其他的公共组织都有广泛的联系，为了获得合同，它必须应付一大堆的规章制度和利益集团。但管理者并没有把精力花在对付各项规章制度和不同观点上，他们认为必须以富有创造力的方式来处理这些不利因素。他们的办法就是，尽可能早地找出那些与该项目有关的所有消极因素（如可能增加成本或导致延期的因素），然后拿出一个具有创造性的计划来，要么消除这个根本问题，要么就用直接的、令人满意的态度来处理。潜在的问题变成了特色，它帮助组织抵消这些消极因素带来的影响并最终获得成功。化消极为积极的方法非常有助于发现一些关键性领域，它还可以帮助定义详细的参数，说明在哪儿可以有所改进。

### （四）勇于开拓创新

战略性思维的特点在于对内部和外部关系的管理持一种积极的、充满活力的态度。在一个充满变革的时代中，组织要么自己主动变革，要么就会被别人改变。一旦意识到这一点，那些具有前瞻性思维的人就会倾向于主动采取行动而不倾向被动做出反应。有时，这意味着要顺应被预测到的潮流；有时，这又意味着要改变一潮流的性质和方向，我们尤其要注意通过与其他重要的参与者共同合作的方式来改变这一潮流。

## 二、由外而内式管理

“由内而外”与“由外而内”两种方式是有很大差别的。许多学校组织忙于由内而外式管理，它们与环境之间的接触、理解以及行动都是在这一意义上进行的，它们从内部的分界线和视角看问题，因此，它们的行动通常都是分散的和不太恰当的。其他一些学校组织则努力建立一种由外而内式管理，它们用整体的眼光来透视环境，用宏观背景来构建学校组织内部结构和程序，把重要利害相关者的观点和需要作为一面镜子，从中了解到自己的优势与劣势，以这些认识为基础，重新构建与环境之间的联系。这种由外而内式的管理方法是一项重要管理能力的核心，它可以通过不同途径获得。有学者提出了锻炼这种能力的三种方法：坚持市场导向；选择发展点；透过外部利害相关者利益审视自身。

### （一）坚持市场导向

当管理者说到坚持以市场为导向时，他们一般是指“做充分的市场调研”、“倾听社会上的意见”以及“努力发现市场热点”。然而，坚持以市场为导向还有一种方法，即将市场看做一个急剧变化的领域，根据这种变化需要对该领域内的学校组织重新定义和改革。从这个角度来看，市场以及市场的潜在变化可以被当做一面镜子，它可以为学校组织的现在和未来提供借鉴。这种视角为“以市场为导向”的观点注入了更深刻的新内涵，因为它强调在一个充满变革的时代，与市场保持密切联系的能力是与自我认识这一问题紧密相连的。

在一个急剧变革的时代，坚持以市场为导向的观念被赋予了新的内涵。时代要求学校组织跳出传统的框架，从一个全新的视角来审视自己。它要求的不是做市场调研（尽管这些方法也很重要），而是监控那些暗含着各种可能性的趋势及其发展情况，并竭力使可能性转化为现实。市场功能开始与计划部门、研究和规划部门结合起来，成为决策环节的一部分，从而有助于管理者明白其组织存在的理由以及它的发展前景。只有这样，学校组织才能够跳出自身的圈子，抛弃过去那些想当然的思维和偏见，斟酌可以做些什么，用外部的而不是内部的眼光来审视自己。

### （二）选择优先发展点

由外而内的视角帮助管理者审视事关其组织的根本性问题，为未来的发展做出关键的抉择。许多学校改革的重大突破往往是因为它们改变关注的焦点，遵循新的发展脉络。为了组织未来的扩展，管理者必须清醒地认识到该组织赖以存在的不同业务能力和优势，如创新，办学特色，办学基础条件，低成本办学，社会、家庭等人员与学校的合作，等等。有研究者强调了上述因素对于形成竞争优势的重要性，还讨论了这些因素如何共同发挥作用，因为一个单一因素往往不能保证成功，非要挑出哪一个领域最重要是不明智的。它取决于人们所处环境的性质，取决于人们所面对的挑战的结构，取决于服务质量生命周期的长短以及其他一些因素。重要的是，管理者必须系统地、认真地考虑定位过程，选择那些使他们能够与变化环境的要求保持紧密联系的领域作为发展对象。

### （三）透过外部相关者利益审视自身

学校管理的由外而内式方法还注重关注环境中的重要利害相关者。例如，当组织请求高级管理人员就组织的主要竞争对手发表看法时，组织可以从中获益匪浅。我们现在的竞争对手是谁？他们怎样与我们竞争？这能给我们什么启发？是否能告诉我们什么是新的重要领域？我们怎样才能使这些新领域更有效率？如果我们有所变化的话，我们新的竞争对手是谁？在与那些新竞争对手的接触中，我们如何才能体现效率？未来五年内我们的竞争主要来自哪里？未来 10 年呢？未来 20 年呢？我们需要培养哪些新能力？我们需要做哪些相应的改变？这些问题非常具有建设性。它提倡一种由外而内式的方法，识别有助于发展的现存或潜在的领域。

当我们在更宏观的范围内看这个问题时，我们就会发现，我们不可能不重新思考学校的性质和长期以来遵循的战略。进一步说，当我们从竞争对手的角度来思考我们的优势与劣势时，就会形成许多与当前有关的详细的运作策略。“竞争者计划”使计划过程充满活力。固定的特别工作组设立之初，就被要求必须从主要竞争对手的角度来看问题，并制定当竞争对手略占上风时的行动计划。这种从外部观察的角度，使人们无须考虑学校目前的运作战略，并抛开决策中导致人们倾向于某种特定战略的内部政治，它认真评估学校的地位，并针对由“竞争者计划”而显现出来的学校的优劣势，采取相应的行动。这一方法使该组织能够通过这样一种视角来开放地、富有建设性地审视与挑战自己，它得益于制订“竞争者计划”的特别工作组的想象力与独创性。总之，将这种批评的审视纳入组织的管理过程，仍然有很长的路要走。如果我们将自己置身于外部利害相关者的立场，用批判性的眼光看问题，我们就会更清楚地理解组织的性质。

## 三、定位与再定位

战略性的、由外而内式的管理对学校组织的反应能力要求很强，同时它们还要求要具有应对变化环境挑战的能力。在定位与再定位过程中经常会碰到一些特殊问题，考虑到未来能力的发展，需要对此格外注意。

### （一）风险承担

对许多学校组织来说，定位过程提出了一个很大的悖论，因为试图进行大的方向调整和保持当前良好的财务状况往往不能兼顾。新的重大项目往往需要长期或短期投资，这对一个组织的财务状况也会产生巨大压力，因此，财务上的保守往往会阻碍可能的变革。改变这种财务吃紧的状态，寻求有效途径提高投资的能力，是一种新的重要管理能力。除此之外，再定位带来的压迫感还有重要的社会和文化含义，因为在任何重大的再定位过程中，风险承担和变革往往与被普遍接受的学校价值观背道而驰。重新定位一个学校组织的努力可能会使一位高层管理者招致批评。这里的问题是，学校的价值观可能倾向于保守行为而不主张有一定程度的冒险。因此，在一个学校组织内培养适当的反应能力，就需要密切关注学校文化的这些方面。我们还需要注意协调“此时此地”有效运转的要求与有效再定位的要求，这使学校组织内部变革产生不同的意见。学校管理能力的发展存在一个很重要的空间。不管我们是否谈论以上谈到的潜在的“分裂”，或者是克服学术分割或部门分割这样的问题，有效的再定位呼唤这样一种能力，即能够将教职员工的力量聚合在一起，使之能够帮助而不是阻碍必要的变革。

### （二）“包装”变革

上述许多问题可以通过应对变革的方式得到部分解决。例如，有许多渐进的方式可以降低风险与减少暴露。这种强调渐进、摸索着进行变革的方法，对于再定位过程是非常稳妥而有效的。要理解这种方法，我们必须认识到，提倡这种渐进主义，并不是要一个学校组织去盲目地反复实验。这一实验性的方法有一个基本前提，即管理者的头脑中要有明确的学校任务。事实上，对于学校的高层管理者来说，一个必备的、最重要的再定位技巧取决于他是否有能力将组织的宏伟规划落实为可行动方案，是否能将组织愿景变为现实。

### （三）寻求创造性与原则性的平衡

再定位过程需要一种创造性的、主动寻求机遇的方法，然而，它也要求很强的原则性。一旦发现机遇，就必须加以系统探究。在现状与未来之间的张力中存在着“分裂”的特点，在创造性与原则性之间同样存在着这样一种“分裂”的特性。许多富有创造力的人都不畏惧思想激发过程中的挑战、刺激和开发性，却经常逃避一些尖锐的问题，可是后者对于他们能否成功实现各种设想却是十分必要的。因此，就必须寻求创造性与原则性之间的某种平衡。对一些组织来说，可以通过“寻求机遇，转换成现实，不断地这样循环……注重改革家精神，巩固、涌现更多的改革家精神”的方式获得平衡。在其他一些组织中，尤其是那些以创新为主要驱动力的组织，必须不断地融合创造性与原则性，这就需要重要的管理技能。

### （四）把握重要时机

还有这样一个问题，即在适当的时间采取适当的行动。如果学校组织能够正确地解读环境，它就能做出英明的决策。但如果时机把握得不对，或者对那些参与者来说，“机遇之窗”呈现出不同面貌的话，原本构想得很好的计划也会泡汤。目前，还没有什么良方来提高对这些难题的管理判断能力。但很显然，如果管理者期望能够驾驭变化环境的挑战的话，就必须学会有效把握时机。

# 第四节　整体价值管理模式

## 一、整体价值管理模式的构成

整体价值管理是一种全面的战略方式，可以把对学校管理的所有的新需求整合在一起。它既是一种新思路，又是不同战略理论的协调运用。整体价值管理实际上不是一种新的范式。它既不是从根本上打破传统的思维方式的一种流行称谓，也不是通过对人所共知的战略理念进行简单变形或修修补补建立起来的一种新体系。与战略方法论相结合的整体价值管理基于网络思维模式，把新、旧不同的各种战略方式整合在一起，它标示着在提高学校价值方面迈出了有重大意义的一步。

传统的学校管理再也无法应付现代学校管理的复杂性。传统的技巧是找出个人或学校职能部门的利益所在，使用各种可能的方式，使其利益最大化。这种分割的思维过程反映在把学校划分为不同的部门，如教学、政教、总务、学工、工会等，就像把大学的教职工划分到不同的系一样。然而，学校管理的实践表明，比单一部门功能顺利运行更为重要的是把不同的职能部门的功能有效地整合起来。换言之，不同部门的有效运行不能保证学校管理整体功能的有效运行。准确地说，其原因就在于系统方法是战略发展中最具本质特色的方式，整体价值管理通过网络思维模式体现了这一点。网络思维意味着对学校管理不同活动之间相互依赖性的理解，在对这些模式和它们内在动态性的理解基础上开发出学校管理的行动计划。

从学校管理的视角出发，用一种整体或网络的思维方式来看待问题，对所有学校组织而言，这种思维方式试图在教学成就、环境的可持续性和社会责任之间找到一种平衡。这意味着直到今天还被人们认为十分重要的以竞争为导向的方法在有益于开发学校多种不同的潜能方面是失败的。

为了实现整体价值管理，要意识到以下三个特定领域的条件。

第一，要进一步扩大对学校的全面理解，即考虑到所有学校利害攸关者的利益。例如，在现在学校投资多元化的条件下，要处理好经营者与所有者之间的关系，尽管学校不能以营利为目的举办，但是也要考虑到所有者的办学理念、发展规划等。

第二，要在领导、学校和所有者战略之间划清权限，并为其准备相应的战略方法。要明确学校中所有者与经营者之间的职责权限，如果彼此之间的权限不清，就会导致学校中出现新的矛盾，即经营者与所有者之间的矛盾。

第三，就增加学校整体价值而言，要开发出评估战略成功的标准。《辞海》中对“标准”一词的解释是“衡量事物的准则”。基于此，学校为了追求整体价值，应该确立全面的衡量学校管理质量、办学水平、教师教学质量等方面的标准。因为，标准有激励、指导、协调、控制等作用，它可以引导学校的全体人员追求学校整体的效益。

## 二、整合管理理念

整合管理理念在管理层面上被划分为规范管理、战略管理和操作管理。在整合方面被分为结构、活动和行为。圣盖伦管理理念的构成可以通过相关框架协调的运作最好地显现出来。这个框架之下是更高的管理哲学，动态因素是特定的视野和学校的发展。这个理念相当清楚地标出三种管理水平，即规范管理、战略管理和操作管理。

规范管理涉及学校的总目标，它的规定、准则和原则，这些在一个学校存在和发展前就要到位。学校不仅要能够生存和保持自己的个性，而且要有能力发展。这由从学校展望中演变出来的学校政策来予以保证，反过来又得到学校管理和学校文化的支持。学校政策把学校的远景展望变成基本的纲领并通过陈述其使命把学校的目标阐述出来使学校的远景展望更加明确。学校管理提供一个正式的框架，它能划分出一些基本的限制因素。学校管理努力平衡学校内部和外部系统的利益并把它们置于经济的、生态的和社会的环境中。最后，学校文化是所谓软行为标准。它的形成取决于学校的价值、准则和社会传统。规范管理的方向是为学校利害攸关者创造利益。它把学校的目标和特性限定在社会和经济环境中，它是内部和外部的调节器。规范管理是学校所有活动的基础。

战略管理的目的就是创造、保持和最大限度地使用战略成功因素和价值潜力，并对它们分配资源。那么，绝对关键的是要能区分新的潜力和进行选择，以便使学校的未来生存有保障。战略层次上的行动对学校活动来说起着调节器的作用。它是通过战略方案、组织结构、管理系统、校长解决问题和学习来起作用的。战略方案把学校政策纲领转变成行动方案，涉及真实的、地区的办学情况，价值链的设计和资源的使用。组织结构和管理系统为实施战略创造出一个结构框架。只有把这三个战略部分整合起来，学校才能最大限度地利用其战略成功因素和价值潜力。

操作管理采用规范化和战略化的规则并把它们转变到绩效、财务和信息技术的过程中。与战略管理模块相一致，操作管理使用组织过程和行政体系、行动和绩效与合作等术语。所以，操作管理可以被描述为具有可执行的功能。

在讨论三种层次的管理时，已经简单涉及纵向整合的方面。首先，在结构部分，学校的治理通过相应的组织治理结构和治理体系来实现，而反过来，又在组织过程和运行体系方面实现了对它们的操作。其次，在活动部分，学校的政策通过战略方案得以明晰，直接导致具体行动的落实。最后，学校文化起了作用。学校文化是以管理者们取得解决问题和学习的令人满意的效果为基础，解决问题和学习又反映在绩效和合作的操作水平上。

即使对一个研究对象怀有特殊兴趣的管理者来说，当代管理理论和理念的“丛林”在目前是难以穿过的。整合管理理念试图理顺这些理论，指出走出“丛林”的方向并把这些理论中的最重要理念结合一起。通过运用这些理念，把它们从问题的初始点移开，找到几种可能的解决办法。“互联网＋”的出现为我们在网络思考的语言中整合管理理念提供了开发网络所必须考虑的归属种类。

## 三、整体价值管理的基本范式

为什么战略管理总是寻求新的方法和理念呢？那是因为学校活动复杂性的激增、对单一竞争取向的失望和一时可行性思维的失败。换言之，对所有的学校事务有了一种完全不同的态度转变。虽然这个解释似乎是有道理的，但它还是不能令人完全满意。有一个因素还是被忽略了，那就是现在我们进行的战略管理的方式。对许多学校来说，战略管理等同于战略规划，常常是一个束之高阁的规划。在20世纪70年代末，战略理念风靡全球，人们以极大的热情来认识和实践这个理念。开始时在市场上的效果是显著的，很多组织开始扩展它们的战略规划，特别是较大规模的学校开始重视战略规划。战略的责任从校长们的肩上转移到基层管理人员的肩上，结果战略规划退化到为规划而规划的地步。虽然战略制定得很细，包括了最小的细节问题，但是，这样的战略根本就不能实现。

这种情况引发了人们对20世纪90年代战略管理理论和实践全面的再思考。一种看法是以回到基本理念为特征的，这种方法的实质是再思考前面的过程，然后开发出新的方法并把理念向前推进，其目标是重新调整战略工具的选择以适应学校管理的需求。战略思考是一项管理任务，在此任务中，管理层应得到下属的支持。因此，对管理思维模式以及执行管理者可支配的时间必须留有余地。另外，新的方式和理念必须适应变化了的环境条件，正像这一章开始时阐述的那样。当然，这种方式面临一个两难困境。一方面，战略理念和工具应当简单易行；另一方面，它们应适应不断增长的复杂性。对于当前和未来的战略方式来说，兼顾这两个方面并使之不发生抵触是一项很困难的任务。

出于对目前现状的不满，第二种看法就是对战略问题的现实思考从根本上提出质疑。这时，需要的是范式的改变，改变范式需要改变对学校功能的理解。长期以来，学校还被看成是“机器”，它的主要任务是尽可能经济地生产“产品”和提供服务。在20世纪70年代和80年代，情况发生了微妙的变化，制定决策时需要考虑学校教育对社会的意义，对社会、文化和政治方面的影响。简言之，人们跳出了学校是机器的思维定式，认为学校是一个社会有机体，是一个对社会有意义的系统。

最近，有人提出把这种转变和学校的学习能力置于战略管理的中心位置。当然，术语“范式的改变”不能应用到变化的每一个方面。然而，从把学校看成是一台机器到把它解释成是一个学习型组织确实是一种深刻的变化，我们可以把这种变化称为“范式的改变”。就战略理念和方式而言，这种发展需要一种全新的远景目标和工具。

# 第五章　现代学校管理思想

学校管理人员的主体性的发挥最重要的是通过思想表现出来，作用于学校管理活动过程。因此，学校管理思想是学校管理活动的基础。苏联教育家苏霍姆林斯基十分重视教育思想在学校管理中的作用，他说："领导学校，首先是教育思想的领导，其次才是行政上的领导。"[①]学校管理思想活动的规律同样遵循人的思想活动的四个规律，即思想反映环境的规律、主观制约思想的规律、思想支配行为的规律、实践决定思想的规律。因此，学校管理者应根据学校管理思想活动的规律来管理学校。

## 第一节　思　想

### 一、思想的含义

在《现代汉语词典》中，"思想"一是指客观存在反映在人的意识中经过思维活动而产生的结果，思想的内容为社会制度的性质和人们的物质生活条件所决定，在阶级社会中，思想具有明显的阶级性；二是指念头，想法[②]。从这一概念出发可以得出如下结论： 思想是表示思维结果的一个名词，思想具有明显的社会属性。按照信息论的观点，思想的实质是一种信息流，它作为心理活动的结果而存在，具备相对的稳定性、可表达性、结构性与可解构性、发展性与可传承性等特点。理论上，思想可以从一个人传递到另外一个人，从一个集体传递到另外一个集体。在传递的过程中思想本身会有一些变化，会被改造，但是思想本身被传递了。"你有一个思想，我有一个思想，两人交换就都有了两个思想"——这是公认的经验与现实。思想的交换与传递过程中没有物质的交换，仅仅是语言等信息作为思想的载体在进行传递，这就是思想的"移植"，是一个信息流的传递和加工过程。从学校教育的视角来看，思想可以解析为以下两个维度：一是思想体系；二是个体思想。思想体系是不单独依赖于某一个人而存在的完整的思想系统，这一个系统可以存在于某一个或某一群人的大脑中，也可以存在于书籍、磁盘等载体中。它的历史起点是实践中的人民群众的集体智慧，成熟的标志是某一些思想家对社会发展

① 苏霍姆林斯基 B A. 和青年校长的谈话. 赵玮，等译. 北京：教育科学出版社，2009：33.

② 中国社会科学院语言研究所词典编辑室. 现代汉语词典. 第6版. 北京：商务印书馆，2014：1230.

的观察和总结。思想体系随着时代发展而发展，有自己的独特的生命周期，在时间的长河中，一些思想体系会被逐渐淘汰而在现实社会中消亡，也有一些思想体系日益成熟和丰富。但如果资料充足，消亡的思想体系也能够在记载中留下印记，可以供后人研究，也有可能在若干年后以新的形式在人类社会中重新出现。与思想体系不同，个体思想必须依托某一个独立的个人而存在，是某一个人思维活动的结果。随着某一个具体个人的成长而产生，生命周期与这个思想主体的自然生命周期相关联。当这个思想主体死亡，他的活动的个体思想就自然消亡了，但他的思想通过个人活动留下的历史痕迹依然可以通过学术方法予以还原和研究。

## 二、思想的特点

思想是指人们对客观现象经过学习和实践，在感性认识的基础上形成的理性认识。正如毛泽东所说："人们在社会实践中从事各项斗争，有了丰富的经验，有成功的，有失败的。无数客观外界的现象通过人的眼、耳、鼻、舌、身这五个官能反映到自己的头脑中来，开始是感性认识。这种感性认识的材料积累多了，就会产生一个飞跃，变成了理性认识，这就是思想。"[①]人的思想是从动物心理发展而来的，但它与动物心理有质的区别，具有与动物反映不同的特点。

### （一）独立性

人的思想一经形成，就具有相对的独立性，这种独立性主要是指思想的发展与社会的发展变化的不一致性。这种不一致性主要表现在两个方面：一是反映社会变革要求的先进思想在一定程度上能够正确地预见社会发展的趋势，走在社会实践的前面；二是人的思维落后于社会存在。例如，在我国产生封建思想的基本条件已经消灭了，可是封建的思想意识的残余根深蒂固，渗透到社会各个角落，有形无形地影响着人们的思想，如现实生活中的封建特权思想、等级观念就是突出的表现。

### （二）能动性

思想的能动性主要表现在，它在能动地反映事物的本质联系和客观规律的基础上，能对事物的未来发展趋势做出正确的预见和预测，并根据现实的条件和人的需要，相应地提出一定的目的、目标、主张、任务以及为实现一定目的、目标、主张、任务而制定出具体的行动路线、计划、措施等，用以指导人们的行动，影响事物的发展进程，从而使客观现实发生人们所需要的变化。思想的能动性是通过人的社会实践活动得以实现的。其一，正确的思想指导正确的行动，从而促进事物的发展。一种思想如果不通过实践、不指导实践、不付诸行动，即使正确也是空谈。其二，思想支配人的行动、指导人的实践，并在实践的过程中使思想中正确的东西被证实、错误的东西被纠正，并不断吸收新

① 中共中央文献编辑委员会. 毛泽东著作选读（下册）. 北京：人民出版社，1986：839.

的养分，使思想更加充实、丰富和发展，以更好地适应客观现实的发展和变化。

### （三）内在性

思想是人头脑中观念形态的东西，属于意识范畴。思想是人经过思维活动而产生的对客观现实的理性认识。可见，思想是大脑思维活动的产物，它隐藏在人的头脑深处，不能直接呈现在人们面前，而是借助人们的言行间接表现出来的。思想是言行的内在本质，言行是思想的外在表现，两者是本质和现象的关系。因此，要认识人的思想，就必须从言行开始。

### （四）离散性

思想的离散性是指不同的思想是自由分散状态，思想问题不集中、不统一。这种离散性往往使人们之间的思想保持着一定的距离，缺乏深刻的思想交流，使一个团体人心不齐，组织松散。

### （五）复杂性

人的思想活动是一个复杂而富有变化的过程。它是由人的生理、心理特征、传统习惯、所处的环境条件、个体意识和群体意识等多种因素作用的结果。每一种因素的变化都可能引起思想状态的变化，这就导致了人的思想状态的多样性。不仅每个人的思想各异，就是同一个人在不同的时期，思想状态也不一样。思想的复杂性不仅表现在思想状态的多样性上，而且表现在各种思想（包括正确的和错误的思想）的存在是混杂交织在一起的。这不仅是就群体思想而言的，即便是个体思想也不是含单一成分的，而是以某种思想为主的多种矛盾的混合体，其中占主导地位的思想又是可以转化的。

### （六）主观性

人的思想是对客观世界的主观反映。人的大脑在接受外界作用时，总是受原已形成的个人经验和当时所具有的心理状态所制约的。由于每个人的年龄、知识水平、实践经验不同，最主要的是个人所形成的世界观不同，不同的人对外界作用的反映是不同的，甚至是同一个人在不同的条件下，对同一外界作用的反映也可能不相同。人的思想的主观性并不是思想的弱点，相反，正是思想的主观性才使人的认识不断深入，思想内容不断丰富。

### （七）现实性

马克思主义哲学不仅认为思想是人脑对物质世界的反映，而且认为思想对物质并不是消极的、被动的反映。它能够在大量的感性材料的基础上，通过分析和综合，以不同的方式和不同的程度揭示事物的本质，把握事物发展的规律。当人们取得对客观事物及其规律的认识之后，就能在自己的想象中预见未来，从而自觉地确定活动的目的，把精神的因素转化为物质的因素，使之成为改造世界的巨大力量，这就是思想的现实性。当然，思想的现实性不能由自己证明或表现出来。马克思在论思想与现实的关系时说：“思想从来也不能超出旧世界秩序的范围：在任何情况下它都只能超出旧世界秩序的思想范围。思想根本不能实现什么东西。为了实现思想，就要有使用实践力量的人。”[①]这是因为思想、认识、理论、目的都不是独立的实体。只有在直接现实的社会实践中，人们实现了预想的计划和方案，达到了预想的目的，实践结果同预定的目的一致，人的思想和认识才被证实是有现实性的，同时也被证明是胜过错误的、反动的思想。

### （八）差异性

思想的差异性是指思想与言行之间的不平衡性。歌德曾经说过：“行为是一面镜子，在它面前，每个人都显露出各自的真实面貌。”一个人的思想总会从其言行中反映出来，但这种反映并不像镜子那样直观，思想既可以通过言行的正面反映出来，也可以从反面反映出来；既可以在言行中直接表现出来，也可以用各种假象掩盖起来；还可以暂时隐蔽，不表现出来。这样便出现了相同的思想表现出不同的言行、相同的言行反映出不同的思想等情况。

## 三、思想活动的基本规律

### （一）思想反映环境的规律

所谓环境，就是人在其中生活并给人思想以某种影响的客观现实，它包括自然环境和社会环境。自然环境的优劣状况和变化对人的思想活动具有重要影响。自然环境的优劣状况主要是通过对人们生产和生活的影响来实现的。例如，林区的人对于用木材做燃料或取暖，认为是理所当然的；而木材紧张地区的人则感到十分可惜。自然环境的变化会直接引起人们思想的变化。例如，地震、火灾、水旱灾害，会引起人们的忧虑和思想波动；而某处矿藏的探明、环境污染的治理则令人愉快，使人兴奋。社会环境包括物质和精神两个方面，物质环境主要是物质资料的生产方式。正如马克思所说：“物质生活的生产方式制约着整个社会生活、政治生活和精神生活的过程。”[①]物质资料的生产方式或者直接地制约着人们的思想，或者通过影响社会的经济生活、政治生活，通过影响科学文化和教育的发展来制约、影响人们的思想。精神方面决定于物质方面，但一旦形成就具有相对独立性，就会对人们的活动产生重要影响。从宏观方面来看，社会的文化、教育、科学的发展状况，社会的道德风尚等，对人的思想构成和发展有重大影响；从微观方面看，信仰、关怀、荣誉、友谊、爱情等精神因素也会引起人们的情绪波动和思想变化。

思想反映环境的规律，要求学校管理者在分析自己和他人的思想活动时，把问题放到一定的社会条件中加以具体的、实事求是的考察。同时，学校管理者要努力创造良好的校园环境，特别是人文环境，从而通过潜移默化的影响来提高广大教职工的思想觉悟。

---

① 马克思恩格斯全集. 中共中央马克思恩格斯列宁斯大林著作编译局译. 北京：人民出版社，2008，2：152.

① 马克思恩格斯选集. 中共中央马克思恩格斯列宁斯大林著作编译局译. 北京：人民出版社，2008，2：82.

## （二）主观制约思想的规律

人的主观因素能制约思想的形成、变化和发展。人们的主观因素一经形成，就会对客观环境的影响具有很大的选择性，或者倾向、或者接受、或者排斥，因而使处于同样客观环境里的人们在思想上产生明显的差异。所谓的主观内部因素主要包括世界观、人生观、文化素养、智能结构、生理特征、心理特征等，这些主观因素都在不同程度上制约着人的思想活动。

人们的世界观、人生观不同，受客观环境的影响也不同。世界观、人生观正确的人，无论社会环境是好还是不好，都能从正确的方面接受其积极的影响，都能从正确的方面做出积极的反映。反之，世界观、人生观不正确的人，对其反映则是消极的。例如，在日常的生活和工作中，世界观、人生观正确的人能够胜不骄，败不馁，在经受成绩和困难的考验后变得更加成熟、更加坚强。反之，世界观、人生观不正确的人就会在成绩面前飘飘然，在困难面前丧失信心，消极颓废。人的文化素养、智能结构也影响思想的形成。例如，同一场学术报告，文化素养高的人可能会深受启发，受益匪浅，而文化素养低的人可能会感到索然无味，毫无收获。

主观因素制约思想的形成和发展，要求学校管理者在进行学校管理工作时，注意具体剖析影响人思想的各种主观因素，启发和激励人们开展积极的思想斗争，树立正确的世界观和人生观。学校管理者还应根据教职工的文化素养和智能结构，采取适当的管理方法和管理艺术。

## （三）思想支配行为的规律

人的一切行为都是受思想支配的。在正确思想支配下，行为就会端正、正确；受错误思想的支配，行为就会不端正、不正确。思想支配行为的规律在表现形式上是复杂多样的。人的行为有两种，一种是外显行为，一种是内隐行为。外显行为不一定反映人的真实思想，而内隐行为则反映人的真实思想。一种思想可以表现为多种行为，不同行为也可能受同一思想的支配。例如，一个树立了正确世界观、人生观的大学生，不仅政治上积极上进，学习上刻苦努力，而且在日常生活中也能关心集体，帮助别人。

思想对行为有指导作用，而行为对人的思想又有反作用。行为实际效果的好坏，又会影响人们的思想情绪。一个人的行为获得成功，达到预定目的，会促使指导这个行为的思想进一步巩固；一个人的行为遭到了失败，就会动摇指导这一行为的思想。相同的行为效果，既可以对思想产生相同的影响，也可能产生不同的影响。行为的成功，既可以产生振作精神、再立新功的思想，也可能产生狂妄自大、目中无人的思想。

思想决定行为的规律要求学校管理者正确把握思想和行为之间的辩证关系。既要把握思想支配行为的一面，也要看到行为影响思想的一面；既要认识到思想支配行为的决定性，又要了解到行为反映思想的多样性。

## （四）实践决定思想的规律

人的思想是客观环境在人脑里的反映。然而，客观事物和社会环境是怎样反映到头脑中来的呢？这只有通过社会实践，思想支配行为。而思想支配行为的过程，也就是思想指导实践的过程，离开了社会实践，思想支配行为的规律就无从谈起。社会实践是人的思想形成、发展的决定性因素。实践是认识的基础，是主观和客观相联系的桥梁，只有通过实践，才能接触客观事物，反映事物现象。虽然客观环境是人们思想反映的对象，但并不是同时都成为人们思想反映的对象。人们思考的具体问题或具体对象是由人的实践需要来确定的，而且客观事物和社会环境是通过实践的作用才暴露出它们的本质和规律，从而使人的正确思想得以形成和发展的。实践是人的思想发展的动力，因为实践需要不断提出新的课题，推动人们从事新的探索，社会实践不断给人们提供新的经验材料、认识工具，帮助人们探索自然和社会的奥秘，社会实践还促进了人们思维能力和思维方式的发展。正因为如此，人们的思想在实践的推动下，才能由低水平向高水平不断发展。另外，实践是检验思想正确与否的标准，也是提高思想认识水平的必由之路。离开实践，思想不仅不能产生，而且不能发展。所以，实践是思想形成和发展的基础。

实践决定思想的规律要求学校管理者的思想随着学校管理实践过程的发展而发展，从学校管理实践中完善自己的学校管理思想，再来指导自身的学校管理实践。实践证明，很多学校管理的思想都是学校管理者从学校管理实践中摸索出来的。

## 第二节　教育思想与学校管理

### 一、教育思想

教育思想是指人们对人类特有的教育活动现象的一种理解和认识，这种理解和认识常常以某种方式加以组织并表达出来，其主旨是对教育实践产生影响。教育思想是人们对教育的基本认识和基本看法。无论是过去，还是现在，人们对教育问题的看法便是教育思想的反映。无论是教育工作者，还是广大社会大众对教育问题的看法都是教育的思想的反映。只是这些看法和认识有些是系统的、完整的、正确的，有些是零散的、局部的、错误的。究其类型上划分，一般而言，教育思想的类型包括教育理论、教育学说、教育思潮、教育经验、教育信念、教育信条、教育建议、教育主张、教育言论、教育理想等。究其主要特征上划分：一是教育思想具有实践性和多样性的特征；二是教育思想具有历史性和社会性的特征；三是教育思想具有继承性和可借鉴性的特征；四是教育思想具有预见性和前瞻性的特征。教育思想的主要功能体现在：一是有助于人们理智地把握教育现实，使人们依据一定的教育思想从事教育实践；二是有助于人们认清教育工作中的成绩和弊端，使教育工作更有起色；三是有助于人们合理地预测未来，勾画教育发展的蓝图。

### 二、教育思想的三个层次

教育思想在现实生活中经常与教育观念、教育理论混用。实际上，教育思想与教育观念更为接近，教育思想与教育理论有很大的差异，教育理论一般是教育家对一些教育基本问题形成的系统认识，并通过理论概括的形式表现出来的教育思想。由此可见，教育思想有不同的表现形式，形成了不同的层级，体现为教育思想的层次性。有学者认为教育思想的两个层次为："一是培养人的根本指导思想，如教育方针、培养目标；二是教育、教学、学校管理工作中的指导思想，如某项教育内容、某门学科的规格要求、某种工作规范等。当然，这两类教育思想不是决然分开，前者指导后者，后者是为了实现前者。"[①]也有学者认为教育思想的三个层次为："一是对全国各级各类教育具有总体的、长远的指向作用，以综合性的方针、政策或法规的形式集中体现出来的教育思想，即教育工作的基本指导思想；二是对某一种类或某一方面教育工作具有规范作用，反映在各级各类学校的教学计划、学科教学大纲以及单项法规和政策文件中的教育思想，即教育工作的具体指导思想；三是对一所学校的工作发生实际影响作用，体现在学校领导工作和各项具体工作之中的教育思想，即学校的办学宗旨或办学思想。不同层次的教育工作指导思想是相互联系的，又有交互影响作用。"[②]可见，从不同的角度出发，对教育思想进行层次划分，会得到不同的看法。我们认为教育思想有三个层次，即宏观层面的教育思想（表现为国家的教育方针、政策法规等）、中观层面的教育思想（表现为教育目的、教育目标等）、微观层面的教育思想（表现为学校的办学思想等）。不同层次的教育思想对学校管理的作用是不同的。由于学校是育人的场所，学校管理是为了更好地促进育人工作的完成。因此，教育思想在很大程度上决定了学校管理工作的方向与内容，而不同层次的教育思想对学校管理的作用又是不同的。

### （一）宏观层面的教育思想

宏观层面的教育思想决定了学校教育和学校管理的发展方向，特别是学校管理的方向。教育方针、教育政策法规中都有对学校管理的规定，特别是对学校管理体制中的领导体制的规定。1985 年，《中共中央关于教育体制改革的决定》提出："学校逐步实行校长负责制，有条件的学校要设立由校长主持的、人数不多的、有威信的校务委员会，作为审议机构。要建立和健全以教师为主体的教职工代表大会制度，加强民主管理和民主监督。学校中的党组织要从过去那种包揽一切的状态中解脱出来，把自己的精力集中到加强党的建设和加强思想政治工作上来。"1993 年《中国教育改革和发展纲要》提出的"中等及中等以下各类学校实行校长负责制"，1995 年，《教育法》第 30 条提出："学校的教学及其他行政管理，由校长负责。"《〈中华人民共和国教育法〉释义》指出："校长全面负责学校的行政管理包括人事管理、教学管理、科研管理和总务管理"。2006 年，经十届人大常务委员会修订的《义务教育法》提出，"学校实行校长负责制。校长应当符合国家规定的任职条件。校长由县级人民政府教育行政部门依法聘任。"以及 2010 年《国家中长期教育改革和发展规划纲要（2010—2020 年）》提出的"完善普通中小学和中等职业学校校长负责制。"2022 年 1 月 26 日，中共中央办公厅印发了《关于建立中小学校党组织领导的校长负责制的意见（试行）》，通知强调加强党对教育工作的全面领导是办好教育的根本保证。建立中小学校党组织领导的校长负责制，是坚持为党育人、为国育才，保证党的教育方针和党中央决策部署在中小学校得到贯彻落实的必然要求。

---

① 萧宗六．学校管理学．北京：人民教育出版社，1988：21．

② 张济正，周立，李榷．教育行政学通论．上海：华东师范大学出版社，1992：35．

### （二）中观层面的教育思想

中观层面的教育思想决定了学校管理的育人方向。教育目的是指社会对教育所要造就的社会个体的质量规格的总的设想或规定。学校管理工作是在管理目标的作用下进行的，但是学校教育目标与学校管理目标之间的关系是目的与手段的关系。学校管理目标受制于学校教育目标，学校教育目标决定了学校管理工作的育人方向，实现管理育人的目的。因为教育目的是教育活动的出发点和根本依据，也是教育活动的归属和最高标准。很多学校管理者在学校中还要作为教育人员，即使不是教育人员，也要承担管理育人的任务，组织教师更好地育人，同时通过自己的管理活动来实现育人。在育人的直接或间接过程中，学校管理者始终要以教育目的为自己的行动指南，来指导师生员工的行为和自己的行为。

### （三）微观层面的教育思想

微观层面的教育思想决定了学校管理的办学方向。学校的办学目标是学校教育思想的重要组成部分，它决定着学校办学的方向，对学校的发展有导向作用，对教师和学生有激励作用。作为教育思想的办学思想反映了学校的办学模式、办学规格、办学水平、办学思路等。学校的办学思想，反映了该校的办学特色，明确了其办学的方向。

既然教育思想与学校管理工作密切相关，那么学校管理者就应该端正自身的教育思想，树立正确的教育思想。要树立正确的教育思想，首先，必须及时了解国家的方针、政策法规，把握学校管理的工作方向；其次，要深入领会教育目的的基本精神，保证社会主义建设人才的培养；最后，要更新办学观念，立足学校实际，把握学校的办学方向。

## 三、管理思想与学校管理

管理思想就是人们对管理的基本看法和认识。我国在古代的管理实践中积累了丰富的管理思想，其中包括国家管理思想、人才管理思想、决策管理思想等内容，特别值得一提的是《孙子兵法》，其中阐述了战略管理的思想、信息管理的思想、动态管理的思想、人才管理的思想等。

西方国家也出现了很多管理思想，如古巴比伦国王汉穆拉比在《汉穆拉比法典》中提出的国家管理思想、希腊历史学家希罗多德提出的组织与分工的思想、阿克怀特的企业管理思想、欧文的人事管理思想、巴贝奇的工业管理思想等。这些管理思想在当时对整个社会产生了极大的影响。在他们的思想启发之下，后来涌现了很多管理理论，如科学管理理论、行为科学理论、组织管理理论、系统管理理论、决策管理理论等。这些管理理论很多都被移植到教育管理领域，特别是学校管理领域。教育管理学的书籍与学校管理学的书籍很多都要提到这些管理思想，并将这些思想运用于学校管理过程中。可见，学校管理工作都是在一定的管理思想的作用下进行的。在瞬息万变的信息社会与强调管理创新的时代，作为学校管理主体的学校管理者应该自觉地更新自己的管理思想，处理好以下几组关系。

### （一）经验管理与科学管理的关系

经验管理就是以管理者的经验作为管理的行为准则，强调经验的价值，重视个人的智慧和才能的发挥，但容易受到管理者能力、知识水平的限制。科学管理强调学校管理行为和学校管理措施应以管理规律或科学理论为指导，通过科学的研究提供依据来提高学校管理的有效性。学校管理者既要重视经验管理，又要重视科学管理。

### （二）理性管理与非理性管理的关系

理性管理是指用各种规章制度严格约束师生员工的行为，严厉奖惩，从严治校的管理模式。这种管理容易造成只重视物，不重视人，甚至出现将活生生的人视为物，导致了很多学校管理的“高工作、低关心”，影响了学校管理的效率。非理性管理就是从人的心理需要等情感因素出发，以人为本，调动人的积极性，实现管理效率的提高。可见，理性管理更为重视物质因素对管理的作用,非理性管理更为重视人的因素对管理的作用，分别体现了以物为中心的管理思想和以人为本的管理思想。学校管理者应该注意在学校管理工作中实现管理的高境界，物人结合，以人为本，以情为主，情理交融。

### （三）学校管理的共性与个性的关系

现代学校管理思想的发展已经远远落后于企业管理思想。我们要实现学校管理思想的创新，就需要重企业管理、重吸收营养，以发掘、壮大学校管理的思想，拓宽学校管理的思路。学校管理与企业管理的共性在于：首先，从管理内容方面来看，学校与企业都是把整个管理对象作为一个系统来考虑，都把管理过程看做动态过程，都是把人的管理作为管理活动的核心任务，因此，企业管理的思想适用于学校管理；其次，从管理的组织结构方面看，学校与企业一样，也是一个社会组织，企业管理中关于行政组织问题的理论研究，对建立和健全学校内部合理的领导管理组织结构来说，也有重要的借鉴意义；再次，企业管理中运用先进的科学技术、运用先进的科学方法与工具以提高管理效率的思想，也完全适用于学校有关方面的管理，如学校也要运用预测与决策的方法论、运用计算机技术对学校管理进行调控；最后，随着教育体制改革的深入，学校管理也开始实行企业化、半企业化的管理，特别是现代学校的后勤管理。

但学校管理者在吸取企业管理思想时，应注意根据学校管理的特点来予以扬弃。学校管理与企业管理既有共性，也有个性。要明确学校管理的个性，必须明确两者之间的区别。首先，学校管理与企业管理的根本区别是在于目的不同，企业管理的目的是盈利，讲求经济效益；学校管理的目的是正确处理学校管理者与被管理者之间的关系，提高管理效率，更好地实现教育目的，讲求社会效益。其次，两者管理的对象不同，企业管理的对象是成年人；学校管理的对象既有成年人也有未成年人，以未成年人为主。最后，两者的管理方法不同，企业管理主要是遵循经济规律，运用经济杠杆来调节企业员工的行为；学校管理主要是遵循教育规律和管理规律，将教育的方法和管理方法结合起来。因此，学校管理者必须解决好共性与个性的问题。

## 四、树立科学的学校管理观

管理就是服务，主张学校管理应很好地为学校教育服务，为教学第一线服务，为师生员工服务。管理就是要促进学校发展，主张学校管理应着眼于学校的发展、师生员工的发展、使人的主体性得到发掘。从这些关于学校管理本质讨论的观点可以窥见管理思想发展变化的痕迹，也可以发现人们管理思想是随着社会的发展不断发展变化的。无论如何变化，学校管理思想的现代化必须围绕以教学为主、坚持全面发展、依靠教师来进行创新，确立学校管理者的主体思想。列宁指出："要管理就要内行，就要精通生产的一切条件，就要懂得现代高度的生产技术，就要有一定的科学修养。"[①]学校管理者要使学校的管理工作有效进行，实现学校的教育目标和管理目标，就必须要有一定的科学修养，树立正确的学校管理思想。

### （一）学校管理本质观

学校管理本质观就是学校管理者对"学校管理是什么"的认识。对于学校管理的本质，作为学校管理者来说应有明确的认识。由于我国目前学校管理实行的是"两级领导，三级管理"，学校管理者有不同的层次，因此对学校管理的本质的认识，学校管理者应结合自己的岗位来予以深入理解。人们对学校管理本质有很多不同的认识，实际上是根据不同的层次来看学校管理工作的。例如，认为学校管理是领导，在很大程度上是从学校管理的高层管理来认识的；认为学校管理是服务，很大程度上是从学校管理的低层管理来认识的。因此，对于学校管理本质的认识一定要结合自己的岗位来深化理解，从而切实树立正确的学校管理观。

### （二）学校管理发展观

学校管理发展观是对学校管理的发展趋势的理性认识。在认识学校发展趋势时，必须明确学校管理发展观是与学校教育的发展和管理的发展密切联系的。因此，学校管理者必须吸收教育思想和管理思想的精华，树立正确的教育发展观和管理发展观，融合成为自己的学校管理发展观。教育的发展观需要我们明确教育与人的发展之间的关系、教育与社会发展的关系；管理的发展观需要我们明确管理与组织发展的关系、管理与经济发展的关系。

### （三）学校管理目的观

学校管理目的观就是学校管理者对学校管理要达到的目的的认识。很多人认为学校管理的日的是要达到学校管理目标，这种认识是比较片面的。学校管理的日的不但要达到学校管理工作的目标，而且要达到学校的教育目标。因为学校是育人的场所，其中的主体成分是学生，是未成年人，他们正在成长，管理并不是目的，目的是为了通过有效

---

① 列宁全集. 第30卷. 中共中央马克思恩格斯列宁斯大林著作编译局译. 北京：人民出版社，1990：394.

的管理来教育好他们。

### （四）学校管理制度观

学校管理制度观就是学校管理者对学校管理制度的理性认识。学校管理制度的好坏在很大程度上决定了学校管理的效能。邓小平在《党和国家领导制度的改革》中指出："我们过去发生的各种错误，固然与某些领导人的思想、作风有关，但是组织制度、工作制度方面的问题更重要。这些方面的制度好可以使坏人无法任意横行，制度不好可以使好人无法充分做事，甚至会走向反面。"① "不是说个人没有责任，而是说领导制度、组织制度问题更带有根本性、全局性、稳定性和长期性。"学校管理制度观包括宏观上对学校管理体制的认识和微观上对学校的规章制度的认识。我国正在深化教育体制改革，教育体制包含学校管理体制。什么样的学校管理体制有利于学校管理工作的开展，学校管理者对此要有明确的认识和深入的思考。对于微观上的学校规章制度，学校管理者要使"死"的规章制度变"活"，使管理制度去提高人的积极性，而不是去限制人的积极性。

# 第三节　学校办学思想

## 一、办学思想

陶行知说："校长是一个学校的灵魂。要想评论一个学校，先要评论它的校长。"②评论一个校长先要评论他的办学思想。办学思想是学校的灵魂，尤其是校长的办学思想在实际中决定着学校的方向，决定着学校的兴衰和成败，决定着学校办学效益的高低，是学校发展的重要牵引力。"办学思想"是近年来使用得较多的一个词语。但是，关于它的内涵，目前还在探索阶段，尚无专门的理论概括。我们认为，办学思想是指办学者对如何办好学校的系统的理性认识，它是学校依据一定的教育思想和管理思想，遵循教育方针、法规政策，结合本校实际而形成的育人目标、办学模式等根本问题的指导思想。

首先，确定正确的办学思想是实施素质教育的前提。全面推进素质教育，这是国家提出的教育方针性质的要求。这种要求要在学校中真正得以贯彻，需要转化为具体的办学思想。

其次，确立切合学校实际的办学思想是创办特色学校的灵魂。创办特色学校是研究办学模式的问题。由于每所学校的主客观条件不同，会形成具有本校特色的办学模式。独特的办学思想是特色学校的核心和灵魂，没有特色的办学思想不可能创办特色学校。校长只有站在时代的前沿，全面深入分析自己所在学校的内外环境、条件和拥有的各种资源、优势和劣势，尤其是学校潜在的优势，选择恰当的突破点，发展优势，从感性认识上升为理性认识，确立正确的独特的办学思想，才能创办出特色学校。

---

① 中共中央文献编辑委员会. 邓小平文选（1975—1982）. 北京：人民出版社，1983：333.

② 陶行知. 陶行知全集. 第1卷. 成都：四川教育出版社，2005：47.

最后，确立正确的办学思想是发展教育管理理论的需要。教育实践是教育管理理论发展的动力和源泉，推动了各种特色的办学思想，为丰富和发展具有中国特色的教育管理理论创造了条件，并促进着教育管理理论的生成、转型和完善，不断推动着学校管理学学科建设的发展。

## 二、办学思想与教育思想

办学思想和教育思想、管理思想既有联系又有区别。办学思想是校长教育思想、管理思想在如何办好学校方面的综合具体化，是交叉融合而形成的。

办学思想不同于教育思想和管理思想，三者是具体和抽象的关系。办学思想是校长在办学过程中形成的指导思想，教育思想是关于教育的理性认识，管理思想是关于管理的理性认识。办学思想是校长依据一定的教育思想、管理思想、教育方针，结合本校实际而形成的对自己学校根本问题的指导思想，是一定教育思想、管理思想、学校实际与办学条件有机结合在办学目标上的反映，是校长教育思想、管理思想在如何办好学校上的具体表现。

办学思想也不同于教育方针，二者是个性和共性的关系。教育方针是国家或政党为实现一定的教育目标所规定的一定历史阶段的教育工作的指针，是教育政策的总概括。它包括教育性质、教育目的及实现教育目的的基本途径等。它对各级各类学校都有指导作用。而办学思想是校长所在学校的总的指导思想，是个别的、具体的。教育方针要想在学校得到贯彻落实，必须转化为校长的办学思想。办学思想是教育方针在学校的个性化，是校长和教职工对教育方针的学习和理解，是结合本校实际而形成的本校工作的指导思想。可见，办学思想是学校自身的思想，是一定价值观念在学校办学、治校、育人目标的体现，是一定的教育思想与学校实际办学条件有机结合在办学目标上的反映，是国家教育方针在学校的具体化，是校长在一定教育思想支配下，融进自己（也包括学校其他领导和教职工）对教育方针的理解，结合本校实际而形成的自己的办学治校育人的指导思想。

## 三、办学思想的特点

### （一）历史性与现实性的统一

办学思想既是历史的，又是现实的，它是历史性和现实性的统一。任何学校都是在该校以前的历史基础上发展的。学校的新发展受该校的历史制约，校长必须对学校进行分析比较，包括学校的传统和特色、学校的优势和不足、师资的构成和生源、办学条件等都要分析研究，做出科学论断。校长办学思想的形成也受该校历史的影响，具有历史继承性，同时校长办学思想又是所处时代、政治经济、科学文化对教育提出要求的反映。不同时代、不同社会制度、不同社会条件都会产生不同的办学思想。办学思想的充实和提高，是经过批判地继承前人的教育遗产和对现状的深入研究、改革、实验、总结而实现的。任何学校的办学思想不仅反映了社会和国家政府的要求，也反映了该校所处的社会环境和自然环境的要求。因此，要在整个社会发展的大背景下思考办学思想，扬长避短，追求学校整体优化，为学校科学准确地定位、定向、定发展目标。

### （二）理论性与实践性的统一

办学思想已不是校长办学的感性认识，而是在校长办学感性认识的基础上不断实践，再认识、升华的理性认识。发现新规律，提炼新思想，要有科学理论的指导和支撑，因此，校长必须努力学习理论。

办学实践是办学思想产生和发展的源泉和动力，又是检验办学思想正确与否的唯一标准。校长对办学的片断的、肤浅的认识还不能成为办学思想，只有经过深入探索，反复检验，总结提高，上升为办学的理性认识，才能形成办学思想。办学思想是理论性和实践性的统一，是教育科学、管理科学理论和办学实践的完美结合。简约性是办学思想的实践性决定的。所谓简约性也就是简易性，指的是一个学校的办学思想内涵要深刻，外延要宽广，但文字表述要简明、精炼、易懂、易记、易行。因为办学思想既是办学实践的产物，更是办学实践的指南。它是校长办学的旗帜，是师生员工统一的教育信念和行动的纲领，也是社会了解学校的窗口，只有简约，才会简明易行。对此，古老的《易经》有深刻的论述，曰："乾以易知，坤以简能。易则易知，简则易从。易知则有亲，易从则有功。有亲则可久，有功则可大。可久则贤人之德，可大则贤人之业。易简，而天下之理得矣；天下之理得，而成位乎其中矣。易简而天下之理行矣。"这意思就是说，乾的作为以平易为人所知，坤的作用以简单而显示其功能。平易就容易使人了解，简单就容易使人遵从。容易了解就有人亲近，容易遵从就有功业。有人亲近处世就可以长久，有功业立身就可以宏大。明白易、简两字，天下一切事物的道理就都懂得了[①]。

### （三）统一性与多样性的统一

任何学校的办学思想的工作都要以马克思主义、毛泽东思想、邓小平理论为指导，都要贯彻教育方针政策，都要遵纪守法，都要在思想上和行动上和党中央保持一致，都要服从各级党和政府的领导。任何校长的办学思想都不能违背法规政策。

办学思想的多样性是事物的差异性决定的。每所学校在办学上都有自己鲜明的特点、多样性，体现了教育目标多元化的要求。教育目标参照各种影响个体成长的因素将社会对受教育者的总要求进行合理的具体的分解，体现为受教育者成长的规格、层次、潜能发挥、职业取向等的多样化与多元化。教育目标多元化在把学生培养成"现代化建设者与接班人"的前提下，结合社会需要与个体自身的状况，对学生的成长作最佳选择，力争为每个学生找到成长的最佳模式，而不是将所有学生都引向成名成家的精英教育模式[②]。办学思想的多样性体现了教育目标的多元化。教育目标多元化是社会需要和对受教育者的总要求与

---

① 杨维增，何洁冰．周易基础．广州：花城出版社，1994：358．

② 范中杰．论教育目标的多元化．教育评论，1998，（5）：4．

学生自身条件及成长的选择的结合。它要求最大限度地发挥每个学生的潜能，尊重学生的个性和成长的自由。每所学校的办学思想也反映了该校历任校长的个性特色及其努力的结果，校长的素质和管理水平及其个性对学校特色的形成有重大影响。一个校长的办学思想总是被自己的世界观、价值观和个人经验所制约，具有个性。校长的办学思想是统一性和多样性的统一。

### （四）稳定性与动态性的统一

动态性是由事物的发展过程复杂性和周期性所决定的。学校的主客体条件都是处于不断的发展变化之中，教育活动既有稳定性、继承性，又有发展性、创造性。因此，学校办学思想也相应地是稳定性与动态性的辩证统一。从它的形式看，它不是凭空而降或一蹴而就的，而是一个动态的产生过程；它一旦形成，就能够经受一定时间的考验，具有相对的稳定性。但是，它并非一成不变，特别是在当代，随着社会发展的节奏加快，任何系统如果不能 及时有效地与外界进行信息与能量的交换，就很难保持活力，就会在时代的浪潮下迅速解体和淘汰。因此，学校的办学思想不会长期停滞在一个水平上，它将随着时代的变迁而不断地修正完善，以达到新的高度。这个过程只有起点而没有终点，只有更好，没有最好。

办学思想一经形成，就会具有相对稳定性，都要接受教育实践和历史的考验，不能朝令夕改，这是对教育规律、管理规律及其校情的理性认识。但是它是随着社会条件变化而不断调整和发展的。时代在前进，社会在发展，教育科研成果在不断涌现，对教育规律的认识也越来越深入，这就要求办学思想必须随着时代的发展而发展。办学思想是以校长为核心的师生员工共同努力创造的，独特的办学思想无论其产生的目的、过程、作用都必须创新，只有创新才能发展，只有不断创新的办学思想才具有强大的生命力。

### （五）独特性与创造性的统一

办学思想的独特性是由物质世界的差异性决定的。世界上每一事物都有自己与众不同的特点，学校在办学上也应有其各自鲜明的特点，有彼此相区别的地方。在对一些学校的实际考察中，人们常有这样的感觉，有的学校办学实力雄厚，硬件建设堪称一流，应有尽有，可是在齐全完备的现代化的设施设备面前，比起那些著名的特色学校，却每每产生某种空虚之感，总觉得少了点什么，不能给人留下深刻的印象。这里所缺少的常常就是一所学校应该具备的独到的办学思想。所谓独到的办学思想并不是别出心裁的标新立异，而是具有普遍指导意义的教育思想与学校具体实际的完美结合。这种“独到”是一定范围内的独到，它既指内容上的，也指程度上的。独到的办学思想是学校间相互区别的本质所在，更是学校办学的灵魂。

办学思想的创造性是由其本质决定的。办学思想是在一定教育思想的指导下，教育方针与各校实际相结合的产物，是以校长为核心的全体师生员工集体智慧和共同实践成果的结晶。它是种再创造，而不是教育思想和教育方针的照抄照搬、生搬硬套。它需要，也充满着创造性。“国际创造性和领导学基金会”创始负责人戈特利布·冈特恩认为，创造性“必须满足四个方面的判定，即唯一性、有足够的功能、满足审美要求、满足社会价值观”[①]。毫无疑问，具有独特性的办学思想，无论是它产生的目的、产生的过程还是产生的作用，都必须符合以上的判定。一个真正的从办学实践中孕育、成熟起来的办学思想是具有强大的生命力的。而只有具体创造性的东西才有强大的生命力。当然，创造性是有层次的，不能把它神秘化和绝对化。

## 四、办学思想的形成

1. 行为的基本内涵

所谓行为，是指人在一定外界刺激环境下为实现某种目的而使自身机体做出的连续反映过程。也就是说人的活动是有目的、有意识的。人的行为是社会环境、社会因素、生理和心理相互作用的产物和表现。生活在一定环境中的人，因受到外界刺激所做出的反应，就是行为。人的行为是有意识的行为，是通过后天的实践活动获得的，而动物的行为，如“猎食行为”“防御行为”都是与生俱来的。人的行为除了受社会环境影响外还要受到社会规范的制约，如道德，法律，纪律等。不管什么样的社会，都会通过各种途径、行为使其成员的行为符合社会规范的要求，以避免社会冲突，维持正常的社会秩序，从而达到保证社会稳定和社会发展的目的。人的行为除了受社会环境、社会规范的影响外，它还以生理为基础，受思想支配而产生。人的行为不仅依赖于人的生理基础，而且依赖于人的心理诸因素的交互作用。人的一切行为都受思想支配，思想是内部动力，行为是外部表现。人的行为又可分为两大类，一是本能行为，如被扎到会叫痛、看到滑稽的事情会笑；二是自觉行为，这种行为是自觉的，是人的主观能动性的表现，是受思想支配的行为。综上所述，思想与行为的辩证关系告诉我们：思想与行为这对教育学的基本范畴，一方面，它们之间互相渗透、互相依存、互为条件；另一方面，它们之间又不是固定不变的，而是在一定条件下可以相互转化的。没有无思想的行为，也就没有无行为的思想。思想指导行为，行为的结果检验着思想，又形成新的思想，二者正是在这种相互依赖、相互作用、相互促进、相互转化、相互制约中达到统一的。

2. 思想与心理的异同

心理的实质是人脑的活动。在《现代汉语词典》中，“心理”是这样被解释的：“①（名）人的头脑反映客观现实的过程，如感觉、知觉、思维、情绪等。②（名）泛指人的思想、感情等内心活动。”[②]在《心理学大辞典》中是这样被解释的：“心理是人脑的机能，是人脑对客观物质世界的主观反映。人的心理包括心理过程和个性心理特征。”[③]思想与心理有着内在的联系，是密不可分的，它们随着时间、环境和个人情况的变化而变化，发展而发展，但思想与心理又各自呈现不同特点，各自按照自身规律发展着、变化着。

1）思想与心理的联系

首先，两者都是指人；指人脑的活动。思想和心理是人特有的，是其他动物不可比

---

① 冈特恩 G．关于创造性领导的挑战．郑泉水，等译．北京：清华大学出版社，1997：12．

② 中国社会科学院语言研究所词典编辑室．现代汉语词典．第6版．北京：商务印书馆，2014：1446．

③ 林崇德，杨治良，黄希庭．心理学大辞典．上海：上海教育出版社，2003：1470．

拟的，即使是灵长类动物中的黑猩猩也是难以相提并论的。两者都是人脑的活动，人的心理的形成有先天因素和后天因素两种，先天因素属家族遗传，人的大脑是经过亿万年进化成今天这个样子的；后天因素依靠教育和环境的影响。思想和心理是人脑的活动而不是其他的活动。

其次，从广义上讲，人的思想只是心理现象的一部分。心理现象有较高层次和一般层次之分。思想属于心理现象的较高层次部分；而感觉、知觉等就属于心理现象的较低层次部分。从而得出，心理现象大于思想，包含思想，思想只是心理现象的一部分而已。

再次，两者都是随着人的实践不断发展的。思想和心理随着实践不断发展分为两个层面，即人类层面和个体层面。人类的思想随着社会的不断发展变化而发展变化，由低级思维向高级思维发展，由思考身边事、周围事的单向思考向多维思考发展；心理也是如此，由不成熟向成熟发展，由情感单一向情感丰富发展等。就个体而言，思想和心理随实践的发展而变化，这种变化的显著特征是实践的环境和时间。

最后，两者是相互作用的辩证关系。一方面，一定的意识、思想决定心理活动的方向和内容；另一方面，一定的心理也反过来影响和制约着一定思想和意识的发生、发展及内容。

2）思想与心理的区别

首先，思想是从社会的角度去研究人，即人的阶级属性，属于哪个阶级、阶层；人的社会地位，属于上层、中层或是下层，属于白领、灰领或是蓝领；人的群体性，属于工人、农民、军人、学生、老人或是儿童等。心理是从生理的角度去研究人，即人的智力发展、学习情况、身体状况等。前者是从群体性去研究人，后者是从个体性去研究人，不一定有正确和错误之分，只是在不同的社会、不同的国家、不同的阶级、不同的民族有不同的标准。其次，思想形成过程较长；心理形成过程较短。思想形成过程较长，是说人的思想形成需要时日，“十年树木，百年树人”。人的理想的世界观、人生观、道德观等社会意识，只能是长期，甚至终生都在为理想的意识而奋斗才能实现。心理形成则不然，过程较短，如“注意”，只要事物本身新奇、对比鲜明就能引起注意；又如“需要”，个体和社会生活中必需的事物在人脑中的反映，有天然需要（人的生存、发展）和社会需要，也可分为物质需要和精神需要。

3. 思想、心理、行为的关系

人的思想支配行为，行为反映人的思想，然而人的思想与行为关系是比较复杂的，往往需要借助一定的条件，需要借助一些中介（态度、动机等）才能达到预期的效果。一是思想是心理活动的结果。思想可以被表达、记录、传播。思想是头脑活动的结果，心理是头脑活动的过程和特征。心理活动是原因，思想是结果。一般认为理性思维产生以后出现的心理活动结果才是思想。当心理活动的结果能够借助语言等载体清晰地表达出来的时候，心理活动就产生了思想的结果。因为只有当表达与接受同时发生时，表达才能够成功，表达与接受同时成功的前提就是产生思想联结，毫无疑问这时思想就产生了。人类怎么样才算有了真正的“思想”？意识的可交流性，也就是说在意识活动中，可以通过某种形式加以表达向外显示，可以在人们之间相互交流。从外界接受的思想也可以反作用于心理，人们在阅读、交流时都可以产生大量的心理活动。二是心理是行为的动力。对于心理与行为的关系，心理学的各个流派都进行了大量的实验和理论探索，取得了很多成果，尤其是“行为主义心理学”的主要研究方向是心理与行为的关系。反观学校教育研究虽然以思想与行为的关系为重要领域，但目前大多停留在理论阐述阶段，缺乏实证材料的支撑和佐证。一旦涉及微观关系往往语焉不详或者直接借鉴心理学的研究成果作为自己的支撑材料。其实简单照搬心理学的研究成果并不一定适合学校教育领域的需要。在研究方法上要借助系统论的观点和实验的方法，这需要大量的案例积累和素材分析。与动物心理相比，人类的心理活动是社会化了的心理活动。心理活动引发的行为除了因本能的驱动而产生的结果，更多的是受理性的心理活动所驱动。三是心理是行为与思想的中介。学校教育的本质是让受教育者接受一种思想，接受一种已经存在的思想体系。那么就不得不考虑受教育者在接触这个思想体系以前自己原有的思想体系与要接受的思想体系的兼容性。实质上这种接受也是一种心理活动，同时是思想的相互作用。作为个人或者群体来说，在进行实践活动之前，首先要有已经接受了的知识储备，就是“思想基础”，然后再有目的地判断，随后产生心理活动，才会有行为发生。例如，一种思想发挥了效能，并不是这种思想本身能够直接产生作用，而是这种思想被人们接受以后，产生了一系列的心理活动。

# 第四节　学校核心竞争力与办学特色

## 一、学校核心竞争力

学校核心竞争力是学校在长期的发展过程中所形成的累积性（隐性）知识为学校赢来相对比较优势的一系列能力的整合，这种整合能力可以产生大能量，形成 $1+1>2$ 的增大效应，从而获得持续的比较优势，对学校运行所投入的各种要素产生聚合、裂变反应，从而释放更大的能量。学校核心竞争力的主要特点如下。

### （一）学校核心竞争力具有价值性

可以为教育消费者创造“消费者剩余”，即在同等条件下，一个学生在一所学校求学比在同级同类竞争学校得到更多更好的教育服务质量和效用，该校所提供的高于竞争学校的教育服务质量和价值的差额就是这个学生得到的“消费者剩余”。在价值上为学生和家长创造“消费者剩余”是学校核心竞争力的重要组成部分。学校核心竞争力的价值表现为多样性。例如，有的学校强调和突出的是学生在信息技术方面的优势，有的学校强调和突出的是学生在艺术方面的优势，有的学校强调和突出的是学生在外语方面的优势，等等。这种通过多元化途径为学生提供的个性化的教育服务，既有利于学生获得最理想的教育服务，又有利于学校核心竞争力的提升。

### （二）学校核心竞争力具有稀缺性

其一，资源学派认为，一个企业之所以盈利，是因为这个企业拥有独有的稀缺资源并拥有持续产生这种资源的内在动力。如果一个企业满足市场需求的各种资源能够被竞争对手获取或者其核心竞争力结构完全被复制模拟的话，那么，企业之间的资源与核心能力差异就不会长期存在。其二，企业的成功要依靠那些能够产生潜在租金的稀缺的独特资源。有效的资源配置、开发和保护是取得最佳绩效的必由之路。其三，学校核心竞争力也具有稀缺性。不同的学校所处的不同环境条件和各自所拥有的资源上的差异（如生源差异、教学设施设备的差异、教师队伍的差异、管理人员素质和水平的差异、学校历史长短的差异、学校传统和校园文化方面的差异等），都是难以被竞争对手复制和模拟的。它具有稀缺性，如名牌大学建分校、设立二级学院，中学建分部等，其名校、名牌是否能够延伸是值得思考的问题。优质的教育资源是稀缺的，这种稀缺的资源是一种累积性知识，是一所学校各种办学能力的结晶和升华。拥有这种稀缺资源作为核心竞争力基础的学校就能够通过提供优于其他竞争对手的教育服务而实现办学效用的最大化目标。

## （三）学校核心竞争力具有知识性

经济学者认为，企业的核心竞争力是一种累积性知识，是通过自身学习长期积累的结果，不是通过要素市场购买的。这一描述同样适合教育领域中的学校办学实际。学校核心竞争力更具有知识性特征，如学校的办学经验、教育教学研究成果、校本课程、学校文化等都是学校核心竞争力的主要要素。这些累积性知识是不可能通过购买得到的。另外，学校核心竞争力的知识性包括隐性和显性两个部分：学校隐性知识部分占主体地位，它属于难于言表、难以仿制、难以被替代的学校资源，如校风、教风、学风、管理技能、学校的美誉度等无形资产。这些资源是“偷不去、买不来、拆不开、带不走、溜不掉”的。为什么这种知识难以复制和仿制呢？第一，这种知识具有缄默性。明晰性知识可以用书面语言、图表或数学公式表达清楚。缄默性知识是不能用准确的语言或规范性语言表达的，是只可意会不可言传的知识，如以老带新式的学徒制研修、班主任导师制、名师教学艺术等，这些技术对于名师自身是了然于心，但是难以言传。第二，知识的复杂性。简单知识可以用简洁的语言进行描述或说明。例如，上课铃声响了，老师和学生就必须进教室上课。复杂知识则很难确认。例如，对一个获得奥赛数学冠军学生的培养，我们很难分离出什么知识起了多大作用。又如，一所学校大面积提高升学率的经验也很难一语道破，难以模仿。第三，知识的专用性。一种知识在某一特定用途方面能发挥其最大效用。学校利用这些专用知识可以形成学校核心竞争力，如美术特色教育、音乐特色教育、计算机特色教育等，这些专用性知识在学生发展中的积累需要经过一定时间的训练，需要相关专业人员的培养和积淀，并非一日之功。

## （四）学校核心竞争力具有创新性

学校在不断变化的环境中必须不断进行创新，否则，学校已经形成的核心竞争力就会不断被弱化。例如，一所学校以艺术特色为核心专长，但是由于附近地区竞争学校的长期持续的密切追踪，不断地理解其竞争优势的来源并进行实验研究和创新，甚至超过了该校的教育质量，为学生和学生家长提供更大更好的教育服务——产生了“消费者剩余”。这就意味着该校的核心竞争力已经丧失。所以我们认为创新是学校核心竞争力的动力性因素。

## 二、创建学校特色

### （一）学校特色

特色就是事物特殊的质量，特殊的品质。我们所说的特色是事物出类拔萃之处，是事物优于其他事物的优秀品质。学校特色是学校在办学实践中形成的区别于其他学校的独特品质。这种独特性既可以表现为“人无我有，人有我优”，也可以表现为“人有我无，人多我少”。学校特色是办学的重要目标，也是办学水平的重要标志，因此，学校特色也可称为办学特色。

### （二）创建学校特色的意义

1. 有利于为人才的成长创设特定氛围

从地域环境来看，有“北方人粗犷，南方人清秀，农村人直率，城里人精明”之说。从教育环境来看，湖北仙桃出体操人才，武钢三中出数学奥赛人才，上海巨鹿小学出过数位乒乓球世界冠军，清华大学理工科人才辈出等。特色作为环境塑造了有专长的人，有专长的人又成为了有特色的育人环境。

2. 有利于教师队伍建设

创建学校特色以素质优良有专长的教师队伍为前提条件。没有一流的教师，就没有一流的学生。例如，辽宁盘锦中学校长魏书生、人大附中校长刘彭芝等知名校长在带领教师、指导学生创建学校特色的过程中发展了自我。

3. 有利于学校核心竞争力的形成

特色意味着领先一步，胜人一筹。特色就是一种竞争力。第一，目标状态的学校特色本身就具有一种感召力，它能够激发起师生的上进心和创造力。有利于围绕学校办学目标优化学校内部办学资源的配置，实现人尽其能、物尽其用、财尽其力，形成强大的办学合力。例如，广州佛山一中坚持“人文养德、主体发展”的德育特色打造出了省内外有影响的班级文化品牌，促进了师生的共同发展，极大提升了学校的竞争力。第二，有利于树立学校的品牌形象。没有个性的人被人们称为平庸之辈，没有特色的学校很难得到社会的认可和支持，将直接影响学校的生存和发展。

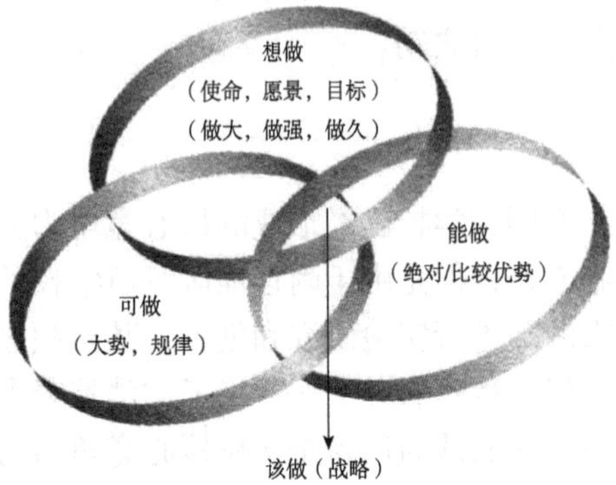


图 5-1 办学思想形成剖面

### （三）创建学校特色的有效途径

1. 独到的办学思想是学校特色的灵魂

所谓独到的办学思想就是指具有普遍指导意义的教育思想与学校具体实际的完美结合。例如，江苏泰州市洋思中学的办学经验值得借鉴，正如校长蔡林森一样始终坚持“没有教不好的学生，只有教不好的教师”“没有差生，只有差异”的理念。20 年如一日，努力实践“尊重主体，面向全体”的办学思想，造就了全国实施素质教育的成功典型。独到的办学思想从哪里来？如图 5-1 所示。

2. 常规管理是创建学校特色的基础

所谓“常规”的“常”，顾名思义是正常的含义，一是正常要求，普通标准，不是高要求，是能够做到，也应该能做到的。因此，这个常规必须人人知晓，个个做到。二是常态的“常”，即日常要求，平常状态，不是特别的要求，而是常态化的要求。常规的“规”，一是指规矩，二是指规范和规定。“没有规矩，不成方圆”，所以既然是规矩、规范和规定，就不是商量着办或协商着处理，而是必须和应该做。

常规管理具有以下五个方面的特点。第一，思维和行为的习惯性。这是常规管理思维的根本特点，是管理者在长时间工作思维中有意无意形成的。由于常规管理工作事无巨细，面广量大，往往易出现反复。但管理者要避免用老眼光去看新问题，必须跳出习惯思维模式的框架。第二，思维和行为程序性。这是管理者在长期工作思维中形成的分析问题、解决问题的步骤、方式和方法的总和。处理日常生活中的一部分事情时，可以寻求出固定的套路。但我们按照程序化的模式将问题解决后，一定要多追问一个“为什么”，将反问后的答案一并吸收纳入正常的思维逻辑中，使程序化的常规思维有更大的包容力。第三，思维和行为稳定性。人们常说以不变应万变，这就是思维的稳定性的体现。在这个创新当道的年代，稳定仍是我们追求的目标之一，毕竟它和创新是可以兼容的。例如，我们要计算房屋的平方数，严谨的治学者不会仅凭目测就得出结果，他会经过一番测量后再计算。因为在他的思维中，只有客观的数字才是计算的基础，这种稳定性的思维应存在于每个人脑中。第四，思维和行为迅捷性。只要是涉及效率的问题，人们总会津津乐道，勤于尝试。由于常规思维的程序性和稳定性，因而管理者处理某一类类似事物时，可以用较快的速度，将思维具体活动简约化、线条化，纳入既成的思维模式总加工得来的信息材料，进而推出思维成果。但这种迅捷性的前提是对事物的本质和规律有了充分的把握，并形成有被实践反复验证为正确的思维模式和程序。第五，思维和行为保守性。这是常规管理的唯一负面特征。当一个问题的条件发生质的变化时，保守会使解题者墨守成规，难以涌出新思维，做出新决策，造成知识和经验的负迁移。

3. 非常规管理是创建学校特色的突破口

虽然抓常规管理是创建学校特色不可或缺的基础，但是，抓常规管理按照积累的思维活动、经验教训和已有的思维规律，久而久之便会形成思维定势。对待思维定势我们要辩证地来看。一方面，可以根据面临的问题联想起已经解决的类似的问题，将新问题的特征与旧问题的特征进行比较，抓住新旧问题的共同特征，将已有的知识和经验与当前问题情境建立联系，利用处理过类似的旧问题的知识和经验处理新问题，或把新问题转化成一个已解决的熟悉的问题，从而为新问题的解决做好积极的心理准备。另一方面，它又容易使我们产生思想上的惰性，养成一种呆板、机械、千篇一律的解题习惯。当新旧问题形似质异时，思维的定势往往会使解题者步入误区。例如，篮子里有四个苹果，由四个小孩平均分。分到最后，要保证篮子里还有一个苹果。请问：他们是怎样分的？思维定势让我们觉得不可能还有剩余的，但其实是一个小孩连苹果和篮子一起拿着。新问题相对于旧问题，如果是其差异性起主导作用时，由旧问题的求解所形成的保守思维往往有碍于新问题的解决。因此，常规管理必须在打破常规中创新探究，即采用非常规管理的办法，所谓非常规管理意在要打破陈规，常抓常新。一所学校的常规管理又必须在实践中不断总结经验，在执行中不断反思创新，在理论上不断归纳升华。学校非常规管理应始终把问题管理作为战略导向，在问题管理中有的放矢，在问题解决中取得实效。学校应始终紧跟改革步伐，不断更新管理观念，创新管理方法。例如，“互联网+教育”正在对教育领域产生深刻变革，学校应积极求质变，开展微课活动，让学生享受最优秀的资源，在着眼未来中创造成果。

# 第六章　现代学校管理组织

学校管理组织就是按照一定管理目标要求将职务、岗位、人员结合起来，形成的层次恰当、结构严密的有机整体。学校管理组织的质量影响到学校自身的发展和学生的发展，因而学校首要的任务应该是搞好自身的组织建设。学校组织的产生与发展是一个历史的演进过程。学校组织是学校管理活动的行政组织架构，表现为不同的组织类型和层次结构，是学校行使教育管理权的表现形式和充分发挥教育管理功能的组织保证。

## 第一节　学校组织的产生

### 一、学校的产生

自从有了人类社会，就有了人类的教育活动。然而，人类社会并不是一有教育活动，就有学校的。学校的产生，是人类社会发展到一定历史阶段的产物。在人类漫长的原始社会阶段，由于生产力水平低下，人们的劳动只能维持最低水平的生活，因此教育无法从生产劳动过程中分化出来。随着社会生产力的发展和剩余产品的出现，一部分人可以专门脱出身来管理生产、掌管国事和从事文化教育活动，这样就出现了脑力劳动和体力劳动的分工，同时为学校的出现提供了前提条件。

文字产生以后，为了掌握和使用它，于是便产生了传授和学习文字的机构——学校。在殷墟甲骨文中，就有了“学”字雏形。《周礼·春官》记载：“大司乐掌成均之法。”后人疏注：“成功，五帝之学。”董仲舒在《礼记·文王世子》中“以其序，谓之效人，远之于成均”一语后注释：“五帝名大学曰成均，则虞庠近是也。”[①]我们不敢贸然断定董仲舒的结论是否属实，但在文字出现后产生传习这些文字的机构——学校的萌芽，是合乎情理的。可以肯定，学校至迟在商代就出现了。《尚书·盘庚》中“盘庚教于民”的“教”字便是教学之“教”。据现代学者杨树达先生考证，“教”与“学”相通。《孟子·滕文公》记载：“夏曰校，殷曰庠，周曰序。学则三代共之，皆所以明人伦也。”即一佐证。学校的产生，揭开了我国教育管理史上新的一页。自此以后，学校的管理，遂成为教育管理的主要内容。

---

① 《周礼·春官》云：“大司乐掌成均之法”。郑玄注董仲舒云：“成均、五帝之学。”

## 二、学校管理产生的萌芽

虞、夏、商之前，就已经产生了学校教育雏形。董促舒、孔颖达等学者曾说唐虞以前五帝时代（约公元前 2 700 年间）就已有了“成均”之法，这是很有可能的。文字产生必然导致学习文字的机构——学校应运而生。据《礼记·王制》等典籍记载，虞、夏、商时期的学校制度按入学对象可分为国学和乡学，贵族子弟进入所谓的国学，平民子弟进入所谓的乡学。因为入学者的身份不相同，学校的条件和教学内容亦不相同。

在原始社会末期，出现了学校的萌芽，学校的管理也随之萌动了。在“学校”管理的体制上，已经形成了后世由中央管辖国学，由地方掌管乡学的体制的雏形和萌芽。国学由部落显贵掌管，或由部落显贵遣员管理。关于西周以前的乡学，存在有种种说法。不少学者认为“虞庠之学”为夏立国后创办的乡学。《礼记·明堂位》记载：“米廪，有虞氏之庠也。”而“庠”又是什么呢？孟子认为：“庠者，养也。”[①]“庠”原是氏族敬老、养老之所，因氏族长老多与教育有关，故后来便演变为地方教育的场所，即后来乡学的前身。

虞、夏、商时期的学校制度分为太学和小学两个层次，这便构成了早期系统的学校制度的萌芽。上列三朝学校名称各异：虞曰“上庠”“下庠”；夏称“东序”“西序”；商谓“右学”“左学”。虞的太学为“上庠”，设置在西郊，小学为“下庠”，设置在国中王宫之东；夏朝太学为“东序”，设置在王宫之东，小学为“西序”，设置在西郊；商朝承虞制，太学为“右学”，设置在西郊，小学为“左学”，设置在国中王宫之东。这些学校不仅有等级上的不同，在不同朝代也反映了对学校的重视程度、尊尚和习惯的差异。在学校管理上，还表现出形成了一个学校系统。所谓“上庠”“东序”“右学”，虽然说不上像某些人所说的是西周以上的上古社会的“太学”，但层次在学校系统中是较高的，是比较令人信服的。所谓“下庠”“西序”“左学”，未必就一定是“小学”，但其程度比较低一些，也是较接近实际情况的。据郭沫若先生考证，甲骨《龟》中有“征学”之语。这里的“征学”，有很多学者认为就是“延学”，其义，即不间断地上学。这也可以作为西周以前就形成了上古学校系统的佐证。可以这样断言，西周教育正是在以前诸代的基础上初步形成的。

总之，这一时期的乡学，是否形成了早期的系统？是否也有程度、层次之分？在古代文化典籍中未见明证，仅知乡学在夏朝称为“校”，在殷朝称为“序”[②]。其具体的管理制度如何？是否有系统学制？有待考古工作者的进一步发现。

## 三、学校系统的初步形成

西周的教育管理集前世之大成，汇合形成一套较完备的学校系统。孔子说过：“殷

---

① 杨伯峻．孟子译注．北京：中华书局，2008：118.

② 《孟子》中作为古代初级地方学校意义的“校”，如“夏曰校”，出现过三次；作为地方学校之意的“序”，如“谨庠序之教”，出现过五次。

因于夏礼，所损益，可知也；周因于殷礼，所损益，可知也。”[①]西周有许多管理制度都是因袭前代而有所损益，其教育管理制度无不如此。

西周设有国学和乡学、大学和小学。其学制大概可以分为三级，第一级是幼儿教育，第二为小学教育，第三级为大学教育。这三级中的第二级、第三级在政府设的学校内完成，第一级是在学校以外的家庭内完成。因此，西周的学校实际只有小学和大学两级，小学基本属于初等教育，大学具有高等教育的某些性质。

西周还按照当时地方行政区域为一般奴隶主和部分庶民子弟设立了小学。当时，地方行政组织没有塾、庠、序、校之类的学校。古籍记载的名称不一，解释也不同。乡学没有大学，都是小学程度，并且规模比较小。据《礼记·王制》记载，乡学中的俊秀者可以升入国学。

在我国，学校是指有计划、有组织进行系统教育的机构[②]。起源于中国古代奴隶社会的学校，据《孟子》记载：“设为庠、序、学、校以教之。”在开始产生时，往往都不是专门的教育机构，而兼为习射、养老的场所。其后的学校一般称为学。清末兴办近代教育，在 1902 年（光绪二十八年）的《钦定学堂章程》中称为学堂。在 1912 年的学制中改称为学校。

在西方，“学校”（school）这个术语源于拉丁语“schola”，又源于古希腊语“skhole”，意为“闲暇”“休息”，在古代希腊，思想家们和他们的学生及信徒进行自由讨论时就这样称呼。后来，凡对年轻一代进行有组织的教育和教学活动的机构就称为学校。据《辞海》记载，古希腊柏拉图约于公元前 387 年在雅典附近所创办的学校，因校址设在命名为阿卡德漠（Akademos，古希腊传说中的英雄人物）的运动场中，故被称为“阿卡第米亚”，一般被译为“柏拉图学园”，简称“学园”，这是欧洲历史上第一所国家的学校。

从世界文明的演变历史来看，世界上最早的学校产生于古代东方国家。早在公元前 3 000 年前后，东方文明古国亚述和巴比伦就已出现学校。这可以说是人类社会最早出现的学校。古代埃及也是东方文明的发源地之一，据古埃及文献记载，公元前 2 500 年左右，古埃及就出现了专门培养皇宫贵族子弟的宫廷学校，以后又逐步分化出职官学校、寺庙学校等。我国是世界文明发达最早的国家之一挺，同样也是世界上学校产生最早的国家之一。早在原始社会末期，我国就有了学校的萌芽，古籍中记载虞舜时代便已有了“庠”这种既养老又附带教育儿童的机构。进入奴隶制社会后，“庠”逐步转变为学校。从夏朝到商朝再到西周，历时一千三百多年，在历史上被称为“三代”，是我国奴隶制国家的形成和发展时期，在此期间，教育开始成为独立的社会活动，学校教育成了教育的主要形式[③]。

古代西方国家学校的产生晚于东方国家，通常以古希腊和古罗马的学校为代表。在古希腊的学校中，最有代表性的是斯巴达和雅典的学校。斯巴达是古希腊的一个城邦，建于公元前八世纪，它的学校为适应国家军事集权体制的需要，特别注重军事体育训练，

---

① 杨伯峻. 论语译注. 北京：中华书局，2006：12-22.

② 夏征农. 辞海. 上海：上海辞书出版社，1989：1269.

③ 黄仁贤. 中国教育管理史. 福州：福建人民出版社，2003：9.

但不重视文化知识教育。雅典的学校则不同，雅典实行的是奴隶制民主共和政体，因此学校较重视文化知识教育，其特征是崇尚和谐教育。古罗马的学校大约建于公元前三世纪，既有私立学校，又有公立学校。其中，私立学校是为贵族子女服务的，公立学校则向任何交得起学费的个人开放。随着古罗马帝国疆域的不断扩大，古罗马的学校也不断扩充和发展。总的来看，与古代东方的学校相比，古代西方的学校更注重世俗教育，强调国家对教育的控制，主张个人为国家而受教育。也正因为如此，古代西方的学校形成较晚。

# 第二节　学校管理组织机构

## 一、学校管理组织概述

一个人工作，不需要组织；两个人就需要分工；三个人一起工作要有一个头，负责指挥；人数再多，多到一个指挥照顾不过来的时候就要分层次。由此可见，组织最基本的特点是分工、分层次。不同层次的区分在于有不同的权力和责任，由负有不同责任的领导进行指挥。为什么组织起来的人能产生高功效？这就需要对组织的性质、特征进行深入的研究。

### （一）学校组织的性质和特征

在实现教育目标的管理过程中，组织是目标体系，是分工协作的系统，是等级权力链，是信息网络，是合理结构，特别是人的合理的结构。因而组织可以放大人们的功效，成为协调人们活动、实现管理目标过程中的重要载体。所以，它是校长管理职能的重要内容。

1. 组织是由目标体系形成的单元

管理就是充分实现目标，组织就是由目标建立起来的目标体系。在学校，无论学校还是每个组织都是有目标的。任何单位的目标不是孤立的，而是有机联系的整体。如果有的单位目标和学校整个目标不一致，那么就会出现学校这个组织中不协调的部分。反过来，我们考察一个组织是否重要和必要，就是要看其在目标整体中的地位和作用。如果在目标整体中，有目标空缺的现象，那就应该建立相应的组织，不然目标体系不完善，不利于管理目标的实现。

2. 组织是分工协作的系统

组织起来的人的作用之所以大于分队的个人，首先是因为组织里不同层次的人有不同的任务，也就是存在着分工。英国古典经济学家亚当·斯密在工厂刚刚产生时就发现了分工能产生高功效。他认为分工就是使工厂手工业渐臻完整的伟大动力。他以别针的生产为例说：“如果工人分工协作生产别针，一天的工作比单个工人自己操作所有工序生产功效提高上千倍。”为什么能有这样的效率呢？因为分工有利于专业化、标准化、简单化、计划化。而专业化、标准化、简单化、计划化能产生高功效，但是分工必须以协作为前提，如果没有协作，高功效不可能实现。协作是分工产生高效的条件，而分工协作的实现必须靠组织。因而组织才能实现高效率，小而全的体制不可能出现高效率。

3. 组织是等级权力链

组织是分不同层次的，如高等学校管理组织就可以分为部、系、教研室三个层次。那么组织的层次是怎样划分的呢？从管理角度讲主要是依据责任不同和权力不同，责任和权力的范围不同。权力是统一行动的保证，管理过程中经常出现不一致的意见，而组织本身要求意见必须统一否则无法行动，怎么统一呢？就要通过民主讨论、协商，使意见统一。如果还存在不同的现象，这就要要求权力机关和主要领导“拍板定案”。所以组织是等级权力链。

4. 组织是信息网络

组织是通过信息联系起来的一个整体，也就是一个信息网络。信息可以产生高功效。具体来说，就是下级组织必须向上级组织汇报工作，上级组织要对下级组织布置任务，所有这些都是通过信息沟通而实现的。如果下级不汇报，那就是封锁领导，在管理中，这种现象是不允许出现的。上级下达的指标，下级必须执行，这也是信息在起作用，而下级不得违背、拖延，这些都是说明组织是信息网络。

另外，各个部门之间的横向联系也是通过信息来完成的。假设上级不下达指示，下级不汇报工作，指示下达了可以拖延、拒绝，同一层次的不同部门之间不通过信息沟通、配合，那还有什么组织可言呢？组织效能的表现之一，就是上下级之间、各部门横向之间信息畅通。所以，在信息传递中，必须按照组织的程序进行，不能有越级指挥、越级汇报、阻碍信息畅通的现象。在现实管理中，瞎汇报、选择领导和部门汇报、选择自己的领导人汇报，这些都是违背组织原则的行为。组织要通过信息把人们组织起来，把上下级和同级部门联系起来，以保证组织的高效运转。

5. 组织是一个合理结构

我们也可以说组织是能级的合理结构，其核心是人的合理结构。因为组织是一个有机系统，而不是任意的局部堆积和组合，它必须是各个局部按照一定的能级组合的有机整体。这里的能级核心是人。在实现管理目标过程中，合理的结构可以放大功效。从系统理论看，合理结构可以叠加、互补和抵消。它们可以使组织里同一的力量加大，不同的力量互补进而加大，特别是可以使消极的力量抵消，这些组织的内容，无疑可使各个能级力量放大。

### （二）建立学校组织的原则

1. 要服从于实现组织目标

若要建立一个高效的组织，则首先应确定组织目标体系，所以要把与目标联系最重要的组织放到最重要的位置上，把与目标无关的组织去掉，另外还要把实现目标相关的空缺组织尽快补齐。因为组织就是实现目标，所以要依目标需要建立、调整组织。

2. 必须实行分工原则

凡是同一专业、内容的工作要组合到一块，相反，不同专业和内容的工作要避免混杂，以防内耗。另外，各组织的任务分配要注意对应。不然，不同的组织有同一的任务时就会造成许多麻烦；而专业不对应的就可能产生大家都不管的现象，那么组织的高功效也就不可能实现。

3. 组织应该分层次

同层次的组织有不同的责任和权力，应该允许其各自在自己的职权范围内行使权力。这就是说要做到责权分明，范围清楚，不要打乱组织程序，干扰整体工作。

4. 组织应该信息畅通

要建立信息网络，必须保证信息的畅通，不然无组织可言，即使有也是瘫痪的，有名无实。上级组织与下级组织之间要通过信息沟通来进行工作汇报和任务布置，同级部门也需要相互配合来保证组织的高功效。

5. 要坚持合理结构原则

建立组织一定要有科学性，小而全的思想是不可取的。任何简单堆积，都无益于组织工作的正常进展。必须使得各个局部按一定能级组合成有机整体，通过合理结构来放大功效。

## 二、学校组织的类别和形式

划分组织的方法有很多种，如按任务、重要性、性质特点等，从不同的角度研究，便可得出不同的结论，下面我们谈谈几种基本的划分方法。

### （一）学校组织的类别

1. 按任务划分

按任务可分为主体组织和服务组织：①主体组织，它是按承担一单位任务的特点以及对外贡献的内容划分的组织，如高等学校的教学部门、科研部门等是主体组织，因为学校的任务是培养人才、出研究成果，这主要依靠教学和科研部门来完成，它反映了学校的特点。主体组织的作用发挥得越充分，培养的学生数量也就越多且质量高，科研成果也就越多且水平高，学校对社会的贡献就越大。职业教育、成人教育、普通教育中的各级学校以教学部门为主体组织。②服务组织，它是和主体组织相对而言的。例如，为保证教学、科研工作而建立的组织，如办公室、秘书处、人事处、财务处、食堂、车队、医院、托儿所等后勤服务组织等。它不直接完成学校为社会作贡献的任务，而是为保证这一任务的实现而服务。

这两类组织的关系很明显，都是为了实现学校任务，二者是互相依存的。缺少任何一类都不可能保证学校任务的完成。对于主体组织学校应该给予重视，这是学校性质决定的。服务组织在保证主体组织正常工作的情况下越少，则说明学校工作效率越高。因此，我们总是力求把这类组织减到最少。如果一个学校服务组织过于庞大，表明这个学校自我服务的成分太大，自我存在、自我服务过多必然影响主体组织的效率。

2. 按作用划分

按作用可分为专业组织和职能组织：①专业组织是以分工为前提的组织，它们具有专业性特点，属于同一等级，但作用不同。例如，学校里的各科教研室规格相同，但专业不同。②职能组织，一般是为了完成管理的某种职能而设立的组织，如学校中的教务处、政教处等，是学校领导机构的职能部门。

3. 按管理工作需要划分

按管理工作需要可分为有权力链的权力组织和专业横向职能组织。校、系是垂直权力机关，它们有一定的责任（任务），同时拥有一定的权力。而各个处是专业职能部门，不是权力机关，它的特点是从专业上协助校长搞好上作。正确认识这两类组织的特点，对于校长进行管理十分必要。

此外，还有许多划分的方法。例如，按设备划分为图书馆、中心实验室等；按地区特点划分为分校等；按数量划分为班级等；按临时性任务划分为“经打办”“清查办”等。每一种不同类型的组织，都有自己的特点，应依其特点来建立和发挥作用。

## （二）学校组织管理跨度

在管理过程中，管理者的管理跨度是一个重要问题。这和组织的建立有直接联系。上文已阐述要建立组织，首先要考虑分工。分工不是固定不变的，在管理实践中，分工可以细一点，也可以粗一点。例如，财务处可以是一个处，涉及内容包括计划、财务、劳动、工资、基建等；也可以把财务部门单独划出来，成立独立的处，这样就有计划处和财务处；如果把劳动、工资、基建等单独分立为处，就有五个处，如此还可以再分。那么到底是分得越细越好呢，还是越综合越好？这就涉及组织管理中管理幅度的问题。关于组织划分的限度有两种理论：一种理论强调扁平组织效率高，就是说，尽可能地直接领导，领导者和被领导者直接见面，这就意味着分得越细越好。假如上文提到计划财务处包括五个单位，那么这五个单位与上级领导的关系就是间接的；如果单列为五处，那就是都直接对上级领导负责。我们平时常讲，领导要深入基层，组织形式上的保证就要分得细一点，扩大领导的幅度，保证领导者和被领导者直接见面，这种组织形式领导就是扁平领导。另外一种理论认为综合领导效率高，也就是垂直组织形式领导。这样的领导形式是通过下级权力机关的领导来保证主管者的领导。如果采取这种形式，那么领导下属层次势必增多。

实际上，领导跨度的宽窄都是有限的，超过一定的程度都会带来消极后果，决定跨度宽窄的因素也很多，如领导者和被领导者的状况、素质、工作环境等。到底领导跨度有没有客观界线呢？1933 年，法国管理学家格兰丘纳斯专门研究了这个问题，想找出相对稳定的幅度指数。研究的结果得出一个后来称为“格兰丘纳斯公式”的理论，在管理界有一定影响，对于研究学校组织还有一定的参考价值。

他在研究过程中略去了所有的外在因素，如领导者和被领导者的素质、工作环境等，只计算领导者和被领导者的数量关系。先找出随着领导幅度的扩大，领导者与被领导者可能关系数的增加趋势，然后再在数量关系的基础上，研究不同人的特点和由此造成的变化。为了研究数量关系，他把领导者与被领导者的关系分为三种类型，即直接单一关系、直接多数关系和交叉关系。

直接单一关系，就是上级直接地、个别地与下属发生的领导关系。如果领导 A 和三个下属B、C、D发生关系，那么关系数是3。直接多数关系，存在于上级和下属各种可能的组合之间，如果领导和一个下属打交道时，可以同时使另一个下属参加进来，也可和所有的下属发生工作关系，还可以和各种不同混合的下属打交道。交叉关系出现在下属彼此互相发生工作关系的时候。这三种关系就包括了领导者与被领导者的所有关系。

### （三）学校的组织形式

正确选择管理机构的组织形式，是提高管理工作功效的保证。一般来说，学校管理的组织有四种。这四种组织形式是直线式、职能式、直线职能式、矩阵式。每一种都有自己的长处，同时也有不足。一个学校使用哪种形式好，要看自己学校的实际情况。

1. 直线式

直线式是只有垂直组织，没有专业职能部门的最简单、最直接的组织形式。学校是由校长、主任和教研负责人等构成的垂直权力组织。直线式的特点是每一级的组织机构，都直接接受上一级领导人分配给的任务、指示，只对一个上级负责，非常有利于单一领导、统一指挥原则的贯彻。不足之处是校长与下一级两层领导人的任务沉重，领导人必须具备多种才能，并且精力充沛才能胜任。工作范围很大的学校一般不太适用此种组织形式，学校领导也很难胜任。如果是小学校，这种组织形式比较合适。

2. 职能式

在校长下面设有职能部门，这里的职能部门是权力机关，是直接代表校长的。这种组织形式在我国常见于军事院校和干部院校。例如，军事院校的训练部、后勤部、政治部等，在校、系之间增加了职能部门，校长通过职能部门对系领导。它的特点是校长负担减轻了，校长不需要直接处理日常事务，同时校级领导加强了。这种形式的不足之处，即对系一级来说，是多头领导，如系的上面对着政治部、训练部、后勤部等，在实际工作中，如果这三个部门不协调，同时下达不同命令，那么系里工作就很难做。所以搞好协调，是这种组织形式要特别注意的。

3. 直线职能式

我国目前普通学校大都是这种组织形式，是在直线式上加设了职能部门，如教务处、后勤处等。这里的职能部门不同于职能式的职能部门，它不止一级权力机关，高等学校的系、中学的教研组、年级组仍由校长直接领导。职能部门从业务上协助校长做好对系或教研组、年级组的领导，而不能向它们下命令，不能直接领导。这样的职能部门从参议性质的组织变成了校长的助手。这种形式兼有直线式和职能式两种组织形式的优点：一方面，校长直接领导；另一方面，又有助于协作，减轻了校长的负担。这种组织形式的局限性，表现在下属部门、单位横向联系比较困难。例如，化学系某教研室和生物系某教研室需要协作研究一个问题。这两个教研室的联系工作就很麻烦，必须走“教研室—化学系主任—校长—生物系主任—教研室”这样的途径才能联系起来，这显然降低了工作效率。这种组织形式在学科知识高度分化和高度综合的情况下很不适用。例如，某大学要建立一个环境保护研究所，这个所需要设置的专业教研室在生物、化学、地质等系都有，是不是还要重新建立相同的教研室呢？若不建立，横向联系困难；如果建立，必然是人力、物力重复浪费。为了解决这样的问题，现在又有了新的模式——矩阵式。

4. 矩阵式

这种形式的组织，一方面有垂直的直线职能部门，另一方面有横向的联系网络，是解决直线职能部门横向联系困难的一个比较好的形式。这种纵横交叉的组织结构，打破了传统的一个组织只能一个部门直接领导的管理原则，从而使一个部门的管理有垂直的组织联系，同时也有横向的联系。这样不但加强了各部门之间的协作，同时提高了中层和基层管理活动的灵活性，使各个部门间能够协调地进行活动，从而提高工作效率。但是，这种组织大大加重了校长的负担。这样，校长既要抓垂直组织的工作，又要抓横向部门的工作，管理范围扩大了，各种组织关系的复杂程度也加大了。这就要求主管领导要更有综合性的协调能力，而且要求精力更充沛。另外教研室同时承担着两个或两个以上单位的任务，这要求教研室也要有很强的协调能力，否则横向困难解决了，又会出现新问题，同样不能提高工作效率。

## 三、学校规章制度

在学校管理中，规章制度的建设是一项主要的内容，要把学校里人、财、物、时空、信息等管理因素根据各种教育教学活动需要，实现最优组合，形成科学运行机制，发挥整体效益，就必须制定一套切实可行的规章制度。规章制度不仅是校长的教育思想、工作作风、领导艺术的具体反映，也是衡量学校现代管理水平的重要标志。因此，本节简要阐明学校规章制度的含义、在学校管理常规系列中的地位及其作用和基本内容。

### （一）学校规章制度及其地位

所谓学校规章制度是指学校以条文的形式对学校成员在工作、学习和生活中必须遵守的共同行为准则做出的规定。学校规章制度的管理包括两个方面：一是上级制定的规章制度在学校的实施，如《中小学教师职业道德要求》《中小学日常行为规范》等的落实；二是校内规章制度的制定、实施和修改。上级制度的实施也必须从学校实际出发，必要时要制定实施细则和补充规定。

从系统论的角度来讲，我们可以把学校管理常规划分为三种基本形态，即口授型常规规范、习俗型常规规范和制度型常规规范。口授型常规规范，这一类常规既不是成文的规章，又非人们已经形成的行为习俗，而是由领导人和管理者通过会议等形式经常、反复强调的常规要求，这类常规规范是后两类常规规范的过渡形式或准备形式。习俗型常规规范，即非文化的群众积淀而形成的习俗、习惯、风气等。制度型常规规范，即条文化的制度、规范。一般说来，学校规章制度是学校管理中的多要素、多层次、多结构、多边活动所组织的管理常规系列中的一种高级形态。规章制度面前人人平等，制度的内容和要求必须是经过努力后人人都能做到的，既要体现学校的具体工作目标，又要体现学校现有的工作基础，要注意把必须做到的基本要求和提倡做到的较高要求区别开来。

## （二）学校规章制度的作用

规章制度是学校为了完成教育和教学、实现管理目标和学校培养目标而要求全体师生员工共同遵守的规则、规定。没有规章制度便没有管理。它的内容是把学校管理中那些行之有效的措施、办法，用规章制度的形式固定下来，包括办事的规程和师生员工的行为规范、标准等。它有的是针对教职工制定的，有的是针对学生制定的。

建立和健全学校规章制度，是充分调动学校师生员工的积极性、协调学校内部各种关系减少内耗、形成整体力量的有力措施；是使学校各项工作程序化、规格化、标准化，建立正常的教育教学秩序的有力保证；是培养社会主义道德品质，形成优良的校风的有效手段。总之，学校建立规章制度，是科学管理的需要，是管理科学化的标志，是不可缺少的教育手段，也是学校教育的成果。具体地说规章制度在学校管理中的作用有三方面：①保证必要的秩序。管理是在信息引导下的人流和物流的合理流通。规章制度就是把学校中的人流、物流的管理流通方式用文字的形式固定下来，有利于保证必要的秩序。它可以使学校的党政、各职能部门以及师生员工按规章制度要求规范自己的行动，正常地发挥自己的作用并协调运转。②保证学校工作的稳定性。学校工作具有周期长、连续的特点。规章制度规定了人们的行为规范和各项工作的要求，它可以促使人们进行自我管理和自我调节，免去许多烦琐的请示、汇报，有利于工作的稳定。③是进行教育的手段。通过规章制度进行管理，就是常规管理，常规管理是一种重要的教育手段。合理的规章制度，对于培养良好的教风、学风，培养学生的自觉的纪律行为，形成良好校风，有着重大的作用。总之，宏观上的国家、法律、法令和微观上学校规章制度的有机结合是学校整体得以发挥的重要保证。

## （四）学校规章制度的基本内容

学校规章制度，依据制定的权限，可分为国家、地方、学校三个层次。

1. 国家制定

2010 年颁布的《国家中长期教育改革和发展规划纲要（2010—2020 年）》是一个指明教育体制改革方向的纲领性文件，2006 年颁布的《中华人民共和国义务教育法（修订）》是中小学的基本法规，全国各地都必须认真贯彻执行。中共中央委员会颁布的《全日制中学暂行工作条例》《全日制小学暂行工作条例》，国家教委制定的《中学德育大纲》《小学德育纲要》《学校体育工作条例》《中学生守则》《小学生守则》等一系列文件，它们贯穿了国家对中小学教育、教学各方面工作的基本要求，都具有国家法规性，各学校必须从实际出发，认真贯彻执行。

2. 地方制定

根据国家对教育工作的有关规定，各地方政府根据各地的实际情况制定有关规章条例。例如，广东省为了推动学校内部的管理体制改革，提出了全省范围内逐步实行“两聘”（即校长聘任制和教师聘任制）、“两制”（即校长负责制和教师岗位责任制）、“一包”（即定编定员基础上的工资总额包干）、“一奖”（即实行部分浮动奖励工资）的制度。广东省教育厅还颁布了《广东省中小学校长负责制工作的暂行规定（试行）》，已在全省各地通过试验逐步开展，对启动学校内部运行机制、增强学校活力，起到了应有的作用。

3. 学校制定

由于我国各地的经济文化发展不平衡，每所学校的具体情况也千差万别，所以各地中小学必须根据实际需求，逐步地制定本校关于教育、教学工作和其他方面的切实可行的规章制度、条例、规定或公约。要求有教职工的会议制度、备课制度、班主任工作条例、财务管理制度、各种岗位责任制度等；要求有学生的课堂常规则、考试和升留级制度、请假制度、奖惩制度、清洁卫生制度以及学生自己制定的公约等，以便全校师生员工有章可循，将此转化为常规管理，这也是办好学校不可缺少的教育力量和手段。

# 第三节　学校中层组织及其管理者

## 一、中层管理者的定位与职责

### （一）学校的中层管理者的含义和特点

学校的中层管理者是指机构、组织、阶层等在中间的一层或几层负责的管理人员，是联系组织机构高层与基层的桥梁和纽带。具有三个明显特点：一是既是战斗员又是指挥员，学校的中层管理者在学校中的位置是中间地带，对上有领导，对下有教师员工，既要在上级的领导下开展工作，又要指导本部门教师员工开展工作；二是学校决策的执行层，学校的中层管理者承担着执行学校策略的重任，负责将学校高层的决策接收、消化，并监督、协调、指导基层有效执行；三是学校高层的参谋，学校的中层管理者在学校中处于承上启下的位置，是联系学校高层和基层师生员工的桥梁和纽带，要通过研究分析基层工作和学校组织的各种情况，切实反映基层职工的心声和愿望，为领导出谋划策，为学校决策提供第一手资料。

### （二）学校的中层管理者的角色定位

在学校组织内部，管理者通常可以分为三个层级，即决策层、管理层、执行层。学校组织的三个层面有时是模糊的、交叉的，特别是中层管理者处于承上启下的位置。因此，作为学校的中层管理者要明确自身的定位，才能做到不越位、不失位和不错位。

第一，从全校的角度看，学校的中层管理者是教师或员工中的一分子。每位学校的中层管理者必须清晰地认识到，自己是学校的一名教师或员工，要主动地将自己的本职工作放到学校的大环境中去定位、去考虑，自己的行为必须满足学校发展的需要，要把自己当做一颗“螺丝钉”，在学校这台高速运作的大机器里，每个零部件都发挥着不可替代的作用，具体到岗位而言，把“螺丝钉”拧在哪里，不是教师或个人的事情，要服从学校工作大局的安排。

第二，从学校领导的角度看，学校的中层管理者是下属，层级制是组织最明显的特点，任何组织都是有层级的，学校也不例外。有层级就有上下级关系，对于上级来讲，学校的中层管理者是下级，要妥善处理好与领导的关系，要服从领导，尊重领导的安排和决策，正确领会领导的意图和目的，同时，学校的中层管理者也要有自己的主见，但不固执，要有思想，但不僵化，当与领导意见不一致时，可以善意地建议，但不能玩“对抗”，更不能阳奉阴违。

第三，从下属的角度看，学校的中层管理者是领导，学校的中层管理者是领导的下级，是师生员工的上级，学校的中层管理者不仅要自己做好，而且要带领团队一起把工作做好，学校的中层管理者在团队内要发挥带头作用：一是要求下属做到的事情，自己首先要做出榜样；二是要求下属不做的事情，自己首先不能做。学校的中层管理者要学会培养人才，对下属的工作安排一定要明确，督促下属做好本职工作，让教师员工在工作中丰富知识，在实践中增长才干，要敢于对教师员工压担子，善于向教师员工加任务，要能够做到放心、放手，加快人才的培养。

第四，从同级的角度看，学校的中层管理者是同事。任何一个学校，总是有若干个部门或单位，也就有若干名学校的中层管理者，学校的中层管理者之间有分工，也有协作，只有齐心协力，协调一致，才能够把事情办好。学校的中层管理者之间最重要的是要求同存异，搞好团结，同事之间一定要相互沟通、相互理解、相互适应、相互尊重、相互学习、相互补充和相互监督。在实际工作中，学校的中层管理者的定位必须准确。在实践中要注意坚持做到：一是不越位，越位就是超出自身的岗位职责，办了不该办的事；二是不失位，失位就是未能有效履行岗位职责，起不到一个学校的中层管理者应起的作用；三是不错位，错位就是在处理上下、左右、内外关系的时候，不能正确把握自己的角色定位。

因此，中层管理者居于承上启下的关键点上，要负责把学校领导的意图和指示准确地贯彻落实到基层，又要把基层的情况如实汇报给领导，并提出参考意见。中层管理者不是决策者，但需要思考上层决策的问题，参与上层决策活动；是具体事务的承办人，但又必须在权限范围内独立思考和决策，指导一些具体工作。

## 二、中层管理者须处理好四个关系

任何一所学校的中层管理者，都处于兵头将尾的关键环节上，常常成为工作事务的集合点、工作关系的集中点、工作矛盾的聚焦点。因此，中层管理者所处位置的特殊性，决定了中层管理者必须处理好以下四个方面的工作关系。

### （一）中层管理者与上层领导的关系

中层管理者是本学校上层领导的直接下属，原则上必须忠实于本学校上层领导，根据上层领导的意图和指示开展具体工作。具体实践中，要发挥四个作用：一是传达作用，将上层领导个人或领导集体的意图和指示准确迅速地贯彻落实到基层；二是指挥作用，上层领导做了宏观决策，中层管理者就要制订出具体方案，并组织和指挥实施；三是带头作用，中层管理者不能只是发号施令进行宏观指挥，更不能隔岸观火，而必须身体力行带头工作，上层领导可以遥控指挥，中层管理者则必须带头冲锋陷阵；四是参谋作用，必须随时向上层领导汇报工作实施情况，并根据工作发展变化情况提出新的参考意见，以便上层领导及时做出新的决策。

发挥好上述四个作用，就能建立与上层领导的良好的工作关系。中层管理者在与上层领导的交往中，既要尊重、谦虚，又要不献媚、不盲从。一般情况下上层领导经验丰富、能力较强，又担负着重要的职责，值得中层管理者尊重。中层管理者要尊重上层领导，还要虚心向上层领导学习。但是人无完人，上层领导不是天才也会有考虑不周、决策失误的时候。若遇到这种情况，作为中层管理者就不能盲从，要从大局出发，诚恳地反映真实情况，提出自己认为妥善的意见和看法，努力纠正失误。当然，有时候，这样做是要冒风险的。例如，当领导固执己见时，自己便会受到误解和冷落，甚至因此得罪领导，假若遇上一个不开明的领导，那么，领导已经耿耿于怀，你还茫然不知，当你感到“阵阵寒意”时，领导那里已经“冰冻三尺”了。作为必须承上启下的中层管理者，假若遭遇这种情况，要以平静的心态，泰然处之，积极主动化解矛盾，既不能以“惹不起躲得起”的态度逃避领导视线，避免和领导接触，谨小慎微，消沉下去，又不能以“谁也不怕谁”“破罐子破摔”的架势，简单对抗，激化矛盾，而应积极应对，主动沟通，还可借助外力进行调解，争取相互理解，达成共识。

### （二）中层管理者与下属的关系

中层管理者应树立领导者在基层干部职工中的良好形象，这样才能赢得基层干部职工的拥护和支持，才能将上层领导的意图和指示转化为基层广大干部群众的共同行动。

第一，中层管理者是“带兵打仗”的战场指挥员，又是“战斗”的直接参与者，一定要与下属沟通思想、加强团结、同心协力。为此要从工作上和生活上关心下属，为下属排忧解难。在工作上，要准确传达上层领导的指示，周密安排布置，同时要放手放权，大力支持下属开展工作，充分发挥下属的积极性、创造性和能力优势。要随时了解掌握下属的工作进展情况。当下属取得成绩时，要及时给予肯定和鼓励；当需要支持时，要及时提供帮助；当可能出现或者开始出现失误时，要及时提醒和纠正。

第二，中层管理者与下属，既是领导与被领导的关系，又是平等的工作同事关系。“没有规矩，不成方圆”。按职就位、按级负责、按权行事，是管理工作人员通过正常分工手段来实现职责的权力分配的基本原则，是领导科学和行政管理科学中的一个基本原理。无论是上层领导与中层管理者之间，还是中层管理者与基层教职工之间，都需要确定领导与被领导的工作关系。因此，中层管理者与下属之间，领导与被领导是一回事，相互关心和支持又是另一回事。

第三，中层管理者在下属面前也要有权威性。当然，这种权威的树立，是由权力性因素和非权力性因素共同决定的。权力性因素，就是职位本身具有的法定权力。非权力性因素，是指领导者个人的工作能力、品质修养、风度仪表等。这些因素会形成较强的个人综合魅力。中层管理者在放手让下属开展工作的同时，必须做到“放手而不撒手”，要加强领导和指导，并尽可能身先士卒带头工作，保证工作的顺利进行和最大成功。此外，中层管理者应直接接触基层干部职工，成为上层领导与基层干部职工之间的媒介和桥梁。

### （三）中层管理者与同级管理者的关系

在同一所学校内部，内设各部门之间相对独立，但又紧密联系。内设各部门领导，即学校中层管理者之间既要明确分工，又必须相互配合。因此，中层管理者之间应该建立以下两方面的关系：第一，建立平等的关系。中层管理者分工负责的各部门，都是因学校工作目标需要而设立的部门，都是为实现学校工作的总体目标而工作。在理论上没有高低贵贱之分。因此，各部门的中层管理者之间是平等的，不能因为职责分工的不同而自傲或者自卑。只有建立平等的关系，才能摆正位置，相互支持，共同完成学校工作的总体目标。第二，建立合作的关系。中层管理者之间能否相互支持、密切配合，直接关系到学校工作总体目标的实现程度。因此，中层管理者之间必须建立良好的合作关系，相互支持、密切配合，为学校总体工作目标的实现而努力。中层管理者之间合作得好，就会形成巨大的合力；反之，就会产生内耗，甚至形成阻碍，使学校工作陷于被动局面。部门“分工不分家”，作为中层管理者，要时刻不忘学校这个大集体，不忘学校的总体工作目标。中层管理者之间应加强联系和沟通，加深了解，互相学习，加强合作。

### （四）中层管理者与外校的工作关系

上文所述的三个关系，都是学校内部的关系。作为学校中层管理者，还会经常与外校发生工作关系。第一，中层管理者在与外校进行工作交往中，常常要代表学校进行协调、联络、商讨工作，要时时从学校上层领导的角度思考问题、商讨工作，但又不能代表学校上层领导对外表态和决策，否则就是越权越位，会导致多方面的问题。第二，学校中层管理者要想处理好与外校的工作关系，关键是做到以下几点：一是事前汇报，听取本学校领导的意见，掌握对外协商的原则立场；二是事中摆正位置，明确自己的身份，说话得体，表态不越过权限；三是事后及时请示报告，请本学校上层领导拍板决策。第三，在协调工作程序上，要尊重对方学校的同级相关人员，一般情况下不要越级协商。

## 三、中层管理者应发挥的作用

### （一）连接领导与下属的纽带作用

这种作用主要表现在上情下达和下情上传两个方面。所谓上情下达，就是把领导的决策和思想全面准确地传达给下属，将领导的意图转化为群众的自觉行为。特别是对基层群众不易理解的决策，不能简单地传输，而要引导、诱导和疏导，做更多的说服解释工作，使大家思想统一、心平气顺、同心同德。所谓下情上传，就是把群众的呼声、意愿和想法实事求是、客观公正地及时传递给领导，为领导决策提供依据。

### （二）率先垂范与凝神聚力作用

领导决策的每一件事情都需要有人带头去做，如果大家互相观望，再好的决策也可能成为泡影。那么这个带头的人就应是中层管理者，因为中层管理者是学校内的中坚力量，其骨干作用就体现在时时事事起带头作用上。特别是要做一些普通员工不愿做的事、工作难度大的事，通过自身的行为来感染和带动群众。

一所学校是由多个小团队组成的，每个团队都承担着不可或缺的工作和责任。每个团队的工作业绩、工作状态、工作作风如何，在一定程度上取决于团队精神。这种团队精神的塑造主要靠中层管理者来发挥作用。也就是说，中层管理者要把不同观点、不同追求、不同人生信条的教职工团结在自己的周围，凝神聚力并将其培育成一支招之即来、来则能战、战则能胜的战斗队伍。

### （三）献计献策的参谋作用

作为一名中层管理者，不仅要把领导决策的事做好，而且还要在开创工作新局面上献计献策，发挥好参谋作用。首先，这是领导层科学决策的需要。上级领导由于精力有限，不可能对学校内的每项工作都研究得很细致，往往是对主要工作、阶段性的重点工作、急于处理的工作关注得多、研究得多、用的精力多。相反，对辅助性工作、阶段性的非重点工作、不急于处理的工作，相对来讲关注得少一些。但是，中层管理者对本团队的工作最清楚，对所负责的工作应该干什么、如何干最有发言权。因此，只有中层管理者积极发挥参谋作用，才能保证领导决策的科学性、合理性和可操作性。其次，这是影响领导的需要。要当好中层管理者，最基本的条件是要具有两个影响力：一是影响下属的能力。你说的话要有人听，你布置的工作要有人乐意去做，你遇到难题时下属会帮助你出主意、想办法。没有影响下属的能力，这一切都是空的。二是影响领导的能力。一个中层管理者在对本职工作的研究上如果拿不出真知灼见，就很难在领导心目中占有一定的位置。现实生活中，领导并不喜欢人云亦云、亦步亦趋的中层管理者，喜欢的是有主见、有思想、有工作思路的人。当然，中层管理者的参谋要紧扣工作思路，要谋在工作方法上、谋在工作效果上、谋在学校的发展上。

### （四）完成团队任务的协调作用

学校内的每一个团队对内是相对独立的，对外则都代表学校。此外，很多工作都不是由一个中层管理者或其所带领的一支团队来独立完成的，而是需要得到方方面面的支持和配合。对外的事需要社会力量的支持，学校内的事需要相关团队的支持，团队内的事需要内部教职工的支持。如果需要协调的事都找分管领导出面，不仅不方便，而且有时还会产生一些误解，影响工作，影响感情。因此，中层管理者的协调作用不容忽视，其协调工作主要体现在外部的协调、团队之间的协调、团队内教职工之间的协调三方面。这三个方面，最多的是学校内团队之间的协调。在协调时，切记中层管理者之间是平等的，不存在隶属关系，工作上不能指手画脚，即使是给下属安排工作，也要注意工作方法、讲究工作艺术，以协商的口吻使其愉悦地接受。切忌自以为是，装腔作势，更不能采取命令式、家长式和压制式的态度。

# 第四节 学校班级组织及其班主任

## 一、班级

班级是学校组织的基本教学单位，是学校组织的基础“细胞”，是学生学习、生活、成长的主要场所。文艺复兴时期著名教育家埃拉斯莫斯率先提出“班级”一词。到17世纪，捷克教育家夸美纽斯总结了前人和自己的实践经验，并在其《大教学论》中对班级进行了论证，他认为班级就是提高教学效率的产物，是教师和很多学生同时进行互动的集合体。然而伴随着班级不断的发展，也出现了许多对班级的不同理解，班级作为一个特定的概念，主要是指学校为实现一定的教育目的，将年龄相仿、文化程度大体相当的学生按一定的人数规模划分而建立起来的教育组织，它既是学校的基本教学单位，也是学校行政管理的最基层组织。在班集体中，同学之间在学习、生活、思想和友谊方面有着密切的联系。作为这样一种集教育、教学和个性发展于一身的有机统一体，班级自然也具有教育性和社会性的特点。

## 二、班级管理的内涵与功能

所谓“班级管理”其实是一个动态的活动过程，它是教师根据一定的目的要求，采用一定的手段措施，带领全班学生，对班级中的各种资源进行计划、组织、协调、控制，以实现教育目标的组织活动过程。班级管理是一种有目的、有计划、有步骤的社会活动，它在师生民主协商的基础上，通过计划、组织、协调、控制等手段，形成正确的集体舆论，建立完善的组织结构、合理的规章制度，并提供良好的学习环境与条件，这一活动的根本目的是实现教育目标，使学生得到充分的、全面的发展。

班级管理不仅是实现班级教育目标的必要条件，也是实现教育目标的重要途径。因而班级管理必定具有其特定的功能。首先，班级组织的目标是有效地实施一系列的教学活动，因此，运用不同的教学技术手段来精心设计不同的教学活动，组织、安排、协调各种不同类型学生的学习活动，是班级管理的主要功能。其次，班级作为学生交往活动的主要场所，是学生活动的基础，因此，调动班级成员参与班级管理的积极性，共同建立良好的班级秩序和健康的班级风气，是班级管理的基本功能。最后，班级中同学之间在学习、生活、思想和友谊方面有着密切的结合，存在着最基本的人际交往和社会联系，并存在着一定的组织层次和工作分工，因此，班级管理的重要功能就是不但要帮助学生成为学习自主、生活自理、工作自治的人，还要帮助学生进行社会角色学习，获得认识社会、适应社会的能力，这对促进学生的人格成长是极其重要的。

## 三、班级管理中的学生管理

班级管理是一种动态的活动过程，参与者是教师与学生双方，它体现了教师和学生之间的双向活动，体现着一种互动的关系。而在这一活动过程中只有将教师的管理与学生的管理结合起来，才能构成班级管理。其中学生的管理主要是指学生自主管理，实际上是学生自我管理，是在教师指导下依靠班级主体自身的力量进行自我教育和发展的一种管理方法。这种学生自我管理具有极强的能动性和独立性。

自我管理能动性的表现形式有两种，即自觉与主动。自我管理是主动的，不是被动的；是积极的，不是消极的。自我管理使学生走出命令式管理的沼泽地，使其个性发展得到充分体现，学生的主体地位得以落实，创新精神、实践能力的培养得以体现。自我管理的独立性是相对传统管理的依赖性而言的。独立性是自我管理的灵魂，它要求学生摆脱对老师的依赖，独立自主地开展自我管理、自我教育的活动。

自我管理是学生个性发展中一个重要的环节，离了这一环节，任何教育都无法奏效。学生自主管理不仅体现了健康班级的健康理念，而且有利于增强学生的民主意识和责任意识。首先，在管理班级的过程中，学生的目标是自行制定的，而不再是在传统的“管、卡、压”的状态下执行，而且在这一过程中教师的作用只是“疏”和“导”，因而这种学生自主管理体现了民主、开放的教育观念。其次，这种学生自我管理使每一个学生都从单一的被管理者转变为管理者，他们既是被管理的客体，又是管理的主体，都处于管理和被管理体系之中。这样，民主意识得到增强，因而焕发出管理的积极性和对班级的责任感。

## 四、班级管理中的班主任

1904 年清政府公布的《奏定学堂章程》中规定，小学“各学级置本科正教员一人”“通教各科目”“任教授学生之功课，且掌所属之职务”。由一个教师负责一个学级的全部学科或主要学科的教学工作和组织管理工作的教学制度，称为学级担任制，简称级任制。负责一个学级全部学科或主要学科的教学工作和组织管理工作的教师为级任教师。中华民国时期，1932 年中学实行级任制。1938 年又把中学的级任制改为导师制，负责班级组织教育工作的教师称为级任导师。20 世纪 30 年代，在中国共产党领导下的老解放区，当时办的小学、中学、师范学校和抗日军政大学等每个班级中率先设有班主任。1949 年以后，曾一度在中小学设级任主任，后又撤销级任主任改设班主任，班主任的职务名称沿用至今[①]。所谓班主任是指学校中全面负责一个班学生的思想、学习、健康和生活等工作的指导教师。是一个班级的组织者、领导者和教育者，也是一个班级中全体任课教师教学、教育工作的协调者。

一个良好的班集体具有强大的教育功能。但良好的班集体不是自发形成的，它依赖

① 周世杰．班主任与班级管理．上海师范大学硕士学位论文，2004．

于班主任的领导、组织与沟通，在班级管理中，特别是在达成班级目标上，班主任显得非常重要。

第一，班主任是班级的组织者、领导者。班主任在教育活动中行使管理和育人的职责。其一他们用自己的学识、人品、工作态度、教学方法等去影响和感染学生，从而树立自己的威信，充分发挥班主任在班级中的影响力；其二班主任通过组织各种班级活动加强师生之间的沟通，增进学生之间的友谊，形成良好的集体氛围，并引导学生主动参与班级管理，培养学生的参与意识和独立工作的能力。

第二，班主任是学生成长的教育者。班主任的本职工作是对本班学生进行全面发展的教育，对学生的全面发展肩负重要责任。班主任要教育学生学会做人、学会做事；要善于发现学生的个性特点、兴趣爱好，挖掘他们的潜能；要启动学生的积极意识和进取心，引发他们产生求知的欲望和需求，形成自我教育的要求和能力；要利用和创造条件为学生的发展打下坚实的基础，使学生在德、智、体、美各方面健康和谐地发展。

第三，班主任是联系各任课教师的纽带。班主任的重要工作是组织、协调任课教师的教育力量。班主任是本班任课教师集体的组织者、协调者，是教师集体的带头人。班主任充当着任课教师与学生之间的纽带，在与任课教师沟通中了解学生学习中的各种表现，关注学生对该门课程的学习情况，同时，又及时向任课教师反馈学生对该门课程的意见与建议，与任课教师共同探讨有针对性的指导策略，支持任课教师的工作。

第四，班主任是沟通学校与家长、社区的桥梁。学校与家长、社区的联系主要是通过班主任的沟通。学生的家庭状况、社区环境会给学校教育带来一定的影响，班主任应经常保持与家长的沟通，与家长共同探讨教育学生的措施和方法，使学校教育与家庭教育密切配合，以取得更好的教育效果。同时，班主任也应与社区进行协调、沟通，积极争取社会的教育力量，为学生的发展营造良好的环境。

## 五、班级组织建设

在新的形势下，传统的班级组织建设理应顺应时代发展的潮流，将班级组织建设的中心工作由“管”转向“理”，重点着眼于“建什么”和“设什么”[①]。

第一，建立管理制度。在班级组织的建设上，纪律的约束必不可少。传统的管理制度大多突出“严”，但其效果却并不明显，在强制与压抑下更容易引起反弹。因此在制定班级管理制度时，应该从学生的实际需要出发，了解学生需要，注重实际且不宽泛空洞。在倡导人文关怀的时代背景下，制定和执行管理制度。

第二，组建班委会，选拔和培养班干部。一个好的班集体的建立，光靠班主任的力量是不够的，同时必须拥有一支好的班干部和积极分子队伍，班主任要依靠班委传达信息，与班干部共同管理班级。因此要发挥班委会的作用，首先要选择和培养班干部，要结合班级的实际情况，严格挑选，合理使用。

---

① 刘锦．班集体建设：“建”什么，“设”什么．中国教育报，http://www.jyb.cn，2015-11-14．

第三，创建良好的班风。良好的班风需要班级组织的每一成员以情感作为基础。一旦好的班风形成，学生的学习就蔚然成风，学生的集体荣誉感就会增强，班级的自我管理自然发挥其功效，形成一个良性的管理循环。

第四，防止不良团体的出现。不良团体是班主任或是其他的教育管理最难应付的一种学生“小团体”。一个不良团体并不是教师所能控制的，它可能和其他班级组织、其他学校甚至社会上的各种关系相联系。这种不良团体一旦在学校形成，其危害不仅是针对个人的，也是针对社会的。因此教师要了解自己的学生，与家长保持沟通。

# 第七章 现代学校资源配置

为了实现学校管理目标，学校管理者必须对学校管理资源进行统筹安排，合理计划，以使它们发挥出最大的效能。学校管理资源一般包括人、财、物、时间、空间、信息等。其中，人、财、物是基本要素，而人是能动性的人力资源，财、物则是非能动性的物质资源。时间、空间、信息是特殊的资源，是学校管理活动中不可缺少的必备要素。在学校管理工作中，人、财、物以及时间、空间、信息诸要素不是孤立地存在着的。因此，要综合地运用和发挥诸要素的作用，以达到育人的目的。

## 第一节 教师绩效管理

### 一、教师劳动的特点

教育是精神生产劳动，是师生合作的劳动，而教师作为教育活动的主要实施者、从事公益性事业的专业技术人员，其劳动性质有别于其他的生产劳动。教师劳动相对以脑力劳动为主的劳动来说，它属于具有较多复杂性的精神生产劳动。主要具有以下几个显著特点。

#### （一）教师劳动的间接性和专业性

马克思关于生产劳动理论中说到：“任何人类劳动都是在一定生产关系下进行的，根据是否创造物质财富划分为资本主义生产劳动和资本主义非生产劳动。”根据这一理论，在社会主义条件下，人类劳动划分为社会主义劳动和非社会主义劳动，然而根据劳动和结果之间的关系，把社会主义劳动划分为物质生产劳动和非物质生产劳动。我们认为，教师的劳动是社会主义非物质生产劳动，是一种以脑力劳动为主的复杂和智力劳动。教师通过自己非物质的、智力的劳动为经济和社会发展培养劳动后备力量和各种专门人才，间接地促进社会劳动生产率的发展。教师的劳动是经济和社会发展的重要条件，从这个意义上说，教师劳动是间接的生产性劳动。教师职业是一种专业性的职业，教师是肩负着培养年轻一代的神圣使命、承担人类科学文化传承任务的专业人员。把教师劳动界定为专业劳动，对于我们正确全面地理解教师劳动的特点、性质，加强教师的专业教育、推进教师职业专业化进程十分有意义。

### （二）教师劳动的迟效性与长效性

这一特点包含两层含义：一是教师劳动见效缓慢；二是教师劳动的效用持久。物质生产劳动见效较快，可以通过产品很快地看到劳动的效果，而教师劳动不是能够在短期内见效的，因为教师劳动是对人身心施加影响的特殊劳动，其劳动成果往往需要数年乃至数十年才能显现出来，正所谓“十年树木，百年树人”，正表明了教师劳动迟效性的特点。另外，受教育者的学习能力会随其实践经验的积累，思想认识会更加深刻。他们把从教师那里学到的思想信念、科学文化知识以及劳动技能内化为自身的力量，并受益终身，因此教师劳动具有长效性的特点。

### （三）教师劳动的独立性与自主性

学校教育是有计划、有目的、有组织、有系统地培养和影响学生的过程。教师在这一劳动过程中，主要是向学生传授知识、发展学生的能力、塑造学生的品格。总之，教师劳动的目的是为了培养和造就有理想、有道德、有文化、有纪律的社会主义公民。这就决定了教师劳动必然具有独立性和自主性的特点。教师劳动的对象是学生，教师必须进行独立的艰苦劳动，才有可能对学生进行思想品德、科学知识和劳动技能等方面的教育，使学生得到全面发展。教师劳动的成果具有集体性，但就其劳动形式来说，是以个体劳动为主，具有独立性和自主性的特点。

### （四）教师劳动的复杂性与创造性

教师劳动的复杂性与创造性形成了教师劳动复杂的特点，可以从多层面多角度来理解。从教师劳动的性质看，教师劳动是一种脑力劳动，教师的职责是既要教书，又要育人。从教师劳动的对象看，教师的劳动对象不是一般的劳动对象，而是活生生的人，是主动的生动活泼地发展的学生。从教师自身素质要求看，教师的劳动也是复杂和艰巨的，教师必须具有多方面的科学文化知识，要经常不断地刻苦努力学习，给自己充电，钻研教材，掌握教学规律和教学艺术等。从教师所担任的教育任务看，教师既要教书，又要育人；既要传授知识，又要发展学生的智力；既要关心学生的学习、思想，又要关心他们的身体健康；既要使每个学生在集体中得到全面发展，又要使每个学生的个性、才能得以充分发展。从教师劳动的工作量上看，教师的劳动不仅表现在脑力劳动上，而且兼有一定强度的体力劳动，既劳神又费力。从教育过程和教学过程来看，教育是一种艺术，教育过程和教学过程是一个复杂的矛盾过程，也是教师精雕细刻创造性的劳动过程，需要教师具有较高的教育能力和教育艺术，教师必须从实际情况出发，因人、因事、因时、因地创造性地进行教育教学工作。

## 二、教师劳动的价值

### （一）教师劳动价值的体系

一般意义上，价值是客体的作用同主体需要之间的关系，也就是客体对主体存在的意义。教师劳动的价值，就是教师劳动的作用同主体需要之间的关系，当教师劳动的作用能够满足主体需要时，就产生教师劳动的价值。教师劳动要满足的主体是国家、社会和个人。现阶段，国家对教师的需要是什么呢？就是需要广大的人民教师尽早摆脱“应试教育”的影响，大力提高中华民族的思想品德和科学文化素质、知识创新和技术创新能力，为加快实现经济增长方式和经济体制的根本转变和实现“三步走的宏伟目标，培养同现代化要求相适应的数以亿计高素质的劳动者和数以千万计的专门人才。”社会对教师劳动的需要，可划分为社区、家庭、学校和个体的需要。社区对教师劳动的需要就是需要教师用社会的主旋律——占统治地位的思想观念、行为准则、思维方式教育一代新人，使他们成为有理想、有道德、有文化、有纪律的四有公民。净化社会环境，营造安定团结、蓬勃向上的社会氛围。家庭是社会的“细胞”，家庭对教师劳动的需要是家庭子女监护、受教育、升学、就业、成才。教师能否满足家长的这些需要，以及满足的态度、方法、水平如何，直接关系到家庭对学校、对教师的信任程度，关系到家庭的安定团结，甚至影响到家长对事业的追求。学校是教师劳动的直接场所，学校要求教师面向全体学生，促进每一个学生的全面发展，改进教学方法、提高教学质量。教师劳动的质量关系到所在学校的声誉、地位、生涯、财源，关系到学校的生存与发展。个体对教师劳动的需要，可将个体划分为受教育者个体和教育者个体。对于受教育者个体，教师的作用在于用自己富有创造性的教育教学工作启迪学生的心灵，使他们获得知识、能力，既满足他们自身求知求学的需要，也满足他们将来可持续发展的需要。教师劳动对于教育者自身来说，也是一种自我激励、自我提高、自我实现的过程。平凡的备课、上课就是教师获取新信息、研究教学与时代共前进的过程；就是丰富知识、增长才干、磨炼意志，锻炼世界观、价值观，陶冶情操的过程；就是离开正轨教育之后再学习、再提高的过程。难道还有什么职业能体会到“桃李满天下的喜悦”吗？教师劳动除了精神满足外，也得到物质上的价值实现。同时对亲朋好友的子女教育也起到一定的作用。

### （二）教师劳动价值的基本取向

教师是人类社会精神文明的忠诚体现者。教师把人类社会所积累的社会精神财富，包括生产劳动经验、科学文化知识以及一定的思想观点和行为规范传播给年轻一代，使他们能够接替年长一代的工作，从而延续社会的存在与发展。随着人类对自然、社会以及自身认识的不断扩大和深化，人类社会积累的精神财富也随之不断丰富和深刻。作为以传递、传播人类社会文明为己任的教师，其地位日益显著，作用越来越重要。如果没有教师，人类社会精神财富的传递和传播将会大大延缓，社会的发展与进步将会大大推迟。捷克教育家夸美纽斯曾把教师职业比作太阳底下最高尚的职业，并自豪地说：“我们对于国家的贡献哪里还有比教导青年和教育青年更好或更伟大的呢？”俄国教育家乌申斯基也说，教师“是克服人类无知识和恶习的大机构中的一个活跃而积极的成员，是过去历史上所有高尚而伟大的人物跟新一代之间的中介人，是那些争取真理和幸福的人的神圣遗训的保存者，是过去和未来之间的一个活的环节，它的事业，从表面看虽然平凡却是历史上最伟大的事业之一。教师以自身的劳动承担着推动社会进步的历史责任”。

### （三）教师劳动价值的根本

我们可以从五个方面对教师的劳动价值的根本进行分析。第一，因为教育就是教、学的双向活动；学生的学习是在教师的指导下有目的、有计划、有组织和有秩序的一种有机的活动。第二，因为即使有最完善的教材、最先进的教学设备，最终还是由教师来操作和使用的，如果教师不能很好地掌握这些教材，或者不善于把教材的内容传授给学生，不能较好地利用所有的教学设备，教师的劳动就不是一种有效劳动。第三，教育心理学研究表明，学生学习除受智力因素影响外，还受非智力因素影响，如动机兴趣、毅力和意志等，不仅智力需要教师来开发，而且学习兴趣也要靠教师来激发，受到挫折需要教师来帮助，缺乏毅力需要教师培养，等等。第四，如果教师不能把全身心的爱倾注于学生，投入于教学工作，即使是先进的教学方法与现代的教育手段，也不会在教学中起到应有的作用。第五，教师如果缺乏高深的思想道德情操、良好的教风、端正的品行，就很难为人师表。

随着社会的发展、人类的进步，国家、社会和个人对教师劳动的需要越来越强烈。教育是培养人的活动，人是生产力中最活跃的因素，是主宰世界的主人。因此，培养人是教育的本质，而教育人的任务离开了教师劳动，就会落空，因此决定了教师的劳动是最根本、最核心和最有价值的。

## 三、教师的“四有标准”及其角色定位

### （一）教师的“四有标准”

2014 年 9 月 9 日，习近平总书记在人民大会堂亲切会见了庆祝第三十个教师节暨全国教育系统先进集体和先进个人表彰大会受表彰代表，随后来到北京师范大学，看望教师学生、观摩课堂教学、进行座谈交流，并发表了《做党和人民满意的好老师》的重要讲话。从国家繁荣、民族振兴、教育发展的大局出发，深刻阐释了教育工作和教师工作的极端重要性，明确提出成为一名党和人民满意的好老师要有理想信念、有道德情操、有扎实学识、有仁爱之心的“四有标准”。一是有理想信念，是好老师的人格基石。一个有理想信念的好老师，心中装着国家和民族；一个有理想信念的好老师，是社会主义核心价值观的带头践行者和传播者。理想信念是人生的指路明灯，每个有理想、有追求的教师，都能以“传道”为第一责任和使命，为孩子点燃更灿烂的梦想，为国家和民族贡献更多正能量。二是有道德情操，是好老师践行教育使命的核心品质。把敬业爱生作为教育工作的根本准则，在自我修养的不断提升中实现道德追求，师德需要教育培养，更需要教师自我修养。“师垂典则，范示群伦”，道德情操是成长为一个好老师的先决条件。三是有扎实学识，教书育人是教师的使命。“师者，所以传道授业解惑也”。好老师应具备精深的学科知识、灵活的教育教学知识以及广博的文化知识；好老师应在具体的教育情境中，丰富自身的实践性知识；好老师应树立终身学习理念，不断汲取并灵活运用新知识。四是有仁爱之心，爱是教育永恒的主题，没有爱就没有教育。教师的仁

爱之心体现为真诚地尊重、理解学生，宽容地关怀学生。

教师的“四有标准”充分体现了党中央对广大教师的亲切关怀和殷切希望，是进一步加强教师队伍建设、推动教育改革发展的行动指南。从根本出发做好教育制度化的顶层设计，习近平同志强调，教师重要，就在于教师的工作是塑造灵魂、塑造生命、塑造人的工作。一个人遇到好老师是人生的幸运，一个学校拥有好老师是学校的光荣，一个民族源源不断地涌现出一批又一批好教师则是民族的希望。一流教师不仅需要培养造就，而且需要自我革新、自我发展。理想信念、道德情操、扎实学识和仁爱之心本身就是教师自我修养的本质表现，需要教师在教育教学过程中自我反思、在终身学习的理念指导下才能实现。

### （二）教师的角色定位

随着信息社会的发展，学校和社会对教师的要求也越来越高。教师为了适应这种变化，应认识到自己在教育中的角色不仅仅是教育者，也应该是研究者、管理者、学习者。

1. 担当好教育者的角色

作为教育者，教师首先既要教好书又要育好人，教书和育人是一个有机整体：①教师在教育教学过程中不仅要向学生传授科学文化知识，而且要自觉地负起育人的任务，即教师有目的、有计划地向学生传授知识的同时，还要对学生进行思想道德教育，使他们树立正确的世界观、人生观、价值观和道德观。②教书不仅要教书本上的死知识，更要教书本中的活知识（方法），即教师不应停留在授学生以“鱼”，而应着眼于授学生以“渔”。正如德国教育家第斯多惠所说的“一个坏的教师奉送真理，一个好的教师则教人发现真理”。③作为教育者的教师在教育过程中要解决好几个矛盾，即自己的教育观与学生的学习观的矛盾、自己的教学内容与学生学习内容的矛盾、自己组织的教学过程与学生的学习过程的矛盾、自己的教学方法与学生的学习方法之间的矛盾、自己对教学目的的主观认识与学生对学习目的的主观认识之间的矛盾。众所周知，矛盾是事物发展的动力，教师只有在教学过程中解决好这些矛盾，才能胜任教育者这一角色。

2. 担当好研究者的角色

教师应时时刻刻注意把学生作为研究的对象，并从中学会一些教育学生的方法，从研究中受到启发，并通过研究的理论与方法来指导自己教育学生的实践。然而在教育教学过程中，有的教师虽然从教几十年，但只是把一年的工作重复几十次而已，其中的原因就在于，他们只是在“执行”教学活动而没有研究教学，没有处于研究者的活动状态。研究学生的心理与教育是丰富教师的知识、提高教师教育学生的理论水平和教学能力的重要途径，是促进教师创造性地对学生开展教学活动、成为“研究型”“学者型”教师的必经之路。作为研究者，教师必须积极主动研究学生，并不断向有关专家和有经验的教师请教，提高自己的研究能力，不断依据研究所获得的信息来调整自己教育学生的观念、方法、态度、目标，创新教育教学思想，自觉地改革自身的教育教学方法，实现教育教学的最优化，更好地成为一名优秀的教育者。

3. 担当好管理者的角色

作为管理者，教师应该学会计划、组织、服务、协调、控制。学会计划就是要为学生制订切实可行的学习计划，并使学生在此过程中也学会自己计划自己的学习、工作和生活。学会组织就是要学会组织学生的各项活动，从活动中培养学生的组织能力，并使学生自己学会组织各项活动。学会服务就是要帮助学生树立正确的理想和人生观，帮助学生增强明辨是非的能力，并使学生学会自我服务和为他人服务。学会协调就是要帮助协调学生的各项事务，特别是要帮助协调学生的学习、工作与生活，并从中使学生学会协调自己的学习、工作与生活。学会控制就是要控制自己的言行，特别是在教育学生的过程中，注意不要对学生苛求与斥责，应给予更多的鼓励。

4. 担当好学习者的角色

教师要想教好学生，前提是自己必须学好，“学然后知不足，教然后知困”，此谓教学相长。教师应在教育、管理、研究学生的过程中不断地参与学习、学会学习，通过学习来优化自己教育、管理、研究学生的方法、观念。对此，教师要不断提高自我素质，要不断接受新知识、新技术，及时更新自己的知识结构，以使自己的教育观念、知识体系、教学方法跟上时代的变化，适合学生发展的要求。因此，面对学生，教师必须重新学习。作为学习者，教师应该不断地更新自己的观念。

## 四、教师工作绩效评价

从管理学的角度看，绩效是组织期望的结果，是组织为实现其目标而展现在不同层面上的有效输出，它包括个人绩效和组织绩效两个方面。组织绩效的实现应建立在个人绩效实现的基础上，但是个人绩效的实现并不一定保证组织是有绩效的。当组织的绩效按一定的逻辑关系被层层分解到每一个工作岗位以及每一个人的时候，只要每一个人达成了组织的要求，组织的绩效就实现了。那么学校对教师的任用、培养是否得当？任用、培养的方式、方法应该在哪方面改进？应如何改进绩效评价以使其可以起到关键的作用呢？

### （一）教师工作绩效评价的含义和特点

学校教师的绩效是教师的教育、教学工作表现及其结果。教师绩效水平的好坏直接影响学校的办学好坏。教师绩效评价是将教师工作业绩与绩效标准相对照，采用科学的方法，评价教师个人的工作目标完成情况、工作职责的履行情况、专业发展情况，也就是说对教师工作业绩的优缺点进行全面评价，并将评价的结果反馈给学校和教师的过程。学校教师绩效评价具有以下五个特点。第一，学校教师绩效评价需要多个过程。首先，组织介入；其次，观察、判断、反馈；再次，检查、监督；最后，反省、改进、提高。第二，学校教师绩效评价能帮助提高教师个人绩效水平。学校教师绩效评价是现代学校管理的一个重要内容，是调动在职教师的积极性和创造性的重要手段。第三，学校教师绩效评价既是组织行为，也是教师的个人行为，它要求学校的全体成员都参加。第四，学校教师绩效评价应该是连续的、不间断的。学校教师绩效评价是一种管理行为，渗透到学校工作的每一个方面，它是一个“计划—实施—评估—改进”的不断循环过程。第五，学校教师绩效评价必须依据科学标准来进行观察和判断。学校教师工作非常特殊，对其进行绩效评价比较困难，许多学校未能对教师绩效进行有效的评价，原因就在于缺乏相对科学合理的评定标准，再是学校教师工作很难进行科学的量化。

### （二）教师工作绩效评价的作用

梅特卡夫认为，有效的教师绩效评价制度使学校多方受益。不仅实施教师绩效评价制度的组织受益，而且组织中的每一个人都受益，既有益于学生、教师，又有益于教辅人员、行政人员和学校领导，最终有益于他们所属的那个学校。它将重新激发热情，提高课堂教学的效果，改善师生之间、教师之间、教师与领导之间的关系，开诚布公，发现问题，取得共识。具体来讲，学校教师绩效评价对教师和学校有以下两个方面的作用。

1. 对教师个人的作用

学校绩效评价对教师的教学教育工作有着重要的作用，绩效评价可使教师达到下列要求：第一，明确自己的工作目标、职责和要求；第二，自己的工作成就、业绩能获得学校的认可和赞赏；第三，自己的工作需要能取得学校的理解和帮助；第四，自己容易找出工作的不足，自觉地找出自我发展的要求，并了解学校在有关问题上可能提供的帮助和支持；第五，在教师绩效评价的过程中参与学校管理和决策，在心理上获得参与的满足感。总之，教师通过绩效评价能够更有信心，发扬成绩，弥补不足，把今后的工作做得更好。

2. 对学校的作用

（1）教师绩效评价能提高学校管理效率，改进学校工作。学校的管理者通过绩效评价能够了解教师完成工作的情况，包括成绩、差距和困难，密切学校管理者与教师之间的联系，改善上下级关系；表达学校管理者对教师的工作要求和期望；了解教师对管理者、学校教育工作和管理工作的看法和建议；与教师共同探讨教师个人发展和学校未来工作目标；增强教师对学校的责任感和归属感，鼓励教师参与决策；使学校管理者进一步意识到，学校的氛围和政策直接关系到教师的工作表现、成绩和效率；通过了解教师的需求，能制订出更加合理的进修计划和人员分配方案。

（2）教师绩效评价为学校教师资源计划的重新制订和调整提供参考依据。绩效评价能发现学校教师资源管理中的不足和出现的一些新情况，这样就能使学校及时调整教师资源政策和措施，为学校的后续发展提供教师资源保障。

（3）教师绩效评价为教师薪酬设计提供了客观的依据。教师现有的薪酬分配制度是否合理，是否有适度的激励功能，是否与教师的工作绩效真正地挂了钩，等等。通过绩效评价可以了解到这些情况，同时可获得教师们的建议，为教师薪酬制度的设计提供客观依据。

（4）教师绩效评价是学校进行人事决策的依据。绩效评价为教师的岗位聘任、升迁和转岗提供了客观的依据，管理者可以对教师资源进一步优化，提高人力资源的效用。

（5）教师绩效评价提供学校教师的发展和培训方向。绩效评价可以发现教师的学科知识、教学能力和技能的不足，由此教师明确自己需要改进和提高的地方。学校管理者也可以了解其培训需求。学校教师绩效评价为教师的专业提供发展方向，有利于教师的自我学习和提高。

### （三）教师工作绩效评价的基本原则

学校在对教师的工作业绩进行评价时，一般应该遵循以下几项原则。

1. 信息公开原则

公开原则需要把握的几个方面：一是公开评价目标、标准和方法，学校在绩效评价之初就要把这些信息公开，让每一位评价对象知晓；二是公开评价的过程，在绩效评价的每一环节上都应让教师参与和监督，防止暗箱操作；三是公开评价结果，在绩效评价结束之后把评价的结果通报给每一位被评者，使其了解自己和其他人的业绩信息。

公开原则的优点在于：一是消除被评价者对绩效评价工作的疑虑，提高绩效评价可信度；二是有利于被评价者看清问题和差距，找到努力的目标和方向，激发其进一步改进工作、提高素质；三是增强教师的公平感，提高教师的认同度。

2. 客观、公正原则

要坚持定量与定性相结合的方法，建立科学合理的绩效评价体系。多采用可以量化的客观尺度，尽量减少个人主观影响，用事实说话。这样做的主要优点有：一是相对公平，以同样的、较为客观的评价标准来衡量每个被评者，这样就能较为真实地反映其工作情况；二是减少矛盾，维护学校内部团结。客观、公正地评价每位教师，会使人人心服口服，从而认真改进工作，而不是相互内讧。

3. 全方位评价的原则

要做到科学评价教师绩效是十分困难的，一方面，不同的教师在不同时间、不同场合，往往有不同的表现；另一方面，学校教育教学工作非常特殊，很难做出量化评价。为此，学校在进行绩效评价时，应建立起多层次、全方位的评价体系。这一评价体系应包括上级考核、下级评议、学生评价、教师自评、教师互评和家长评定等。

4. 常态化、制度化的原则

由于学校的教育教学工作具有连续性，教师的工作也具有长效性，因此，学校绩效评价工作也必须作为一项长期性、制度性的工作来抓，这样才能最大限度地发挥出绩效评价的各项功能。此外，经常性、制度性的评价工作有利于调动教师的工作积极性，有利于激发教师改进工作、提高质量的强烈愿望，促使教师不断学习、改进工作方法从而提高教育教学质量。

## 五、教师岗位设置

岗位是合理的师资队伍结构的基本元素，科学合理的设置岗位，实行岗位责任制，有利于提高教师的教学效率，激发教师工作积极性，有利于促进知识创新，优化学校资源。

### （一）岗位设置

2006 年 7 月和 8 月，国家人事部先后印发《事业单位岗位设置管理试行办法》和《〈事业单位岗位设置管理试行办法〉实施意见》，对事业单位岗位管理制度提出了明确要求。对于事业单位，包括中小学校，转换用人机制，实现由身份管理向岗位管理的转变。岗位设置是根据单位实际需要，按照岗位性质、责任大小、要求高低等设置岗位，制定所聘岗位的职责和要求，筛选合适的工作人员，建立科学的岗位管理体系，使所设置岗位的工作数量和所负责任明确的一种用人制度。

实施岗位设置的理论基础是职位分类，职位分类进一步促进了社会分工，大大提高了效率，增加了社会效益。而岗位设置调动了各类人员的积极性和创造性。第一，岗位设置是事业人事管理的基础。岗位设置是人事管理的第一步，通过岗位设置，制定岗位说明书，使公开招聘、聘用、考核、工资管理等工作有章可循。例如，在人员聘用方面，根据职位说明书，来挑选合适人员，更好实现“人”和“事”的匹配；在薪酬方面，使报酬与岗位的高低、工作的难简、责任的大小、绩效的高低等挂钩，使人事管理更加科学。第二，实行岗位设置能够明确职工的职业发展规划，对不同类别、等级的岗位设置，使单位内部的结构更加合理，分工更加明确，效率更高。同时，也使职工对未来有更加明确的发展目标，更努力地做好本职工作和钻研业务。

岗位设置的最大特点就是激发了广大职工的工作积极性，如果是新设岗位，多人竞聘，体现了择优录取，有利于选拔优秀人才。如果是原有岗位，岗位可以流动，职工为了得到更好的岗位，或者为了保住原有岗位，会认真积极工作，体现了激励机制。岗位设置也有不足。例如，一个岗位的任职时间是四年，意味着后来人员竞争这个岗位要四年后才可以，花费了后来人员四年的时间成本①。

### （二）身份管理向岗位管理的转变

按照全员聘任的趋势，身份管理即将被淡化。随之根据学科、专业、层次、课程等实际需要，明确规定职责、待遇的岗位管理将会是中小学教师管理的主流。

岗位管理是对传统的身份管理的巨大挑战。身份管理，是在计划经济时期，国家对教师实行的统一的管理。包括对教师的选拔、任用、调动、考核都是国家负责的。而真正对教师资源进行使用的学校，却没有以上权利。身份管理的最大弊端是教师对国家的人身依附和不平等性，忽视了学校对教师任用的自主权，学校没有选择人才的余地，教师的任用与使用分离，因工作有保障而产生不思进取的消极情绪，教师也缺少对教学和自己前途的独立自主性。行政化的身份管理虽然在一定程度上强化了国家对教师的管理，但是它却在很大程度上限制了教师主观能动性的发挥，消弭了教师的积极性、主观能动、创造性。使学校远离了正当的竞争机制和管理机制。另外，国家紧紧抓着对教师的任用，统一确定人员的编制，学校缺少起码的用人自主权和经营自主权。这种用人制度已经不适合当今经济的发展了，聘用制的实施要求在人事管理上要按需定岗、竞聘上岗、以岗定酬、进行合同管理，并要求岗位管理做到能上能下，能进能出。

《教师法》明确规定，我国将逐步实施教师聘任制。实行教师聘任制，就是学校与教师双方在平等的基础上签订聘用合同，明确学校内部各教育主体的权利和义务、地位和作用等，形成双向选择、各具相应权责的契约法律关系。聘任是学校与被任用教师基

---

① 刘霞．事业单位人事制度改革的又一重要步骤．中国人才，2006，（21）：8．

于双方地位平等原则，在双方意愿一致基础上形成的民事法律关系。聘任是双向选择，聘任制的学校可以根据自己的需要选择适当人才，根据教师的表现进行奖励或惩罚，并可以解聘不称职教师。而被聘任的教师也可以根据自己的意愿决定是否接受学校的聘任，以及合同期满后是否续签合同。聘任制有利于实现平等择优，激发教师责任感和进取心。

2006 年 7 月，国家人事部制定了《事业单位岗位设置管理试行办法》，规定事业单位岗位分为管理岗位、专业技术岗位和工勤技能岗位三种类别。按照规定，管理岗位是担负领导职责或管理任务的工作岗位，这一岗位的设置要适应增强单位运转效能、提高工作效率、提升管理水平的需要；专业技术岗位是从事专业技术工作，具有相应专业技术水平和能力要求的工作岗位；工勤技能岗位是承担技能操作和维护、后勤保障、服务等职责的工作岗位。特设岗位作为事业单位中的非常设岗位，主要是为了满足事业单位聘用急需的高层次人才等特殊需要。特设岗位是管理岗位、专业技术岗位和工勤技能岗位的一种，不是单独的一类岗位。实行岗位管理制度，是事业单位人事管理制度的重大改革。

对岗位进行分类，针对特定岗位进行招聘，选拔合适教师。每种岗位都明确规定了它的职责和任务，设岗是实行真正聘任制的需要，没有设岗，就谈不上真正的聘任制。学校领导等管理层要认真抓好这个十分重要的基础性工作，另外广大教师要增加岗位意识，开拓进取，竞争上岗，增强上岗的责任感。

### （三）中小学岗位设置的基本原则

1. 按需设岗

坚持从人才培养和社会服务的需要出发，兼顾各类人员的结构状况，合理确定岗位总量、岗位类别，以及各类别岗位所需要的人数，确定每一类别的最高等级。

2. 精简高效

岗位设置也是为了达到资源的优化配置，因此所设的岗位要本着优化结构、提高质量和效益的原则出发，不设冗余低效的多余岗位。

3. 分类指导

针对不同学科、不同科目发展层次，不同学校的教学水平，实行分类指导，充分调动各类人员的积极性。

4. 均衡发展

岗位设置的最终目的就是达到资源配置的均衡。

5. 科学管理

以岗位设置为基础，深化聘用制度，加强规范管理，根据教师特点，对具体问题进行科学管理。

6. 激发活力

岗位设置的最大优点就是可以充分调动教师的劳动积极性，岗位可以流动，也有等级之分，教师可以充分发挥知识工作者的智慧，进行教学创新。

各级教师岗位审批程序总的原则是：人事部门负责宏观指导，教育行政部门负责组织实施，学校自主进行岗位聘任。①县级以上教育行政部门提出本行政区域中小学各类岗位的结构比例和中级以上岗位分级实际控制数，报同级人事部门审定。财政部门按照学校编制数和岗位结构比例拨付人员经费。②教育行政部门根据人事部门事业单位岗位管理的宏观政策和指导意见。结合中小学实际研究制定中小学岗位管理的实施意见并组织实施。③县级以上教育行政部门在报经人事部门审定的各级岗位控制数内核定所辖中小学校各级岗位控制数。④学校制订岗位设置实施方案，报主管部门批准后实施并按照有关规定自主进行校内岗位聘任，负责教职员工岗位评价、考核等日常管理工作；县级以上教育行政部门对校内岗位可适当调剂并组织公开招聘工作，以促进教师资源配置的均衡合理，鼓励优秀教师交流轮换到乡村学校任教。⑤中小学特设岗位，由省级以上教育行政部门提出，报同级人事部门同意后，由教育行政部门组织实施。

# 第二节　学生事务管理

## 一、学生事务管理的内涵

学生事务管理是指学校通过非教学性事务和课外活动对学生施加教育影响，以规范学生行为，指导和服务学生，丰富学生校园生活，促进学生成长成才的组织活动。随着学校管理的发展趋势，学生事务管理内容日益扩大，牵涉到学生学习、生活等各个方面。任何一方面的缺失都将降低学生事务管理的效率和水平。从我国学校管理目前以及未来的发展趋势出发，学生工作应由两个子系统构成：一是思想政治教育子系统。包含学生思想教育、党团教育、道德教育、法制教育等；学校思想政治教育属于思想政治教育学科研究范畴，重点关注主流价值观、道德观、民族文化、多元文化等对学生成长的影响及其传承和发展的规律。二是学生事务管理子系统。属于学校管理研究范畴，重点关注学校教育自身发展对学生成长的影响和学生事务管理专业化的规律。学生事务管理是学生工作的下位概念，思想政治教育和学生事务管理从属于学生工作。

## 二、学生事务管理的主要内容

学生事务管理的法律形式主要有两大类：一是国家、国家教育行政部门，制定一定的法律、法规、规章，学校及其他教育机构制定一些管理制度，对学生事务管理的各个方面做出规定，包括校规、班规等，使学生事务管理规范化、制度化，作为学生应遵守这些规定。二是学校及其他教育机构或者班级、教师等根据有关规定，从教育教学目的出发，组织学生开展各种活动以期收到预期的效果。学生事务管理的主要内容包括以下六个方面。

1. 学生的学籍管理

学籍管理是对取得学习资格的学生，在入学注册、升级（降级）、转系（专业）、转学、休学、停学、复学、退学、开除、毕业与毕业资格审查等方面，根据国家的教育政策和法律法规、教育自身规律及学生身心发展特点制定出规章制度，并进行实施的管理。

2. 学生的成绩与档案管理

学业成绩管理，是对学生在校学习各门学科或课程的知识、能力情况做出评定和记载。档案管理是对学生在学习、生活中形成的按照一定的要求收集保存起来的具有考查利用价值的各种文件材料的整理与保管。自 1981 年《关于高中建立学生档案的通知》发出后，我国中学开始建立学生档案。1984 年教育部制定和颁布了《关于高中建立学生档案的暂行规定》，规定要求学生档案工作由一名副校长负责，日常工作由教导处归口管理。高等学校的相关规定则体现在《中华人民共和国档案法》（1987）、《中华人民共和国档案法实施办法》（1999）、《普通高等学校档案管理办法》（1989）和《普通高等学校学生管理规定》（1991）中。

3. 学生的日常行为管理

学生日常行为管理主要是通过日常的行为规范来进行的。这些规范主要有《中小学生守则（2015 年修订）》、《高等学校学生守则》、《小学生日常行为规范》、《中学生日常行为规范》和《高等学校学生行为准则（试行）》。

4. 学生的集体管理

班级管理主要是学校及教育行政管理部门通过班主任等各种方式以教学班级为基本单位对学生进行的管理。原国家教委于 1988 年颁布的《小学班主任工作暂行规定（试行）》《中学班主任工作的暂行规定》中规定班级管理主要包括：编班、分组和排座位，建立班级秩序；组建班委会，选拔培养班干部；建立班级规章制度；举行班会；评选优秀学生、三好学生（思想品德好、学习好、身体好）和各种先进；做好个别学生的管理工作。

5. 学生的体育卫生管理

我国早在 1990 年就颁发了《学校体育工作条例》和《学校卫生工作条例》，1995 年又颁布并实施了《中华人民共和国体育法》。其中对学生的体育卫生管理有具体的规定。

6. 学生的组织活动管理

组织活动管理主要是学校对学生组织与学生组织的活动加以引导、指导和合理有效地加以规范、控制。学生组织举办活动是培养学生才能，促进学生全面发展的必要手段和途径。

## 三、学生事务管理的基本要求

1. 树立以学生为本的科学发展观

观念是先导性的东西，没有观念的先行就没有后续的行动。学生事务管理工作者要用辩证的观点看待学生，善于剖析学生身上的优缺点。在管理工作中要真正做到相信学生、依靠学生、尊重学生，真正确立学生的主体性地位，确立“一切为了学生，为了一切学生，为了学生的一切”的基本管理理念。管理就是服务，学生是学校的主体，也是学校的服务对象，学校的一切工作都必须以学生为本，维护和保障学生的正当权益是学校工作的出发点和落脚点。调整和完善学生事务管理体制，关键在于实现学生参与学校学生民主管理的权利，增强学生事务管理工作的透明度，用好学生的知情权和对学生事务管理工作的话语权，虚心听取学生合理意见和建议，真心实意接受学生的监督。

2. 创建平等、人本的校园文化氛围

在平等、人本的校园文化的熏陶下，让平等、人本的价值观念不仅深入到校园每一个成员的心中，而且渗透到学校工作的每一个方面、每一个环节中。当这种价值观念在校园中被普遍接受的时候，反映到学生事务管理中，学生的价值取向必然会发生变革，学校以学生为本的学生事务管理也就水到渠成。同时实施以学生为本的管理，必须要有一支高素质的管理工作队伍：一是要配备足够数量的管理人员，让学生事务管理工作者有精力、有时间去开展人性化的学生教育管理工作；二是使学生事务管理工作者掌握学生事务管理工作理论，把握学生事务管理工作的特点和规律，不断提高管理技能和管理水平；三是加强思想建设，不断提高学生事务管理工作者的道德思想素质，以保证学生事务管理工作者在学生事务管理活动中起到表率作用，用自身的人格魅力去感染学生。

3. 积极改进学生事务管理工作的方式方法

以学生为本的学生事务管理不能仅停留在口头上、理论上，主要是要体现在管理实践中。学生事务管理工作者做什么、怎么做、做得怎么样，直接关系到管理工作的效果。以学生为本的学生事务管理就是要着眼于学生的人性，着力于学生良好个性的培育和塑造，做到“尊重人、关心人、激励人”。尊重人，就是学生事务管理工作者充分尊重学生的独立人格尊严，不轻视学生，更不能漠视学生，克服“师本位”的思想，建立起学生事务管理工作者与学生在人格上平等的工作关系，成为学生的良师益友。关心人，就是学生事务管理工作者要主动关心学生在学习、生活中遇到的困难，及时周到地为学生提供必要的指导和帮助，解除学生的一些思想困惑。激励人，就是将物质激励和精神激励相结合，以情动人，以情励人，积极采取感情沟通最富人性化的管理方式，要让学生在学校激励、师生肯定和自我满足三者作用下不断完善自我。

# 第三节　学校后勤保障管理

## 一、学校后勤保障概述

### （一）学校后勤保障的内涵

对于“后勤”，《辞海》的解释是：从物资、经费、设施、技术等方面保障武装力量建设和作战需要的专业勤务总称。原是军事术语，后被其他领域所用，引申为机关、学校和企事业单位等的总务工作。随着新中国的建立，“后勤”也逐渐地从军事术语拓展到各行各业中去，“学校后勤”“机关后勤”“企业后勤”等概念应运而生。这些概念虽然都具有自己独特的外延，但就其内涵来说，都具有“后勤”的共性，即后方勤务。因此，我们通常所说的学校后勤保障，实际上就是学校的后方勤务，泛指学校在教学、科研活动中一切行政事务和物质保障事务。到了 20 世纪 80 年代，学校后勤保障才成为人们对学校在教学、科研活动中一切行政事务和物质保障事务的统称，并成为教育事业的一个重要领域和学校组织架构的组成部分。从实施目的来看，学校后勤保障的主要目的是为学校教学、科研和师生员工提供物质保障和生活服务保障，维持学校基本的工作和生活秩序。因而学校后勤工作是学校的一项基础性、保障性的工作，不仅关系到学校正常的教学秩序、科研秩序和生活秩序，也直接关系到教职员工的切身利益，从而关系到社会的稳定和发展。

## （二）学校后勤保障的功能

学校后勤保障是学校赖以存在的客观物质基础和必要条件，具有先行性、基础性、保障性和配套性的地位。其可以归结为两大基本功能，即社会性功能和经济性功能。

1. 学校后勤保障的社会功能

这是由社会分工所决定的，体现学校后勤在社会生活中的职能和作用。第一，学校后勤是学校工作和生活的保障力量，不仅为学校提供后勤服务、保障供给，而且还满足社会成员在学校中的基本生活需求。学校的主要任务是培养人才，这是一种人类生产劳动和社会实践，需要一定的物质基础条件和生产资料，同时也需要一定的自身生活消耗资料。作为学校后勤服务保障力量的学校后勤，既承担着为学校的教学提供后勤服务保障工作的任务，也承担着为社会成员（主要是师生员工）提供在学校中基本生活保障的任务。第二，学校后勤是学校办学的基本力量，具有维护学校稳定和社会稳定的重要功能。学校是社会的特殊组织，是传授知识、传播文化、交流思想的重要基地。学生是社会成员中思想最活跃的群体，因而，学校稳定在社会稳定中具有特别重要的作用。作为与学生学习、生活息息相关的学校后勤服务工作，很容易成为引发学校内部群体性事件和其他突发性事件的导火索，学校后勤在学校稳定中具有十分重要的作用。第三，学校后勤是教育事业发展的基础，具有为促进学校和社会进步发挥积极作用的功能。一方面，学校后勤直接关系到学校工作的各个方面，直接影响着学校对社会进步的作用，同时学校后勤本身具有育人的功能，这也是其社会性功能的一种体现；另一方面，学校后勤本身就是教育事业的重要领域，也是社会第三产业的重要有机组成部分，学校后勤不仅直接反映社会的生产力水平，也反映社会的生产关系，是社会生产方式在特定领域的体现，和其他社会组织一样，对社会进步同样具有一定的作用和功能。

2. 学校后勤保障的经济功能

这是由学校后勤的经济属性所决定的，体现了学校后勤在社会经济活动中的职能和作用。第一，学校后勤是一个巨大的投资市场和消费市场，对扩大内需和促进经济增长具有积极的影响。改革开放以来，随着社会经济的快速发展，在我国学校后勤不仅成为一个巨大的投资和消费市场，而且已成为一个新兴产业领域，对扩大内需和促进经济增长发挥了不可低估的作用。第二，学校后勤经济组织是社会经济生活中的新生力量，对促进区域经济的发展具有重要的作用。随着学校后勤社会化改革的深入，我国学校后勤组织已经从过去单纯的行政组织转变为新型的经济组织，不仅承担了学校内部后勤服务的经营活动，有效地促进了学校后勤服务市场的培育和完善，而且还利用其自身的优势和特点，积极开展面向社会的经营活动，为发展社会第三产业发挥了积极作用。第三，学校后勤的经营活动为学校开辟了新的经济来源。在社会主义市场经济条件下，学校后勤逐步摆脱了过去全靠学校投入的局面，后勤经济组织通过微利服务和有偿服务等经营活动，实现了自负盈亏和自我发展，大大减轻了学校的经济负担，也为学校开辟了广阔的经济来源。其中一个重要的原因在于学校后勤的社会化改革，学校后勤经济组织通过社会化改革为学校节约了大量的办学经费，有力地支持了学校的发展。

3. 学校后勤保障的育人功能

第一，抓好校园硬环境与软环境。学生的主要活动范围是学校，校园环境的好坏直接影响着学校的教育质量，影响着学生的学习积极性。学校后勤保障工作从实用到艺术，从绿化、美化、净化、到知识化，可以行“无言之教”，对学生具有强烈的暗示性、渗透性和潜移默化的作用。名人名言上墙，制作大型精致的有关教学新理念的大幅标语，增设高档次的文化宣传橱窗和阅报栏，将学生书画作品、大型活动图片通过设计加工放置在橱窗内，让学生们互相学习、借鉴，掌握新的学习思路、方法理念，将学校的校训、教风、学风标语悬挂并渗透在校园教学可触及的每个地方。在实践中，努力构建文明、和谐、积极向上的人文环境，以此来影响、熏陶、感染、教育人，形成良好的校园软环境。做到“四化四有”，即道路硬化、空地绿化、环境美化、校园净化，春有花、夏有荫、秋有果、冬有青。力求融校园、花园、乐园为一体，集艺术的美、自然的美、科学的美于一身，提高学生的学习积极性，努力营造充满艺术氛围的和谐校园环境。

第二，树立服务教学的理念。后勤人员是服务者也是教育者，他们的思想作风和工作态度直接地影响着学校的教学。只有用为教学服务这一宗旨来要求每一名后勤工作人员，使他们以饱满的热情和认真务实的态度投入工作当中，不断提高自身素质，提高思想理论水平，加强业务知识学习，提高后勤管理服务技能，才能保证教学工作顺利进行。后勤人员只有在思想上实现统一，才能切切实实将工作落到实处。学校后勤保障工作要与教学工作相结合，二者相互促进、相互配合，成为一个有机的整体，才能为学生的成长创造良好的校园环境和学习环境。实践证明，学校后勤管理与日常教学工作的正常运转密不可分，它是师生教学过程中安全感的来源，是学校培育人才的坚实后盾，其真谛是育人，是在潜移默化中蕴涵无声的教育，是在课堂上、教科书中无法找到或看到的，但对学生的成长以及世界观、人生观和价值观的形成又产生着深远的影响。

## 二、学校财务管理

### （一）学校财务管理的概念

财务是关于钱财的事务，是一个客观存在的范畴，而财务管理则是以财务为对象的一种人的行为和活动。学校财务管理的基本原则是执行国家有关法律、法规和财务规章制度，坚持勤俭办学的方针，正确处理事业发展需要和资金供给的关系，社会效益和经济效益的关系，国家、学校和个人三者利益的关系，这是学校做好财务管理工作的指导性原则，明确了学校财务管理的方向。学校财务管理的主要任务是合理编制学校预算，有效控制预算执行；完整、准确编制学校决算，真实反映学校财务状况；依法多渠道筹集资金，努力节约支出；建立健全学校财务制度，加强经济核算，实施绩效评价，提高资金使用效益；加强资产管理，真实完整地反映资产使用状况，合理配置和有效利用资产，防止资产流失；加强对学校经济活动的财务控制和监督，防范财务风险[①]。

## （二）学校财务管理的内容

1. 预算

1）预算的概念

学校财务管理从对经济活动的事后、事中管理已走向事前管理，经济活动的事前管理在财务管理上就是预算管理。预算管理成为了学校财务管理的核心内容，它贯穿了学校预算编制和执行的全过程，是学校各项财务活动顺利进行的前提和依据。努力做好学校预算管理，实现学校资源的优化配置，提高学校资金的使用效益、降低费用，成为学校财务管理工作的核心。在学校管理中，对与学校的存续相关的投资活动、经营活动和财务活动的未来情况进行预期并控制的管理行为及其制度安排称为预算管理。预算管理涵盖学校的投资、经营、财务等学校所能涉及的方方面面，预算管理较好地实现了学校内部控制职能，而内部控制贯穿于预算管理的全过程，使学校从关注经营成果延伸到关注经营过程和资本资产运作过程。

学校预算是学校根据事业发展计划和任务编制的年度财务收支计划，是学校发展规模和事业发展前景的综合反映。

2）预算的功能

学校财务预算的主要功能是量入为出。所谓量入为出是指在财务管理工作中根据收入的总量来考虑和预计支出的规模，即以收定支，收支平衡。其中学校财务预算的具体功能有四个方面：一是计划与控制；二是沟通与协调；三是资源整合与优化；四是评价与激励。

3）预算的原则

要本着支出预算要统筹兼顾、保证重点、勤俭节约的原则，学校在编制年度财务支出预算时必须对各项基本数字逐一核实，以期达到正确、无误。按照国家政策和有关财务制度规定，优先保证人员经费、离退休费用和维持日常教学、科研及学生事务运行所需的经费。安排学校发展与建设部分支出预算时，既要考虑学校的可持续发展，又要考虑学校财力能力。量力而行，尽力而为，有多少钱，办多少事，争取少花钱多办事，从全局出发，将发展建设部分的项目按照轻重缓急排序，做到该增的增、该保的保、该减的减、该压的压，让有限的资金发挥最大的效益。

2. 预算执行

（1）建立健全预算管理机构。

（2）完善预算管理流程。

（3）实施预算管理。

实施预算管理应注意的问题：实施预算管理是落实学校发展战略的有效手段；实施

---

① 张兆许．学校财务管理问题浅析．财会通讯，2014，（14）：51-52.

预算管理要体现“以人为本”的学校办学理念；实施预算管理使预算管理进一步成为协调学校各部门之间经济活动和利益冲突的有效手段；实施预算管理要根据学校实际情况适时调整预算。要做好预算管理，就需要搭建一个平台、坚持两个原则、建立三个机制、抓好四个方面：①搭建信息公开、民主决策平台。②坚持量入为出、规范高效的原则。③建立预算组织机制、约束机制和激励机制。④抓好预算指标编制、预算分解、预算调整和制度建设四方面工作。

3. 决算

1）决算的概念

学校财务决算是对学校财务预算经费执行情况的总结，与部门预算不可分割。通过学校财务决算工作可以对学校财务预算经费的执行情况进行认真分析，促进学校财务预算的合理编制，从而提高学校办学经费的使用效益。

2）决算的意义

学校财务决算是对学校年度财务收支、支出效益和财务管理绩效的综合反映,也是学校财务主管部门考核学校支出业绩、评价财务绩效的基本依据。

（1）综合反映财务状况和现金流量情况。资产负债表反映财务状况；现金流量表反映现金流量情况；会计报表附注，对报表中不能反映的内容和不能详细披露的内容做出进一步的解释说明。

（2）有利于总结经验，改善学校财务管理状况。年终决算可以汇总反映学校全年的收支情况，衡量办学经济效益和社会效益，总结经验，吸取教训，为完善次年学校财务预算做好准备，不断提升学校财务管理水平。

3）决算程序及其要求

学校财务决算是全面、真实地反映该校全年财务状况和财务成果的综合性的信息资料，是国家宏观财政管理和学校财务管理决策的重要依据。但在实际工作中，不少学校为了自身的需要，不能严格地按照有关规定进行会计核算，造成决算信息的严重失真。因此，学校在年终决算前，财会工作必须做到以下五个方面。

（1）凭证资料要集齐。财物的收发、债权债务的发生、各种款项的收付等，都必须取得原始凭证，并及时由财务部门进行会计核算。且在年终会计决算之前，必须责令学校财务部将所有财务凭证和资料收集齐全，及时送会计处理，以确保所有的财务收支活动能在年终的决算信息中得到全面的体现和反映。

（2）会计处理要及时。到了年终，有些学校为了掩盖其违规的支出，就将相应的费用挂入往来科目，或索性不作会计处理；为了控制其年度的收入，就隐匿收入，或“压票”不入账，严重地歪曲了学校会计年度的收支情况，影响了决算信息的质量。对此，在年终决算前，应将会计手中的原始凭证全部纳入会计核算，否则就无法保证会计信息的真实与完整。

（3）财务制度要执行。学校发生的一切财务收支活动都必须严格执行财务纪律，对其合法的财务收支活动进行核算，会计人员不得核算非法业务事项，更不得以变通手段为虚假业务进行账务处理，对不符合国家财务纪律的收支，必须毫不留情地剔除，对各种乱花滥支行为必须坚决制止和拒绝，以确保财务收支活动真实、可靠。因此，在年终决算前，对各项财务收支活动的会计原始凭证都要严格地审核把关，以防有些学校为了逃避会计监督有意歪曲事实，弄虚作假。

（4）财务清查要落实。在编制会计报表之前，对单位的财产、物资往来等必须要严格实行清查盘点，以确保账实相符。但在实际工作中不少学校在会计决算之前，未严格实施这一制度，取而代之的是整日地忙于决算和编制报表，结果导致大量账外资产、银行未达账、虚假往来账等情况的发生，有的单位还在不知不觉中掩盖了重大财务问题，使一些不法行为未被发现。

（5）财务公开要透明。学校的财务活动情况，包括全年各项收支、费用、成本等，都要向领导层、各院系乃至教代会汇报，以接受各方的监督，防范和杜绝各种违纪行为的发生。这就要求学校必须要严格保持其财务会计工作的透明度，增强财务公开力度。在年终决算前，对有关重大财务事项，要及早向上级和学校领导及教代会等汇报，研究解决存在问题，保证决算信息的真实、有效。

4. 审计

1）审计的概念

学校经费的收和支是学校财务管理的两个侧面。审计是为确保受托经济责任履行的一种社会责任控制机制。人们必须时刻认识到审计的作用是动态的，而不是固定不变的。一般认为审计是一种特殊的经济控制，是对受托经济责任的履行过程的控制，其目的在于保证受托经济责任的全面有效履行，而受托经济责任的履行过程本身就是受托人实施其经济行为的过程①。

2）审计的功能

教育审计的职能是经济监督、经济鉴定、经济评价。转变教育审计职能，要加强审计独立性，要进一步明确教育审计在学校管理活动中的地位，以便教育审计人员在履行其职能时目标明确，可以更好地完成审计工作。

### （三）学校财务管理的特点、目标和任务

财务管理重在“管”，体现为“理”。“管”实际上就是疏通、沟通，使原来有障碍、有阻滞的经济行为，通过努力，采取方法措施，使之变得方便可行，迅捷地取得既定的经济效益。“理”，即理顺、控制，包括事态发生之前进行的推测、事中进行的控制、事后进行的分析，也包括了要求决策者理性的思考和对待。财务管理区别于其他管理的特点在于它是一种价值管理，利用资金价值规律合理配置经济资源，通过对单位各种资金的筹集、使用、收入和分配进行预测、决策、控制、核算、分析与考核，以提高资源配置效率，以尽可能少的投入，最大限度地减少资金占用，获取尽可能多的经济效益。

1. 特点

（1）学校预算编制的原则具有计划性强的特点。是在坚持收支平衡的基础上，运

---

① 刘洁. 审计本质各观点分析. 会计与审计，2005，（7）：209-210.

用统筹兼顾、遵循稳妥、保证重点的原则制定的年度预算报告。

（2）学校经费的来源具有多样化特征，筹资的方式趋于多元化。

（3）学校经济活动的非营利性导致教育支出得不到补偿。学校财务活动区别于其他财务活动的主要原因在于，学校的经营目标是为社会的教育事业做出贡献，它是非营利性组织。

（4）综合性的预算管理模式，实施的是财务部门管理的部门预算管理系统。

2. 目标

学校财务管理的目标可以概括为：根据财务管理的原则，完成财务管理任务，实现国家需要培养合格人才的总目标和总体要求。学校财务管理的目标包括基本目标和首选目标两个层次。基本目标，即满足学校开展日常活动所需的周转资金以及发展所需的资金。首选目标，学校财务管理理应借鉴现代财务管理理论的观点来实现目标。例如，选择“利润最大化”为目标具有其合适性和可行性。

3. 任务

学校财务管理的主要任务是按照规定采用多种渠道筹集教育资金，科学地规划学校的预算；加强教育的投资，服务于教学工作和科学研究，促进节约支出的进行，监督国有资产的使用情况，尽可能地提高资金的使用率；建立相应的财务规章制度，加强对资源配置的优化；多方面多角度地评价学校财务资金运行情况，反映经济活动内容，同时为经济活动的合法性、合理性实施有效的监督。

### （四）学校财务管理的基本要求

1. 中小学经费来源和开支项目

中小学经费来源一般采取多渠道筹措的方式。中小学教育经费的来源渠道主要包括：国家财政拨款；城乡教育费附加；社会集资、捐资；学校勤工俭学收入；设立教育专项基金；个人负担的教育费用；等等。

以上各种来源教育经费可划分为预算内经费和预算外经费两大类。预算内收支分为两部分：一是公共部分，包括公务费、设备购置费、业务费、修缮费以及其他费用项目，用以保证教学、行政工作正常开展；二是个人部分，包括教职工工资、福利费以及学生助学金等。预算外经费也有相应的规定，或用于改善办学条件，或用于提高教职工福利待遇和奖金。

2. 学校经费的预算编制和执行以及决算

学校预算编制工作一般由财务部门负责具体拟定并具体执行。决算是学校预算执行的年度总结，也是对学校财务活动的总检查。

学校预算是学校对教育经费的来源及其筹集方式、教育经费的总额及其分配进行计划的一种工作。做好学校经费的预算要力求做到：分析上一年预算的执行情况，从中吸取经验教训；严格遵照预算程序，采取科学的方法来进行预算；严格按照预算的编制进行执行；等等。学校决算反映了预算的执行结果，有利于了解预算的执行情况以及使用的范围和重点。

3. 建立和健全财务管理制度

学校管理者要管好"财"，就有必要健全财务制度，配备相应的管理人员。具体来说有以下几点。第一，建立健全审批制度，坚持"一支笔"原则。第二，建立健全财务人员分工制度，通过制定制度来明确各自职责。第三，建立健全经费支付报销验收制度，按统一规章办理。第四，建立健全经常性检查监督制度和民主理财制度，实行账目信息公开。

## 三、学校资产管理

### （一）学校资产管理的概念

"资产"就是指作用于生产经营活动并能实现保值和增值的财产。而所谓"财产"就是人们能够控制和利用的有用的、有使用价值的稀缺对象，是能与主体分离而客观存在的。显然"资产"是属于"财产"的一部分。学校资产就是指国家无偿提供给学校开展正常教学和教育活动，能以货币计量并在法律的产权上确认为国家所有的财产。具体有国家划拨给学校的货币资金和固定资产，以及社会团体和个人对学校捐赠的资产，还包括学校通过参加一些营利的社会经济活动而获得的资产等一些法律上认定为属于国家的资产（民办学校除外）。

### （二）学校资产管理的内容

1. 有形资产

有形资产的管理，即对物的管理，主要包括对学校建筑、设备和物品的管理。

（1）对学校建筑的管理包括：①筹划学校基本建设项目。学校基本建设主要是学校的校舍建设。校舍是进行育人活动的主要场所，包括建筑物、构筑物、运动场地、道路、林木、池塘沟渠及周围对外通道等。对此，学校管理者要进行总体的规划，结合学校自身的现实条件，遵循安全、经济、适用、教育性的原则，筹划好学校的基本建设项目。②组织校舍维修工作。学校应安排专职人员对学校的校舍进行经常性的检查、维修，要做到无危房。③合理使用现有的校舍。学校是办学的场所，是育人的机构。因此，学校应切实保障教学用房以及办公用房，以便发挥校舍的最大效用。

（2）对学校设备的管理。学校的设备分为教学设备和总务设备，前者有教室设备、实验室设备、图书阅览设备、体育运动设备等；后者有办公设备、卫生保健设备、宿舍设备等。学校应该重点对教学设备进行维修，缺乏的教学设备要及时添置。

（3）对学校物品的管理。学校物品主要包括教学用品和办公用品，对于这些用品的管理要做到：①购买及时，保证质量。物资的购买是一项较为复杂的技术经济活动。由于市场价格开放，中小学所需要的物资不仅品种较多、批量小，而且往往需要急。因此，学校管理者要明确采购的原则与任务，及时通过合乎规定的方式来购买必需的教学用品和办公用品。②要节约、勤于管理。使用教学用品和办公用品时，对于一次性消耗的物品，一定要厉行节约原则，并注意加强管理，以避免学校公有物品的流失和浪费。③建立领用制度。通过制定相关的领用制度，来保证学校物品的定期领用；对于可以重复使用的物品，应该根据需要进行登记并定期核查或回库管理。

2. 无形资产

无形资产，即空间和时间等管理要素的综合存在形态，学校空间是教育活动赖以发生的物质性基础，是必备的物资条件以及学校环境中各种共存性关系的总和。对空间的管理主要包括对校内空间和校外空间的管理。

1）对校内空间的管理

（1）科学利用校内的物理性空间环境。具体来说，要合理地规划使用现有的房舍；优化校园和室内的环境布置，以绿化、美化和净化校园环境和室内环境；组织师生员工创设优美的校园环境；积极争取改善现有的环境设施，如校舍的设计布局、校园绿化、伟人肖像、名人格言标语等。

（2）自觉培植校内的社会性空间环境。学校管理者要为校内形成良好的人际关系创设条件，形成良好的组织气候，形成优良的校风。

2）对校外空间的管理

（1）校址定点的管理。学校管理者在明确学校空间服务的跨度的基础上，应对学校的占地面积以及地点进行规划，并对周围的空间条件进行考察。根据相关规定，学校周围的噪声不应超过 60 分贝，教学用房的干扰噪声应该小于 50 分贝；学校离街道线至少 15 ~ 20 米，离铁路线至少 500 米。学校四周的环境直接影响到学校的教学环境，因此，学校管理者要定期对学校周边的环境进行检查，发现不良的因素要及时排除，以保证良好的育人外部环境。

（2）维护和利用四周的空间条件。一是改善硬件环境。为教育教学及管理建立校园网、教师办公网、多媒体功能报告厅、微机室、舞蹈形体室、音乐教室和美术教室。为教育内容的多元化、教育手段的现代化、教育管理的信息化提供强有力的保证。二是通过校园网广泛宣传学校管理制度，加强后勤工作人员与师生的交流，树立学校后勤服务新形象。三是建立网络教育阵地，组织开展学生之间、师生之间的网络信息交流活动，激发学生学习现代信息技术的爱好和兴趣，通过活动了解他们的思想。利用网络开展思想政治教育，使网络成为传播社会主义精神文明的阵地、传播教育新思想的舞台。积极引导学生树立健康向上的网络观，正确收集信息，增强抵御网络环境负面影响的能力。四是开发教育性强、趣味性强的多媒体课件，观看信息图片，使网络教育内容的信息量变得更加丰富全面。

## （三）学校资产管理的特点

学校的资产管理从体系构成、运行路径与作用方式等多方面都体现出了较为公正、透明的特点与有效性优势。主要表现在三个层面：第一，资产管理制度体系较为健全；第二，学校资产管理体系与其他系统之间具有有效的互动性，即资产管理制度体系与法律系统、政府等社会参与主体之间都有较为密切的资本互动；第三，形成了勤俭办学优良传统。

# 第八章　现代学校管理目标

任何组织都是为实现一定的目标而形成的，没有目标的组织是不可能长期存在的。学校是一个多层次、多类型的组织，各部门都在为达到发展的目标而努力从事着各种各样的管理活动。学校管理者的行为是与其观念意识密切联系的，马克思在考察人类劳动过程的特征时，曾多次指出人的“劳动过程结束时得到的结果，在这个过程开始时就已经在劳动者的表象中存在着，即已经观念地存在着”“最蹩脚的建筑师从一开始就比最灵巧的蜜蜂高明的地方，是他在用蜂蜡建筑蜂房以前，已经在自己的头脑中把它建成了”[①]。恩格斯也说过，在社会历史领域内进行活动的，全是具有意识的、经过思虑或凭激情行动的、追求某种目的的人，任何事物的发生都不是没有自觉的意图，没有预期的目的的。可见任何学校管理活动都与目标有着紧密的联系。

## 第一节　学校管理目标概述

### 一、目标

#### （一）目标的含义

目标就是人们的活动所要达到的规定或者最终结果的标准、规格或状态。所以选择目标和确定目标，是人的主观能动性、积极性和创造性的反映。在管理活动中，目标和指标是两个既有区别又有联系的概念。它们的区别表现在：目标是管理活动所要达到的最终规格、标准或状态；而指标是目标所规定的管理活动的具体要求，即指标是目标的具体化和数量化。指标体系是学校管理目标中最重要的组成部分，目标规定人们的行动纲领、基本任务和奋斗方向，是一切管理活动的依据；而指标主要是用来判断学校管理活动达到预定目标的程度和阶段、衡量各项学校管理活动成果和绩效的主要尺度和工具。两者之间存在一种相互依存、相互制约的关系。一方面，目标制约着指标，有什么样的目标，就要求有什么样的指标体系；另一方面，指标又反映目标的具体内容，即一系列的指标体系，反映某一管理目标，如果没有具体的指标体系，就很难评价目标的实现程度。

---

① 马克思恩格斯全集．第二十三卷．第一版．中共中央马克思恩格斯列宁斯大林著作编译局译．北京：人民出版社，1972：202．

### （二）目标的特点

目标具有以下几个特点：第一，目标的向量特性。它是指目标方向正确，有具体的描述和评价的数量指标及对有些活动结果的判定。因此，目标是一种向量或矢量，只有目标方向正确才能工作效率高，才能形成好的管理效能。第二，目标的集合量特性。它是指目标不是单个孤立的量，而是由多个子目标构成的体系，可进行分析和综合。因此，科学的、切实可行的目标，可以使各部门与各人的思想和行动协调一致，使大家心往一处想，劲往一处使，朝着一个目标方向努力前进。第三，目标的预计量特性。它是指目标是一种期望值的反映，是未来要达到的期望成果，是计划要达到的预计量。目标作为一种期望值，可以成为评价管理工作成效的一种尺度。

## 二、学校管理目标

学校管理目标是学校管理活动的出发点和归宿。学校管理活动是在学校中进行的，要实现的是学校管理目标。

### （一）学校管理目标的含义

学校管理目标是学校组织为完成学校教育任务，从本校实际出发所确定的组织活动的质量规格标准。它是学校管理活动的预定标准或状态，是学校管理活动的直接目的，也是实现教育目标的重要手段。

### （二）学校管理目标的基本内容

学校是一种多因素、多结构和多层次的社会组织，我们可以将学校管理目标的基本内容分为三个层次：第一，一般管理目标。所谓的一般管理目标就是对学校管理要素所要达到的目标。具体来说，就是学校管理者实施对人的管理、对财的管理、对物的管理、对时间的管理、对空间的管理、对信息的管理所要达到的具体目标。第二，具体工作的管理目标。具体工作的管理目标就是学校的某项具体工作应该达到的数量和质量上的预期结果。学校具体工作的管理一般包括教学工作管理、德育工作管理、体育卫生工作管理、美育工作管理、劳动教育管理、总务工作管理等。第三，学校领导工作的管理目标。学校领导工作的管理目标就是学校的主要领导者从事管理活动所要达到的预期结果。

### （三）学校管理目标的基本特征

依据学校管理目标的含义，联系学校管理工作的实际，学校管理目标有四个基本特征：第一，学校管理目标具有指向性。在学校管理活动中，学校管理目标规定着学校管理者的行动方向，任何学校管理工作都必须围绕着学校管理目标的实现来展开。学校管理目标不明确或者错误，都会使学校管理工作偏离正确的轨道，造成损失或者失误。因此，正确的目标必然能指引组织及其成员向着正确的方向发展。第二，学校管理目标具有社会性。学校管理目标总是受一定的社会因素所制约的，因而它表现出了很强的社会性。这些社会因素包括社会制度、文化氛围、教育政策、管理体制等。第三，学校管理目标具有可行性。学校管理目标必须是可行的，即目标的内容是可以实现的。因此，学校管理者在制定学校管理目标时，要注意目标必须联系学校管理和教育工作的实际，并提出具体可操作的数量或者质量标准。此外，目标必须为全体学校管理者所接受，如果学校管理者不接受目标，对目标持排斥的态度，则再完善的目标也难以实行。第四，学校管理目标具有层次性。学校管理目标作为目标树中的母目标，其下属有很多子目标。这些目标纵横排列，形成了一定的层次结构。这样，学校管理目标可以分为高层目标、中层目标和低层目标，具有一定的层次性。

### （四）学校管理目标与学校教育目标

实际上学校中有两大类工作，即教育工作和管理工作，它们应有各自具体而直接的目标。如果对于学校管理目标的论述中不谈及两者之间的关系，可能会使大家混淆两者之间的区别与联系。

学校工作包括教育工作和管理工作两个组成部分。因此，学校必须进行两种活动，即教育活动和管理活动。教育活动是教育者对受教育者施加影响，以促进受教育者身心发展的过程；管理活动是管理者对学校的管理资源进行组织协调，以发挥管理资源的作用的过程。这两种活动都是在各自的目标的指引下进行的，即在教育目标和管理目标的指引下进行的。

学校教育目标和学校管理目标是与学校的总体工作目标密切联系、相辅相成的两个方面。两者的联系表现为两个方面：第一，学校教育目标和学校管理目标共同组成了学校工作目标；第二，学校教育目标和学校管理目标是目的与手段之间的关系，学校管理目标的制定要以学校教育目标为主要依据，而学校教育目标的达到要以学校管理目标的实现为前提。

学校教育目标与学校管理目标的区别表现为以下几个方面：第一，两者包含的内容不同。学校教育目标规定着一定时期和一定社会所需人才的培养方向、规格及要求，学校管理目标则是学校管理的工作目标，它是通过管理人员在管理学校过程中发挥一定的管理职能来实现的，以有效地达到管人、管物等的目标，从而发挥管理资源的优势与最大效用，促成学校教育目标的实现。第二，两者承担的角色不同。学校教育目标承担着“任务”角色，即学校作为教育机构要达成什么样的教育任务；学校管理目标承担着“维持”角色，即学校要实现教育任务，必须维持好日常的各项工作，组织协调好各管理要素，以维持学校的各项工作正常开展。第三，两者关注的焦点不同。学校教育目标关注的是学校的“产品”——人才的质量标准；而学校管理目标关心的是学校本身的规格，如组织安排和监督教师的教学工作和思想政治工作，筹划和协调学生的课内外活动内容和时间，规定教师的工作制度和要求等，这些做到什么程度才令人满意，开展这种活动达到何种状态才最佳。第四，两者的承担主体不同。学校教育目标的承担主体是学校教育人员，包括全体师生员工；学校管理目标的承担主体是学校管理人员。

因此，只有正确地认识和理解了学校教育目标，才能正确地制定学校的管理目标；而只有认真实现了学校管理目标，才有可能实现学校教育目标。

### （五）学校管理目标的作用

学校管理目标是学校管理活动的出发点和根本依据，也是学校管理活动的归属和最高标准，具有导向、激励、控制和协调的作用。

1. 学校管理目标的导向作用

有了学校管理目标，学校管理者的管理工作就有了明确的方向，在整个管理活动过程中他们就能以学校管理目标来调整自己的行为，使行动指向目标。要提高学校管理效能，首要的条件是学校管理目标要正确。在此前提下，学校管理工作的效率越高，则学校管理效能也就越高；反之，则越低。学校管理目标、学校管理效能的关系可以用公式表示为

$$\text{学校管理目标} \times \text{工作效率} = \text{学校管理效能}$$

2. 学校管理目标的激励作用

人们工作的积极性或努力程度，不只取决于需要、动机的动力状态，也取决于人们对目标的期望。学校管理目标对学校管理者的激励作用主要有以下表现。一是诱发学校管理者的具体行动动机。在学校管理工作中常有这样一种现象，某些学校管理者有时产生了某种需要和愿望，但没有明确的目标，即没有找到满足需要的客观对象，此时学校管理者便无法行动。而一旦有了明确的目标，就会使学校管理者原有的需要转化为具体行动的动机并迅速行动起来，力图实现目标。二是维持学校管理者良好的工作状态。一个良好的学校管理目标往往吸引着学校管理者去努力追求，使学校管理者在管理工作过程中保持旺盛的精力和良好的情绪状态，克服各种困难努力达到预定的目标。三是增强教职工集体凝聚力。学校确立良好的学校管理目标，能使学校管理者对学校产生一种归属感，同时，学校管理者之间会相互依赖，自觉组成一个整体，形成团结和谐的群体气氛，集体便具有向心力把各成员紧紧地吸引在集体之中。

3. 学校管理目标的控制作用

学校管理目标一经确定，并为全校教职工所理解和认同，学校管理者就要根据目标尽力调动各种积极因素努力实现预定的目标。即使在条件困难的情况下，也要想办法、出主意、排除各种干扰，排除社会的不良影响和“偏轨”行为，努力实现学校管理目标。

4. 学校管理目标的协调作用

学校管理目标是一个由多种要素组成的集合体。它可以分解和综合。因此，学校管理者在分解和综合学校管理目标时要注意部门与部门之间、个人与个人之间、目标与目标之间的协调，要使其形成一股合力推动学校管理工作高效运行。

# 第二节　学校管理目标的确立

## 一、学校管理目标的结构

明确学校管理目标的结构是进行学校管理目标制定的前提。学校管理目标结构提供了

学校管理目标的构成要素。所谓结构是指事物的构成形式及各构成要素之间的比例关系。系统的结构决定了系统的功能。结构具有稳定性、层次性、可变性、相对性等特点。

### （一）学校管理目标结构的构成要素

学校管理目标的构成要素主要包括目标方针、目标项目和目标值。

目标方针是整个学校管理活动的指南，规定着学校管理组织在一定时期内总的发展方向、规模、速度、质量和水平，贯穿于学校管理过程的始终并对其成败具有全局性的重大影响。例如，某高校某时期把目标方针确定为抓两个建设（精神文明建设、物质文明建设）、上三个水平（教学水平、科研水平、管理水平）、创四个条件（教师队伍、校内基地、图书资料、后勤基建）、达五个指标（学生规模、专业数量、学位点数、科研经费、计划外创收）。

目标项目较为详尽地规定了组织系统为贯彻与实施目标方针在各个重要方面应达到的主要指标、管理水平和基本要求，是目标方针的具体展开。一般来说，学校管理的目标项目包括领导管理目标、各部门（总务处、教务处等）管理目标、人才培养目标等。

目标值主要用来具体表示各项目标应达到的标准、水平和程度，是考评目标成果的根据。它主要包括定性目标值和定量目标值。定性目标值一般通过文字来表述，定量目标值一般通过数字来表示。定量目标值可分为相对目标值和绝对目标值。

### （二）学校管理目标结构中各要素结合的形态

在学校管理目标结构中，各要素的整合可以形成不同的目标体系。第一，单一目标整合。单一目标整合是具有同一性质的目标之间在目标方针、目标项目、目标值等方面进行的整合。例如，在教师管理中，对于不同科目教师的管理在目标方针上表现为学校对教师在思想、文化、能力等方面进行整合而形成统一的要求，在目标项目上表现为学校对教师在学历结构、年龄结构、职称结构等方面进行整合而形成统一的要求，在目标值上表现为学校对教师在教学效果方面进行整合而形成统一的要求。第二，整体目标整合。整体目标整合是对学校管理的各个方面的目标在目标方针、目标项目、目标值等方面进行整合而形成学校全局性的目标，如将学校各个管理部门的目标进行整合就形成了学校的整体目标。

## 二、学校管理目标的分类

学校管理目标依据不同的标准可以划分为不同的类型。

第一，以时间为标准来划分，可将学校管理目标分为长期目标、中期目标和短期目标。长期目标是在学校管理进程中能够长期发挥作用的目标；中期目标是在一定的目标体系中受长期目标制约的子目标，是达成长期目标的一种中介目标；短期目标是在一定的目标体系中受长期目标和中期目标制约的子目标，是达成中期目标和长期目标的中介目标。长期目标一般需要十年以上的时间才能实现；中期目标一般需要三至五年时间才能实现；短期目标一般需要一至两年或更短的时间才能实现。

第二，以性质为标准来划分，可将学校管理目标分为战略目标和战术目标。战略目标是学校中那些重大的、长远的、整体性的奋斗目标。这类目标关系到发展全局，作用时间长，涉及的问题比较全面。在目标体系中它规定着组织活动的方向，具有相对的稳定性，较偏重于定性的规定，有时也称定性目标。战术目标是在一定的目标体系中为实现战略目标而制定的体现奋斗原则和方法等要求的目标。战术目标是近期的、阶段性的、局部性的目标，较偏重于定量的描述，有时也称定量目标。

第三，以对象为标准来划分，可将学校管理目标分为团体目标和个人目标。所谓团体目标是指学校中的全体成员一致认可并共同努力所要达到的成果或者结果。所谓个人目标是指学校组织内的成员个人活动所要追求的预期结果。

第四，以层次为标准来划分，可将学校管理目标分为高层目标、中层目标和基层目标。高层目标是一所学校最高层次的具有战略性、综合性、预见性的目标，其功能主要偏重于决策方面，范围广、变量大、时限长。中层目标是一所学校下属的各个部门或者组织依据高层目标所制定的具有经营性、协调性、指导性的目标，其功能主要偏重于经常性的检查、指导、调节，范围窄、变量稍小、时限稍短。基层目标是学校内部的组织为完成高层目标和中层目标所制定的最基本层次的具有执行性、操作性、基础性的目标。

## 三、学校管理目标的制定

### （一）学校管理目标的制定依据

确定学校的管理目标，主要有以下几个方面的依据。

1. 社会性质

在不同社会性质的社会中，管理学校的指导思想和具体方式是不同的。我国是社会主义国家，指导思想是马克思主义，作为学校管理者，在制定学校管理目标时，必须明确这一点，并将这一思想体现在学校管理目标中。

2. 学校管理活动的规律

学校管理活动规律是学校管理活动内部的必然的、本质的联系。因此要把握学校管理活动的规律就必须了解学校管理活动的组成要素，明确学校管理现象的范畴。列宁认为：“规律就是关系。是本质的关系或本质之间的关系。”[①]作为学校管理者，要遵循学校管理活动的规律就是要明确学校管理要素之间的关系。对此，人们基于对实践的不同认识，对学校管理活动的要素划分也有一定的区别。例如，孙绵涛教授认为学校管理活动的基本规律是学校管理观念决定学校管理机制，学校管理机制决定学校管理体制，学校管理体制决定学校管理活动。学校管理者可以通过对学校管理活动要素之间关系的探讨，来明确学校管理的职能。过去人们强调学校管理的计划、组织、指挥、协调、控制等职能，随着学校管理自身的发展以及人们对学校管理认识的不断深化，现在很多人

---

① 列宁全集. 第38卷. 中共中央马克思恩格斯列宁斯大林著作编译局译. 北京：人民出版社，1990：161.

认为，随着校本管理的提出以及先进的管理理念的引进，学校管理工作越来越强调决策、计划、评价等职能。人们对管理职能理解发生变化的过程充分说明了人们对学校管理活动规律的科学分析和把握。因此，学校管理者在制定学校管理目标时应将学校管理活动的规律体现在其中，以便通过目标指导下属的组织和工作人员来遵循学校管理活动的规律，按照学校管理活动的规律办事。此外，学校管理者还必须对学校管理的本质有正确的认识。长期以来，在学校管理中，出现了一些“官僚作风”，源于有些学校管理人员对管理本质的理解出现了偏差，导致在制定学校管理目标时“一个人说了算”，根本不遵循学校管理活动的规律，给我们的学校管理工作造成了很多不应有的失误。

3. 学校的教育目标

在学校的各项工作中，学校管理工作是为学校教育工作服务的，其最终的目的在于通过有效管理各种资源，提高资源的利用效率，造就高素质的人才，因此，学校管理目标的制定必须依据学校教育目标。为了满足社会对各类人才的需要，国家对中小学的教育目标都有明确的规定，这一规定体现在教育方针中。例如，2021 年修正的《中华人民共和国教育法》（以下简称《教育法》），对新时代党的教育方针作出最新表述，全面体现了习近平新时代中国特色社会主义思想、特别是关于教育系列重要论述的要求，规定了新时代教育的性质、目标、任务和实现路径，将党的教育方针落实为国家法律规范。《教育法》规定：“教育必须为社会主义现代化建设服务、为人民服务，必须与生产劳动相结合，培养德、智、体等方面全面发展的社会主义事业的建设者和接班人。”学校教育目标中体现了学校教育工作的规律和特点，作为学校管理者只有认真领会教育目的的基本精神，掌握教育的规律，明确教育工作的特点，才能在学校管理目标中体现学校教育目标的思想，反映学校教育工作的规律，明确学校工作的重点环节。

4. 学校的现实状态

学校管理目标必须立足于对学校现实状态进行主观和客观分析。学校管理者制定学校管理目标一定要以学校的人力、物力、财力、学生来源、教师条件、领导班子状况等为依据，认真分析有利条件和不利条件，发挥优势取长补短，保证学校管理目标的可行性。每个学校的具体情况是不同的，故不应该要求所有的学校按照一种模式来管理和发展，作为学校管理者特别是学校的高层管理者应充分明确这一点，才能使学校制定的管理目标适合自身学校的实际情况，否则照搬别的学校的做法，最终无益于学校、无益于学生。

### （二）学校管理目标制定的程序

学校管理目标制定的程序主要是学校管理目标制定的具体步骤。一般来说学校管理目标制定的步骤包括以下四个方面。第一，全面搜集资料，掌握内外信息。学校管理者要采取各种方法、途径全面搜集学校内外的各种资料、事实、数据，切实把握国家教育方针、教育目的以及学校教育目标的基本精神实质，分析研究上级有关指示，了解本单位的实际状况以及学校管理者自身的特点。在此基础上，确定需要解决的问题点，问题就是差距，是社会对学校的要求与学校现实状况的差距，找到了差距也就发现了问题，为准确地确定学校管理目标奠定了基础。第二，提出目标方案。学校管理者根据收集到的资料以及相关数据，在依靠广大教职工民主参与的基础上进行科学的分析并提出学校发展的计划方案，即目标方案。第三，评估目标方案。提出的目标方案必须经过广大教职工、专家等人员的评估，以增强目标方案的科学性与可行性。第四，比较分析，择优选定。在学校管理中有时提出的目标方案有多个，这就需要从中选择出一个最佳的。为此，学校管理者可以召集学校各个部门负责人、教职工代表进行比较、论证、讨论，根据讨论的结果，通过对比或者赋值的方式来选择出一个最优方案。

## 第三节 学校目标管理

### 一、目标管理

所谓目标管理是把学校管理系统的总任务转化为学校组织的共同目标，并把目标层层分解，落实到具体的单位和个人，从而最大限度地调动所属单位、个人的积极性和创造性，为实现组织的总目标各负其责，各尽所能。目标管理的程序一般包括：组成成员一起协商，共同制定出管理目标；将目标层层分解，确定各成员、彼此之间的义务和责任；为实现目标而努力，进行自我控制；通过目标考评来确定目标的达成度。

目标管理具有以下一些特点。第一，目标管理是一种系统整体的管理。目标不是孤立零散的，它是组织系统功能的集中体现，是评价管理绩效的主要标准。目标管理是对组织系统整个活动的全过程实施的综合性管理，是对系统理论和系统方法的应用，是自上而下的分层次的系统管理。第二，目标管理是一种重视成果的管理。目标管理的关键问题是确立并实现目标。目标既是人们从事管理活动的出发点，又是人们从事管理活动的归宿。目标的实现程度（达成度）就是目标成果。实施目标管理就是为了提高目标的达成度，最大限度地实现目标。因此，目标管理是一种重视成果的管理。第三，目标管理是一种自我的管理。目标管理由于将目标层层分解，落实到了具体的单位和个人，特别是具体的个人。这样，组织目标的实现就依赖于个人目标的实现。个人目标的实现需要个人对自身的行为进行控制与调整，以便与组织的目标保持一致与和谐。

### 二、学校目标管理

#### （一）学校目标管理的含义与特点

20 世纪 60 年代末，目标管理的概念被引进教育领域。所谓学校目标管理，是学校管理者和组织成员共同确定组织的总体目标，然后转化为部门目标和个人目标，使其与整体目标融为一体，形成目标体系，并以此推进学校管理活动，实现组织预期目标的管理方法。

学校目标管理具有以下特点。第一，共认性。学校目标管理过程中确定的目标必须得到学校全体教职工的认可，只有这样分解的目标落实到具体的单位和个人时才能有效地调动人的积极性。此外学校管理者还需要通过教育等手段使教职工树立目标管理的理念，在思想观念中认同目标管理理论，并能勇于承担具体的目标责任。第二，自控性。

学校目标管理由于将目标落实到了具体的单位和个人，必然要求具体的单位和个人为实现各自的目标来有效地控制自身的行为。第三，激励性。目标能够激发人们的愿望、调动人们的积极性。学校实施目标管理有利于调动教职工工作的积极性，使其通过努力实现目标来表现自身的努力程度以及工作的业绩，以取得学校管理者特别是学校领导人员的认同。

## （二）学校目标管理的理论基础

与学校目标管理的特点相对应，学校目标管理具有三个理论基础。

1. 系统理论

系统论是 20 世纪 40 年代美籍奥地利学者贝塔朗菲创立的科学理论。他在 1947 年出版了《一般系统论》一书。系统论的渊源是辩证法，强调要从总体上，系统地、动态地把握事物。系统论就是研究系统的理论。按照贝塔朗菲的观点，所谓系统，即“相互作用着的诸成分的综合体”。在每个系统中有不同的层次、不同的元素，其组合是有序的而且各自处于独特的地位起着独特的作用，并参与了整个系统的共同活动从而实现共同的目标。学校目标管理的依据就是将学校看成一个有机的系统，目标成为学校整个系统共同努力的方向。

2. 控制理论

控制论是 20 世纪 40 年代由美国数学家维纳创立而逐步形成的。他在 1948 年出版了《控制论或关于在动物和机器中控制和通信的科学》一书。他在科研实践中认识到，在生物世界中，生物的结构、功能、运动是有目的性的活动系统；在物理世界中，机器的结构、功能、运动是有因果性的活动系统。他说：“一切有目的行为，都可以看作为需要有负反馈的行为”“若干机器的行为和生命机体的若干反应，都和一个连续不断的来自目标的反馈，以及改变和指导行为客体的过程有关”。控制论运用于管理领域时，要掌握以下几点。第一，控制的方法是对系统内的各层次、各元素进行统一指挥以达到协同动作取得良好效益的方法。第二，控制过程就是反馈过程，通过信息反馈才能保持系统的最佳动态平衡朝着预期的方向发展。如果没有信息反馈就会闭塞了通路、失去了控制。第三，控制是一个过程，包括预先的控制、过程的控制和结果的控制三个阶段，即体现了学校管理的计划、执行和检查总结过程中的信息与反馈。

3. 激励理论

激励理论是关于如何满足人的需要、激发人的积极性的理论。20 世纪 20 年代以来，管理学家、心理学家及行为科学家们从不同的角度研究了怎样激励人的问题，并提出了各种激励理论。这些理论大体归纳为内容型激励理论、过程型激励理论和综合型激励理论。

## （三）学校目标管理的中心问题

学校目标管理所要解决的中心问题是正确处理管理者与被管理者之间关系的问题，即作为管理主体的人和作为管理客体的人的关系，充分调动人的积极性，从而更好地提高学校管理的效能与效率。

1. 正确处理管理者与被管理者之间的关系

正确处理管理者和被管理者之间的关系，就是要明确学校管理者与学校被管理者之间表现为互动的关系。首先，学校管理者作用于学校被管理者，学校被管理者对学校管理者有能动作用。学校被管理者具有一定的制约性，学校管理者无视作为学校被管理者的人的主体性作用的发挥，不注意被管理者的主观能动性，就很难促进学校管理工作的顺利进行。其次，学校管理者对学校被管理者的作用以一定的管理措施、手段为中介。学校管理者是管理措施、手段的控制者、调节者、施加者，被管理者是管理措施的接受者、认识者，但不是被动的接受者。没有被管理者对学校管理者的管理工作的积极主动接受，就无法保证管理质量。最后，学校管理者对学校被管理者作用的后果，使学校管理者和学校被管理者分别发生预期的变化。作为学校管理主体的学校管理者应提高自己的管理水平，作为学校管理客体的被管理者应该充分发挥自己的主体性，使自己积极参与学校管理工作。

一般来说，学校管理者与学校被管理者之间的矛盾又可归结为学校管理过程中人与人之间的对立与统一，它表现为利益与责任、指挥与服从、纪律与自由、集权与分权等几对范畴。

第一，利益与责任。利益是使人们结合起来，按照社会、组织的需要协调行动的一个重要因素，由人们的物质需要和精神需要能否满足以及满足程度来体现，利益在本质上是一个社会关系的范畴。责任作为与利益相对的概念是人们在社会中所承担的义务和应负的职责。学校管理者要想从学校中获得利益的满足就必须承担相应的社会义务、尽到一定的社会责任。如果不负责任就无权得到相应的利益；反之，不能满足人们一定的利益也就会相对其无责任可言。因此，学校管理工作要得以正常开展，必须明确学校每一个人员的责任，满足其应得的利益。其中，学校管理者有其管理的责任和与之相应的利益，被管理者也有其工作的责任和与之相应的利益，只有当二者各尽其责、各得其利的时候，学校管理者和学校被管理者才能和谐地共处于学校管理组织系统中，管理才能持续有效地进行下去。

但是在学校管理中，利益与责任常常又是不统一的。学校管理者所负之责小于其所获之利，被管理者所得之利小于其所尽之责。正是这种利益与责任的严重失衡，造成了作为学校管理客体的被管理者与作为学校管理主体的管理者之间不可调和的矛盾。

第二，指挥与服从。指挥是学校管理者运用上级赋予的权力根据上级的决策对被管理者进行指导、施加影响的行为过程。服从则是被管理者接受上级的指令、按照上级的意图运作的过程。学校管理的基本原则就是指挥统一、令行禁止。如果放弃指挥或者拒不服从，学校管理就不可能进行，指挥无方或服从勉强，学校管理也难以奏效。

在学校管理实践中，指挥和服从不是自然达到统一的，而是在经常的矛盾运动之中求得一致的。之所以会经常出现矛盾，大致有以下几点原因：①利益分配不公，被管理者觉得利益分配不当而拒不服从管理。②价值观念的冲突，学校管理者与被管理者之间缺乏一致的价值观。学校管理不仅是少数管理者的事，也是学校教职工共同的事业，它需要全体人员对学校目标取得共识，学校管理者与被管理者要有共同的价值观。但是在实际生活中，学校管理者与被管理者所处地位不同，价值观也存在一定的差别，两者经常发生观念冲突，这就使发出的指令容易受到被管理者的抵制或曲解。③学校管理者有权无威，滥用职权。学校管理的指挥权虽是必要的但指挥是否得到相应的服从则取决于掌握权力的学校管理者有无威信，指挥是否得当。只有既具有权威、又指挥得当的学校管理者，才能得到下属的信任、理解和拥戴。

第三，纪律与自由。纪律是为实现学校目标保证学校管理有序进行而制定的各种行为规范，自由是被管理者在纪律允许的范围内行动的自主性和行为的自觉性和纪律性。要使学校管理工作正常运转，就必须制定相应的纪律；而要变盲从屈从为自觉的服从以发挥广大教职工的创造性，这就需要自由。纪律与自由是学校管理中的又一对矛盾，二者通常通过管理者与被管理者的关系表现出来。

学校管理之所以能够进行，既要有统一的组织纪律来规范教职工的行为，统一教职工的行动，又要有一定的自由，以使个人能独立地开展本职工作。没有纪律，就无法约束教职工的行为使教职工形成一股合力，自然就谈不上管理。没有自由，教职工的一言一行都得按照学校管理者的指令行动，就会因丧失自主性和自觉性而成为完全受人操纵的机器，同样谈不上管理。由此可见纪律和自由作为矛盾的两个方面是相互依存、彼此作用的。纪律既是对自由的限制同时又是对自由的保护，没有纪律也就没有自由。无论是学校管理者还是被管理者，如果追求个人无约束的自由，就必然会侵犯他人的自由和利益，有个人无约束的自由就没有他人的自由。自由和纪律的对立在学校管理中有两种表现形式：一是只强调纪律而排斥自由的专制管理；二是只讲自由不讲纪律的自由主义管理。

第四，集权与分权。集权是学校管理中将权力集中于某个人或某个组织进行统一指挥，下级组织或组织中的下属没有或很少有自主权，只能按照上级的吩咐办事。分权则是将权力按照组织层次逐级分散权力使下级组织及其成员在其管辖的范围内有自主决定权。集权和分权作为对立的双方，各有利弊，因此，必须互相补充。集权有利于统一思想，指挥集中，有利于集中力量，统筹兼顾。但集权不利于发挥下级组织和个人的积极性、主动性和创造性，并容易导致个人专断和独裁。分权有利于激发组织和个人的民主精神和主观能动性，并能随着变化的情况及时全面地加以控制。但分权不利于统一指挥、统一意志、统一行动，各部门和个人之间难以进行有效的配合。集权与分权相互对立，集权程度越高，分权程度越低，下级权力的增多，便意味着上级权力减少，此消彼长，而且集权的优点正是分权的不足，分权的缺陷正是集权的长处，两者的优缺点正好互补。

在实际的学校管理过程中，要使集权和分权恰当地统一起来关键在于学校管理者和被管理者要树立正确的权力观念，处理好上下级之间的关系。首先，上下级双方都应认识到权力只是手段而非目的，目的是双方通过正常的权力分配共同努力去实现统一的组织目标。只有为了同一目标来看待权力的大小，彼此才能合理分割权力而免于争权。其次，上下级之间要沟通感情，增进了解、彼此信任。争权往往是彼此不了解、互不信任造成的。上级不信任下级，势必不敢分权；下级不信任上级，拼命反对集权。如果两者能相互信任，将集权和分权有效结合起来，很多问题就可解决。最后，要对权力的运用进行监督。权力之争的原因之一是有人以权谋私，这就需要有人对权力的运用进行监督。

2. 调动人的积极性

调动人的积极性就是要求学校管理者要充分发挥好目标的激励作用。心理学研究表明，目标通常被称为诱因，是能够满足人的需要的外在物。组织可以通过设置合理的、可行的与个体切身利益密切相关的目标，来激发组织中个体的动机，调动个体的积极性，使他们朝着所期望的目标前进。设置的目标应该包括总目标和阶段目标，总目标明确个体的工作方向，阶段目标指导个体的具体工作。

学校在制定中长期的发展规划时，不仅要通过广泛而深入的宣传，让广大师生员工了解学校发展的总目标和阶段性目标，还要提高广大师生员工的参与意识，积极提出自己的意见，以供学校领导决策时参考。学校的师生员工的参与意识应该得到学校领导的尊重，学校的师生员工都希望学校能提供一个实现自我价值的平台，来发挥自身的才能与智慧。学校要想获得更多有创造性的意见和有价值的建议，就必须满足师生员工实现自我价值的需求，激发他们的创造性思维，让他们了解学校的办学目标，为他们提供提出自己意见或建议的机会。

3. 提高学校管理的效能和效率

提高学校管理的效能和效率是学校管理的基本目的。提高学校管理的效能和效率首先要提高学校管理的经济性，即学校管理者要尽量提高管理的有效性，提高社会效益和经济效益，特别是社会效益。衡量学校管理工作的成效应紧紧围绕这一主题来进行。提高学校管理的经济性必须坚持勤俭办学和讲求实际效果和反对只讲动机不讲效果和惯于用“没有功劳有苦劳”来自我安慰的工作作风。学校管理者要力求以最少的人力、物力、财力和时间，获得最大的效益。另外，提高学校管理的科学性，就要学校管理者按照教育规律和管理规律来办事。因为学校管理工作是建立在学校教育工作基础之上的。无视学校教育规律就会“误人子弟”，培养“劣才”；无视学校管理规律就会使学校管理处于无序状态，学校管理就会盲目进行，造成人、财、物的浪费。此外，学校管理还要借助现代化的科学工具进行有效管理。

## 三、学校目标管理的进程

学校目标管理的进程表现为学校目标管理的活动程序。按照目标管理的一般程序，可以将学校目标管理的程序分为三个阶段，即确立目标、过程管理、结果评估。

### （一）确立目标

目标的确定是学校目标管理的起始环节。目标的确定包括目标的提出、目标的分解、制定目标对策、落实目标责任、编制目标体系等。

目标的提出必须有科学的依据。只有这样，学校管理者提出的目标才具有可行性。一般来说，学校管理目标的提出必须考虑以下几个方面的因素：一是上级的要求；二是科学的理论；三是学校的现实情况。提出的目标还必须经过全体教职员工的民主参与，以便达成共识，形成整体的合力。

目标的分解就是对学校总体目标进行纵向、横向上的分解，逐级分配到各个部门和具体的个人。分解目标一定要体现整分合的思想，部门目标应保证总体目标的实现，部门内的个人目标要保证部门目标的完成，形成一个完整的体系——“目标树”。

制定目标对策就是为了更好地实现目标，制定出实现目标的具体措施方法。要使对策具有针对性，就必须事先找出阻碍目标实现的问题以及产生问题的原因，然后针对问题及产生问题的原因，提出解决问题的办法。

落实目标责任就是把大家认可的目标落实到具体的部门和个人，使部门和个人明确各自的目标责任，要尽量使目标责任具体化、定量化、标准化，对目标责任的范围、内容、数量、质量、时间和应达到的程度等要明确界定。

编制目标展开图就是通过图表的形式直观地再现各个部门和个人的目标和责任，以便部门和个人自觉执行。

### （二）过程管理

过程管理就是目标的实施。学校目标管理的实施，就是把学校目标体系所确定的目标责任、目标进度要求贯彻落实到学校教育教学等各项活动中，通过有效的管理，实现学校整体工作目标的过程。实施过程应做好以下几点工作。

1. 前期指导

目标管理虽然强调发挥被管理者的作用，但学校管理者的指导也是非常必要的。学校管理者的指导内容主要有推行目标管理条件的指导、目标确定的指导、目标管理方法的指导等。有效的指导必须做到：创设良好的人际关系和环境氛围，虚心听取教职工的意见；全面、及时地捕捉真实反馈信息，做到多谋善断；敢于指导、善于指导，讲究指导的艺术和方法。

2. 严格检查

检查是为了获取组织运行信息，掌握目标状态，以便及时采取有效措施纠正目标偏差，保证目标实现。有效的目标检查有利于推动学校目标管理过程，有利于指导各部门、各人员解决目标实施中出现的问题。目标检查要以目标作为检查的主要依据。

3. 有效控制

控制是在检查的基础上，通过反馈调节，纠正目标偏差，使系统恢复到正常状态。控制的基本形式有自我控制、逐级控制、关键点控制。有效的控制要做到：建立明确的控制标准；重视检查，了解目标实施的情况；采取的控制措施要及时，有针对性。

4. 均衡调节

调节就是保证各个方面、各个环节的均衡与协调发展，使目标得以顺利实现。目标实施中调节的内容有：目标的时间进度均衡调节；部门之间、个人之间协调配合；修订目标，使目标与实施过程保持均衡一致。要搞好调节，管理者必须坚决果断，不拖延时间；要注意倾听群众意见提高群众的参与度。

### （三）结果评估

经过过程的管理，必然会达成一定的成果。为了明确目标的实现程度，就有必要对目标进行考评。结果评估就是在目标实施的基础上，对其成果做出客观评价的管理活动。结果评估必须明确评估的标准、内容，选择适当的评估方法。

1. 评估标准

评估的标准应该依据制定的目标，特别是落实到具体部门和个人的目标。其中应该包括定性标准、定量标准、定时标准等。

2. 评估内容

评估内容包括测定目标的达成度、确认目标的困难度、正确估计努力度、综合分析评定。

3. 评估方法

评估方法有分项计分，综合评定；自我评价、群众评价和领导评价相结合；名次排列考评等。

对于评估的结果，好的经验要进行推广，教训要进行总结，将奖励与批评相结合，将评估的资料进行整理归档。

## 四、学校实施目标管理的要求

目标管理作为一种现代的管理理论，是在实践中总结出来的。因此，学校管理者在把握基本要求的基础上，要根据具体的学校管理实践进行灵活运用，才能使学校目标管理取得应有的功效。要求做到以下几点。

第一，掌握目标管理理论，树立现代管理意识。学校管理者必须认真学习目标管理理论，吸取其中的思想精华，并根据目标管理的精神，树立现代管理的意识，不断在实践中创新和发展目标管理理论。第二，综合学校管理目标，形成整体目标系统。学校管理者不但要掌握目标管理理论，而且要将学校各个部门的目标进行整合，以形成有机的整体系统。学校管理目标的综合包括内部综合和外部综合。外部综合是学校管理目标与学校教育目标的综合。作为学校管理者要明确学校管理目标是为实现学校教育目标服务的，学校管理目标必须服从教育目标的要求。内部综合包括部门与部门之间目标的和个人与个人之间目标的综合。部门与部门之间的目标进行综合是为了使学校管理目标能够在各个部门之间达成一致，形成有机整体，指引所有的部门协同工作努力实现目标。个人与个人之间的目标进行综合是为了协调好个人之间的行为。第三，运用有效的管理系统，进行科学的管理安排。学校管理者在进行目标管理的过程中应该建立科学的学校管理系统。科学的学校管理系统必须职责清晰、分工明确，只有这样才会有利于分解目标，将目标根据部门、个人的具体职责进行合理的分配从而实现科学的安排。第四，建立科学的评价体系，客观地进行工作评价。要通过目标来调动人的积极性。学校管理者还必须根据学校管理工作的实际，特别是学校管理目标，来建立科学的考评体系，包括科学的考评标准、合理的考评方法。通过考评来衡量不同部门与个人的目标达成度，并以此作为实施奖惩的依据。

## 五、学校实施目标管理的局限性

目标管理的实质是反向式控制管理，大多数的反向式控制管理就是从利润开始，反向推导获利润的方法，先从结局开始，然后做一切必需的事为达成结局而努力。目标管理有许多优点但也有缺陷，这是一个事物的两个方面。有些缺陷是方式本身存在的，有些缺陷是在实施过程中因工作没到位而引起的。而这些局限性具体表现在以下几个方面。

### （一）目标确定难量化

真正可考核的目标是很难确定的，尤其是要让各级管理人员的目标都具有正常的“紧张”和“费力”程度，组织内许多目标难以定量化、具体化，组织环境的可变因素越来越多，变化越来越快，组织的内部活动日益复杂使组织活动的不确定性越来越大。这些都使组织的许多活动制定数量化目标很困难，而这个问题恰恰是目标管理取得成效的关键。为此，目标设置要比展开工作和拟订计划做更多的研究。

### （二）目标行为短期化

在目标管理方式的实施中，组织似乎常常强调短期目标的实现而对长期目标不关心。几乎在所有实行目标管理的组织中，确定的目标一般都是短期的，很少有超过一年的。其原因是组织外部环境的可能性变化，使各级管理人员难以做出长期承诺。短期目标的弊端在管理活动中是显而易见的，短期目标会导致短期行为，以损害长期利益为代价，换取短期目标的实现。为防止这种现象的发生，高层管理人员必须从长远利益来设置各级管理目标，并对可能出现的短期行为做出某种限制性规定。

### （三）目标调整易僵化

目标管理要取得成效，就必须保持目标的明确性和肯定性，目标一旦确定就不能轻易改变，如果目标经常改变就说明计划没有经过深思熟虑，所确定的目标是没有意义的，这会使组织运作缺乏弹性。但是如果目标管理过程中，环境发生了重大变化，特别是在上级部门的目标已经修改，计划的前提条件或政策已变化的情况下，还要求各级管理人员继续为原有的目标而奋斗显然是愚蠢的。然而，由于目标是经过多方磋商确定的，要改变它就不是轻而易举的事，常常修订一个目标体系与制定一个目标体系所花费的精力和时间是差不多的，结果很可能不得不中途停止目标管理的进程。

综上所述，目标管理可能看起来简单但要把它付诸实施，管理者必须对它有很好的领会和理解。在实际中推行目标管理时，除了掌握具体的方法以外，还要特别注意把握工作的性质，分析其分解和量化的可能；要提高教职工的职业道德水平，培养合作精神，建立健全各项规章制度，注意改进领导作风和工作方法，使目标管理的推行建立在一定的思想基础和科学管理基础上；要逐步推行，长期坚持，不断完善，从而使目标管理发挥预期的作用。

# 第九章　现代学校管理过程与质量

过程，即事物发展所经过的程序、阶段。对学校管理过程的研究是探讨学校管理规律的要求，也是对学校管理工作进行规律性运作的需要。“质量”的内容十分丰富，随着社会经济和科学技术的发展，也在不断充实、完善和深化，同样，人们对质量概念的认识也经历了一个不断发展和深化的历史过程。学校管理质量的核心是促进教师的专业发展和学生的学业发展。提高学校管理质量也是提高学校管理效能的必然要求，是提高学校知名度、争取生源的重要条件和扩大影响力的基础。因此，对一所学校来说，质量就是生命，质量就是声誉和形象，质量问题也是学校管理的根本问题。

## 第一节　学校管理过程概述

### 一、研究学校管理过程的路径

由于研究方法与角度不同，对学校管理过程的研究有不同的路径，正是因为有了前人的研究，才为我们试图科学地界定学校管理过程的概念以及探讨学校管理过程的特点提供了一定的启示和可资借鉴的思路。根据众多学者对学校管理过程的研究，主要有以下四种路径可供选择。

#### （一）把管理过程作为思维过程

有的学者从管理者思维过程的角度进行分析，认为管理的过程是管理人员的思维过程，主要是感受信息、判断和决策。据此，只是决策阶段中管理者的思维过程，并未反映管理全过程中管理者的全部思维活动。管理者的思维过程是应该研究的，但对学校管理过程的分析主要应先着眼于客观存在的活动程序。

#### （二）把管理过程作为管理的职能

有的学者从管理职能出发研究管理过程。法约尔较早确认管理的职能是计划、组织、指挥、协调和控制。职能活动的有机结合就形成管理过程。有的学者还将管理职能分为两类，即基本管理职能（计划、组织、监督、协调、指导以及创造、代表等）和专门管理职能（教学管理、人事管理、总务管理等）。管理职能同管理过程是有密切联系的，因此这种研究思路是可取的。但是，两者毕竟不是一回事，管理职能并不反映活动程序，有些职能也不能构成独立的活动阶段或环节。在注意两者区别的情况下，把学校管理过程的研究同管理职能联系起来，无疑是有意义的。

### （三）将系统论、控制论、信息论的观点引入管理过程

有的学者引进系统论、控制论、信息论的观点，来探索管理过程。在美国，有学者提出系统理论，认为学校组织是一个系统，是一个有输入也有输出的过程的有机体。学校系统由许多交互反应的元素构成，必须进行适当的控制和安排。这种系统的管理活动的作业程序有七个步骤，即计划、设计、预算、分析、决定、评估、复始。还有学者认为，管理过程包括四种活动，即计划、组织、领导和控制。四种活动都有标准问题，其中控制是一种保证符合主要标准的执行，控制过程就是由测量执行标准、比较标准和修正标准三步构成的。控制论是关于复杂的管理系统和过程的科学，是关于最优管理的科学。学校组织是复杂的动态系统，运用控制论具有重大意义。信息论是运用概率论与数理统计的方法研究信息、通信系统、数据传输、密码学、数据压缩等问题的应用数学学科。学校组织合理适当地运用信息论，也具有一定的意义。

### （四）以研究各项具体工作的管理过程为主来说明管理过程

在国内，不少学校管理学著作对学校管理过程的研究基本上是阐述学校中各项具体管理活动。它们只叙述一项项工作的管理过程，而不论述一般意义上的管理过程。例如，对教学工作的管理，提出教学工作计划的制订、执行、检查、指导、成绩分析、总结等步骤。研究学校各项具体工作的管理过程是必要的，使之体现各自的特殊性。但是，对各项具体工作的管理过程的研究不能直接产生指导学校总体工作管理过程的理论。学校管理只有掌握一般的、普遍性的管理过程理论，即把握管理过程的规律性，才能有助于推进学校总体管理活动，才能更有效地去指导学校的各项具体工作。因此，可把各项具体工作管理过程问题的研究作为基础或起点，进而深入探讨学校管理过程的一般规律。

实际上，对管理过程进行一般性分析的是戴明。他提出的一种管理过程理论——戴明环，认为管理过程是一种周期性向前发展的过程，每个过程由计划（plan）、实施（do）、检查（check）、处理（action）四个环节构成，这个过程也称为 PDCA 环。这种观点后来一直成为人们研究管理过程的基准。我国对学校管理过程的研究在教材上基本上是围绕戴明环中的四个环节来进行阐述和论证的。

## 二、学校管理过程的含义

学校管理过程是学校管理者为达到以育人为中心的预期目的，将管理要素进行组织协调，从而共同进行的有组织、有步骤的活动程序。学校管理过程包括计划、执行、检查和总结四个环节。

学校管理过程有其活动的规律，其活动常态表明它是对学校动态系统进行整体控制

的运转过程；是协调人际关系，充分调动人的积极性的能动过程；是讲究科学、注重艺术，不断提高效率的活动过程。学校计划、执行、检查、总结活动的有机结合、有序运行，管理周期的连续运转、螺旋上升，体现了学校管理过程的规律。

## 三、学校管理过程的特点

### （一）以育人为中心的目的性

任何管理活动都存在管理过程与结果的关系。学校管理的根本任务在于保证实现学校教育目标，完成国家赋予学校的各项教育教学任务。因此，学校管理者必须在学校管理过程中明确育人的目标。脱离了学校育人这一根本的任务，学校管理就会偏离方向，无法实现管理的目标。为此，学校管理者要科学地确定培育人才任务的管理目标，制定规划和计划；把全校教职工组织起来实施规划和计划；检查监督计划的实行；总结工作绩效、评价学生素质水平。全部学校管理过程，是沿着学校教育目标、学校管理目标指引的方向进行的。

### （二）以动态为特征的整体性

学校管理过程的各个环节（计划、执行、检查、总结）并不是孤立地存在着的，它们相互关联、相互促进，有机结合在一起。在全部管理过程中，计划统率着整个管理过程；执行是为了计划的实现；检查是对执行的监督，是对计划的检验；总结是对计划、执行、检查的总评价。在各环节之间，都具有反馈回路，它推动工作前进，促进完善决策。例如，对工作进行检查，在检查过程中发现的问题，要及时反馈到执行、计划方面，这样可以调整执行或者修改计划。

### （三）以阶段为特征的有序性

学校管理过程有一定的程序，即遵循计划、执行、检查、总结这一程序来进行。它们的顺序不能颠倒，全部过程的有序完成构成一个循环，即一个管理周期。尽管实际工作中的学校管理由于受到多种因素的影响要比这要复杂得多，但是它们的前后次序是不能颠倒的。

### （四）以调动人的积极性为实质的教育性

学校管理过程中的每个环节都要调动人的积极性。制订计划时，要考虑到怎样从计划中体现激励的作用；执行时，要考虑到怎样进行组织、协调，才能调动各部门、个人的积极性；检查和总结时，要考虑到检查的结果对教职工积极性的影响。要调动人的积极性就必须做好人的工作，特别是思想工作。因此，在学校管理过程的始终，一定要做好人的教育工作。只有这样才能快速、高效地完成计划。

### （五）以一定条件为前提的控制性

学校管理过程的运转总是要受到一定条件限制的。这些条件主要包括国家的教育方针和政策、教育目的、管理目标以及管理体制等方面的要求。

# 第二节　学校管理过程的环节

## 一、学校管理过程的四个环节

学校管理过程的环节是学校管理过程的具体体现。对学校管理过程各个具体环节的分析是我们深入了解学校管理过程的基石。综述我国 20 世纪 80 年代以来有关学校管理方面比较有影响的学者的观点，基本上形成了一种共识，即学校管理过程的基本活动包括计划、执行、检查、总结，它们按照一定的顺序有机地结合在一起，构成为一个动态的管理过程系统。

### （一）计划

一切学校管理活动离不开计划。在学校管理活动的全过程中，计划是学校管理的基本活动，计划是学校管理过程的起始环节。没有了计划，学校管理活动就无法有效运作。学校管理者的思想观念中对计划的认识和重视程度往往决定了学校管理事务是否具有条理性。

1. 计划的含义与特点

所谓计划，是学校管理者为执行决策目标而根据目标设计可行的途径和方法的过程。计划按照不同的标准可以进行不同的分类。按照所制订计划的作用时间来分，可以将计划分为长期计划、中期计划和短期计划；按照计划的约束程度来分，可以分为指令性计划与指导性计划；按照计划作用的范围来分，可以分为全面计划和专项计划。

计划的主要特点表现在以下几个方面。第一，计划具有目标性。学校管理者不是为了计划而计划，所有的计划都是为了实现既定的目标，计划内容包括达到目标的具体指标、方法、步骤、时间和具体措施。第二，计划具有普遍性。计划是学校各级各类管理人员都必须进行的一项管理活动。每个学校管理者，都必须在决策目标的指引下分别制订各自的计划，并组织实施，以达到目标。第三，计划具有效益性。学校管理中的任何计划都必须考虑学校管理的效益问题。科学的计划会给学校带来良好的社会效益和经济效益。第四，计划具有可行性。计划中包含切实可行的方法和步骤，是能付诸实行的。

2. 计划在学校管理中的地位和作用

计划在学校管理中的地位和作用表现为以下四个方面。第一，计划是执行决策的重要手段。学校管理中的决策只是对重大问题做出定性和定量的决定，要使决策目标具体执行，就需要根据决策的要求来制订合理的计划指标，具体编制计划行动，合理安排学校的办学资源，并制定切实的保证措施予以实行。实践证明，一个好的决策，要是没有好的实施计划，就很难实现。第二，计划是实施其他管理活动的依据。实施组织、协调、控制、评价等活动，都必须有计划地进行，即任何管理活动首先必须有计划这一环节。第三，计划给学校管理者提供了学校管理工作的方向。计划有利于学校管理者将注意力集中于目标，从而根据目标进行有效的管理。第四，计划可以有效地协调学校的办学资源。学校的办学资源主要包括人、财、物、时间、空间、信息等。要想使这些办学资源有效协调起来，就需要通过计划来进行。

3. 计划的程序

计划工作的程序可分为以下四个步骤。

（1）调查、掌握材料的预测阶段。调查的目的是为了全面摸清学校管理的实际情况，为制订计划打下基础。学校管理者应根据自身的实际情况以及工作岗位的特点，搜集数据和资料，全面分析，充分论证，并以此为基础进行整理，运用预测的方法，明确学校管理工作的方向。调查、掌握材料是学校计划工作的首要任务。陈云同志指出：“我们做工作，要用百分之九十以上的时间研究情况，用不到百分之十的时间决定政策。所有正确的政策，都是根据对实际情况的科学分析而来的。有的同志却反过来，天天忙于决定这个，决定那个，很少调查研究实际情况。这种方法必须改变。”①

（2）确定目标以及次序阶段。通过调查明确了学校管理工作的方向，学校管理者应该根据学校管理工作的方向，来分层次确定计划的目标，并将目标按一定的次序排列，然后切实按照计划来行事。对于那些对学校管理者来说最为重要的事情可以排在第一位，并注明“A”；然后按照其重要程度分别确定为“B”“C”；在同等重要的计划中，再分别按照重要程度，注明“A-1”“A-2”“A-3”“A-4”等。

（3）确定行动方案阶段。首先，要依靠学校全体教职员工的力量，进行民主讨论。其次，根据决策的要求，对多种方案进行比较研究，分析各种方案的利弊，吸收其中的精华，从而产生切实可行的行动方案。最后，进行科学论证。论证的内容包括计划依据的可靠性、计划方法的科学性、计划实施的可行性、计划效益的显著性等。论证过程中应聘请有关专家。

（4）计划的执行与控制阶段。计划执行就是按照计划要求的方式、方法和进度进行。在执行过程中，学校管理者应定期对目的、要求、质量、进度等进行检查监督，发现问题及时处理。若属于执行方面的问题，应纠正执行中的偏差；若是计划本身的问题，应对计划进行相应的调整。

4. 计划的要求

（1）鲜明的方向性。学校工作计划必须以党的方针、政策和上级的指示为依据，使其符合社会主义的办学原则，既要做到方向正确、目标明确，能够对学校的师生员工起到鼓舞和激励的作用，又要从学校的实际出发，使计划中所提出的目标要求、各项指标和具体措施，都能切合学校的实际。

（2）严谨的科学性。计划的内容必须实事求是，既不浮夸也不保守。实事求是是建立在对学校的实际情况进行考察的基础上的。计划的内容必须全面，不能避重就轻，缺乏发展的眼光。

---

① 陈云．陈云同志文稿选集（一九五六——一九六二）．北京：人民出版社，1981：26.

（3）切实的可行性。计划的可行性要求计划必须立足于学校的实际，不能照搬别人的计划或者别的学校的发展模式。因为每一个学校都有自身的特色，都有自身的优势和劣势，不同的特点决定了学校计划的内容和实施的步骤是不同的，所以在制订计划时要立足于学校自身的特色，不要“赶潮流”，否则最后不但失去了学校自身的特色，而且无法完成计划。

（4）明确的可检性。一份好的计划必须便于检查。这就要求计划中的内容必须具体、翔实，否则计划就是一纸空文，毫无作用。怎样才能做到具有可检性呢？必须将计划落实到具体的人，规定具体的时间限制，并且提出定量和定质的目标。

## （二）执行

所谓执行，是组织运用管理要素去实施管理计划的活动。它是学校管理的中心环节。一切管理的要求和愿望，也只有通过执行环节，才有可能转化为现实。因此，执行在管理过程中起关键作用。

1. 学校管理者的活动内容

执行就是要把计划中规定的任务与目标贯彻落实到学校的教育教学和管理活动中，通过有效的执行，实现学校管理计划与任务的活动。其中包括以下四个方面的内容。

（1）组织。组织是安排各种办学资源，使之具有一定的系统性或整体性，以达到预定目标的活动。组织活动一般包括两方面，即任务的合理分配和学校管理资源的妥善安排。任务的合理分配就是将学校计划的任务分配到各个职能部门，明确各自的职责和任务。学校管理资源的妥善安排就是将人、财、物、时间、空间和信息进行合理有效的配合，以综合发挥各种资源的效用。组织在学校管理中的地位和作用主要表现为以下几点。首先，通过组织活动，可以建立和协调各种关系。现代社会特别强调分工协作，只有通过组织活动，才能将各方面的关系理顺，从而调整好人、财、物等方面的关系，取得较好的社会效益和经济效益。其次，通过组织活动，可以提高管理的效率。通过有效的组织活动，可以使学校管理资源在计划执行过程中进行优化组合，随时解决其中出现的问题和矛盾，特别是管理者与被管理者之间的矛盾以及管理者与管理者之间的矛盾，实现高效的管理。最后，通过组织活动，可以促进学校管理体制的改革。通过组织活动可以根据学校的实际情况考虑需要合并哪些机构和增设哪些机构，以便完善学校的组织机构，促进学校管理体制的改革。

（2）指导。学校管理工作的特点要求学校管理工作者要注意发挥被管理者的作用，但这并不意味着不需要指导。学校管理者将任务以及资源安排妥当以后，就应注意指导各部门和各人员按照任务和目标来行使自身的职责。指导主要包括工作方法和工作安排的指导。为了使指导有效，学校管理者应注意创设良好的人际关系和环境氛围，虚心听取师生员工的意见，全面及时地捕捉真实反馈信息，做到多谋善断、敢于指导、善于指导。学校管理者的指导应当“指点而不说教，帮助而不代替，引导而不强加，批评而不压制”，不搞“钦差大臣”式的命令，不越级指挥。

（3）协调。协调是执行中最为关键的环节。通过协调可以使各种学校管理资源达到优化组合，保证各个方面、各个环节的均衡与协调发展，使学校管理的任务能有效实现。管理学者穆尼在他的《组织原理》中提出，管理工作必须协调各种劳动分工，哪怕是极为简单的社会劳动也是如此。他举了一个简单的例子，某物体太重太大，一个人搬不起来，两个人联合起来就能搬动，但必须以某种方式来协调他们的共同努力，于是就由其中的一个人负责协调双方的动作，口喊“一、二、三，起！”当然，他所谈的是企业组织的管理。其实，学校的管理工作又何尝不是这样呢？诸如学校管理中教学管理与德育管理的协调、各部门之间的协调都是如此。

（4）激励。学校管理的根本目的在于调动广大师生员工的积极性、主动性和创造性。学校管理者要使计划得到有效的执行，除了做好组织、指导、协调工作以外，还要注意通过思想教育和满足教职工的各种合理需要来提高教职工的积极性。一般来说，提高教职工的积极性主要有物质激励和精神激励两种方式。通过激励使广大教职工在执行计划过程中调动积极性，出谋划策，为实现计划而进行不懈的努力。

2. 执行的要求

（1）以身作则，优化配置各种资源。执行过程中，学校管理者，特别是学校重要领导应该以身作则，身先士卒，起到表率作用，要求别人做到的，自己要先做到，并且要创设各种条件，为学校的教职工实现学校的计划提供可靠的资源保证。

（2）要善于照章授权，赏罚分明。学校领导者要根据各个职能部门的特点以及相关规章制度的规定，将学校制订的计划分别分配到不同的部门和个人，并且按照章程来授权给不同的学校管理者，要求他们领导下属的员工来执行。在执行过程中，出现问题要做到赏罚分明。

（3）要体察实情，并及时有效地化解各种矛盾。矛盾是事物发展的动力。学校管理计划在执行的过程中，部门与部门之间、个人与个人之间不可避免地会出现一些或大或小、或多或少的摩擦，对此学校管理者要做到心中有数。出现了矛盾，学校管理者要利用自己的智慧，了解实情，根据原则给予合情合理的处理，最终达到化解矛盾的目的。

### （三）检查

所谓检查，是对下属工作进行监督、考核，并给予指导的管理活动。它是学校管理过程的中继环节。通过检查及时发现并解决问题，使管理进程得到有效控制。就学校管理全程而言，它处于执行和总结之间，起承上启下的作用。

1. 检查的活动内容

在检查环节中的活动内容主要包括监督、考核和指导。

（1）监督。学校管理者，特别是学校领导要经常深入实际，查看学校工作情况，依据计划要求、规章制度的规定，督促下属部门和教职工完成既定的任务。通过考察进行的监督活动一般可分为定期考察、不定期考察、专题考察、全面考察、直接考察、间接考察等。

（2）考核。考核是学校管理者对学校管理工作进行的考察审核活动。学校考核可以分为学校管理者在内的教职工考核和学生考核。考核的内容一般包括德、能、绩、勤等方面。

（3）指导。学校管理者应该在检查工作时注意，检查虽然是针对过去的工作情况进行的活动，但它不是为了向后看，而是为了向前看，通过检查发现成绩，找出问题，然后对于成绩要及时表扬，对于问题要给予指出，并提出可行的建议，以指导员工更好地执行学校的各项计划。

2. 检查的要求

（1）明确计划，确定检查对象、步骤与方法。检查时，必须熟悉计划的内容，根据计划的内容，分别确定检查的对象，探讨对象的特点以及工作的性质，然后根据工作的性质，针对不同的部门和个人，来选择适宜的检查方法，确定检查的步骤。检查的方法，从时间上来分，有经常性检查和阶段性集中检查；从内容上来分，有全面检查和专题检查；从检查主体来分，有领导检查、相互检查和自我检查。

（2）以原计划为依据，公正客观地予以实施。检查必须尊重客观事实，以实事求是的态度，客观地、全面地、深入地进行检查。检查的客观性在于要以计划和收集的事实材料为依据，不能主观臆断。检查的全面性在于要对所有的计划内容进行检查，不能顾此失彼、厚此薄彼。检查的深入性在于要对情况进行深入的了解，不能做表面文章。

（3）将检查与指导、调节结合起来，讲究实效。检查应注意对学校管理工作的指导以及对各部门、个人之间行动的协调，通过指导与协调，来提高管理的效率与效能。

## （四）总结

所谓总结，是对学校管理工作进行整体分析评价的活动。它是学校管理过程的终结环节。它标志着一个管理周期的结束，又预示着下一个管理周期的开始。总结的意义在于：通过总结，对管理工作进行价值判断，从而进一步提高工作质量和管理水平。

1. 总结的分类

总结可以分为全面总结和专题总结。全面总结属于常规性总结，学校和学校各部门每学期或每学年都要进行一次，关键在于每次总结都要有新的收获。专题总结主要是针对某一领域中的问题进行的总结。例如，学校可以针对教学质量问题，进行教学质量方面的专题总结，以探求提高教学质量的方案。

2. 总结的要求

（1）要树立正确指导思想。学校管理者在进行总结时应该树立正确的指导思想。首先，总结不是单纯为了惩罚与奖励。其次，总结不能流于形式，走马观花，而要注意发现问题、解决问题。最后，总结的目的是更好地做好未来的工作。

（2）要有全面、真实、有效的检查考核材料。总结必须以事实为依据，因此，必须有详细的总结材料，否则，总结就不能起到“惩前毖后”“治病救人”的作用。

（3）要用科学理论作指导。学校管理者进行总结时，应该运用理论的指导。它主要包括两个方面：一是通过理论的思考来发现执行中的问题；二是要将实践检查、总结的结果上升到理论的高度来进行总结，提出改进的方案。

（4）总结要与计划要求相对应。学校管理者进行总结是对学校管理计划执行情况进行评价的过程，因此，必须以计划为依据，以计划中制定的目标作为评估的标准和依据。检查的结果与计划的目标一致性程度越高，则说明绩效越高，反之，则越低。

## 二、学校管理过程四个环节的关系

首先，各环节相对独立，又贯穿全过程。四个环节保持着相对的独立性。计划是学校管理过程的起始环节，统率着整个学校管理过程；执行是中心环节，使计划能付诸实施；检查是中继环节，是对执行的监督和加强，也是对计划的检验；总结是终结环节，是对计划、执行、检查的总检查、总评价，也是为下一个循环的计划提供依据。这四个环节贯穿学校管理过程的始终。无论学校管理过程怎样发生变化，学校管理过程的四个环节都会体现在学校管理的实践过程中，并且彼此相互联系，共同推进学校管理工作的开展。

其次，各环节彼此结合，形成相对封闭的管理系统。学校管理过程的各个环节是相互依存的，它们在目标指引下共同作用于学校管理的过程中形成了相对封闭的管理系统。

再次，各环节都有一定的活动顺序。学校管理过程是一个有程序的螺旋上升的过程，并遵循一定的活动程序，即计划—执行—检查—总结。这意味着学校管理过程从计划开始，经过执行，然后是检查，最后是总结。各个环节每循环一次，算一个周期。前一个周期结束，总结之后，进入下一个周期，接着从制订计划开始。这样周而复始地、接连不断地，一个周期接着一个周期地循环下去。

最后，各环节任务不同但均以人为中心。学校管理过程的四个环节都有各自的任务，这体现在它们各自不同的内容和要求上。尽管如此，它们都是以人为中心的。计划需要人来制订；执行更是需要人来执行，并且在执行的过程中需要人与人之间的协调与合作，离开了人的作用，学校的一切活动无法运转；检查需要人通过一定的标准来进行考核；总结更需要人运用自身的理论素养以及对实践的领悟来进行合目的与合手段的评价。此外，学校管理过程还必须注意调动人的积极性。

总之，学校管理活动的各环节彼此衔接、相互作用形成有机的整体。它们在排列上有先后顺序，但又相互交叉，呈现多变的形式；内容上各有特点，但又互相渗透，彼此有机结合。这四个环节循环往复，每循环一次管理工作和管理水平就提高一步，呈螺旋式上升状态不推进学校管理向前发展。

# 第三节 学校管理质量

## 一、教育质量的含义

人们之所以把质量看成是与数量相对的概念，是因为把质量理解为了“事物、产品或工作的优劣程度”，将质量等同于了质。实际上，质与质量是两个既有联系又有区别的概念。在罗竹风主编的《汉语大词典》中对“质”有 31 种释义，其中第 9 种释义为“质量”。由此可见，质与质量具有同一性，但同时也有差异性。既然认为质等同于质量，就应在使用其下属概念时紧扣其内涵，不能在实际运用中扩大其内涵，将事物之量也容于事物的质量之中。同样，质量有等同于质的一面，也有不同于质的一面。在《汉语大词典》中对“质量”有 4 种释义：一是资质器量；二是事物、产品或工作的优劣程度；三是事物的优劣程度和数量；四是物体所含物质之量，即物体惯性的大小①。显然，只有质量的第 2 种释义与质的第 9 种释义相同。可见，质量与质更多表现为差异性，不能简单地将二者等同起来。既然质量有多种释义，就应该根据具体情况来取舍其义，以便将事物的质量予以全面确认，而不是扩大其内涵于此，缩小其内涵于彼。事实上，事物不仅有质的方面，而且有量的方面。在认识事物的质的基础上，我们还必须把握它的量的方面，教育更是如此。因此，质量应取第 3 种释义，把质量理解“事物的优劣程度和数量”，将质量看成是“质”与“量”两要素组成的统一体，因为任何事物都是质和量的统一，都有质的规定性和量的规定性，质就是“事物的优劣程度”，量就是“数量”。“质”与“量”不是截然分开、彼此分离的，而是相互交融的。

综观人们对于教育质量概念的认识，可概括为两种基本观点：一是认为教育质量就是教育结果质量——学生发展的优劣程度。例如，胡森在《论教育质量》中提出“教育质量就是指教育的产品，而不是指产出这些产品的资源和过程”。二是有学者认为教育质量的一般性概念应包括三个维度，即为教学提供的人与物的资源质量（投入）、教学实践的质量（过程）、成果的质量（产出和结果）。可见，两种观点都认为教育质量包括教育结果质量，教育质量的核心就是教育结果的质量。

通过教育结果质量的释义（即第一种观点）不难发现，人们对于教育质量本质的认识，往往局限于把教育质量看成是与数量相对的概念，将教育质量理解为教育产品——学生的优劣程度，并认为教育质量就是教育之质（学生发展的优劣程度），而不包括教育之量（数量多少）。依此推之，在衡量教育质量高低、优劣时，应仅依据教育之质来予以评估，而不应过多地使用教育之量。这样，教育质量在实际评估应用时就与其内涵相吻合了。而事实上，实际衡量教育质量高低、优劣时，虽然也使用了教育之质，但常使用的却是纯粹的数量，如入学人数、入学率等。也就是说，在实际评估教育质量时，不仅使用了教育之质，而且使用了教育之量。这不能不使人们产生疑问，教育质量究竟是什么？如果教育质量仅仅是与数量相对的教育之质，那么实际运用时就因多使用了教育之量而扩大了其内涵。

根据对质量内涵和教育本质的分析，可在抽取质量的内核——“优劣程度和数量”和教育的内核——“培养人（学生）”的基础上将教育质量本质规定为“教育培养出的人——学生发展的优劣程度和数量”，既有“质”，又有“量”，即教育质量有质和量的双重规定性。“质”主要是学生发展的优劣程度；“量”主要是学生发展的相关数量。又因为教育培养的人，即学生既有个体也有群体，所以教育质量应包括学生个体质量和学生群体质量。教育质量是学生个体发展的优劣程度、数量和学生群体发展的优劣程度、数量，可简要地将其概括为个体之质、个体之量和群体之质、群体之量。个体之质与个体之量不是截然分开的，个体之质可以转化为个体之量；群体之质与群体之量也是如此。四者的关系为：个体之质与群体之质同属于“质”的范畴，个体之质是群体之质的基础；个体之量与群体之量同属于“量”的范畴，个体之量是群体之量的基础。教育质量中的“质”是学生身心发展的优劣程度。由于素质教育的基本精神在于使人的素质得到全面

① 罗竹风．汉语大词典．第 10 卷．北京：汉语大词典出版社，1993：271．

和谐的发展[①]，故可将学生的发展理解为素质的发展。素质是在先天遗传基础上经过后天努力而形成的人生存和发展的基本品质，主要由身心素质、科学文化素质、思想品德素质和活动素质四个因素组成。身心素质是学生发展的基础，科学文化素质与思想品德素质是学生发展的两个必要条件，而活动素质是学生素质发展的外在表现形式[②]。教育质量中的“量”是学生素质发展的相关数量。学生个体之量是学生个体表征的直接和间接相关量，直接相关量包括身体素质中的体重、身高、胸围等，间接相关量是由个体之质通过转化而形成的量。例如，科学文化素质中的间接相关量就是通过语文、数学、外语等学科成绩体现出来的。学生群体之量是学生群体中素质符合预定标准的绝对数量和相对数量，可简单理解为人才符合预定标准的“数量”。一般来说绝对数量包括学生入学人数等，相对数量包括入学率、巩固率、升学率、就业率、增长率等。

## 二、教育质量管理

### （一）学校教育质量管理的含义

学校教育质量管理是为有效实现学校教育工作目标而针对学校各项工作质量所实施的管理。在此，我们必须弄清学校教育工作质量的概念。学校教育工作质量就是学校教育工作过程和学校教育工作结果满足设置的教育要求时所具有的特性。任何一项学校教育工作的好坏都是由实践结果来评判的，即该项工作质量的结论必须要由受到该工作结果影响的人们做出。例如，某位教师在进行课堂教学前对其所教的内容充分备课，让学生清楚地、透彻地理解所学知识并能灵活应用，激发了学生的学习兴趣，那么我们通过学生的评价和行动，就可以说这位教师拥有较高的备课质量。

学校教育工作质量是教育教学成果的质量，这种认识是不充分的。学校教育工作质量的构成可以从内容和过程两个维度来探讨。

从内容维度来看，学校教育工作质量由教育管理工作质量和教育业务工作质量两部分组成。教育管理工作质量是教育质量的保障，是各项工作进行的活动的质量。教育业务工作质量包含教学工作质量、体育卫生工作质量、德育工作质量、后勤工作质量。

从过程维度来看，学校教育工作质量可以分为标准质量、过程质量和结果质量三种。在学校教育工作管理中，这三种质量是相互依存、相互制约的：① 标准质量，即设计质量，它为工作过程和结果质量提供了预期的质量标准，是教育工作质量的前提。监控学校教育工作质量的起点就是制定工作质量标准，标准质量为各项工作行为提供了准则、为各项工作的结果评定提供了尺度。② 过程质量是标准质量转化为结果质量的中介，即将标准转化为成果的行为的质量。它具体表现为各项工作的各个活动环节符合要求的程度，高质量的活动是高质量成果的保障。③ 结果质量是管理标准质量和过程质量的目的，它是各项教育工作产出的质量。如果教育工作质量管理离开了它，就会失去意义。

---

① 徐怀评，任建华．素质教育浅议．教育研究，1996，（12）：45．

② 孙绵涛．教育行政学．武汉：华中师范大学出版社，1998：96．

## （二）学校教育质量管理的特点

学校教育质量管理与行政部门、企业的质量管理是有区别的，学校各项教育工作所产出的“产品”与生活中其他行业所产出的产品是不同的，因此学校教育质量管理具有更大的难度，并有着自身的特点。

1. 以正确的价值观为导向

学校教育质量管理的根本任务是传递知识、培养人才，它作为一种精神活动，必将面临价值选择的问题。所谓价值，是人们对客观事物的主观要求。不同的人对同一事物会有着不同的看法和要求，因此，人们所具有的价值观也是不同的。在社会转型时期，会经常发生价值的冲突和价值的融合的现象，学校的管理者和教师应该全面且正确地判断当前社会、经济的需要以及未来社会的发展趋势，以马克思主义价值观为指导，树立先进、可行的育人指导思想。

2. 以育人的质量为中心

教育的本质是培养人才，学校培养的是全面发展的学生，并且它所培养出来的学生是否符合社会的需求是衡量其成果的标准。要实现这一成果，必须要有高素质的校长和教师。因此，学校教育工作质量是以育人的质量为核心的，教育者的个性和素质会有形或无形地影响学生的成长。

3. 以一点带动多面

学校育人的质量目标实际上就是学校公众的利益要求的反映，学校在教育过程中必须把握一个基本点，即培养学生全面、主动发展的发展性素质。但学校面对的公众的利益要求是多种多样的。例如，学生希望个性得到尊重，得到教师的爱护和关心，健康快乐地成长；家长更希望孩子有更好的发展前途；社会希望有更多的高素质人才；等等。学校在满足社会各方面的要求时，也要遵循学校教育质量自身的价值诉求。因为许多校内、校外的因素都直接或者间接地影响着学生的质量，如学校文化氛围、学校教师的教育、学生的家庭背景和文化、学生的伙伴的价值观、学生对社会和网络信息的收取等。这些因素共同影响着学生素质的发展。学校有责任对这些因素进行合理的调节与控制，学校教育质量管理必须建立起校内外的合作来调动积极因素、抑制消极因素。

4. 正确处理统一性与差异性关系

学校教育的对象是一个个正在成长中的人，他们与社会相互作用中的不断发展形成了质量管理的复杂性。正是这种复杂性赋予了学校管理者和教师的创造性。即使我国有着统一的教育基本质量标准，但是不同地区或不同学校是具有差异的，同一地区或同一学校的学生也是具有差异的，因此，学校管理者和教师要着眼于学生的差异性，制定出适当的教育质量标准，这需要更多的实验和探索。

## （三）学校教育质量管理的核心——素质发展

素质发展是学生身心素质、科学文化素质、思想品德素质、活动素质等方面的全面发展。身心素质是学生身心发展的水平和比较稳定的身心特性，它可以分解为身体素质和心理素质两个方面。身体素质是在先天素质和后天获得性的基础上所表现出来的功能相对稳定的特性。身体素质可以分解为体格、体能、适应能力，反映体格发展水平与质量的是身体的生长发育、体形、体姿等方面的水平；反映体能发展水平与质量的是力量、速度、灵敏、耐力、柔韧等方面的水平以及运动器官的活动能力；适应能力是身体对外界的适应能力，如对疾病的抗御能力等。健康的心理素质是具有良好的心理品质和健全的个性，普通心理学研究表明人的心理可以分解为心理过程和个性心理特征。心理过程以不同的形式（认识、情感、意志）能动地反映着客观世界的事物及其关系；个性心理特征是学生在学习、工作、生活过程中形成的某种稳定而经常出现的心理特性，如能力、气质、性格等。科学文化素质是学生所具备的科学知识结构及程度，可分解为基础知识素质、工具知识素质、专业知识素质。基础知识素质是学生所具备的人文、自然、社会等方面基础性的知识素质；工具知识素质是学生所具备的文字、数学、计算机等方面工具性的知识素质；专业知识素质是学生所具备的专业技术、技能、能力等方面的知识素质。思想品德素质是学生所具备的政治立场、观点和态度、基本的思想意识、初步的道德品质及道德能力。可以分解为政治素质、思想素质、道德素质。活动素质是学生在日常的学习、工作、生活中集中体现出来的各种素质的综合。例如，学生在学习过程中表现出来的就有身体素质中的体能与体格等方面的素质，心理素质中的认知、情感、意志等方面的素质，科学文化素质中的语言表达能力、组织能力等方面的素质，以及思想品德素质中的政治立场、观念、态度、思想、道德方面的素质。活动素质可以根据不同的标准来划分。根据学科的类型来划分，可分为语文活动素质、数学活动素质等；根据活动的地点来划分，可分为课堂内活动素质与课堂外活动素质。

学生个体之质是学生个体素质发展程度，即学生在身心素质、科学文化素质、思想品德素质和活动素质等方面的发展程度，最终体现为学生个体素质结构水平。学生个体素质结构是学生个体在上述四个素质上的水平结构。学生群体之质是学生群体素质发展程度，最终体现为群体素质结构水平。学生群体素质结构是学生群体在身心素质、科学文化素质、思想品德素质和活动素质等方面分别表现出的层次结构和总的层次结构构成状况。按照系统论的观点，系统的结构决定系统的功能。同理类推，学生个体的素质结构水平决定了学生个体素质发展的程度；学生群体的素质结构决定了学生个体和群体素质发展的水平，进而影响到学生个体素质发展的程度。这在很大程度上可以说明很多家长极力送子女上重点学校、重点班就是着眼于重点学校和重点班的学生个体、群体素质高。

### （四）学校教育质量管理的意义

学校教育全部工作的出发点和归宿点是努力提高教育质量、加强学校质量管理。这无论是对学校还是对社会都具有极其重要的意义。

（1）实现学校根本任务和满足社会需要。随着科学技术的进步、经济的发展，人们开始注重生活质量，不论是物质产品还是精神产品，人们都要求高质量来满足自己的美好憧憬。同时，社会生产和生活正常运行的必要条件是较高的工作质量和产品质量。学校为满足社会需求，提供符合社会要求的人才。人的质量提高了，就可以生产出合格的物质产品和精神产品。

（2）教育投入有效性的保证。教育是一种社会责任，又是一项消费事业，但传统学校教育质量管理忽视了研究教育的效益问题。随着人类社会的进步，教育事业发展的规模日益扩大，教育成本不断增加，教育资源投入越来越多。教育质量低下会造成资源的极大浪费，我国还存在不少因为学习不合格而留级的学生，不仅教师要付出重复性的劳动，还会增加我国教育经费的压力。因此，加强对各项工作的质量管理是教育投入有较高效益的保证。科学的学校教育质量管理不仅能够影响教育工作的进展和结果，还能发现教育工作中可能出现的问题，提前做出防范和调整，降低教育投入的无效性。

（3）为评价学校工作提供客观的标准与手段。质量管理的核心是信息反馈，它的本质是一个控制过程。质量管理应以及时、准确地获得信息并正确判断为基础，采取一系列措施来保证工作达标。现代学校教育质量管理拥有科学的基础，向人们提供了客观评价学校教育工作质量优劣的依据和方法。

## 三、学校全面质量管理

### （一）学校全面质量管理的含义

学校全面质量管理是一所学校以质量为中心，以全校师生员工的共同参与为基础，为了让学校师生满意和本校所有成员及社会受益而优化配置教育资源的活动。

学校全部工作的目的是提高教学质量，学校全面质量管理的基础是强化教职工的质量意识，学校全面质量管理所运用的手段和方法必须是科学的。为达到高质量，学校的各项工作过程及其结果都必须在实施的全过程中得到检查和分析。学校全面质量管理有利于提高教育质量，对社会、学校、家庭、学生都具有十分重要的意义。

### （二）学校全面质量管理的指导思想

#### 1. 每个人都获得最大利益

首先，学校和教师就像工业生产中的工厂和员工，他们作为产品的供应方，应该要为学生提供有效的学习工具、有利的学习环境和规范的学习制度。学校和教师的责任是传授学生知识，使他们全面发展，学会与人交往、学会自主学习、学会客观地评价自己和他人等。其次，学生不仅是消费者，还是具有自主能动性的人。他们在教师的指导下、与同学们的交流中不断地提高自己的自主学习能力、实践能力，不断促进自己的健康发展。最后，教育事业是公共事业，它关系到社会各方面，如家长、社区、企业、资助者等，他们都期望学校能培育出个性得到发展、能力得到提升、素质得到提高的全面发展的人才。

#### 2. 尊重学生，促进发展

学校每一个学生都是不同的个体，无论学习是优是差，都有着各自发展的潜能。学校有责任帮助所有学生的潜能得到发挥，但现有的应试模式并不能真正致力于所有学生的不断提高，应该得到重新审视。学校要利用好其拥有的各种资源，促进学生的发展，保护学生的特长和创造性，并多与家长、社区、社会相关者进行交流。

#### 3. 加强师资队伍建设

高质量的师资队伍为高质量的教学提供基础，教师的学识水平、师德修养、年龄结构等都从不同角度反映学校情况、代表学校的形象。一个学校的校纪、校风良好，学生处处讲文明懂礼貌、注意社会公德，必然会有很多杰出校友，学校也一定会获得社会公众的赞扬和肯定。

4. 注重学校管理中的三个层次

首先，学校的管理者、教师和员工都应将自己的工作做到规范。其次，学校的管理者、教师和员工都应在自己的岗位上成为专家。最后，学校的管理者、教师和员工都应在学校工作中感到快乐。

## （三）学校全面质量管理的主要特征

1. 全员性

学校全面质量管理必须是全员参加的，并不能只依靠校长和少数职能部门的主管。学校教育的本质是有目的地培养人才，教师是教育的实施者，学生是教育的接受者。学校的管理是为学校教育服务的，为学校教育工作的顺利进行提供保障的，无论是大到学校的校长、各职能部门的管理者，还是小到各职能部门的员工、后勤人员，都不同程度直接或间接地影响着学校整体工作的质量。无论是学校教育过程的各个环节，还是学校各个部门的人员都会关乎学生的成长，是学生成人成才的综合反映。学校的干部、教师、职工以及学生都应该作为主人翁加入学校全面质量管理工作中来，树立起质量意识，充分发挥自身的积极性和创造性，发挥群体功能，共同努力实现学校教育质量的提高。

2. 全面性

学校全面质量管理必须是全面的。首先，学校是为学生提供教育的，学校全面质量管理应该以教育为中心，促进学生的全面发展。学生的认知水平是否提高、学生是否全面发展，直接关系到教育结果质量，课堂教学质量、管理工作质量以及后勤工作质量直接或间接地关系到教育工作质量。因此，学校必须以其教育工作总体目标为依据、以质量标准为准绳，制定出各个部门的责任范围和各类人员的职责范围，使学校各部门、各人员为相同的目标进行合作，调动一切的积极因素，运用好学校的所有人力、物力和财力，全面提高教育质量。其次，在以教学为重点的基础上，学校全面质量管理还离不开学生家长及社会各方面的努力，学校应该动员他们，为教育提供良好的环境，为教育质量的提高尽一份力。最后，要重视人的因素。影响学校全面管理质量的因素是多种多样的，不仅有学校内部因素，还有学校外部的社会因素；不仅包括物的因素，还包括人的因素。我们不仅要收集并整理数据，用数据来评价质量，还要注意教师教学、组织管理等方面的人的因素。

3. 全程性

学校全面质量管理必须具有全程性。学校质量的形成是教学、管理、后勤等各部门为培养学生而进行的连续性的教育及管理活动。其中的每一个活动乃至每一个环节的进行都直接关乎学校整体教育质量的高低，任何一个环节的质量管理都不能忽视。关键是对质量的一些问题预先实行控制，在问题发生之前有效控制甚至解决问题，做到防患于未然。其模式有两种：一是对学校各方面工作、各部分人员进行实控，并预测出将出现的问题，随后在预测结果的基础上构思相应的对策，最后对此问题进行规范；二是找出问题，分析问题出现的原因，再进行规范。

## （四）学校全面质量管理的基础工作

学校全面质量管理工作的开展要获得真正的实效，必须一步步地做好一系列基础工作，它是一项深远并且持久的系统工程。这些基础工作包括标准化工作、质量信息提取、质量信息加工处理、建立质量责任制、质量教育工作。

1. 标准化工作

标准化工作是一个制定标准和贯彻标准的活动过程，它的设计对象是学校各项工作的过程、结果以及学生发展质量，它的依据是国家提出来的要求，它的基础是科学研究及实践经验。标准化工作为学校质量管理提供了纠正教育偏差的参照系以及衡量工作过程和结果的尺度，它对学校管理者、教职员工和学生提出要求，使他们具备努力的目标和方向，并能对学校教育工作提出中肯、客观的评价。

学校质量标准是由管理工作标准、教职工工作标准和学生发展质量标准三个方面构成的。管理工作标准是学校教育质量管理活动的依据，为机构、制度等提供统一的规定和要求，如机构的管理程序和制度、各部门工作协调办法、各级机构与岗位责任制、信息反馈流程等。教职工工作标准是针对教师和职工工作而制定的技术性准则。学生发展质量标准不仅为学生提供发展标准，还为学校管理和教师教育、教学工作成果质量提供衡量标准。学生发展质量标准分为两类，一类是学生各个阶段的德、智、体、美、劳各种素质的发展水平，这是基本标准；另一类是比较性标准，如高考成绩、各类竞赛成绩等，是辅助性标准，通常作为激励性标准，但是应该注意它的局限性，运用在恰当范围。

首先，学校质量标准首先应该符合国家的教育方针及政策，要明确、具体。其次，制定标准时，除了要遵从上级的要求外，还要考虑到教师、职工和学生的意见，并将他们融入整个过程。再次，制定的标准在基础水平上，不同的部门、不同的人员要存在一定的差异，分出不同的差异，为他们提供明确的方向。最后，学校质量标准并不是恒定不变的，应该随着社会的发展而不断改进，发现不适合的部分，应该及时予以修正或剔除。

2. 质量信息提取

质量信息提取指的是通过调查、测量获得关于学校质量状况的数据及描述性资料的管理活动。学校质量状况评定的具体方法很多，如考试和测验法、作业及作品分析法、行动观察法、问卷法、直接谈话法、自我诊断法、个案研究法、实验或实践报告分析法等。这些数据和资料的获取不仅为管理者提供了学校教育质量的现在和未来状况的预测，还为教育工作提供了导向作用，因为信息提取的方式会对教职工和学生产生一定的影响。

首先，在提取质量信息时，我们应该交叉使用不同的质量评定的方法，为得到更客观、更全面的信息，可以以其中一种或两种为主要方法，其他方法可以作为辅助。其次，在获取数据信息时，应使用科学的计量法。计量方法有着专门的规范、手段，要结合各项工作的特点与实际，应具有较高的信度、效度和区分度，全面反映所测项目的规律。再次，信息提取的频率不应过于频繁，否则会给被测对象造成心理压力，而影响他们创造性才能的发挥。最后，要合理选择所提取信息的标度，使提取结果一目了然，具有可比性。有些提取结果适于用数值表示，而有些则适于用模糊标度表示，如一般、良好、差等。

3. 质量信息加工处理

整理、分析和保存与学校各项工作质量有关的信息，可以剔除无用的信息，将众多的有用信息条理化，从而使这些数据和资料易于理解和分析。为了获得真实可靠的信息，各部门与人员必须对这些提取的质量信息进行审核、查询、汇总和修订。收集到的数据要完整、配套，我们不仅要注重现在各部分之间的横向和纵向比较，还要注重各部分现在与过去的比较。对数据和资料进行整理时，应该按照不同的标度进行分类处理，并按照统一的方案、表格进行综合的整理。在资料整理之后，要建立档案，便于日后的查询。

4. 建立质量责任制

学校岗位责任制的重要组成部分是质量责任制，质量责任制不仅明确规定了每个教职工所负有的质量任务、责任，还明确规定了其应享有的权利。它使办事有了标准，为建立稳定而严格的质量工作秩序奠定了基础。

建立质量责任制的流程包括以下几个方面：第一，分析职务，规定各个岗位人员的质量职能（岗位基本任务、任务标准、完成任务的要求、人员应具备的素质）；第二，制定明确的考核制度，不仅包括考核的范围、方法、时间等，还包括奖惩细则；第三，制定职务说明书，说明各岗位应履行的职责、要求及考核依据。

5. 质量教育工作

决定教育工作质量的两个基本变量是教育工作相关者的工作态度和业务能力，质量教育的核心目标就是提高这两个变量。质量教育工作包括以下三个方面：其一，进行质量意识和质量责任感教育，包括培养学校教职工的社会责任感、树立教职工对学校和学生的责任感、激发教职工的个人成就感。其二，提升专业知识和能力，以在岗培训为主。社会在发展，质量标准在不断变化，知识和技能也会随之不断综合化、复杂化，因此，教职工必须通过学习来提升自己的专业知识和能力，以满足岗位需求。其三，质量管理培训，学校全面质量管理具有全面性，不仅学校的管理人员要掌握质量管理的思想和技术，教师和其他职工也应该有所了解。

# 第十章　现代学校管理原则与方法

学校管理原则是学校管理工作必须遵循的根本要求和活动规范。学校管理原则在学校管理工作中起着统摄一切的作用。学校管理目标的实现、学校管理过程的运行、学校管理要素的配置、学校管理方法的选择、学校管理体制的建立以及学校管理人员积极性的调动，都离不开学校管理原则的指导。学校管理原则应该符合学校管理的规律。人们对学校管理规律认识的不同以及对学校管理实践的感悟不同，造成了对所要遵循的学校管理原则的不同概括。毛泽东同志曾指出："我们不但要提出任务，而且要解决完成任务的方法问题。我们的任务是过河，但是没有桥或没有船就不能过。不解决桥和船的问题，过河就是一句空话。不解决方法问题，任务就只是瞎说一顿。"[①]"管理有法，但无定法，贵在得法"。学校管理方法就是用以达成学校管理目标，保障管理过程有效运行的方式和手段。它和学校管理原则有着不可分割的联系。学校管理原则是学校管理方法的基础，是学校管理方法必须遵循的指导原理，而学校管理方法是实现学校管理原则的手段，是学校管理原则的具体运用和体现。

## 第一节　学校管理原则概述

### 一、学校管理原则的含义

"原则"，在当下我们的语境中，是一个歧义颇多的词，许多场合甚至带有"仅供参考"的意思。但是，在教育学的严格意义上，"原则"有基本的准则、法则之义，它应该是基本的、刚性的、普遍的、不容变通的。学校管理原则是学校管理人员从事学校管理活动所要遵循的指导思想和行动准则。它是进行管理活动的具体指导思想，是衡量学校管理活动的具体工作标准，任何管理活动都在自觉或不自觉地贯彻着某些原则，但是，只有在科学的管理原则的指导下，学校管理工作才可能顺利开展并达到预期目的。

学校管理者在办学的过程中通过实践，学习、研究、探索和把握学校教育和管理的规律，并在此基础上概括出办好学校的指导思想和行动准则，这就是学校管理原则。学校管理原则贯穿于学校管理的全过程。因此，在学校管理的各个具体环节，都必须遵循

① 中共中央文献编辑委员会．毛泽东选集．第一卷．北京：人民出版社，1994：139-140.

学校管理原则。科学的学校管理原则，对学校管理者从事的学校管理工作有重要的指导作用。学校管理者总是自觉或不自觉地在一定的原则下进行管理活动。学校管理者自觉地遵循正确的管理原则，就会使学校管理工作顺利开展，成效显著；否则就会走弯路，遇困难。

## 二、学校管理原则的确立

学校管理原则是对学校管理规律主观能动的反映，是学校管理者的主观认识与客观实际的结合。确立学校管理原则的要求包括以正确的价值观为指导、遵循学校管理规律、反映学校工作实际。

### （一）以正确的价值观为指导

学校管理原则的确立必须遵循教育方针的要求以及我国社会主义教育的性质、目的、任务等，以便科学地指导学校管理活动，调动教职工的积极性，提高工作效率，更好地完成教育任务。学校教育的性质是受社会政治、经济制度制约的。因此，学校管理原则必须坚持方向性原则，沿着社会主义的方向发展，否则学校管理的活动就无法正常进行。

### （二）遵循学校管理规律

学校的教育、教学和管理是受客观规律支配的。人们按照客观规律办事，教育、教学就会收到预期的效果，管理才会有成效，才能顺利实现学校管理目标和教育目标。如果人们违背了学校管理的客观规律，就会受到客观规律的惩罚。例如，教学工作是学校的中心工作，学校里的其他工作都要围绕教学工作进行，为提高教学质量服务，这是学校工作的基本规律。因为学校是培养人才的地方，在学校里培养人才主要的手段是教学，培养人才的工作主要是通过教师日常的大量的教学活动和学生学习活动来完成的。学校里的思想政治工作的进行、科学文化知识的传授和能力的培养，以及学生健康体魄的形成，大量的也是通过教学进行的。这是学校工作的本质特点，这一规律支配着整个学校的工作。我国多年来的教育实践证明，遵循这个规律，学校工作就秩序稳定，教学质量就提高；违背这一规律，学校工作就必然产生混乱，教学质量就下降。人们在实践中逐步认识了这一规律，并在学校管理工作中规定了以教学为主，全面安排的系统性原则。因此学校管理的系统性原则就是客观教育规律决定的。当客观规律被人们所认识，并运用来指导我们学校的管理工作时，人们就会制定出若干按客观规律办事的行为准则，这些行为准则就是学校管理原则。

### （三）反映学校工作实际

学校管理原则是学校工作的结晶。学校管理原则是在人们对学校管理实践认识的基础上建立起来的。新中国成立以来，我国的教育事业有了很大的发展，取得了很大的成绩，也经受了许多挫折。学校工作的进步和失利，实际上都是学校管理人员自觉不自觉遵循某些管理原则的结果。因此，认真总结学校管理工作正反两方面的经验，就可以知道学校管理工作应该怎样做，不应该怎样做，从而归纳出学校管理的原则。学校管理原则来源于实践，学校工作实际是学校管理原则的又一客观依据。

## 第二节　学校管理的基本原则

### 一、方向性原则

#### （一）基本含义与依据

学校管理必须坚持社会主义办学方向。这是学校管理受社会政治经济发展制约的客观规律的反映，也是由我国社会主义教育的性质、目的、任务决定的。方向性原则要求学校管理工作者必须坚持教育为社会主义现代化建设服务的方向，坚定不移地贯彻执行党和国家的教育方针决策，保证社会主义建设人才的培养的方向。其基本依据有以下几个方面。

1. 学校受社会和国家委托教育培养人才

教育是社会的一个子系统，它要受到社会各种因素的制约。作为教育机构的学校是受国家的委托，专门从事培养人才的机构，必须遵循国家的教育方针、决策。1957 年 2 月毛泽东在最高国务会议上提出："我们的教育方针，应该使受教育者在德育、智育、体育几方面都得到发展，成为有社会主义觉悟的有文化的劳动者。"1982 年，第五届全国人民代表大会第五次会议通过了《宪法》，其中提出："国家培养青年、少年、儿童在品德、智力、体质等方面全面发展。"1985 年在《中共中央关于教育体制改革的决定》中指出："所有这些人才，都应该有理想、有道德、有文化、有纪律，热爱社会主义祖国和社会主义事业，具有为国家富强和人民富裕而艰苦奋斗的献身精神，都应该不断追求新知，具有实事求是、独立思考、勇于创新的科学精神。"1986 年 4 月 12 日第六届全国人民代表大会第四次会议通过，2006 年 6 月 29 日第十届全国人民代表大会常务委员会第二十二次会议修订的《义务教育法》第 3 条规定："义务教育必须贯彻国家的教育方针，实施素质教育，提高教育质量，使适龄儿童、少年在品德、智力、体质等方面全面发展，为培养有理想、有道德、有文化、有纪律的社会主义建设者和接班人奠定基础。"1993 年在《中国教育改革和发展纲要》中提出："培养德智体全面发展的建设者和接班人。"1995 年在《教育法》中规定："教育必须为社会主义现代化建设服务，必须与生产劳动相结合，培养德、智、体等方面全面发展的社会主义事业的建设者和接班人。"中共中央、国务院于 2010 年印发《国家中长期教育改革和发展规划纲要（2010—2020 年）》第一章开宗明义地阐述了指导思想。高举中国特色社会主义伟大旗帜，以邓小平理论和"三个代表"重要思想为指导，深入贯彻落实科学发展观，实施科教兴国战略和人才强国战略，优先发展教育，办好人民满意的教育，建设人力资源强国。全面贯彻党的教育方针，坚持教育为社会主义现代化建设服务，为人民服务，与生产劳动和社会实践相结合，培养德智体美全面发展的社会主义建设者和接班人。立足社会主义初级阶段基本国情，把握教育发展的阶段性特征，坚持依法治教，尊重教育规律，夯实基础，优化结构，调整布局，提升内涵，促进教育全面协调可持续发展。同时，还提出了优先发展、育人为本、改革创新、促进公平、提高质量的工作方针。2018年，在全国教育大会上，习近平总书记强调，在党的坚强领导下，全面贯彻党的教育方针，坚持马克思主义指导地位，坚持中国特色社会主义教育发展道路，坚持社会主义办学方向，立足基本国情，遵循教育规律，坚持改革创新，以凝聚人心、完善人格、开发人力、培育人才、造福人民为工作目标，培养德智体美劳全面发展的社会主义建设者和接班人，加快推进教育现代化、建设教育强国、办好人民满意的教育。2021年第十三届全国人大常委会第二十八次会议审议，《中华人民共和国教育法》第五条修改为，“教育必须为社会主义现代化建设服务、为人民服务，必须与生产劳动和社会实践相结合，培养德智体美劳全面发展的社会主义建设者和接班人”，将党的教育方针落实为国家法律规范。

2. 学校办学体制的多样性和管理过程的复杂性

目前，国家加强了办学体制的改革，民办学校如雨后春笋般在我国呈现出来。这种办学体制的多样性并不是不要遵循方向性原则，而是更要坚持方向性原则。只有这样，私立学校才能生存和发展，才能培养出符合社会主义现代化建设所需要的人才。与此同时，办学体制的多样性使学校管理的过程也出现了复杂性。过去，学校管理基本上是依附型的管理，缺乏自主性。随着办学体制改革的进行，学校逐渐从依附型转变为自主型，有了办学的自主权。自主权的获得，不是说学校管理者想怎样管理学校，就怎样管理，而是要求学校管理者在坚持社会主义方向性原则的基础上自主管理学校。

### （二）方向性原则的贯彻要求

1. 以马克思主义哲学为理论指针

马克思主义唯物辩证法是我们认识事物的行动指南。学校管理者必须在学校管理工作中自觉地按照马克思主义的观点来分析问题和解决问题。毛泽东思想是对马列主义的继承和发展。邓小平理论又是对马列主义、毛泽东思想的继承和发扬，其中对于社会主义初级阶段的认识有利于我们正确地了解我国的国情。邓小平同志针对教育的办学方向问题，提出了“教育要面向现代化，面向世界，面向未来”的指导方针。学校工作要坚持社会主义方向，就必须坚持“三个面向”的方针。“三个面向”是一个统一的整体。面向现代化是“三个面向”的基础和核心。教育要面向现代化，就要适应以经济建设为中心的社会主义现代化建设的需要，培养社会主义现代化建设所需要的人才，同时，教育本身也要现代化，教育思想、教育制度、教学内容、教学方法和手段都要改革和更新，使教育更好地适应现代化建设的需要。教育要面向现代化，就必须同时面向世界，只有面向世界，才能更好地面向现代化。因为我们要实现的现代化，是世界先进水平的现代化。面向世界，就必须坚持对外开放，放眼世界，既要吸取世界先进的科学技术、文化成就和管理经验，加速我国的经济发展，又要吸取世界的先进教育经验，加速我国教育的发展，还要加强思想政治工作，抵制外来资产阶级腐朽没落的思想。教育要面向未来，这是由教育周期长的特点决定的，也是由共产主义的远大目标决定的。现在的中小学生将是21世纪的建设者，因此，我们必须面向未来，把他们培养成本世纪需要的人才，培养成共产主义需要的一代新人，不仅要有丰富的科学文化知识、较高的智能水平，还要善于独立思考、善于动手、善于创新，并且要有较高的社会主义觉悟和共产主义道德品质。

2. 坚持社会主义核心价值体系

《中共中央关于构建社会主义和谐社会若干重大问题的决定》，第一次提出了“建设社会主义核心价值体系”这个重大命题和战略任务，并科学地概括了社会主义核心价值体系的主要内容，即马克思主义指导思想、中国特色社会主义共同理想、以爱国主义为核心的民族精神和以改革创新为核心的时代精神、社会主义荣辱观。这四个方面相互联系、相互贯通、相互促进，构成了一个有机统一的价值体系。科学地揭示了社会主义核心价值体系的深刻内涵。社会主义核心价值体系是社会主义价值体系、意识形态的核心和本质体现，是社会主义的生命之魂和精神旗帜，在社会主义价值体系中，处于支配和统摄地位。社会主义核心价值体系的灵魂是马克思主义，主题是中国特色社会主义共同理想，精髓是民族精神和时代精神，基础是社会主义荣辱观。要准确把握社会主义核心价值体系的科学内涵，必须紧紧抓住马克思主义指导思想这一灵魂，把握好中国特色社会主义共同理想这一主题，掌握住民族精神和时代精神这一精髓，打牢社会主义荣辱观这一基础，才能形成全民族奋发向上的精神力量和团结和睦的精神纽带。

3. 与我国社会、经济以及生产力发展状况相适应

一定历史时期的教育总是由一定社会的生产力发展水平和政治经济所决定的，并为一定社会的政治经济和生产力的发展服务的。这是不以人的意志为转移的客观规律。学校管理是为学校的教育工作服务的。它在遵循学校教育规律的同时，还要与社会、经济以及生产力发展水平相适应。

## 二、系统性原则

### （一）基本含义与依据

系统性原则要求学校管理者把学校视为一个有机整体，全面规划、统一指挥、合理组合学校各个部门、各个层次、各种因素的力量，以达到最佳的管理效果。系统性原则要求学校管理工作必须从系统的观点出发，全面辩证地处理各种事物之间的关系，对各种力量进行优化组合，以取得最好的管理效果。

1. 系统理论是系统性原则的基本依据

所谓系统，就是由相互作用和相互依赖的若干既有区别又相互依存的要素构成的具有特定功能的有机整体。“整体大于部分之和”，部分通过组织整合导致新的系统整体功能或属性涌现（或称突现）的系统整合原理，揭示了自然界进化规律的真谛，也揭示了近代工业化生产方式下社会生产力和社会财富奇迹般地快速增长的原因，指出其重要基础是由于工厂制度的出现、社会组织化程度的不断提高。随着对“整体大于部分之和”现象普遍性的认识，出现了以系统整体功能最大化为目标，以实现对其各个组成部分的完全整合为手段的整体系统论。

2. 整体性是系统的基本特征

系统是由相互联系、相互作用的若干要素按一定的方式所组成的，具有特定功能的

有机整体。系统的整体性指系统是作为一个由诸多要素结合而成的有机整体存在并发挥作用的。简单讲就是系统具有其部分在孤立状态下所没有的整体特性。系统论揭示了事物联系的整体性、层次性、开放性和封闭性等。系统最显著的特点就是整体性，系统是由一定数量的要素组成的，系统作为整体，其各个要素之间是相互影响的、密切相关的，当一个要素，特别是关键性要素发生变化时，就会影响到系统中的其他要素，引起连锁反应。这就要求我们要在每一要素、每一环节中强化系统的整体观念。

3. 层次性是系统的另一个重要特征

所谓层次，是构成系统的诸要素在整体结构中的地位和等级关系。任何系统都具有各自不同的分支系统，构成一个运转自如的有机整体。这个整体有其共同的目标，在整体中包含的子系统中，每一层次都有其任务和功能，具有相对重要的作用。学校组织也是一个系统。例如，学校校长之下设有总务处、教务处、总务处等部门，并有各自负责的人员；各部门负责人员之下又有执行各种具体任务的基层组织和教职工。这样，每个系列都有不同层次，各层次、各人员在整体运转中，都要发挥其作用，既要分工负责，又要互相配合。

4. 开放性是系统的又一个重要特征

开放性与封闭性是系统的另一个重要特征。系统的开放性是指系统总是存在于一定环境之中，并且与作为环境的其他系统进行着物质、能量、信息的交换。在这种交换中，系统经历着从低级向高级、从简单到复杂、从无序向有序的不断优化的动态发展过程。现代学校的个性源于它的封闭性，现代学校的通适性则源于它的开放性，现代学校在相对适应社会、服务社会的同时，可以保证有必要的时间和空间对社会现实做出审慎的思考，避免过于轻率地适应眼前需要而放弃长远的责任。正确理解和把握现代学校管理系统封闭性与开放性矛盾统一的基本规律，是保证我国学校管理系统体制改革顺利实施的重要环节。现代学校管理系统的封闭性是指学校管理系统内部自我运转和良性循环的性能，是在相对独立、完整的学校管理系统内部，在“投入—加工—产出”的过程中，按照现代学校管理系统的特定目标而进行的优化组合。没有封闭性,现代学校管理系统就没有相对稳定的环境，最终动摇系统存在的基础。这种封闭性并不是学校象牙塔传统的简单回归，随着现代学校越来越成为现代社会的重要组成部分之一，现代学校的生存和发展必然与社会发展息息相关，现代学校管理系统的封闭性要求的是学校要在社会主义市场经济条件下始终坚定地保持对教育本质的精神守望。现代学校管理系统的开放性是指学校管理系统在与外界环境相互关系、互相作用中实现物质、能量、信息交换，学校管理系统一方面受外界环境的制约和影响，另一方面又对环境施加影响。这种开放性是实现学校管理系统整体性功能目标的需要，也是学校管理系统存在和发展的物质基础和基本条件。随着社会不断发展，现代学校与社会相互依赖的程度越来越高，现代学校的发展，只有在满足社会需求的条件下，才有广阔的前景；现代学校的特色，只有在为社会服务的实践中才能逐步形成；现代学校的质量与水平，也只有得到社会的检验和确认，才能经得起时间的考验。没有学校管理系统的开放性，现代学校就没有发展的动力，最终陷入狭隘、僵硬。自现代学校产生之日起，其就依靠改变自己的形式和职能以适应一定时期、一定阶段的社会政治环境，同时保持自身的连贯性使自己名实相符来保持自己的生命活力。

## （二）系统性原则的贯彻要求

1. 统揽全局工作的整体性

决策目标的实现既有赖于教育权威系统制定出正确的教育决策，也有赖于决策执行主体的有效执行，同时，执行过程的监督和执行结果的反馈也是必不可少的。这就要求遵循系统性原则中的整体性原则，只有整个过程中的各个环节相互协调、相互补充才能实现教育决策的目标。一方面，加强决策制定机关和执行机关以及监督机关之间的沟通，防止执行的盲目性；另一方面，这三大环节要紧密联系并且相互协调，保证决策过程的连贯和畅通。首先，增强决策制定的科学性和合理性。制定决策是决策过程的首要环节。制定往往决定了决策过程中其他环节的方向，从而决定了决策目标的实现和实现程度。其次，强化决策执行的协调。一项公共决策的执行及其目标的实现，需要诸多机关、部门和人员之间的密切配合，从科学管理的角度来看，决策执行的协调要注意：一是决策本身应当明确，不可含糊不清；二是执行计划为执行之纲本，凡事预则立，不预则废，依计划而分工，避免发生事权的冲突；三是建立统一有效的领导，才能集中各方面执行决策的力量，共同实现决策目标；四是健全监督。最后，高度重视反馈控制。控制是执行机关和执行人员根据执行过程反馈回来的信息和原设一定的标准对偏差行为进行矫正的过程。决策控制的需要来源于决策与执行的偏差。任何决策都是面向未来的，由于客观环境的变化和各种随机因素的存在，即使在决策方案完全正确的情况下，实际效果与决策目标之间也存在着一定的差距，因此，需要不断地进行反馈和控制。特别是在市场经济条件下，在我国这样一个大国中，由于地区发展不平衡，决策执行的效果也不一致，更要加强反馈控制。既然学校管理工作是一个有机的整体，就应该发挥其关联性，加大师生参与决策过程的力度，让师生扮演重要的角色，让每一个关心自己利益的师生和利益相关者都可以在决策过程中积极地表达自己的意见和利益诉求。

2. 组织机构层次的合理性

决策总是与一定的管理职能紧密相连，职能在不同管理者之间的不同划分，使决策的作用范围也按照一定的方向辐射，辐射面总是和职能体相重叠。从现实中我们可以看到，决策在结构得到优化的组织体中，总是能够制定得较为正确，制定以后一般也能够得到很好的执行。为了解决各个层次和部门间的决策冲突问题，加强它们的合作协调。一方面，要建立和完善教育决策执行中的权利配置机制。权力配置在纵向上表现为执行权有不同层级的分配问题，即各级组织之间，以及在同一组织内部各个层次之间的配置；在横向上，教育决策执行权有不同学校和不同职能部门之间的配置。另一方面，要建立和完善教育决策执行中的信息沟通机制。信息沟通包括信息的下行、上行和平行三个方面的运动，它对教育决策的执行有着重要的影响。信息下行顺畅，才能政令通行，上传下达，决策执行才能顺利进行；信息上行顺畅，有利于信息反馈及时、准确，有利于细化决策和追踪决策的顺利开展，有利于对决策执行进行有效的控制；信息平行顺畅，有利于各决策执行主体之间的沟通和协调，有利于信息来源的多样化，扩大信息的广度，增加其全面性。因此，学校管理机构的设置、人员的安排，要本着“机构精简、人员精干”的原则。学校管理者的一项重要任务，就是要从本校的实际出发，妥善部署各方面的力量，做到定编、定员。机构过细，容易造成工作拖拉；人员过多，会形成人力浪费。

3. 决策过程的动态性与开放性

第一，任何一项教育决策都是从实践中来、最终又需经实践检验的。脱离实际的教育决策必然没有生命力，只有根据变化了的情况，对管理决策进行及时补充、修改和完善，决策才能有效地发挥作用，并保证其权威性。因此，在制定和执行教育决策的过程中，一方面要注意其稳定性，另一方面又要注意其可变性。实践表明，完善而有效的教育决策，必须保持决策的连续性、稳定性、动态性和可变性的统一。要保证教育决策的目标性和适应性，关键是教育决策过程的动态调整和不断完善。在教育决策的制定过程中，对问题要综合分析，经过反复研究论证后，才能成为决策的内容。要具体问题具体分析，要讲究原则性和灵活性的统一，并且通过反馈监督，不断调整问题和目标的差距。

第二，重视适应和优化决策环境。环境日趋复杂，各种非经济因素对教育决策的执行起着很大的制约作用。为解决这一问题我们可以从两个方面入手，一方面，教育决策的时效性、实践性、针对性，要求教育决策针对特定时期的决策问题而采取行动，教育决策应随着决策环境的变化而不断地做出调整或修改，要遵循规律，适应环境；另一方面，教育决策作为一个系统，总处在一定的内外环境之中，通过输入与输出不断地与内外环境进行物质、信息与能量的交换。因此，积极地改变环境来服务于教育决策的运行也是重要的，即通过优化环境来促进决策的实施和目标的实现。环境优化程度对教育决策的过程影响甚大，要提高教育决策的规范性和执行效果就必须优化其决策环境，包括健全灵活的制度环境、构建高效的决策文化氛围和提高目标对象的认知和接受能力。

## 三、民主性原则

### （一）基本含义与依据

坚持民主性原则有利于调动师生员工的积极性和主动性。这不仅是学校管理要调动人的积极性的特点所决定的，也是我国政治体制所决定的。民主性原则要求学校管理者必须增强管理工作透明度，培养师生员工的管理意识，激发参与热情，充分调动师生员工参事议事的积极性，共同办好学校。其基本依据有以下几个方面。

（1）确认和保障人民的教育的民主，是社会主义教育法规区别于剥削阶级教育法规的一个重要原则。主要体现在公民享有平等的受教育权利和义务。我国《宪法》规定："中华人民共和国公民在法律面前一律平等。"这在教育方面的重要表现之一，就是每个公民均享有平等的受教育的权利和义务。公民不分民族、种族、性别、年龄、财产状况、社会地位、宗教信仰等，享有均等的受教育的机会。此外，国家、社会对家庭经济困难的公民、身心有缺陷的公民接受教育予以扶持和帮助。

（2）民主集中制是我国政治体制决定的。民主性原则是党和国家的民主集中制在管理工作中的运用，也是学校管理工作所必需的。民主与集中是辩证统一的关系。民主是集中指导下的民主，集中是民主基础上的集中，这是社会主义的性质所决定的。学校管理者既要依靠教师又要领导教师。要把向群众学习和教育群众统一起来，既反对命令主义，又反对尾巴主义。学校管理者要对教师提出明确的要求，切实做好教师的评比考核工作，对教师的思想、工作和学习进行认真负责的管理，建设一支“又红又专”的教师队伍，以保证学校任务的完成。

（3）学校管理工作是一个多元的集合。学校管理过程是纷繁复杂的，仅仅凭领导者个人的知识、能力、时间是不够的，还必须依靠广大群众的力量。现代管理学认为“管理过程也就是决策过程”。决策成功率的大小，在某种意义上取决于民主管理的有效程度。在信息时代，各种信息的不断输入，为科学决策提供了更多的选择，要保证领导者决策的正确，必须从校长个人决策过渡到群体决策。教职工通过各种渠道参与决策，可以为增强决策的科学性奠定雄厚的基础。

## （二）民主性原则的贯彻要求

1. 坚持群众路线

从群众中来到群众中去，是学校管理民主性原则的必然要求。首先，这是学校工作对象的特点决定的。学校教育对象是儿童和青少年，他们都有各自不同的个性与特点，如果不调动全体师生的管理积极性，仅仅依靠学校管理者个人的智慧和能力，就会显得微不足道。其次，这是学校工作的特点决定的。学校是培养人的场所，人是一种复杂的自然实体和社会实体，而培养人的过程又是一个多因素多层次的过程，要受教育对象身心发展规律的制约，教育对象身心正在发展，有思维活动能力，有不同的个性，因此质量检验条件不易控制，结果也不能那样精确。所以人才的培养，不是单靠标准化的设计与工艺流程就能解决问题的，而要靠教师细致入微、认真负责地工作。学校民主管理的主要职能有以下三个方面。一是咨询作用。从某种意义上说，不同学科、不同层次、不同年龄的人都可以组合为不同的加强学校民主管理的咨询组。例如，把有丰富经验的专家教授组织起来，组成教学督导组；把在各项工作中有丰富经验的教职工组织起来，成立民主管理顾问组；等等。其组织活动可采取参与学校方针决策制定、深入课堂听课、参与校园经济咨询的形式，积极深入学校各个活动领域，促进学校的民主管理。参与此项工作的人越多，就越能发挥群体意识的主观能动性，因此，这也是加强学校民主管理的一个行之有效的办法。二是信息反馈作用。信息反馈是检验学校制订的某种计划、实施的某项工作成败得失的有效机制。信息是不会说话的“参谋”，在开展某项工作后，注意经常搜集来自各方面不同的反馈信息，并加以客观地分析，对于今后的工作会积累一些有价值的经验教训，起到积极作用。另外，注意信息反馈还可以帮助我们调节好工作节奏，在工作中加强针对性，少走一些弯路，正反馈和负反馈都是实现学校民主管理不可缺少的。三是评估作用。搞好定期、定时、定向评估，是发挥民主管理的又一项职能。评估是一项科学系统的活动。当前，发挥学校民主管理中评估的作用，就是要制定出全方位、较为合理的多项评估方法，这些方法应该从现阶段教职工实际心理承受能力出发。评估的作用主要体现在奖优罚劣，鼓励教职工形成竞争意识，在自己所承担的工作岗位上行其职、尽其责。评估的标准也应随着教育体制改革的不断深化而日臻完善。

2. 培养师生参与意识

学校管理不只是学校管理者的事，教师和学生也要参与管理；学校管理也不只是管理学生、教师，同时学校管理者也要接受管理。作为学校管理者要通过教育工作来培养教职工参与管理的热情与意识。学校教代会是唯一的参与管理的非党政机构。它是教职工行使民主权利、参与民主管理的一种法定形式。其职责是审议、监督、咨询。学校任何工作，一旦形成一种格局就已经处于民主管理的监督之下，监督者不论职位高低、权力大小，只要是整体的一分子，就都有权发表个人的建议和看法，这本身也是一种参与。学校的管理工作，只有自觉接受群众的监督，才能显示出其内在的活力，以监督作为保证手段，可以有效地克服领导工作中的官僚主义和玩忽职守的行为。教代会在民主管理中发挥着积极作用，但教代会的作用决不仅是通过举手表决而通过某项决议，更重要的是民主参与和民主监督。因此必须加强教代会的具体工作职能。例如，应强调教代会对学校重大决策或新措施的出台有表决权和否决权，校长要尊重教代会的集体决议。教代会的组织建设（换届工作、例会制度）也须制度化、科学化并不断完善。民主管理作用的体现是多层次的，应建立在责、权、利分明的岗位责任制基础上。在一些学校中，确实存在着责权不明、岗位责任不清的情况，从而造成矛盾上交，权力过分集中，当然这里有领导者自身工作方法和领导艺术的问题，同时又反映出民主管理意识不强的问题。因此，强化学校民主管理的作用，必须同健全岗位责任制、实现目标管理相联系。当前还应强调学校各级干部、不同处室（部门）的责任人，在完成应落实的工作、应履行的职责时，视其情况做到奖优罚劣，奖罚都应在群众的监督之下进行，这对于加速学校管理民主化进程，完善学校各项工作制度，必将起到积极的作用。强调民主管理的监督作用，首要的条件就是使被制约的目标见诸于全体教职工。学校的工作应做到计划信息公开、落实计划优劣评估结果公开、财政情况公开、重大决策公开等，让参与民主管理者心中有数，他们就能在相互理解中同享成功之乐，共担风险和困难，使学校管理者同广大教职工真正成为相互信任的整体。

*3. 充分调动师生积极性*

依靠教师办学是学校管理的重要规律，是学校管理者必须牢固树立的信念。学校管理者思想上必须明确教师在学校中的地位和作用，通过加强思想政治工作，并结合科学的激励理论，来调动教师的积极性、创造性和主动性，充分发挥他们在教育教学工作中的主导作用。对此，学校管理者要认真研究教师的劳动特点和心理特点，根据这些特点采取适当的管理措施。此外，学校管理者还应该贯彻《教师法》中对教师的要求，积极为教师创造条件，为他们发挥自身的智慧、才能创造条件，从而使他们在行使教育者的角色的同时，行使好管理者与被管理者甚至研究者、学习者等角色。

## 四、教育性原则

### （一）基本含义与依据

学校管理工作与其他工作的不同之处，在于它不仅要通过管理完成一般的工作任务，而且要十分注意学校各项工作对学生的教育作用。因此，学校管理工作必须遵循教育性原则。教育性原则要求学校管理工作必须“见物见人”，以人为中心，充分发挥管理的教育作用，在管理过程中促进师生员工思想觉悟的提高。其基本依据有以下几点。

1. 学校管理关键是对人的管理

人的管理的核心内容是要发挥人的主体性。主体性是人可持续发展的动力和源泉，弘扬人的主体性，唤起人的主体意识和主体能力，是我国21世纪社会经济全面发展和进步对人的素质的根本要求。人的主体性是人作为主体在对象性活动中相对于活动客体所处的态势而表现出的功能特性。可见人的主体性是一个对象性范畴，只有在对象性关系中才能获得自身的规定，并通过主客体之间的相互作用才能具体表现出来。人的主体性是人在同客体的相互作用中所表现出来的能动性、创造性和自主性。学校管理者在管理别人的同时不但在潜移默化地影响着被管理者，即发挥着教育的作用，而且也影响着自己对管理问题的看法，起到自我教育的作用。

2. 学校是培养人的场所

学校是教育人、培养人的地方，儿童、青少年的可塑性大、模仿力强，所以学校的全体工作人员、全部工作及整个环境，都无时无刻不在影响着学生、熏陶着学生，可以说，学校无小事，事事都有教育作用。

学校管理为教育服务的根本出发点呼唤学校管理教育性意蕴的回归，教育性反映了管理和教育作为两种不同实践活动的内在相关性，体现了学校管理的特殊规律。一方面，从教育的角度来说，教育学全部理论的基本出发点在于人的可塑性（可教性）。人的物质形态、器官及生理构造和机能是非特定化的，具有极大的可塑性和广泛的适应性。正是由于人的未完成性赋予人以可塑性，教育才有可能和必要。教育因而成为人的存在方式并实现着“生命再生产”，具有了使人向善的价值意蕴。另一方面，从管理的角度来说，现代管理学在人性假设上经历了从“经济人”、“社会人”、“自我实现人”到“复杂人”的演变，管理的真谛，不仅在于利用人性、控制人性，更在于改造人性、发展人性。管理学领域的人性假设和教育学领域的人性观点，逻辑上高度融合于人的可塑性这一根基。学校管理是以人的可塑性为基础，在实践中基于可控性而维护秩序的学校管理，其价值理想是追求人的完成和人性的完美展现。学校管理教育性以人的可塑性为出发点，以管理的可控性为保障，二者相互交融于学校的教育目的，共同构成了学校管理属性的前提基础。

3. 管理兼具“教”和“育”的两重性

从学校实践中来看，管理与教育确实不同，但二者又紧密联系。学校发展演进历史表明，在学校产生后很长一段时期内，不仅管理人员同时是教育（教学）人员，而且管理对象也就是教育（教学）对象，管理活动就是教育本身。从学校管理的实践来说，管理有着某种认同、导向、规范和涵养的意义，管理兼具有“教”和“育”的两重属性、两种职能。事实上，管理制度作为一种特殊的教育资源和特定的教育内容，在学校生活实践中发挥着“习惯成自然”的教育作用。管理包括教育，意味着管理存在着教育性功能，管理教育性功能的实现具有普遍性、内隐性和过程性的特点。

另外，管理离不开教育，管理在秩序生产和再生产的管理性功能的发挥过程和结果实现上，需要依赖教育的影响，需要借助教育的力量。正是教育使具体个人的人性得到改善，管理才有可能更加经济、高效地发挥管理功能，实现管理目标。也正是在此意义上，学校管理的教育性要求学校管理在具体活动过程中必须以教育性为重要考量，以某种“教育的方式”去积极地影响、改变被管理者。

4. 教育性学校管理

教育性学校管理是学校管理的一种实践追求。在传统的学校管理中，特别是在对学生的教育管理中，存在着两种不同的认识论和实践论模式，一种可称为管理主义的教育管理，另一种可称为教育主义的教育管理。前者过于强调管理的必要性和重要性，以一种绝对的管理对待一切、解决一切问题的思维模式和思想观念主导着教育教学行动，形成一种只要管理不要教育或只见管理不见教育的管理主义行为模式。后者则反其道而行之，过于强调教育的必要性和重要性，以一种绝对的教育对待一切、解决一切问题的思维模式和思想观念主导着教育教学行动，形成一种只要教育不要管理或只见教育不见管理的教育主义行为模式。这两种对立的极端模式都是不可取的。从学校内部管理和教育的关系上来说，学校管理必须回归到学校组织的根本特性上来。学校从根本上说是一种服务性组织，它的服务对象就是学生，因此学校必须处处重视学生的利益。

虽然学校的组织和管理主要通过规范化手段进行，然而过于强制性的教育手段，或是用一种功利主义的态度对待学校工作，都是有害于学校组织的。因此，学校（教师）在寻求学生的服从和参与时，至少在原则上要力图以说服或感化为本，动之以情，晓之以理。

管理与教育在本性上是两种不同的东西。管理追求的是外在的安全、有序、效率、经济；而教育追求的是人的内在的丰富、多样、发展，这种追求需要以一定的宽松、自由、等待为条件。因此，二者天生就有相对立的一面。再加上相对而言，管理是显性的、具体的、更有权力的；而教育则往往是隐性的、弱势的、更为终极的。人们往往容易受到具体目的的影响而“顾不上”终极目的，因而，教育更有可能受到管理的控制和“侵蚀”。从而造成“管理的反教育性”。而管理直接决定教育者的教育行为，管理的反教育性演变为教育行为的反教育性。这种“反教育性”是教育工作者尤其是教育管理工作者需要特别反思和警惕的内容。

### （二）教育性原则的贯彻要求

学校管理活动，一般主要包括目标管理、教学管理、制度管理、校园文化管理、资源管理、道德管理等。由于学校管理的教育性具有内在性、能动性、多方面性的特点，因而管理的教育性也就蕴涵和体现在这些管理活动中，可以通过加强、改进、提高这些管理活动来彰显学校管理的教育性。因此，实现学校管理教育性的基本途径有以下几点。

1. 通过学校的目标管理发扬管理的教育性

宣传、贯彻、落实党和国家的教育方针、培养目标以及学校每阶段的具体任务，使受教育者在德、智、体、美诸方面全面发展，以体现和弘扬学校管理的教育性。榜样的力量是无穷的，学校每个工作人员的思想行为、一言一行，时时刻刻对学生起着潜移默化的影响。因此，学校管理者应该为师生员工做出榜样，教师要为学生做出榜样。要重视对教师的师德教育，提高教师的道德素质。

2. 通过学校的制度管理彰显管理的教育性

主要是通过学校的组织制度、教学制度、作息制度、学生守则和学籍管理制度、会议制度等体现管理的教育性。与目标管理侧重于宣传、提高认识不同，制度管理侧重于规章、规范、纪律、法制等方面，具有严格、规范、无条件执行等特点，带有一定的强制性。各项工作必须规范化，学校全体工作人员必须注意各项工作对学生的示范作用。各项工作都要严肃认真，一丝不苟，各种文件都要严谨准确、字迹工整，力求有助于影响学生，使之形成良好的学风。

3. 通过学校的校园文化管理彰显管理的教育性

主要是通过建设整洁的校园、明亮的教室、融洽的人际关系、健康向上的教育环境体现和弘扬管理的教育性。通过校园文化管理实现管理的教育性，与通过目标管理、制度管理发扬管理的教育性不同，它不是提出要求并强制执行，而是用积极、健康、向上的风气和富有教育意义的环境来影响、陶冶学生的思想、性格、习惯，使他们受到潜移默化的熏陶和影响。

4. 通过学校的资源管理彰显管理的教育性

主要是通过对学校资源的基本要素，即人、财、物的科学、合理、高效的利用来体现管理的教育性。通过资源管埋的间接影响，使学校成员感受到学校工作的高效有序、学校管理的科学合理、学校资源的充分利用、学校成员的人尽其才，增强学校成员的凝聚力，激励他们努力工作，积极向上。

5. 通过学校的道德管理彰显管理的教育性

学校管理的目的是实现教育目标。学校管理工作者在管理人的同时要起到“管理育人”的作用。一所学校如果校舍整洁、环境优美，就会对学生起到良好的教育作用，有助于教师和学生养成讲究卫生、爱护公物、遵守纪律等文明习惯。管理是以人为中心的协调活动，而道德是对人的行为的约束，从这个意义上来说，把道德和管理结合在一起，就形成了一种新的管理理念——道德管理。相对于制度管理而言，以道德调控为主要手段的道德管理具有明显的独特性：一是道德管理以启发自觉，形成自律为根本特征，是一种非强制性的、内在的、柔性的自我管理；二是具有广泛的渗透性，道德力量可以贯穿在学校管理活动的各个方面；三是道德管理的效应具有移情性，也就是说道德情感一经形成，就不会轻易改变，即使道德活动、道德环境改变了，道德情感还将发挥作用；四是道德管理是一种深层次的社会价值管理，具有明显的导向性，道德是具有价值功能的，它是和人的道德认识、道德情感、道德意志、道德信念结合在一起的，而道德观念、道德认识对整个管理活动起着一种导向作用；五是道德管理具有制度管理所不具备的灵活性，不受规章制度等条条框框的限制，可以因时、因地、因人改变管理方式。总之，我们要通过严格的管理规章制度来达到教育的目的，也要根据教育性的原则来衡量和改进管理工作。

## 五、科学性原则

### （一）基本含义与依据

学校管理必须遵循科学性原则，以科学的理论作指导，遵循教育、教学和管理过程的客观规律，运用现代的管理技术来管理好学校。科学性原则要求学校管理工作必须实事求是，按客观规律办事，正确处理主观与客观、理论与实际、传统管理经验与现代管理方法之间的关系。实事求是中的“实事”就是学校教育、管理工作的实际，“求是”就是要努力探索学校教育和管理的规律，按照客观规律办事。其基本依据有以下两点。

1. 学校管理是有规律的活动

学校是科学性很强的一个部门，如传授知识的科学体系、教育和教学的方法、学生身心发展的趋势、学校管理过程等，都有其内在的规律，都必须讲究科学。然而科学性原则往往不为学校管理者所重视，行政命令式的管理、经验管理、任人唯亲等违背规律的现象在学校管理中屡见不鲜。这些深刻的历史教训说明，学校管理必须遵循其内在的规律。

2. 现代科学技术发展的需要

随着现代信息技术的发展，学校管理领域出现了新的变化，即办公自动化、信息化、技术化等，这些新的变化要求学校管理必须借鉴现代的科学技术手段来加强管理。过去，任何人都可以从事学校管理工作，现在学校管理人员必须懂得计算机文件处理的相关技术才能胜任。

## （二）科学性原则的贯彻要求

1. 以人为本的科学发展观为指导

坚持以人为本，这是科学发展观的本质与核心所在，坚持以人为本，就是要把人作为宝贵的资源和财富，把人作为一切活动的出发点和归宿，通过充分发挥人的作用来满足人的需要并促进人的全面发展。把以人为本的理念运用到教育工作中去，就是要将广大师生置于教育教学工作的中心，确立教师的主导地位和学生的主体地位。为此要做到以下几点。第一，教育工作要坚持全面发展。学校教育工作的全面发展强调的是量和广度的扩张，但这种扩张并非面面俱到的，而是相对的，是类与个体全面发展的统一。对于个体的全面发展，应该是一般发展与特殊发展的统一，是个体有独特性的全面发展。具体说来，一是在宏观上要坚持教师群体与学生群体全面发展；二是在中观上要扬长避短建立并形成学校自己的办学特色，增强自身办学的优势，形成品牌，补上办学实际中的短板，避免出现“木桶效应”；三是在微观上要求教师不断提高自身素质，通过在工作中学习，在实践中反思，促使其成为优秀的教育工作者。第二，教育工作要坚持协调发展。学校组织系统是高校整体系统的一个子系统。从横向上，它要和教学、学生事务、后勤等子系统发展联系；在纵向上，它又由年级、班级、教研组、实验室等更小的单元系统构成。因此，学校工作要坚持协调发展的原则。一是要在横向上妥善处理教学与教育的关系，要摆正教育工作的位置，防止将教育和教学对立起来，克服“只管教书不管育人”的片面做法，促使两者在协调发展中形成良性互动的有机整体；二是在纵向上要妥善处理好教学系统内部的关系，要优化配置教学资源，着力解决教学队伍整合难、资源共享难的问题。第三，教育工作要坚持可持续发展。学校教育的发展既要满足于当前的需要，更要着眼于未来的发展，要形成具有可持续性的发展能力和发展后劲，促进学校教育工作的健康、稳定发展。实现学校教育工作的可持续发展，关键是建立和培育一种能够促进学术自主发展和教学相长的优秀传统。

2. 要体现学校的特点

作为科学决策，应当首先确定一个正确的战略目标，这是极为重要的。有了明确的战略目标后，才能去研究和论证“手段”。因此，到底什么时候才应制定新决策，即决策的时机性问题，是很值得研究的。那么，对决策时机的选择何者为好？至少有以下两种选择：一是当继续保持原有政策、制度、情况就会出现恶化时，必须及时做出新决策；二是当遇到新的机遇时，机不可失，时不再来，即使做出一些牺牲，也要及时做出决策。除此之外，就必须在反复比较局部与整体、当前与长远等利害关系，以及各方面承受能力的基础上，去决定决策时机问题。因此，每个学校都要体现自身的管理特色，结合学校的实际，全面安排工作，因地制宜地谋求发展。一般来说，学校管理的总体要求是以“教学管理”为中心，围绕着教学管理来开展思想政治工作、体育卫生工作、后勤工作等。但是每个学校在教学管理上的重点环节是不同的，有的学校重点抓教学常规管理，有的学校重点抓教学过程管理，还有的学校重点抓教学质量管理。此外，在教学常规管理、教学过程管理、教学质量管理的具体环节上又体现了不同的特性。

3. 采用新的科学技术手段

随着计算机的普及与运用，越来越多的学校运用信息论的相关原理来设计学校管理的程序，运用微机来管理学校的各个环节，不但会减轻学校管理者的负担，而且能够提高管理的科学化程度。决策是一个提出问题、分析问题和解决问题的系统分析、系统论证的动态过程。要取得有效的决策，必须遵循科学的决策程序，而科学的决策程序，是根据决策的规律和原则来制定的。所以，决策科学性原则，必然会在整个合理的决策程序中得到充分的体现。在决策准备阶段，一般包括以下几个步骤，即调查研究，提出问题，收集信息，科学预测，系统分析，确定目标。为了做好上述各项工作，必须具备一定的条件，必须在事前有充分的准备。例如，参与决策人才的选定、决策机构的设置、决策体制的健全、决策所需的科学技术设备的安排等。这些，我们不妨称为决策准备的硬件方面。离开了这些条件，就不是有组织的决策，就不能进行科学的决策。与此同时，科学决策更要重视软件，即对参与决策人才的智力素质的培养和提高、对决策理论的研究、对决策科学方法的把握、对决策问题的提出、对决策任务的确定以及对与决策对象有关的历史、现状和未来信息的了解等。离开了这些“软件”，就不能进行决策。科学决策要求在决策准备阶段，就要在“软硬”两方面进行足够的准备工作，忽视任何一方面，都是不可能使科学决策正常进行的，这是决策科学性原则的前提条件。总之，学校管理的科学性原则还要求学校管理者根据本校的管理实际，在实践中不断探索、认真研究、总结经验、发现规律并形成独具特色的科学管理理论，用于指导实践。

## 六、规范性原则

### （一）基本含义与依据

“规范”一词在希腊文中原指社会共同体的风俗习惯，随着法律和伦理逐渐从社会共同体的风俗习惯中分化出来，规范也成为与“自然”相对立的概念，英文“规范”（norm）源于拉丁文“norma”，原意为工匠所用的矩尺，引申为实践或行为的标准、模式、戒律。在古汉语中，“规”与“范”原本也是工匠使用的尺规和模具。规范性概念本身意味着某种限定、约束和指引，在不同学术领域内表现出不同的形式。例如，在自然科学中往往体现为各种定律；在政治学和伦理学中体现为实践活动与行为的准则；在语言中体现为语法规则；等等。这从一个侧面体现了此概念本身的重要性。但无论如何，规范性概念就其本质而言，始终与某种约束性力量联系在一起，形式上往往体现为具有规范性内容的命题或陈述。

规范性概念有两个基本特征。一是义务性，规范性所具有的约束性力量往往意味着某种程度的义务，只有履行了这样的义务，或者说遵循了规范性的要求，才能顺利实现某个目标或达到某种效果。因此，规范性对作为说话者、行动者或认识者的实践主体始终有一种约束、范导或调节的作用。正是由于这种规范性作用，人们才能正确地理解并使用语言、遵守社会行为规范、获取客观有效的知识等。二是超时空性，尽管规范性是在具体时空和情境下提出的，但规范性要求的效力往往是超越具体时空的。如果一条规则或规范性陈述是正确的，那么它将不仅适用于过去和当下情境，对于未来尚未发生的情况也应同样适用。例如，一条数学计算法则或者逻辑上的推理规则，对已经发生的计算或推理和未来尚未使用的无限可能的计算或推理同样适用。当然这种超时空性有时只具有相对的意义①。

由于规范性涉及政治、伦理道德、认识活动以及语言使用等诸多领域，涵盖了人类实践活动的各个方面，因此要把握规范性概念的意义还需要从不同角度对其做出进一步的区分和界定。第一，从规范性的来源来看，可以分为外在的规范性和内在的规范性。所谓规范性的来源指的是规范或规则所具有的规范性力量的来源。来源问题对于规范性而言具有基础性和本质性地位，如果规范性的来源无法确证，那么规则和规范也就失去了应有的效力与合法性，规范性问题本身也就失去了意义。对这一问题的不同回答实际上造成了两种不同的规范性。一种是在能动者之外的客观世界中寻找规范性的来源，如实在论者设定或接受的某些实体、事实或关系，这构成了外在的规范性；另一种是在能动者自身内部寻找规范性的来源，如人自身的理性、意志或情感，这构成了内在的规范性。第二，从规范性起作用的方式来看，可以分为显规范性和隐规范性。显规范性起作用的方式是直接且明确的，能动者可以用来确证其行动的合理性；而隐规范性起作用的方式则是间接的或潜在的。在语言实践中，这两种规范性在某种意义上类似于乔姆斯基对表层语法和深层语法的区分。而在政治、伦理道德以及法律层面，显规范性涉及那些明确的规则、规章、法律或者某些明显的可用作指示或参考的东西，隐规范性则涉及作为背景或语境的潜移默化地发挥作用的文化传统和思维模式等。第三，从规范性的约束性力量来看，可以分为强规范性和弱规范性。不同的规则或规范，其约束力可能存在明显的区别。例如，“酒后勿驾车”与“酒后勿饮浓茶”，前者是必须遵守的规章，而后者只是健康生活方式的一种指导。可见，与强规范性相联系的往往是某种强制性的力量或明显的义务，而弱规范性只是给出了某种正确性条件。

总之，对规范性的任何一种合理解释，都应在充分考虑这些的基础上，对其来源、起作用的方式和本身的约束性力量做出恰当的诠释。

学校管理要遵循一定的规范和制度，这就是学校管理中规范性原则的基本体现。学校管理的规范化是学校管理发展的必然趋势。规范性原则要求学校管理工作必须建立制度，

---

① 郭贵春，赵晓聃．规范性问题的语义转向与语用进路．中国社会科学，2014，（8）：69-71．

制定标准，使管理工作程序化、标准化，有效提高管理的效率和质量。其基本依据：一是学校本身是有规律的，人们对学校管理规律的认识，可以通过制定规章制度表现出来，以使学校管理工作常规化、制度化；二是规范也是学校管理工作的重要手段，学校管理规章制度的建立，可以使各项工作步入正轨，使全体师生员工有章可循，有法可依，养成良好的工作习惯和学习习惯，可以使学校管理工作依章进行、按章对照、要求明确、规格统一。

### （二）规范性原则的贯彻要求

1. 制定符合学校工作需要的有关规范和标准

学校各项工作都要建立一套科学的、统一的规格和标准，用以衡量教职工的工作质量和学生的发展质量。教学要按教学大纲，思想政治教育要有德育大纲，体育锻炼要贯彻教育锻炼标准。教师备课批改作业和学生练习、实验等，都要有一定的规格，对各类人员的工作也要有客观衡量标准。但是，这种规格和标准必须符合科学。应该在科学性的前提下，贯彻规范化。

2. 用规章制度保障正常教学秩序

贯彻规范性原则要求建立学校的各项规章制度，使机构有定员、领导有职责、事事有章程，使学校工作尽可能做到标准化、制度化、程序化，并形成自己的规格、习惯和程序。学校的规章制度主要包括总的章程、机构的规章制度、工作的规章制度和人员的规章制度。总的章程主要说明单位的性质、地位、作用；机构的规章制度主要规定机构运作的规则、职责权限；工作的规章制度是机构的职责权限在工作上的具体化，即各个部门负责什么样的工作；人员的规章制度是对人的一些具体要求。学校管理者必须严格要求自己，自觉遵守学校的各项规章制度，以身作则。

3. 形成良好的校风

良好的校风是一种教育力量，它不是自发形成的，而是教育的结果。学校管理人员要在日常工作中，有目的、有意识地进行教育，形成正确的舆论导向，培养良好的校风。学校管理人员的作风对校风的形成和巩固有着重要的影响。此外校风也会影响到教师的教风、学生的学风和班级的班风。

## 七、高效性原则

### （一）基本含义与依据

追求效益是学校管理的根本要求。这是学校管理本质特点的反映，也是学校管理的基本任务和归宿。因此，学校管理工作必须遵循高效性原则。高效性原则要求学校管理工作必须充分发挥物力、人力、财力等要素的作用，使学校管理工作高效率地推进，取得高效益的效果。其基本依据：一是符合国情，勤俭办学是党和国家一贯提倡的办学原则和传统，同时也包含讲究经济效果的意义在内，因此办学必须从这个实际出发；二是效益原理，效益原理要求学校管理人员必须坚持低投入、高产出的方针，注意提高管理的效益，学校是培养人的场所，更要遵循效益原理，合理地利用人力、物力、财力和时间，以最小的消耗，做更多更好的事情，培养高质量的人才。

## （二）高效性原则的贯彻要求

（1）树立正确的管理价值观。学校在培养人的过程中要讲究办学效益。衡量学校的办学效益，需要人们树立正确的管理价值观。学校管理者应该追求学校管理的育人价值，而不能追求功利价值。然而，当前有些学校管理者片面追求升学率，忽略了学生素质的全面发展，造成了很多问题。例如，教师和有关人员不择手段地提高学生分数，追求各种经济利益。这样必然使学校管理偏离目标的指引，无法提高学校管理的效益。

（2）提高办学资源的实际效用。高效性原则要求坚持勤俭办学的方针和讲求经济效果。也就是说，在学校管理中，要力求用较少的人力、物力、财力、时间，获得较大的效果。人力的合理、有效使用就是要求充分发挥人的主观能动性，做到人尽其才，才尽其用。物力的合理、有效使用就是要加强物资管理，提高设备利用率，做到物尽其用。财力的合理有效使用就是要把学校的有限经费，用在最为急需的事情上。此外，要使学校的办学资源得到有效的利用，学校管理者还必须加强监督，对学校资源的用途以及产生的价值进行检查，切实保证有限的资源用在最为需要的地方。

（3）经济效益和社会效益相结合，以管理目标作为检验的标准。任何管理都要讲求效益，而衡量效益的标准则是学校管理目标。学校管理效益是否良好，关键在于实现目标的程度怎样。如果不是按照管理的目标去工作，虽然费了力也谈不上效益。《中共中央关于教育体制改革的决定》中指出："衡量任何学校的根本标准不是经济效益的多少，而是培养人才的数量和质量。""多出人才，出好人才"，这就是学校管理的总目标，就是衡量效益的标准。

因此，提高学校效益应从以下几点出发。

第一，合理设置组织机构。高校行政管理机构的不合理，机构臃肿、重叠，人浮于事是助长官僚主义、影响高校行政管理效率的主要客观原因。因此，要建立一个高效的教育行政管理组织，关键在于精兵简政，即所设的教育行政管理机构的数量、层次划分、规模大小都要有利于教育行政管理组织效率的实现，这是提高工作效率的基础。

第二，提高行政人员的素质。在制约高校行政管理效率的因素中，人的因素，即高校行政管理工作人员的素质是最主要的因素。高校行政管理工作人员的素质指心理方面固有的特点和胜任工作所应具备的基本条件，具体为政治思想素质、身体素质、文化业务素质和智能素质等。只有提高高校行政管理工作人员的这些素质，才能保证高校的管理工作高效平稳地进行。

第三，加强行政人员管理。要特别加强高校行政管理工作人员的选拔和配备。当前世界各国教育行政管理改革的趋势之一，是在行政管理人员的配备上启用教育专家，由教育专家来掌权。由于人与人之间和人与物之间关系的协调，都对行政管理活动的质量产生直接的影响。因此，要重视发挥人的因素，注意协调人际关系，鼓舞士气，调动人的积极性、能动性，提高工作效率。

第四，科学计划决策。强调工作计划，建立工作秩序，提高行政管理工作的方向性、预见性、科学性和有效性。没有计划，就谈不上管理，也不可能取得预期的成效。好的决策是工作取得成效的关键，一个领导做出一项关系全局的正确决策，其价值要比他干好一件具体的工作大许多倍。如果决策错误而造成全局性失误，必然会造成人、财、物和时间的巨大浪费。要缩小决策面，对经常性的例行性事件不必反复研究决策，要建立规章制度，加强常规管理和程序管理，以减少处理日常事务的工作量。领导者的主要精力应放在例外事件，即非常规性决策上。

第五，建立灵敏、准确、快捷的工作流程。行政管理工作是一个不间断的流通过程，包含两个流程：一个是人、财、物的流通过程，称为物流；一个是信息的产生、传递和处理过程，如情况汇报、意见交换、命令或指示下达，称为信息流程。这两个流程是密切相关的，如果信息传递不及时、不准确，信息反馈系统不畅通，一个行政措施实施以后，就不能及时获得有关实施效果的情报，整个物流就会受到阻塞，而且可能会造成行政工作上的失误。因此，保证流程畅通，就要简化行政程序。例如，建立统一的信息和公文处理制度，简化不必要的周转环节，消除滥发文件、文件“旅行”和遇事互相“踢皮球”的现象。

第六，增强时间观念。时间是管理效率高低的重要标志和尺度。“时间就是效率”“时间就是金钱”，时间具有不可逆性。管理信息获取的及时、决策的迅速、办事的果断都是与时间成正比的。因此，必须增强时间观念，善于运筹时间、珍惜时间、科学地支配时间，做时间的主人，最大限度地提高时间利用率。领导者必须干领导者的事，注意授权分责，避免事必躬亲，包揽一切，整天陷入事务圈子。同时还要经常记录和分析时间的使用情况，善于设计工作日，编排每天的工作时间表。遇事分清主次和轻重缓急，善于排除干扰，尽量避免处事时的随意性。要按照精简原则，建立合理的会议制度，提高会议效率。取消过多的会议和马拉松式的会议，不开没有明确议题的会，不开无准备的会，不开可开可不开的会。不要让关系不大的人参加，不要作离题的发言，不要作重复性发言，不要议而不决。总之，开会要解决问题，讲求实效。

综上所述，办学校必须坚持社会主义方向这是学校管理的根本性问题。学校是整个社会的有机组成部分，学校本身也是一个小系统，只有用系统性原则管理学校才能正确处理学校与社会的关系，正确处理学校内部诸因素与学校整体的关系，这是学校管理的全局性问题。管理学校必须依靠群众，贯彻民主性原则，调动师生员工的积极性，发挥他们的主人翁作用，这是办好学校的关键。用科学的理论、科学的态度、科学的手段管理学校，实现学校管理的科学化，是管理成功的重要条件。建立学校管理规范，校风良好，制度健全，要求规格化，是搞好学校管理的基础。贯彻教育性原则，充分发挥学校管理的教育作用，更好地培养人才，是完成学校管理的根本任务的保证。贯彻高效性原则，使学校的人力、物力、财力、时间发挥最大的效益，把学校办得更好，是学校管理的目的。学校管理的方向性、系统性、民主性、教育性、科学性、规范性和高效性七个原则，每一个原则在学校管理中都有它的特殊地位和作用。但是，它们并不是孤立的，而是相互联系、相互制约、不可分割的一个整体，构成一个严密的原则体系。只有综合起来运用，才能充分发挥作用。因此，我们必须掌握这些原则的基本精神，统一起来加以运用，自觉地遵循这些原则，把学校管理工作提高到一个新水平。同时，在管理过程中不断加深对学校教育规律的认识，提高管理的理论水平，总结管理实践经验，使学校管理原则的科学体系进一步完善。

# 第三节 学校管理方法概述

## 一、学校管理方法的含义

人们认识世界或者改造世界都要借助一定的方法，没有方法或者方法不当，人们就寸步难行，一事无成。学校管理方法是为达到一定的管理目标所采取的措施、途径和手段。它是实现学校管理任务的必然要求，也是学校管理思想、原则的运用和体现。对于学校管理方法的认识，不同学者对这一问题的看法同大于异。概括起来学校管理方法一般包括行政管理方法、思想教育方法、经济管理方法、法律的方法、数理统计方法和咨询参与方法。

学校管理者要有效地完成学校的管理任务，不仅要有正确的学校管理目标和明确的学校管理指导思想，而且要努力掌握学校管理的方法。我们在学校管理工作中经常遇到这样的情况，学校管理者的热情很高，干劲很足，目标明确，就是缺乏必要的方法作为指导，以至于学校的工作无法正常开展，甚至引发很多矛盾，影响学校管理的效能。其中的原因在于：一是学校管理者对学校管理方法缺乏正确的认识，认为做事情只要有热情就能干好；二是学校管理者对管理方法在实践操作中的具体运用缺乏必要的灵活性，只会照搬，不会改造；三是学校管理者知道学校管理方法对学校管理工作的重要作用，但是苦于知识的局限，不知道采取何种方法。

因此，学校教职工在选择学校管理者时，一定要注意学校管理者运用方法的能力，不能仅仅根据学校管理者的热情和干劲。有热情和干劲，只能说明学校管理者有“好心”将学校办好，但是有“好心”的人并不一定会成为一个“好人（管理者）”。一个好的管理者必须具有“好心”和“好脑”，“好脑”就是用来想好办法用的。实践证明学校管理者只要方法运用得合理，就会使学校管理工作事半功倍；反之，则事倍功半。

## 二、学校管理方法的特点

学校管理方法具有以下三个特点。

1. 鲜明的目的性

方法是为实现一定目的、完成一定任务服务的。学校管理是一种具有明确目的性的活动，不同的学校管理目标必然要求学校管理者运用不同的学校管理方法来完成。一般来说，学校管理者在育人的过程中应该强调思想教育的方法，在执行任务的过程中应该强调行政管理的方法，在日常事务管理的过程中应该强调数理统计的方法，在采取决策的过程中应该强调咨询参与的方法，等等。

2. 种类的多样性

学校管理的内容从不同的角度认识，有不同的要素。正因为如此，学校管理方法具有多样性。学校管理方法按照不同的标准有不同的分类。按照层次分类，主要有哲学方法、一般方法和具体方法。按照信息沟通的特点分类，主要有权威性沟通方法、利益性沟通方法和真理性沟通方法。按照精确程度分类，主要有定性方法和定量方法。按照管理的推动方式分类，主要有物质方法、精神方法和政令法制方法等。按照管理需要分类，主要有数量统计、预测、决策、反馈、激励等。按照管理手段分类，主要有目标管理方法、计划管理方法、程序管理方法、制度管理方法等。按照管理对象分类，主要有管理时间的方法、管理人的方法、管理财物的方法、管理信息的方法和管理质量的方法等。按运用时序分类，主要有传统管理方法和现代管理方法。

3. 选择的灵活性

“管理有法，但无定法，贵在得法”。学校管理方法在具体运用时不但要受目标和内容的制约，而且要受具体时间、地点、对象等因素的制约。因此，学校管理者要针对不同的情况采取不同的方法。例如，同样是采用奖励的方法，有时发奖金，有时发纪念品，有时进行精神激励，有时则将精神奖励和物质奖励相结合起来使用。

# 第四节　学校管理一般方法

## 一、行政管理方法

行政管理方法是学校管理者依靠以校长为首的各级组织机构和自身的权力，通过发布命令的方式，直接对师生员工产生影响作用的管理手段。一般采取命令、指示、规定、计划、规章制度等方式对学校组织进行管理。行政管理方法的理论基础是马克思·韦伯的科层组织理论。韦伯认为，科层组织包含着每个复杂组织中所具有的某些特点和规范，管理者可以最有效地应用于各种复杂组织。当组织中的职位被人填充以后，就形成了“官僚结构”这个结构，其中每个人员都占据了一个明确说明了职责权限的职位，各个职位都在等级制内。行政管理的基本依据是职务和职权。上级有对下级指挥控制的权力，下级有对上级听命服从的义务。从行政方法本质上说，行政组织中的人员之间是一种不带任何感情色彩的工作关系，上级对下级的安排与领导没有任何个人倾向。工作绩效主要取决于个人的业务能力。

按照上述思想，学校也是一种科层组织。学校中各级各类组织及人员的职责和权限有严格规定，各层次之间的关系明确，各类成员的能力也应该与其岗位相匹配。由于职责与权限相称、职务与能力相称，学校管理的秩序容易形成，行政管理方法的有效性也就有了保证。行政管理方法的本质特征是以权力为基础，依靠组织权威直接指挥下级的活动。

### （一）行政管理方法的主要特点及其评价

1. 行政管理方法具有权威性

行政管理方法是依靠上级组织及其管理的权威和下级组织及其被管理者的服从为前提的。“上无权威、下不服从”，就无法保证共同目标的实现和共同活动的进行，行政管理方法也就失去了应有的作用。

2. 行政管理方法具有强制性

学校组织及其管理者有权在工作中对被管理者的行为进行强制性干预。对被管理者不服从命令的行为，管理者有权进行制裁性处理。强制性是行政管理令行禁止的必然要求。

3. 行政管理方法具有时效性

命令的发布和执行是具体的，对一定对象在特定时间限制内产生效用。如果没有时效的规定，那么命令对作为特定对象的师生员工来说，早执行或晚执行、立即执行或拖延执行，都可被认为是允许的。这样一来，行政管理方法的权威性和强制性也就失去了积极的意义。

4. 行政管理方法具有垂直性

行政管理方法的组织原则是上下级之间垂直单向的节制关系。上级发布命令，下级听命服从。下级对指令若有意见，在上级未作改变时，只能保留自己的意见，行动上仍需要按指令统一行事。

5. 行政管理方法具有稳定性

行政管理方法具有很强的稳定性，只要在学校管理中存在着科层组织，学校管理者就必然要运用行政管理方法。行政管理方法在学校管理的实际中经常被运用，特别是那些权力意识较强的学校管理者，更多地通过行政管理方法来组织学校管理过程。

6. 行政管理方法具有针对性

行政管理方法一般在运用时都是针对具体的问题来进行的。例如，学校的教学质量出了问题，运用思想教育方法来提高教职工的素质有时很难奏效，学校管理者便采用行政管理的方法来下达命令和指标，要求每个学校成员必须达到，否则就予以惩罚等。

行政管理方法有一定的适用范围，这具体体现在对它的优点和缺点的分析上。行政管理方法的优点主要体现在：一是能统一行动，便于集中领导；二是有助于充分发挥学校行政的管理职能；三是在学校中会经常发现新情况、新矛盾，需要以校长为首的行政组织，有助于处理各种特殊的突发事件。但是，行政管理方法也有不足的方面：一是片面强调行政过程的方便，容易将管理过程简单化；二是容易造成管理者独断专横，不考虑实际情况；三是信息传递慢，容易失真；四是因人而异，具有一定的随意性。因此，掌握行政管理方法的特点，发挥其长处，避免其局限性，对于学校管理者更好地从事学校管理工作是有重要意义的。

### （二）行政管理方法运用的基本要求

由于行政管理方法具有一定的缺点，因此学校管理者在运用时要注意以下问题。第一，正确对待权威问题，反对独断专横和家长式作风。学校管理者要正确认识和对待权威的作用，注意提高自身的素质，不能仅仅依靠职位权力来实施行政管理，更应该依靠非职位权力为实施行政管理创造良好的条件，要能根据学校的实际情况，听取下属和专家的意见，不能独断专横。第二，健全学校内部组织系统，有令则行，有禁则止。学校管理者要健全学校内部组织系统和有关规章制度，保证组织内部节制有度、职责分明、信息畅通，既能令行禁止，又能调动下属的工作积极性。第三，发扬民主，健全咨询、反馈制度。学校管理者要发挥教表会的作用和功能，充分发挥教职工的积极性和主动性。

为此，学校管理者要健全学校的咨询、反馈制度。

## 二、思想教育方法

思想教育方法是学校管理者凭借管理和科学的力量，运用精神观念的宣传方式，对学校成员的思想认识、道德情感和外部行为产生影响作用的管理手段。一般运用作报告、讨论、谈心、家访、典型示范、劳动竞赛等方式来实现对师生员工进行教育的目的，营造管理者与教职工、学生之间的平等气氛，引起共鸣，从而达到调动人的积极性的目的。

学校管理的核心是对人的管理。在同样的条件下，人的思想状况不同，工作绩效大不一样。思想教育方法的实质正是通过提高或改变人的精神面貌，调动人的积极性，进而提高人们的工作效率和质量。

### （一）思想教育方法的主要特点及其评价

思想教育方法的特点表现为以下六个方面。

1. *思想教育方法具有启发性*

思想教育方法并不是直接干预和决定人们的具体行动，而是注重价值观的导向作用，使学校教职工懂得为什么应该做这件事而不做那件事、为什么应该这样做而不那样做，然后使之做出做什么和怎样做的抉择。因此，它要求学校管理者在做教职工的思想工作时，要做到晓之以理、动之以情、导之以行。

2. *思想教育方法具有长期性*

运用思想教育方法，从时间上来说，具有长期性。一方面，人的价值观转变不是一朝一夕所能完成的，需要经历一个过程和长期不懈的努力；另一方面，正确的价值观一旦形成，又往往会持久稳定地对人的思想行为发生积极影响。

3. *思想教育方法具有广泛性*

运用思想政治教育方法，从空间上来说，具有广泛性。在学校管理者运用思想教育方法的同时，学校管理者个人和相互之间也在运用这种方法进行着自我教育和相互教育。这种教育方法还渗透在学校活动的一切方面，影响着各部门工作的开展。

4. *思想教育方法具有科学性*

学校管理的核心是对人的管理，对人的管理要尊重人、爱护人、培养人。在运用思想教育方法时，要求学校管理者对师生员工要给予充分的尊重、爱护和培养。要做到这一点，就必须遵循思想教育的规律，按照规律办事，提高思想教育工作的科学性。

5. *思想教育方法具有艺术性*

人的思想活动是有规律的，学校管理者运用思想教育方法来调动师生员工的积极性能否取得成效，关键在于能否按照人的思想活动的规律，针对师生员工的思想状况，因时、因地、因人灵活变换，因势利导。思想教育工作既是一门科学，也是一门艺术，艺术是靠感染力去吸引人的。具有艺术性的思想教育方法，在导入真理的过程中，可以使教育更加生动、活泼、形象、直观，寓教育于闲谈之中，寓教育于娱乐之中，寓教育于趣味之中。

6. 思想教育方法具有目的性

方法的运用是为了达到一定的目的。学校管理者运用思想教育方法的根本目的在于提高师生员工工作的积极性。

思想教育方法具有以下一些优点：一是能提高师生员工的思想认识水平，并指导各项活动；二是能激发师生员工的工作和学习热情，促使其发挥内在潜能；三是一旦奏效，影响深刻且持久。但是，思想教育方法也存在不足：一是见效慢，不能立竿见影；二是对特殊问题的处理显得作用有限；三是约束性比较差。

### （二）思想教育方法运用的基本要求

学校管理者在运用思想教育方法时，要注意以下要求。第一，要理论联系实际，接触具体实际，解决实际问题。思想教育方法的核心是通过说服的方式对学校教职工进行思想教育，提高他们的思想认识。但是在说服的过程中，一方面要理论联系实际，通过活生生的事实和实例来教育教职工；另一方面要通过思想教育，解决教职工的具体问题，不能“只说不做”。第二，思想教育要与民主、公平相互适应。学校管理者在思想教育过程中，不能存在行政长官意识，采取一种居高临下的姿态与被管理者进行交谈，而要采取民主与公平的方式对被管理者进行教育，平等地对话，倾听被管理者的心声，解决他们的实际问题。第三，要把表扬和批评相结合，并以表扬为主。学校管理者要运用好表扬与批评对教育教职工的作用，调动教职工的积极性。一般来说，表扬要公开进行，这样可以调动教职工的积极性，批评不要在公开的场合进行，因为每个人都会顾及自身在公众中的形象。第四，要身教与言教相结合，严于律己，宽以待人。学校管理者对教职工的思想教育工作一定要做到身教与言教相结合。古语云：“其身正，不令而行；其身不正，虽令不从。”学校管理者在教职工中起到表率作用，做到言行一致，表里如一，就会通过自身的榜样作用来调动教职工的积极性。

## 三、经济管理方法

经济管理方法是学校管理者运用经济手段刺激组织行为，形成动力，以物质利益作为杠杆来调节管理效果，调动人们积极性的方法。一般运用工资、奖金、福利、罚款等制度来实现对师生员工的管理。众所周知，物质利益是人们工作的基本动因之一。经济管理方法的实质是物质利益原则，即运用经济手段不断调整各方面的物质利益关系，把个人利益与国家利益结合起来，实现两者的密切联系，提高个人责任感和工作积极性。

### （一）经济管理方法的主要特点及其评价

经济管理方法具有以下四个特点。第一，经济管理方法具有利益性。在学校中运用经济方法，是以承认学校成员个人物质利益的客观存在为前提的。因此，学校管理中应将教师工作的绩效与个人利益直接挂钩，用物质利益作为一种杠杆来调动教师的积极性。这是经济管理方法的根本特点。第二，经济管理方法具有调节性。学校管理者可以通过经济管理的方法来调节各方面的物质利益关系，根据各部门、个人的工作性质、特点以及工作的绩效，来分配物质利益。第三，经济管理方法具有制约性。学校管理者可以通过罚款和奖金等形式来制约教职工的工作行为，使教职工的积极性和主动性得到有效的发挥。第四，经济管理方法具有多样性。由于学校成员个人在物质方面的追求指向是多样的，各人的活动性质和内容有较大的差异，因而经济管理方法中物质刺激的方式必呈现多样性。工资、津贴、奖金以及其他物质性的奖励和优惠待遇是一类，罚款等又是一类。

经济管理方法的优点主要有：一是排除主观性、随意性的影响，易于调动人的积极性；二是便于分权管理，发挥各方面的积极性；三是能较好地处理各方面的物质利益关系。但是，经济管理方法也存有缺点：一是容易产生“拜金主义”，产生副作用；二是时效较短；三是具有一定的局限性，影响人的积极性。因此，学校管理者要在运用这一方法时正确使用办学自主权，在坚持按劳分配，克服平均主义的同时，根据学校工作的特点，完善各种岗位责任制

### （二）经济管理方法运用的基本要求

学校管理者在运用经济管理方法时要做到：第一，制定工作条例，使责、权、利三者相统一。学校管理者应通过制定相关的工作条例，来明确教师的责、权、利，并在实际执行过程中严格按照工作条例来实施各种经济奖励和惩罚，以促进教职工树立责任意识、权利意识和利益意识。第二，建立科学的评价体系，提倡公平竞争，将效果与经济利益挂钩。学校管理者要利用物质利益来调节教职工的行为，还必须建立科学的、统一的考评标准，来指引教职工的各种教学、管理行为，并将他们的工作效果与经济利益挂钩。在中小学，有很多经济纠纷是由考评标准不一致而引起的物质利益分配不均，导致教职工之间因没有得到相应的物质利益而矛盾重重。第三，把握限度，克服“一切向钱看”的不良现象。学校管理者在实际运用物质利益对教职工进行奖惩时，要注意把握一定的限度，抓住主要环节和时机。如果学校管理者仅仅依靠经济方法来刺激教职工的积极性，就容易导致教职工产生“一切向钱看”的功利主义思想。第四，注意与其他方法结合使用。经济管理方法不能单独使用，它应该和思想教育方法等结合起来使用。只有这样，才能使它长期发挥效用。

## 四、法律的方法

法律的方法是运用法律规范、组织章程和各种行为准则进行管理的方法。运用法律的方法的方式主要包括制定法律、法规、规章、条例、制度、纪律、准则等来调节人们的行为。

### （一）法律的方法的主要特点及其评价

1. 法律的方法具有权威性

法律、法规，是由国家权力机关或行政管理机构确定和颁布的，各级行政机关、社会各级组织直至每个公民，在法律面前人人平等，各级组织和个人都有义务遵法办事。

2. 法律的方法具有强制性

法律的方法比行政管理的方法具有更高程度上的强制性。其中明确规定了人们应该做什么，可以做什么，禁止做什么。它不允许任何组织和个人对法律、法规的执行进行阻挠和抵制。任何违反法律法规的行为都要受到国家力量强制性的纠正或制裁。

3. 法律的方法具有规范性

法律、法规是社会所有有关组织和个人行动的统一准则，不管对谁都具有同等的约束力。教育法规同样如此。它以严格的形式、严密的语言准确地阐释着一定的含义。规范化是法规本质的内在要求。

4. 法律的方法具有稳定性

法律、法规是具有普遍约束力的行为规范，因此它的制定、修改、废止都要极其慎重，从而保证法律、法规的稳定性和持续性。朝令夕改，只能损害法律、法规的严肃性和权威性。

5. 法律的方法具有预见性

法律、法规是社会组织和个人的统一行为准则，在法律面前人人平等。因此，有关组织和个人对其行为合法与否以及行为结果等都可以预先做出判断。

法律是统治阶级意志的体现，其实质是依靠上层建筑的力量来影响教育，控制学校管理。法律的方法的主要优点：一是易于高度统一，集中领导，处理共性问题；二是责权清楚，赏罚分明，权威性大，便于管理；三是能清楚预见后果，有效地调节行为。但是法律的方法并不是万能的。法律的方法的缺点主要有：一是缺乏弹性和灵活性，不便于处理一些突发性问题；二是限制较多，不利于调动下属积极性。

### （二）法律的方法运用的基本要求

法律属于上层建筑的范畴，法律对学校管理活动的作用体现在两个方面，它既可以起促进作用，也可以起阻碍作用。如果法律、法规符合社会活动的客观规律，就可以起到促进作用，否则就会产生阻碍作用。正确运用法律的方法要注意以下几个问题。

1. 做到知法、懂法、守法

法律是靠国家的强制力保证实施的。然而在法律实施的过程中，仅有国家强制力是不够的。只有包括学校管理人员在内的全体人员对依法治校有清楚的认识，优良的立法、严格执法和自觉守法才有可能实现。依法治校当前面临的最重要任务是师生员工思想观念的转变和法律意识的提高。由于历史与现实的诸多原因，我们面对的是人治型观念的现实，整个社会法制观念淡薄而人治思想深厚。社会上有很多人，其中不乏学校管理人员，对教育法律仍有片面甚至错误的看法，对依法治校在思想上还缺乏正确的认识。依法行使国家权力的观念尚未达成普遍共识，致使有些人对实际工作中出现的置国家教育法律于不顾、滥用职权的现象视而不见，甚至因为对教育法律还很陌生而抱着“事不关己，高高挂起”的冷漠态度，不仅缺乏遵守教育法律和监督教育法律实施的自觉性，而且对如何运用法律手段保护自己合法权益也所知甚少。要从根本上改变这些状况，就必须在师生员工中培育法制观念，增强依法治校的意识。特别是学校管理者要带头学法、用法，全面熟悉和掌握教育法律的精神实质，依法履行职责。做到有法可依、有法必依、执法必严、违法必究，不断提高依法治校的能力和水平。

2. 强化依法治校意识

学校管理机构要防止滥用权力，就要加强监督与制约。在加强舆论监督的基础上，更要加强法律监督，对于保证依法治校，实现学校管理工作法制化至关重要。依法治校是一场深刻的观念更新和制度变革，涉及各个领域，各个方面。要搞好依法治校必须强化法律意识，加强依法治校的理论研究和实践探索，不断总结经验，切实推动教育法制建设，不断提高依法治校的水平。依法治校要求在教育法律规定的范围内决策，依照教育法律规定行使权力，以保证学校管理工作符合社会和人民的要求，避免不公、错误和违法，减少纠纷和矛盾。同时，学校管理者要按教育法律规定的程序办事，遵守法定的办事程序，遵守法定的操作规则，大大提高学校管理效率。

3. 依法保护学校和师生的权益

依法保护学校和师生的权益，就是要做到学校依法治校、教师依法从教、学生依法受教。

学校的根本任务是培养社会主义事业的建设者和接班人。实行依法治校，就是要全面贯彻教育方针，坚持教育为社会主义现代化建设服务，为人民服务，与生产劳动和社会实践相结合，培养德智体美全面发展的社会主义建设者和接班人。实行依法治校，就是要严格按照教育法律的原则与规定，开展教育教学活动，尊重学生人格，维护学生合法权益，形成符合法治精神的育人环境，不断提高学校管理者、教师的法律素质，提高学校依法处理各种关系的能力。实行依法治校，就是要在依法理顺政府与学校的关系、落实学校办学自主权的基础上，完善学校各项民主管理制度，实现学校管理与运行的制度化、规范化、程序化，依法保障学校、举办者、教师、学生的合法权益，形成教育行政部门依法行政，学校依法自主办学、依法接受监督的格局。作为教学主体的教师应履行依法从教的原则。根据法律中的有关规定来规范自己的教学行为，特别是要根据教育法律法规中对教师的相关要求来从事教育教学工作。例如，《教育法》第 32 条规定：“教师享有法律规定的权利，履行法律规定的义务，忠诚于人民的教育事业。”对于教师应享有哪些权利和义务在 1993 年 10 月 31 日通过的《教师法》第 7、8 条有明确的规定。其中第 7 条规定，“教师享有下列权利：（一）进行教育教学活动，开展教育教学改革和实验；（二）从事科学研究、学术交流，参加专业的学术团体，在学术活动中充分发表意见；（三）指导学生的学习和发展，评定学生的品行和学业成绩；（四）按时获取工资报酬，享受国家规定的福利待遇以及寒暑假期的带薪休假；（五）对学校教育教学、管理工作和教育行政部门的工作提出意见和建议，通过教职工代表大会或者其他形式，参与学校的民主管理；（六）参加进修或者其他方式的培训”。第 8 条规定，“教师应当履行下列义务：（一）遵守宪法、法律和职业道德，为人师表；（二）贯彻国家的教育方针，遵守规章制度，执行学校的教学计划，履行教师聘约，完成教育教学工作任务；（三）对学生进行宪法所确定的基本原则的教育和爱国主义、民族团结的教育，法制教育以及思想品德、文化、科学技术教育，组织、带领学生开展有益的社会活动；（四）

关心、爱护全体学生，尊重学生人格，促进学生在品德、智力、体质等方面全面发展；（五）制止有害于学生的行为或者其他侵犯学生合法权益的行为，批评和抵制有害于学生健康成长的现象；（六）不断提高思想觉悟和教育教学业务水平”。

侵犯教师权利的行为应承担相应的法律责任。对此，《教师法》在第八章中有明确的规定。但是，由于执行不力，制裁不严，导致现实社会生活中侵犯教师权利的事件仍然存在。例如，长期以来，拖欠教师工资的问题得不到合法的解决。而《教师法》第38条规定："地方人民政府对违反本法规定，拖欠教师工资或者侵犯教师其他合法权益的，应当责令其限期改正。违反国家财政制度、财务制度、挪用国家财政用于教育的经费，严重妨碍教育教学工作，拖欠教师工资，损害教师合法权益的，由上级机关责令限期归还被挪用的经费，并对直接责任人员给予行政处分；情节严重，构成犯罪的，依法追究刑事责任。"

对于教师侵犯学生权益的法律责任，在《教师法》第 37 条有明确的规定，"教师有下列情形之一的，由所在的学校、其他教育机构或者教育行政部门给予行政处分或解聘：（一）故意不完成教育教学任务给教育教学工作造成损失的；（二）体罚学生，经教育不改的；（三）品行不良、侮辱学生，影响恶劣的。教师有前款第（二）项、第（三）项所列情形之一，情节严重，构成犯罪的，依法追究刑事责任"。但是，由于教师本身的法律观念不强，法律意识不高，学校频发教师侵犯学生权益的事件，其中最多的就是教师体罚学生引发的侵权事件。教师认为"不打不成器"，却不知道体罚学生的行为是违法行为，应承担一定的法律责任。甚至他们的违法行为，因执法人员的法律素质不高，往往也造成了制裁不当，使教师体罚学生的事件得不到扼制。规范教师的教学行为就要使教师在学校教育教学中依法从教。因此必须提高教师的法律素质，使其增强法律意识、树立法制观念。对此，学校应该组织法律知识讲座来提高教师的法律素质，教师自身也应通过各种途径来学习法律知识，从而规范自己的教育教学行为，实现依法从教。

学生依法受教就是学生要根据法律、法规的要求来自觉接受教育，运用法律的武器来维护自身的受教育权以及其他各项权益。作为学习主体的学生应在教育过程中享有法律规定的一些权利并履行法律规定的义务。在《教育法》第 42、43 条分别对学生的权利与义务做了一些规定。其中第 42 条规定受教育者享有的权利包括："（一）参加教育教学计划安排的各种活动，使用教育教学设施、设备、图书资料；（二）按照国家有关规定获得奖学金、贷学金、助学金；（三）在学业成绩和品行上获得公正评价，完成规定的学业后获得相应的学业证书、学位证书；（四）对学校给予的处分不服向国家有关部门提出申诉，对学校、教师侵犯其人身权、财产权等合法权益，提出申诉或者依法提起诉讼。（五）法律、法规规定的其他权利。"法律、法规还规定了学生依法享有的其他权利。例如，《中华人民共和国未成年人保护法》（以下简称《未成年人保护法》）规定："学校不得使未成年人学生在危及人身安全、健康的校舍和其他教育教学设施中参加教育教学活动。"《中华人民共和国预防未成年人犯罪法》规定："被父母或者其他监护人遗弃、虐待的未成年人，有权向公安机关、民政部门、共产主义青年团、妇女联合会、未成年人保护组织或者学校……请求保护。"《普通高等学校学生管理规定》规定："学生有权参加校内合法的学生社团。"《教育法》第 43 条规定受教育者应当履行下列义务："（一）遵守法律、法规；（二）遵守学生行为规范，尊敬师长，养成良好的思想品德和行为习惯；（三）努力学习，完成规定的学习任务；（四）遵守所在学校或者其他教育机构的管理制度。"

尽管对学生的权利与义务有规定，但对于学生应该承担的法律责任并没有立足于"受教育者"角色的基础上做出明确的规定，学生的法律责任只在《未成年人保护法》等其他法规中有所涉及。对于因学生自身而导致的学校事故该如何处理等方面的法律规范没有明确的规定。针对学生在学校因自身的因素导致了人身伤亡的责任应如何追究这一问题，在我国，往往要追究学校这一不作为学生监护人的组织或人员的责任。这是否合理，值得探讨。但如果运用法律上的过错责任原则，学校就不应该承担责任。最高人民法院《关于贯彻执行〈中华人民共和国民法通则〉若干问题的意见（试行）》第 160 条规定："在幼儿园、学校生活、学习的无民事行为能力人或者在精神病院治疗的精神病人，受到伤害或者给他人造成损害，单位有过错的，可以责令这些单位适当给予赔偿。"因此，有必要针对学校中学生的具体情况来制定相应的法律规范，特别是无民事行为责任能力的学生在法律责任方面的合法权益的界定与保护。

要使学生真正在教育领域中实现依法受教，除了完善对学生的权利、义务、责任的规定与研究之外，还必须提高学生自身的法律素质。有的学生知道法律知识，就会运用法律手段来保护自身的合法权益，另外尽管有些学生知道一些法律，但是，没有很好地了解法律的精神，往往通过法律来解决问题恰恰说明了其对法律知之不多的表现。

4. 做到有法必依，执法必严，违法必究

学校管理者行使权力的过程，也是贯彻执行教育法规的过程。学校管理人员必须做到执法必严，违法必究。学校管理机构及其工作人员率先垂范，严格依法治校，在管理活动中执行法律规定，贯彻法律原则，体现法律精神，不仅能使教育法律、法规得到全面实施，同时也能在全社会起到很好的尊重法律、执行法律和遵守法律的示范作用，有助于公民法律意识的普遍提高，有助于树立起法律至高无上的权威，从而推动依法治国，加快建立社会主义法治国家的进程。此外，学校管理者对年轻一代的示范作用，有利于为社会培养有法律意识的公民。

## 五、咨询参与方法

咨询参与方法是随着现代科学技术的发展而逐渐发展和完善起来的一种方法。它强调被管理者的主动地位，重视民主、平等的氛围。咨询参与方法是学校管理者依靠行业专家出谋划策，提供较好的方案和意见，以供领导决策，有效推进管理工作的方法。一般通过专家座谈访问、建立咨询机构、委托研究项目、征集计划方案等形式来达到管理学校的目的。

### （一）咨询参与方法的主要特点及其评价

1. 咨询参与方法具有针对性

咨询参与方法最主要的特点就是具有很强的针对性。这种管理方法是在管理者提出需要解决的某些问题，或是要对某种计划的可行性进行科学论证，或是要对某种重大的问题提出供决策的多种方案的时候，由相应的咨询机构运用现代管理的科学理论和方法，提出计划、方案或论证报告，供学校领导采纳。

2. 咨询参与方法具有综合性

由于现代社会经济和科学技术迅速发展，科学技术的门类越来越细，导致了人才专业面的狭窄。因此，学校管理工作，不可能仅仅依靠学校管理者的能力与智慧，也不可能仅仅依靠个别“高参”。在确定学校发展的远景规划时，需要跨学科、多领域、超行业的共同研究、协作。

3. 咨询参与方法具有时效性

现代社会知识量激增，知识陈旧周期在加速，人类交往日益频繁，信息量猛增，这就要求学校管理者抢时间，争效率，及时获得各方面信息，做出决策。为了达到这一目的，就要依靠咨询人员迅速收集、传递、分析和处理各种信息。因此，咨询参与方法很强调时效性。

咨询参与方法的优点主要有：一是能有效地沟通领导和教职工的意见；二是提高领导水平，博采众家之长，能充分发挥专业行家的作用；三是应用性较广；四是能激发创造性思维。但是，咨询参与方法也存有不足之处：一是不易于集中统一，特别是领导不力的情况下；二是容易造成各行其是的局面。

### （二）咨询参与方法运用的基本要求

第一，更新管理观念，用现代管理方法作指导。学校管理者应该树立正确的管理观念，特别是要更新管理本质观。过去，很多学校领导认为，管理的本质就是领导，就是行政，从而形成了官僚作风，不能虚心听取下属、专家的意见，导致了学校管理工作的很多失误，这种教训应该引以为戒。第二，发扬民主管理作风，广开言路。学校管理者要充分调动师生员工的积极性，就必须广开言路，充分听取师生员工的意见，切实做到“从群众中来，到群众中去”。此外，学校管理者还要重视教代会作为民主管理机构的特性，充分发挥这一机构的职能，使它在学校的发展、决策中发挥应有的作用。第三，建立咨询机构，确定专职、兼职人员。学校管理者应该根据学校组织机构设置的要求，建立咨询机构，配备咨询人员。但是需要注意的是，咨询机构的人员不是狭义上的学校管理人员，即不是“官”。长期以来，由于官僚体制的影响，很多学校管理者认为，学校只要设置了机构，就会增加“官”，形成多头领导。现在应该避免这种错误的认识。学校中的咨询机构只是学校中的一个广义上的管理机构，而不是领导机构，其人员的任用应该以兼职人员为主。

## 六、数理统计方法

数理统计本身不是目的，而是一种工具和手段。在学校管理中应用数理统计方法的目的在于更加精确地表述事物的特征。数理统计方法是运用数理学科知识为工具，对学校管理问题进行测定并进行定量分析与测定，推进学校管理工作的方法。一般运用数据、表格、统计图等形式来客观地反映实际情况，为学校管理工作提供可靠的数据。

### （一）数理统计方法的主要特点及其评价

第一，数理统计方法具有抽象性。现实的事物都是质和量的统一体。因此，需要对现实的事物进行抽象的概括。抽象的概括包括两种方式，即文字表述和数字描述。数理统计方法就是把事物的量及其彼此之间的关系从现实的事物中抽取出来，从而大大简化了研究对象，可以使我们从量上来把握事物的特征。第二，数理统计方法具有精确性。数学具有逻辑的严密性和结论的确定性。数学推导是严格按照一定的规则进行的，只要前提正确，那么，由数学的内在逻辑所推导出的结果便有毋庸置疑的确定性。爱因斯坦说，数学方法受到科学家的特殊重视，一个理由是它的命题是绝对可靠和无可争辩的。还有另一个理由，那就是数学给予精密自然科学以某些程度的可靠性，没有数学，这些科学就达不到这种可靠性。运用数理统计方法，对客观事物中各种质的量以及量的关系、量的变化进行推导和演算，使现象及其过程能够得到精确的定量描述。所以，数理统计方法也是决策最优化的可靠工具，利用数学模型对几种可能的方案进行推导和演算，就能从数量上进行精确的比较，帮助人们选择最优的方案。第三，数理统计方法具有普遍性。数量及其关系是各种事物所具有的共同特征。任何事物既存在质的方面，又存在量的方面，没有质的事物固然不存在，没有量的事物也不存在。既然任何事物都是质和量的统一，那么从可能性来说，任何领域都可以应用数理统计方法，学校管理自然也不例外。

数理统计方法的优点在于其以数字为依据，易于准确地反映实际，说明问题，为管理工作提供可靠的依据。但是，数据本身很难进行价值判断，容易造成“数字出官、官出数字”的现象。

### （二）数理统计方法运用的基本要求

第一，数据全面、真实、准确。在运用数理统计方法收集数据的过程中，学校管理者一定要保证收集的数据要全面、真实、准确。全面就是涉及内容要广、涉及的人员要多；真实就是要在全面的基础上提高数据的可靠性、有效性；准确就是要使收集的数据有事实根据。第二，定量分析与定性分析相结合。学校管理者在运用数据进行分析时，要注意将定量分析和定性分析结合起来。因为定量分析有其局限性，不能对事物进行准确的价值判断。例如，两个学生同样考了 95 分，我们不能简单地认为他们具有同样的智商，或者认为他们在学习方法、学习态度等方面的表现是一样的。因此，我们必须借助定性分析，才能发现学生的优势和不足，从而做到因材施教。

# 第十一章　现代学校激励理论与运用

激励就是充分调动人的积极性，发挥人的主动性和创造性的过程。一般来说，需要是激励的起点和基础，是动机体系中最核心的成分。需要产生动机，动机驱动行为。激励理论综合起来主要有内容型激励理论、过程型激励理论和综合型激励理论。内容型激励理论：需要产生动机，动机驱动行为。需要是激励的起点和基础，是动机体系最核心的部分。学校管理者只有了解人的需要尤其是优势需要，并设法使正确合理的部分得到满足，才能构成最大的激励。过程型激励理论主要探讨人的动机被激发之后是如何选择行为并持续下去的，主要包括弗鲁姆的期望理论、亚当斯的公平理论、洛克的目标理论、斯金纳的强化理论和海德的归因理论。内容型激励理论与过程型激励理论都只涉及了激励问题的某一侧重点。综合激励理论试图将各种激励理论归纳起来，探讨激励的全过程，主要包括勒温（Lewin）的场动力论、豪斯（House）的综合激励模型、波特（Porter）和劳勒（Lawler）的综合激励模式。

## 第一节　内容型激励理论

### 一、需要层次理论

马斯洛（Maslow）是美国著名的心理学家与行为科学家，是人本主义心理学的创始人。1943年，他在《人类动机论》中最早提出了需要层次理论，并于1954年在《动机与个性》中做了进一步阐述，得到了许多行为科学家和管理实践人士的重视和认可，广泛流传世界各国，在管理实践中产生了重大影响。

#### （一）需要层次理论的基本内容

马斯洛根据人类不同需要的重要程度和发生的顺序，把人的需要分为五个层次，即生理需要、安全需要、爱的需要、尊重需要、自我实现需要。

1. 生理需要

生理需要是人类最原始、最迫切、最基本的需要，当一个人受某种生理需要支配时，他的理想的境界也可能发生变化。例如，长期处于极端饥饿状态的人，他的追求目标首先是食物，为此，生活的目的被看成是填饱肚子。生理需要是人类赖以生存的基本需要。

这些需要如果得不到满足，人类就难以生存下去。从这个意义上讲，它是推动人们行动的最强大的动力。

2. 安全需要

当一个人的生理需要得到满足以后，就希望满足安全需要。马斯洛认为，人总是希望生活在一个安全的、有秩序的、可以预测、有组织的世界，这样就可以避免意外事件的发生。安全需要包括多方面的安全。心理上的安全，如希望摆脱严酷监督的威胁、避免不公正的待遇等。劳动安全，如希望工作安全，不出事故，环境无害等。职业安全，如不希望失业，希望对不确定的未来有保障等。环境安全，如希望免于天灾、战争、破产等。经济安全，如希望医疗、养老、意外事故有保障等。

3. 爱的需要

马斯洛认为，爱的需要是个人对爱、情感和归属的需要。人是社会的动物，每个人在生活中需要朋友、爱人、孩子，渴望与同事之间有着深情厚谊。爱的需要在很多时候被理解为社会的需要。爱应该包括两个方面，即给别人爱和接受别人的爱。现实社会中，人际关系不能简单地以事论事、组织服从，而应该有感情与爱的因素。

4. 尊重需要

马斯洛认为："社会上所有的人（病态者除外）都希望自己有稳定、牢固的地位，希望别人的高度评价，需要自尊自重、或为他人所尊重。牢固的自尊心意味着建立在实际能力之上的成就和他人的尊重。这种需要可以分成两类。第一，在面临的环境中，希望有实力、有成就、能胜任和有信心，以及要求独立和自由。第二，要求有名誉或威望（可看成别人对自己的尊重）、赏识、关心、重视或高度评价。"①

5. 自我实现需要

自我实现需要是人类最高层次的需要。马斯洛认为，自我实现的需要"就是指促使他的潜在能力得以实现的趋势。这种趋势可以说成是希望自己越来越成为所期望的人物，完成与自己的能力相称的一切事情"②。自我实现需要主要包括：①胜任感。它表现为出色完成任务的欲望，喜欢承担有挑战性的工作，能废寝忘食地工作，把工作当做一种创作活动。②成就感。它表现为进行创造性活动并取得成功，如音乐家努力演奏好乐曲、教师努力教好学生、军人力求打胜仗、工人做好一种产品等。

### （二）马斯洛需要层次之间的关系

（1）五个层次的需要像阶梯一样从低到高逐层上升。低层次的需要得到满足之后，高层次的需要才能依次出现和得到满足。但这种次序不是完全固定不变的，可以发生变化，也有种种例外情况。

（2）一个层次的需要相对地满足了，就会向高层次发展。但五种需要不可能完全满足，越到高层次，满足的比例越小。"一般市民在生理需要上大约能满足 80%，在安全需要上满足 70%，在爱的需要上满足 50%，在自尊的需要上满足 40%，在自我实现需

---

① 马斯洛 AH. 人的潜能和价值. 林方译. 北京：华夏出版社，1987：167.

② 马斯洛 AH. 人的潜能和价值. 林方译. 北京：华夏出版社，1987：168.

要上则满足10%”[①]。

（3）同一时期，一个人可能同时存在几种需要，但必定有一种需要占主导地位，成为推动行为的主导动机。这种主导地位的需要称为优势需要。优势需要同时应达到一定的百分比，才能出现新的需要。马斯洛认为，若优势需要长期得不到满足，则会引起人的一系列无理行为或个性缺陷。只有满足了优势需要，才能对人产生最大的激励。

（4）人对于自己的需要的绝大部分，特别是那些较低层次的需要，是意识不到的。但这些无意识的潜伏于内心深处的需要，对于人的行为却有着巨大的影响和支配作用[②]。

### （三）对马斯洛需要层次理论的评价

评价马斯洛的需要层次理论，需要运用辩证唯物主义的观点来予以分析，既要看到其先进性、可取之处，又要看到其局限性、不足之处。

1. 先进性

第一，人是有需要的，因此要重视对人的需要的研究。马斯洛从研究人的需要出发来研究人的行为与动机，这是可取的。

第二，马斯洛将人的各种需要归纳为五大类，对于我们研究人的需要以及在现实生活中分析人的需要，有一定的指导意义。虽然，其划分需要的方法有待商榷，但是实际生活表明，这五种需要是客观存在的。

第三，马斯洛强调人的内在需要是激励的主要诱因，阐明了各层次需要对动机的激发和影响，从研究需要入手来探讨激励，符合需要引发动机，动机驱动行为的心理规律，抓住了激励问题的关键，同时也批判了人的行为是单纯的对外部刺激的反应模式。

第四，马斯洛从性善论出发，承认人有自我完善和自我实现的内在需要，对于人的培养和激励具有积极的意义。

2. 局限性

第一，马斯洛是在资本主义社会的条件下，在承认资本主义制度的前提下，回避阶级属性来研究人的需要问题的。他的基本观点是人本主义的，是以人为中心的。该理论强调人的自我价值，忽视了社会环境对人的影响，离开社会需要的制约孤立地考察个人需要，使个人需要成为无源之水，无本之木，容易导致个人利益、个人欲望的无限膨胀。

第二，马斯洛认为人只有满足低层次的需要之后，才能进入下一个较高层次的需要。这反映了他形而上学的机械论的观点，忽视了人的主观能动作用。他看不到在一定条件下，通过教育可以改变需要层次的顺序性或主次关系，可以改变一个人的需要结构。古今中外，许多英雄人物为了事业献身，为了人类献身，全然不顾个人安危和得失，便是明证。

---

① 马斯洛 AH. 人的潜能和价值. 林方译. 北京：华夏出版社，1987：172.

② 刘玉玲，何威. 新编管理心理学教程. 北京：中国经济出版社，1994：115.

## 二、ERG 理论

阿尔德佛（Alderfer）是美国耶鲁大学组织行为学教授。他在大量实验研究的基础上，提出一个人的需要包括三种，即生存需要（Existence）、关系需要（Relation）和成长需要（Growth）。因此，他的需要理论被称为 ERG 理论。

### （一）基本内容

1. 生存需要

生存需要是最基本的需要，是人在衣、食、住、行等方面的物质需要，相当于马斯洛需要层次理论中的生理需要和安全需要。

2. 关系需要

关系需要是人对社交、人际关系和谐及相互尊重的渴求。当一个人的工资满足他基本生存需要之后，他就希望能与上级和同级在相互关系上处理得更好。当一个人对他的工资不满意时，对归属方面的需求就小些。关系需要与马斯洛需要层次理论中的爱的需要和尊重需要相类似。

3. 成长需要

成长需要是一种要求得到提高和发展，变得自尊、自信、自主以及充分发挥自己能力的内在欲望。它包括了马斯洛需要层次理论中的自尊需要和自我实现需要。

### （二）生存需要、关系需要、成长需要之间的关系

首先，各个层次的需要得到的满足越少，则满足这种需要的渴望就越大。例如，位低境差常受歧视的人，得到他人尊重的需要最强烈，因而对他人的态度较敏感。脸上没有微笑的人最需要微笑，讲的就是这个道理。

其次，较低层次的需要越是能够得到越多的满足，则该需要的重要性便会越低，较高层次需要的重要性就会越高。例如，人们生存需要的满足程度越高，渴望满足关系需要和成长需要的强度就越大。

最后，当较高层次的需要一再遭到挫折，得不到满足时，人们就会退而求其次，追求较低层次需要的进一步满足。例如，某人想通过承担挑战性的工作来满足自身成长的需要，但由于领导不信任、不安排等外部原因不能如愿，那么他就会转而寻求更多的关系需要或生存需要的满足，以达到心理平衡。

### （三）马斯洛需要层次理论与阿尔德佛 ERG 理论的异同

1. 相同之处

第一，两个理论都把人的需要进行了归类，马斯洛认为人的需要有五类，阿尔德佛认为人的需要有三类。

第二，两个理论都认为人的需要是由低到高逐步发展上升的，同时又是相互联系的。

2. 不同之处

首先，马斯洛认为人类有五种需要，它们是生来就有的，是内在的、下意识的，即

使小孩子也具有的；阿尔德佛认为人类有三种需要，这些需要不完全都是生来就有的，有的需要是通过后天学习产生的。

其次，马斯洛认为人的需要按照严格的层次，由低级向高级逐步上升。阿尔德佛认为人的需要并不一定严格地按照由低级到高级逐步发展的顺序，可以越级，如人可能在没有归属的情况下，先产生自尊需要。

最后，马斯洛认为人的五种需要只存在由低到高的上升情况，不存在由高级的需要后退到低级需要的问题；阿尔德佛认为人的三种需要，既是由低到高向上发展的，也存在一旦遇到挫折就下降的情况，如人得不到好的相互关系，就下降为生存需要。

## 三、双因素理论

美国心理学家佛雷德理克·赫茨伯格（Frederick Herzberg）于1959年在《工作的激励因素》中提出了激励因素-保健因素理论，简称双因素理论。

### （一）基本内容

赫茨伯格把影响人的工作动机的种种因素分为激励因素和保健因素两类。

激励因素是影响人们工作的内在因素，其本质为注重工作本身的内容，借此可以提高工作效率，激发人们的进取心，促使人们做出最好的表现。属于激励因素的有：①工作表现机会和工作带来的愉快；②工作上的成就感；③由于良好的工作成绩而得到的奖励；④对未来发展的期望（个人发展的可能性）；⑤职务上的责任感；⑥晋升。激励因素能造成员工感到满意的因素。激励因素的改善使员工感到满意的结果，能够极大地激发员工工作的热情，提高劳动生产效率。

保健因素没有激励人的作用，但却带有预防性、保持人的积极性、维持工作现状的作用。他认为这类的因素有：①公司的政策和行政管理；②技术监督系统；③与监督者个人之间的关系；④与上级之间的关系；⑤与下级之间的关系；⑥薪金；⑦工作安全；⑧人的生活；⑨工作环境；⑩地位。保健因素能避免造成员工不满的因素。保健因素不能得到满足，则易使员工产生不满情绪以致消极怠工，甚至引起罢工等对抗行为。例如，跌了一跤的人，皮肤被擦破，需要及时用点药水消消毒，这样做可以防止发炎，使伤口复原，但不能改善健康状况。在工作中，保健因素起着防止人们对工作产生不满的作用。

### （二）评价

在西方，双因素理论受到种种非议。其原因有两点：第一，人们认为赫茨伯格所调查的对象都是会计师、工程师等专业人员，并不能代表其他类型的职工；第二，人们认为按照一般心理状态，被调查的对象往往会把满意的事情归因于自己，而把不满意的事情归于外部条件，从而影响了客观性。但是，20世纪60年代以来，双因素理论还是越来越受人注意。赫茨伯格的双因素理论，虽不完全适合中国的情况，特别是他所列举的10项保健因素，各国有各国的情况，更不能套用。但是，应该承认，双因素理论具有一定的科学性。

首先，要调动和保持职工的积极性，要注意保健因素，具备必要的保健因素才能使职工不产生不满情绪。

其次，他所提出的几种激励因素，是值得引起人们的重视的。20世纪50年代，在我国各条战线的管理工作中，都是很重视这类因素的作用的，因而人们的情绪饱满，干劲足，对未来充满希望。学校管理者要充分重视并善于运用激励因素。

最后，双因素理论可用来指导奖金发放工作。美国管理协会出版的《目标设置》书中提出，要使奖金成为激励因素，必须与学校各部门和个人的绩效挂起钩来，如果奖金不按照“多劳多得”的办法来进行发放，那么奖金只能沦为“保健因素”，奖金发放再多，也起不到激励作用。这对研究和改善我国的奖金工作状况，有一定的借鉴意义。

## 四、成就需要理论

20世纪50年代初期以来，哈佛大学心理学家戴维·麦克利兰（David McClelland）对成就动机这一因素做了大量的研究，提出了成就需要理论。

### （一）基本内容

麦克利兰认为，人在生存需要基本得到满足的前提下，最主要的需要有三种，即成就需要（need for achievement）、权力需要（need for power）、合群需要（need for gregariousness）。

1. 成就需要

成就需要是追求成就的欲望。此需要强烈的人往往惯于考虑个人的前途、发展问题，他们期望自己的事业能超过别人，敢于冒风险，总是千方百计甚至不惜代价去争取成功。麦克利兰认为，一个人成就需要的高低直接影响他的进步和发展；一个组织或国家拥有高成就需要的人的多少，直接决定着其繁荣兴旺与否。

2. 权力需要

权力需要是一种影响和控制他人的欲望。有此需要的人一般追求领导地位，事事喜欢“负责”，经常评价自己的社会地位、声望和名誉等。许多研究表明，在一定组织环境中，领导人的权力欲望正是有效管理的必要条件。

3. 合群需要

合群需要是追求人际关系和谐的欲望。该需要强烈的人经常思考如何与人建立和保持浓厚而牢固的友谊，经常担心与别人闹矛盾，经常思考如何取悦别人。这样的人往往喜欢交友，乐于参加各种社交活动，建立和谐融洽的人际关系。如果将合群需要的人安排在需要众人协作配合的工作岗位上，将会大大提高工作效率。

### （二）基本观点

1. 决定成就需要的因素

麦克利兰认为，决定一个人成就需要的因素有两个，即直接环境和个性这两个变量。他通过研究发现，具有高成就需要的人往往具有以下的特征。

第一，他们喜欢能够发挥独立解决问题能力的工作环境。如果他们不是独立地解决某一问题，他们就不会感到取得了成就。如果问题的解决是靠碰巧或者靠外界的帮助而实现的，他们就会感到不满足。只有问题是靠自己的能力解决的，他们才会感到满足。因此，组织应该分配给这种人富有挑战性的工作，并给他们一定的自主权。

第二，他们在冒险之前往往要仔细思考，并制定有一定的成就目标。他们对成功有一种强烈的要求，同样也担心失败。他们愿意接受挑战，为自己树立具有一定难度（但不是不能达到的）的目标。他们对待风险采取一种现实主义的态度。如果目标太容易达到，就没有多少成就可言，因而不可能满足他们的成就需要；如果目标很难达到，成就需要也得不到满足。

第三，他们强烈希望得到及时具体的反馈。如果他们能及时从上级那里得到嘉奖、增加工资、晋升职务，就会感到一种莫大的成就感。

*2. 成就需要和经济发展密切相关*

第一，高成就需要的人对国家和部门都有重要的作用。一个组织中拥有这种人越多，它的发展就越快，获利就越多；一个国家拥有这样的人越多，这个国家就越兴旺发达。

第二，文化中的成就动机决定以后的经济发展。麦克利兰对此提出了一个假设：如果在某一特定的历史时期，对儿童教育注重成就的激励，则 30、40 年以后，这些儿童长到成年参加工作时，就会出现经济发展较快的情况。反之，儿童教育中不注意成就的激励，到时经济发展就较慢。

*3. 高成就需要可以通过教育培训获得*

一般情况下只有约 10%的人有高成就的需要，那么怎样使更多的人具有高成就需要呢？麦克利兰的回答是，应该对成年人进行成就教育培训。为此，他组织了很多训练班，每期训练 7 ~ 10 人。据报道，这种训练在美国、墨西哥和印度都进行过，并取得了较好的效果。在印度卡基纳达市办的一个班上，有 52 名企业经理，受训前有 9 人在企业中有成就表现，18 个月的训练后，有成就表现的人上升为 25 名。

*4. 成就需要受组织管理状况的影响*

如果把有高成就需要的管理人员放在有难度的工作岗位上，工作的挑战性就会引起成就的动机，接着这种动机又驱动实现成就的行为。但是，如果把高成就需要的人放在常规的、没有挑战性的岗位上，则成就的动机就难以激发。

# 第二节　过程型激励理论

## 一、期望理论

期望理论是由美国心理学家弗鲁姆在 1964 年出版的《工作与激励》一书中首先提出来的。它主要探讨人们的努力行为与其所获得的最终报酬之间的因果关系。

### （一）基本公式

期望理论认为，激励就是行为的比较和选择过程。当人们有了需要，又有达到目标

的可能时，其积极性才高。激励水平取决于效价与期望值的乘积，用公式表示为

$$激励力量(M)=效价(V)\times 期望值(E)$$

效价是一个人对他所从事的工作或所要达到的目标的效用价值的评价。同一目标，在不同需要和不同环境的人心中，目标价值不一定相同。例如，升迁在一个热衷权力、追求官位的人心中效价很高，但在一个清心寡欲、淡漠权势的人心中则效价很低。

期望值是一个人对某个目标能够实现的可能性大小（概率）的估计。如果他估计有100%的把握，期望值（即期望概率）为1。反之，如果他估计完全不可能实现，则期望值为零。通常情况下，期望值为0～1。

### （二）激励过程的模式

期望理论试图通过考察人们的努力与其所获得的最终奖酬之间的因果关系来解释激励过程的理论。这种理论认为，激励由三个部分组成：①做某种工作本身的内在效价；②对完成任务的期望值；③获得外在报酬的期望值（如奖金、提成等）。努力与报酬之间的因果关系为努力—绩效—奖酬。在激励人的时候必须处理好几个方面的关系，即个人努力与绩效的关系、绩效与奖励的关系、奖励与满足个人需要的关系。

### （三）期望理论的应用

#### 1. 确定适宜的目标

根据期望理论，学校管理者在确定目标时应注意两点：一是目标要与教职工的物质和精神需要相联系，使他们能从学校目标中看到自己的利益，这样，效价就大；二是要让教职工感到目标实现的可能性大，这样，期望值就高。有了这两条，目标就能激励教职工，使他们觉得在学校中有“奔头”，从而积极性大大提高。

#### 2. 要全面理解效价，实施不同的激励手段

由于人们的价值观、需要动机不同，对同一目标的效价会有不同的评价，因此，当目标确定后，还要根据不同人的不同情况，采取不同的手段，深入进行思想发动，提高人们对目标的理性认识，不仅仅将眼光局限于经济收入上，而应注重从实现目标的社会意义上来提高目标的效价。

#### 3. 适当估计期望值

期望值估计过高了，盲目乐观，若实现不了，容易遭受心理挫折。估计过低，过于悲观，容易泄气，会影响信心而放松努力。所以对期望值应有适当的估计。但由于人们的经验、能力、自信心不同，造成了对一定行为导致预期目标的期望值不一样。因此，学校管理者要注意调整人们的期望值。

## 二、公平理论

美国心理学家亚当斯（Adams）于20世纪60年代先后发表了《对于公平的理解》《在社会交换中的不公平》，从而提出了公平理论。

### （一）基本观点

公平理论主要研究工资报酬分配的合理性、公平性对职工积极性的影响。指出人的工作动机，不仅受其所得绝对报酬的影响，而且受到相对报酬的影响。也就是说，一个人不仅关心自己收入的绝对值，而且关心自己收入的相对值。每个人会把自己付出的劳动和所得的报酬与他人付出的劳动和所得的报酬进行社会比较，也会把自己现在付出的劳动和所得的报酬与自己过去所付出的劳动和所得到的报酬进行历史的比较。

公平理论认为，人不但会衡量自身的情况，而且还会将自己的报酬与别人进行比较。人能否得到激励，不但会由他们得到了什么而定，而且也由他们看见别人得到了什么而定。他们会进行社会比较，比较他们和组织中的别人的“投入”（包括教育、努力、耗用于职位上的时间、精力等）和“报偿”（包括金钱、获得的赏识等）。当发现比例相等时，心理平衡，认为公平，心情舒畅，努力工作；相反，当发现比例不相等，低于别人时，会产生不公平感，内心不满。

人要是觉得自己受到了不公平的待遇，就会感到苦恼、不安，产生一种紧张心理。要消除这种紧张心理，需要采用以下方法：一是通过自我解释，达到自我安慰，如通过曲解自己与别人的收支，主观上造成一种公平的假象，消除不公平感；二是采取一定的行为，如向领导提出要求、要与某个人比个高低；三是采取一定行动，改变自己的收支情况，如怠工、要求增加收入；四是换一个比较对象进行比较，以获得主观上的公平感；五是发牢骚，放弃工作，制造人际矛盾，或者自知“斗”不过别人，只好认了，忍了；等等。

### （二）评价

公平理论提出，人与人之间客观上存在着相互比较、社会比较，因此，必然会在人们的心理上产生公平还是不公平的问题，这一点是不可否认的，也是值得我们予以研究的。正因为客观上存在着公平与不公平、公正与不公正，所以每一个学校管理者在处理好各种问题时，应力求公平、公正，力求给人公平、公正的感觉。

尽管公平理论有很多合理之处，但也存在不足之处。第一，公平可以消除人的不满，但它似乎难以激励人。因为公平感本身是一种心理平衡感，平衡而无冲突，就失去了动力。第二，公平的主观色彩甚浓，因此实际上很难操作，也难以利用。

### （三）公平理论的应用

1. 正确实施引导，改变人们的认知策略

公平理论提出的公平与不公平实际上来源于个人的感觉，容易受到个人偏见的影响。因此，学校管理者要体察被管理者的不公平心理，并认真分析、引导，教育他们要正确认识、对待自己和他人。同时，要以大局为重，多比贡献大小，少比报酬多少，克服追求绝对公平、斤斤计较的思想。

2. 科学进行考评，合理实行奖惩

合理的奖惩是以科学的考评为基础的。有些学校出现不公平的现象，主要是因为缺乏科学的评价标准和管理制度。例如，人员配置和工作定额不合理，造成忙闲不均，干多干少一个样，不管绩效，极大影响了被管理者的积极性。因此，建立科学的考评标准与机制，是消除不公平的重要途径。

## 三、目标理论

美国著名的行为科学家洛克（Locke）于1968年首先提出了目标理论。目标理论既为国际上流行的目标管理提供了依据，同时又发展了目标管理的方法，受到了理论界和实际管理者的广泛重视。

### （一）基本观点

1. 目标的激励作用

目标理论认为，目标是引起行为的最直接的推动力，因此，组织要通过目标的设置来激发人的动机，调动人的积极性。目标是一种外在因素，是人们所要努力达到的最终目的。它是人们预先确定的、具体而明确的标准，是激励人们努力奋进的外在动力。洛克等通过实验发现，从激励的效果来说，有目标比没有目标好；有具体目标比空泛的、号召性的目标好；有能被执行者接受而又有较高难度的目标比随手可得的目标好。

2. 设置目标必须遵循相关原则

目标具体性原则要求目标制定要具体、明确；难度适宜原则要求目标难度要根据组织和个人的情况来确定，目标难度过大，会使人遭受挫折，目标过于容易，会使人懈怠；可接受性原则是指管理的内容、方法、份量和进度要适合人们的身心发展，使人们能够接受，但又要有一定的难度，需要人们经过努力才能掌握，以促进人们的身心发展；及时反馈原则要求在通向目标的过程中，要给员工提供及时、客观、不断的反馈信息。

3. 有效地运用各种目标行为

目标行为一般可以分为目标导向行为和目标完成行为。目标导向行为是为了达到目标所表现的行为；目标完成行为是直接满足需要的行为。目标导向行为与目标完成行为分别对需要强度产生不同的影响力。对目标导向行为来说，需要强度随着这种行为的进行而增强，越接近目标，动机强度越强；而目标完成行为，需要强度则随其进行而减弱、下降。要使需要强度经常保持在较高水平上，有效的办法是循环交替地运用目标导向行为和目标完成行为，即当一个目标达到时，马上提出更高的新目标，并进入新的目标导向过程。

### （二）目标理论的运用——目标管理

目标管理就是上级和下级一起协商，把管理系统的总任务转化为组织的共同目标，在此基础上分解为部门目标和个人目标，并把这些目标作为组织经营、评估和奖励每个部门和个人贡献的标准，从而最大限度地调动部门和个人的积极性和创造性，为实现组织总体目标各负其责、各尽所能的管理方法。这种管理方法现在已经普遍运用于学校管理，形成了学校目标管理体系。目标管理的优点是通过目标层层分解，将任务落实到单位和个人，可以激发个人的积极性，同时也便于考核，实施按劳分配、按绩分配，提高绩效与奖酬之间的关联性，从而提高教职工的目标效价和期望值，增强公平感和努力程度。目标管理的缺点是有的工作目标无法设置，更不好进行考评、检测和控制；另外，由于目标管理过分强调结果，往往容易导致教职工不择手段追求结果，或只顾量化指标而忽视非量化指标，从而产生短期行为而影响组织的长远利益。

## 四、强化理论

美国著名的心理学家斯金纳（Skinner）提出的强化理论。认为控制和预测人的行为不需要了解人的内在状态和心理过程，因此提出了用行为主义的理论来解释人类行为的形成机制，而人行为过程的基本原理就是强化。

### （一）基本观点

1. 强化决定人的行为是否再现和持续

强化理论提出，人的行为只是对外部刺激所作的反应。只要控制行为的后果（奖惩）就可以达到控制和预测人的行为的目的。如果说，引起行为是靠动机的话，那么巩固、保持或减弱、消退这个行为就靠强化。

2. 强化种类

强化的种类有积极强化、消极强化、惩罚和消退。积极强化又叫正强化，是对某种行为给予肯定和奖赏，以增加其重复出现的可能性的方法。消极强化也称负强化，是当某种不符合要求的行为有了改变时，减少或消除施加于其身的某种不愉快的刺激，从而使其改变后的行为再现和增加。消退也称衰减，是撤销对某种行为的积极强化，以终止该行为或降低该行为出现的可能性的方法。例如，对于那些喜欢打小报告的人，学校管理者可以采取故意不理会的态度，以使这种人自讨没趣而自动放弃该不良行为。

3. 强化的几种程序

强化的程序可分为连续强化和间断强化。连续强化是对每个正确行为都给予强化，其中无间断；间断强化是非连续性的强化，不是每次发生的行为都给予强化。间断强化可以根据强化的比例是否发生变化，时间间隔是否固定而分为四种，即固定比例强化、可变比率强化、固定间隔强化和可变间隔强化。

### （二）强化理论在学校管理中的运用

虽然奖惩在现实生活中的运用随处可见，但是对于强化理论的运用，必须着眼于取得高的组织效能以及积极的后果。学校管理者在运用强化理论来激励人的行为时，要做到以下几点。

1. 以正强化为主，奖惩结合

在西方流行的“胡萝卜加大棒”政策正是体现了奖惩相结合的原则。在对教职工进行正强化时，要注意奖惩结合。对于正确的行为、有成绩的个人和群体要及时给予奖励；

对于不良行为要给予惩罚。

2. 因人而异，灵活变通

学校管理者要根据不同的对象，采取不同的强化因素，不能“一刀切”。由于人们的个性特点不一样，对正负强化的反映也不一样。有的人爱面子，口头表扬就有作用；有的人讲实惠，希望有点物质奖励；有的人脸皮薄，会上公开点名批评受不了；有的人相反，不狠狠批评，激不起他的心理振动；有的人害怕大会小会表扬他，人们表扬他，他反而觉得不自在，原因是别人把他看得太高，压力太大，对于这种人，只要拍拍肩说，“干得不错”就这么一句话，他心里就有数了。

3. 及时反馈

所谓及时反馈，就是人们通过某种途径或形式，及时了解自己行为的后果。现代心理学认为，当员工做出成绩时，若能给予及时的奖励，就可以使被强化者及时意识到强化与目标行为之间的联系，收到最佳的激励效果。如果时过境迁再给予奖励，甚至受奖者都忘了奖从何来，其激励作用就会大大降低。

4. 实事求是

实事求是就是要求正负强化必须注意准确性。表扬、批评都必须在调查的基础上，做到实事求是，恰如其分，力求准确。在表扬时，不能添枝加叶，凭空拔高，为了突出某个人，把别人的功劳也贴到他身上，或者为了说明某个人的变化，就把过去说得一无是处，这都是起不到强化的作用。

## 五、归因理论

归因是分析和推断人的行为原因的过程。归因理论研究主要包括三个方面的内容：心理活动归因，即人们心理活动的产生应归结为什么原因；行为归因，即根据人的行为和外部表现对其心理活动的推断；对人们未来行为的预测，即根据人们过去的行为表现，预测他们以后在有关情景中会产生什么样的行为。

最早对此进行系统研究的是海登（Heider），他提出了从人的内部因素（个人倾向）和外部因素（情景倾向）两方面对人的行为进行归因的见解。他的见解后经琼斯（Jones）、戴维斯（Davis）、凯利（Kelley）和维纳（Weiner）等发展，形成了更具体的理论模型。

### （一）行为的外部原因和内部原因

美国社会心理学家凯利认为，可以把人的行为归结为三个方面的因素，即知觉者本人的特点、知觉对象的特点、知觉者与知觉对象进行交往时所处的情景。究竟归结为何种因素，要按以下三个标准来决定，即一贯性、普遍性和差异性。一贯性是人们的行为在不同时间内前后一贯；普遍性是观察某人与周围其他人有相同反应；差异性是一个人在另一种情况下也以同样的方式做出反应。例如，某学生语文成绩差，是长期如此，还是偶然下降？如果是前者，可以肯定是他的成绩差，对此进行归因。这就是一贯性。进一步分析其他学科的成绩，如果其他学科成绩非常好，仅仅是语文成绩差，这就是差异性。如果在分析该生与其他学生的成绩时发现，该生与其他同学的成绩一样差，这就是普遍性。

### （二）成功与失败的归因倾向

美国心理学维纳提出了成功与失败的归因模型。他认为人的行为成功或失败主要归因于四个方面的因素，即努力、能力、任务难度和机遇。人们把原因和失败归结为何种因素，对于以后的工作积极性有很大影响。维纳的研究指出了把成功归结为内部原因（努力、能力），会使人感到满足和自豪；把成功归结为外部原因（任务容易和机遇），会使人产生惊奇和感激的心情；把失败归结为内因，会使人产生内疚和无助感；归于外因，会产生气愤和敌意。把成功归因于稳定因素（任务容易或能力强），会提高以后的工作积极性；把成功归因于不稳定因素（碰巧或努力），以后的工作积极性可能提高也可能降低。把失败归因于稳定因素（任务难和能力低）会降低以后的工作积极性；而归因于不稳定因素（运气不好或努力不够），则可能提高以后的工作积极性。可控制性因素和不可控制性因素对成功和失败的影响以及人们对这些影响的反应，和内因外因因素相同。

### （三）归因理论的运用

学校管理者要善于运用归因理论做教职员工的思想工作，要学会一把钥匙开一把锁的工作方法。例如，在学校里，老师对学生的学习成绩进行归因。对于一位成绩差的学生，往往要问："这个学生的学习成绩为何很差？是客观原因，还是主观原因？"经过分析，老师如果发现只是由于该生不用功而成绩差，这说明其原因可归结为内因。针对这一情况，老师就要做学生的思想工作。如果经过分析，发现是由于教师的教学不得法，这说明其原因可归为外因，这就需要教师改进教学方法。

学校管理者需要根据人的个性特点了解人的归因倾向，掌握人的归因规律，就可按一定规律指导和训练人们的正确归因倾向，有助于人们正确地总结成功的经验和失败的教训，从而调动人们的工作积极性，提高工作效率。

# 第三节　综合型激励理论

## 一、勒温的场动力论

心理学家勒温提出的场动力论是最早期的综合型激励理论。他的场动力论可以用以下的函数关系来表述，即

$$B=f(P \cdot E)$$

式中，$B$ 为个人行为的方向和向量；$P$ 为个人的内部动力；$E$ 为刺激环境。

该公式说明，个人的行为方向和向量取决于刺激环境和个人的内部动力的乘积。勒温把外界环境比喻为一根导火线，而人的需要是一种内部驱动力。人的行为方向决定于

内部系统需要的张力与外界引线之间的相互关系。如果内部需要不强烈，那么再强的引线也没有多大意义。反之，内部需要很强烈，那么微弱的导火线也会引起强烈的反响。

## 二、豪斯的综合激励模型

外在激励是用工资报酬、劳动条件、劳保福利等外部条件刺激人的积极性；内在激励是工作本身的兴趣、价值、成就感等激发人的积极性。豪斯将内在激励和外在激励结合起来提出了综合激励模型的公式：

$$M=V_{it}+E_{ia}(V_{ia}+E_{ej}V_{ej})$$

式中，$M$为激励水平；$V_{it}$为活动本身提供的内在奖酬之效价，反映工作本身所引起的激励程度，这是一种内在激励；$E_{ia}$为活动能否完成任务的期望值；$V_{ia}$为完成任务的效价；$E_{ej}V_{ej}$为一系列双变量的总和，其中$E_{ej}$为任务完成能否获得某项外酬的期望值，$V_{ej}$为该项外酬的效价；$i$为内在的；$e$为外在的；$t$为任务本身的；$a$为完成。

## 三、波特和劳勒的综合激励模式

波特和劳勒将激励分为内激励和外激励两种。内激励的内容包括劳动报酬、工作条件、企业政策等。外激励包括社会、心理特征的因素，如认可、人际关系等。他们于 1968 年提出了综合激励模型，它包括以下三个重要的变量。

### （一）努力程度

模型中的“消耗力量”一项是估价工作者在完成作业中所消耗的能量的大小。这是由人们完成工作时所获得的激励价值和个人感到做出努力后可能获得奖励的概率所决定的。一般来说，工作对个体的激励价值越大，以及个体获得奖励的期望值越大，那么他消耗在工作上的能量也就越大。

### （二）工作绩效

这个模型告诉我们，活动结果既依赖于消耗力量的努力程度，还要依赖于个体的能力和个体品质以及个体对自己工作作用的知觉。这说明在消耗力量的努力相同的情况下，根据个人能力、知识、品质的差别，以及对自己工作作用的知觉不同，活动结果也会有差别。对自己工作意义的知觉就是个人在工作中的“角色知觉”，即个体掌握了一定的工作任务，并明确了自己努力的方向和水平，从而规定自己应该消耗多大力量到工作中去。

### （三）满足

模型中显示了个人对工作的满足与活动结果的相互关系。满足依赖于所获得的激励同期望所获得的结果的一致性。如果前项是等同或大于后项，那么，个体便会感到满足。此外，满足还取决于工作者本身的想法和意见，如他认为怎样的激励是可信的，并可获得结果。

### （四）综合激励模式在学校管理中的运用

学校管理者在运用上述激励模型时，需要做到：①尝试估计教职工的满足水平；②从活动中比较不同人员的满足水平，为了激励个人积极性，并不需要提高满足程度，而只要加强满足同工作结果之间的联系；③要使教职工对自己工作的期望更有力，就要设法使其通过自己的努力来获得激励；④如果这些期待不够有力，就需要重新考察刺激是否适当，人们是如何对待这些刺激的；⑤经常进行定期检查，测量定势、教职工态度等。

# 第四节　激励理论的具体运用

## 一、物质激励法与精神激励法

激励是学校管理者借用各种手段去激发教职工的工作热情，激发他们潜在的主动性和创造性，引导他们自觉地工作，以完成预定的目标。激励方法按照激励手段的性质可以分为物质激励和精神激励，二者在现代学校管理中不可或缺。

### （一）物质激励法

物质激励法是以物质作为奖品，对人的某种行为给予肯定与表扬，使之保持和发扬某种行为的方法。它主要是从物质需要方面来调动激励对象的积极性、主动性和创造性。物质激励法主要通过提高工资级别、发放奖金、发放奖品实物、改善劳保福利等来引导、推动、控制和协调人们的行为。

*1. 物质激励法的作用*

第一，运用工资、奖金等形式，提高师生员工的学习、工作兴趣，激发他们的积极性。在我国目前经济发展水平状况下，对绝大多数人来说，物质需要还是第一位的需要，人们对物质利益的关心是客观存在的事实。因此，只有满足人们的物质需要，才能鼓励先进，促进学校管理效率的提高。正如马克思所指出："人们为了能够'创造历史'，必须能够生活。但是为了生活，首先就需要衣、食、住以及其他东西。"[①]
第二，通过实行岗位责任制等责任制形式来贯彻物质利益原则，可以促进个体和集体提高管理的效益。实践证明，通过实施岗位责任制可以调动各部门和教职工的积极性，提高管理的效益。

*2. 运用物质激励法的基本方式*

运用物质激励来提高管理对象的积极性是管理规律和经济规律的客观要求。在学校管理过程中，正确运用物质激励法的基本方式有以下几种。

第一，明奖与暗奖相结合。明奖，即当众发奖，其好处在于明奖可以树立榜样，激发上进心。目前，很多学校实行明奖，但是明奖也有缺点，由于当众发奖，奖金低的人面子

---

① 马克思恩格斯全集．第三卷．中共中央马克思恩格斯列宁斯大林著作编译局译．北京：人民出版社，2012：31．

上过不去，容易产生妒忌，引起不必要的纠纷，使奖金失去了应有的功效与吸引力。为了弥补这一缺陷，学校可以根据学校的实际情况实行暗奖。暗奖，即学校管理人员认为谁工作积极，成绩显著，就在谁的工资袋（存折等）里加钱，或另封“红包”。暗奖的优点在于仅对得奖人产生刺激，没有受奖的人也不会产生妒忌；缺点是受奖面较窄，缺少相互影响。因为明奖和暗奖各有优点与缺陷，所以不能顾此失彼，应该根据实际取长补短，兼并使用。一般来说，较适合的方法是大奖用明奖，如年终奖、科研成果奖等；小奖用暗奖，如月奖、季度奖等，这样才能起到激励作用。

第二，分期奖励，逐步满足。学校管理者把奖金加得很高，不如分期奖励，逐步满足教职工的需要，使其月有所盼年有所望。这要求学校管理者不能使奖励一步到位而要通过逐步发放来调动教职工的积极性。

第三，按“绩”施奖。在进行物质激励时，应注意破除“红眼病”，打破“大锅饭”，按照管理对象的工作绩效来实施物质奖励。对于贡献较大的教职工，要给高的奖励，才能有激励作用。如果教职工之间的贡献差别很大，得到的都是相同的奖励，那就会失去奖励的作用。

3. 物质激励法运用所需的条件

物质激励法由于运用经济手段来刺激人们的行为，调动人的积极性，容易产生“拜金主义”，且时效比较短暂。因此，在运用物质激励法时要注意具备以下的条件。

首先，要制定完备的规章制度，使教职工的责、权、利相结合。教职工物质利益分配中的差距不应人为地划分，更不应按学校管理者个人的好恶为标准去确定。差距应是教职工“劳量”的多少与“劳绩”的优劣的反映。为了达到这一要求，学校管理者应该建立和完善各种工作制度，通过制度来保障物质激励法的实施。

其次，要正确处理好国家、集体和个人之间的关系。近年来，有的学校领导片面强调物质激励的作用，违反国家的政策，私设“小金库”，甚至有的学校借钱给教职工发奖金，严重损耗了国家和集体的利益。因此，在运用物质激励法时，要顾全大局，严格按照政策办事，正确处理国家、集体和个人之间的关系。

最后，要创造良好的激励氛围。激励要注意选择适当的方式，才能发挥最大的效用。例如，颁发奖金奖品时，最好召开一个会议，郑重其事地进行。这样的场合颁发奖金奖品，获奖者感到光荣，其他参加的人也会受到鼓舞，可以提高物质激励的价值。

### （二）精神激励法

精神激励法是运用一定精神观念的宣传，激发人们的理想，使之成为人们行为的动机，从而调动积极性的方法，如表扬、记功、颁发奖状、授予荣誉称号、介绍先进事迹等。现实生活中，有的人认为“十面红旗飘，不如一个红纸包（钱）”。这是只重视物质激励不重视精神激励的明显表现。在社会主义现代化建设的今天，我们不仅需要物质激励，更需要精神激励来调动广大教职工的积极性。

1. 运用精神激励法的基本方式

只有在正确运用物质激励的同时，正确运用精神激励，才能从思想深层唤起教职工的责任感和事业心，强化他们的主动性和创造性。

1）实行参与式管理

其具体做法是让教职工参与学校管理目标和计划的制订。这有利于克服主观主义和官僚主义，减少决策的失误；增强教职工的自主意识和责任感；能使教职工产生一种内驱力，想方设法、全力以赴地保证计划和目标的实现。

2）增强工作兴趣

兴趣是个人对客体的选择性态度，人在工作过程中重视伴随着的一种积极的情感体验。当人对某一事物或行为感兴趣的时候，就会感到喜爱和满意，集中精力于感兴趣的对象。而对工作感兴趣就会热爱工作，在工作中发挥主动性和创造性。学校管理者增强教职工工作兴趣可以从三个方面入手：一是改善工作条件，在不影响工作效率的前提下，对工作岗位分工进行必要的重新组合，尽量使工作内容丰富些；二是增强教职工对教育工作意义的理解，使他们了解自己工作的社会意 义，看到自己的工作成果及其社会价值，培养教职工对教育工作的兴趣；三是尽可能根据个人特点安排工作，力求工作安排适合其性格、知识、愿望、特点，并调整不适当的工作安排。

3）经常进行思想交流和情感交流

思想和情感的交流能满足教职工受尊重和归属感等心理需求，从而激发他们的积极协作精神，最大限度地释放出自己的能量。思想交流对于学校管理者与被管理者都具有非常重要的作用，学校管理者应经常把学校取得的成就、发展前途以及面临的有利和不利条件告诉教职工，听取他们的意见。这样不但能集思广益，为正确的决策提供有价值的依据，同时也能使被管理者理解领导的意图，有助于消除隔阂，齐心协力完成任务。情感交流要学校管理者同被管理者进行交谈，了解他们的生活、工作中的困难，在力所能及的范围内帮助其解决。学校管理者的关心，能使被管理者得到愉快的情感体验，从而产生感情共鸣。进行思想交流和情感交流还要尊重、相信被管理者，使他们增强自尊心、自信心，有了自尊心、自信心，就会提高被管理者对自我价值的认识，增强工作的兴趣、勇气和力量。

4）进行精神表彰

精神表彰可以对积极行为起强化作用，对消极行为起弱化作用，但是，精神表彰能否起作用，关键是学校管理者对表彰的运用水平。具体来说，一是要通过调查研究把对象掌握准，弄清楚哪些人应该表扬，哪些人应该受到批评。二是要及时，及时表扬才能发挥表扬的最大功效，增强教职工对表扬的重视。三是要注意场合，要弄清楚哪些应在大会上公开表扬，哪些应在一定范围内表扬，哪些在若干人面前表扬，哪些应单独夸奖。四是要具体，即人要具体、事要具体，越具体越生动，就越有感召力。五是要讲究语言艺术，要热情、诚恳，有感染力，同时还要掌握分寸。

2. 运用精神激励法要注意的问题

1）切忌急于求成

精神激励往往需要很长时间才能见到成效。但是，只要人们提高了思想觉悟，被调动起来的积极性会有很大的稳定性和持久性。因此，在运用精神激励法时，不能急于求成，更不能强求立竿见影。

2）要重视培养高尚的情操

多少年来，我们党都十分重视教育广大人民群众、干部和党员，培养高尚情操。学校管理者在运用精神激励法的时候，要重视培养高尚的情操，以激发广大教职工的主人翁责任感。只有这样，才能真正提高广大教职工的精神境界，从根本上调动他们的积极性。

3）要善于发现教职工的优点和积极因素

有的学校管理者认为，精神激励法只是对先进分子而言的，这种看法是片面的。精神激励的对象，不仅有先进分子，而且也包括中间和后进状态的人们。有的学校管理者对先进的员工有说有笑，搞得火热，视如一家；对后进的同志却不理不睬，冷若冰霜，视同路人。这种做法是不可取的，因为不利于调动员工的积极性。学校管理者要对中间和后进状态的人一视同仁，要千方百计接近他们，并善于发掘他们思想行为中的闪光点，予以肯定，以调动和发扬积极因素，促进他们向积极方面转化。

4）要真心诚意

表扬人不能虚情假意，敷衍了事。要严肃认真，出于真心。有些后进分子，对领导往往有一层心理障碍，很容易把表扬看做对自己的讽刺和奚落，产生很坏的消极作用。只有出于真心的表扬才能防止这种消极作用。

### （三）处理好物质激励与精神激励的关系

教职工的需要是多种多样的，但归根到底表现为通过努力工作去追求各种各样的物质利益和精神利益。因此，教职工的各种需要，概括起来，无非是物质方面的需要和精神方面的需要。对于教职工的激励就应该从物质激励和精神激励两个方面来进行。物质激励和精神激励的关系，表现为以下三点。

1. 两者在目的上是一致的

精神激励和物质激励都是以满足人的需要为杠杆，以调动人的积极性为宗旨。我们不宜将物质激励和精神激励截然分开，因为，无论何种激励，最终的目的是调动教职工的积极性，提高学校管理的效率。

2. 两者在应用上是互补的

没有物质激励，精神激励的作用难以持久；没有精神激励，物质激励难以达到预期目的。邓小平曾指出："我们实行精神激励为主，物质激励为辅的方针。颁发奖牌、奖状是精神鼓励，是一种政治上的荣誉，这是必要的，但物质鼓励也不能缺少。"物质激励可以满足人们的物质需要，但难以满足人的精神需要；精神激励可以满足人的精神需要，但难以满足人的物质需要。而人在社会上的需要是多方面的，不仅有物质需要，而且要精神需要，因此，在激励人时，应该看到物质激励和精神激励在激励人的积极性上所起到的不同功效。

3. 物质激励是精神激励的基础和保障

物质第一性，精神第二性。人首先必须生存，满足基本生存、生活所需。因此，必须重视物质激励的基础性作用。物质激励和精神激励不是截然对立的，两者是辩证统一的关系。物质激励可以使精神激励发挥更大的效用。在一定的条件下，精神激励对人的物质需求具有调控作用，使物质激励能以较少的投入获得较大的激励作用。

## 二、内在激励与外在激励

根据双因素理论，激励可分为内在激励和外在激励两种，或者说，满足需要有直接满足和间接满足两种基本方法。内在激励，即直接满足，也叫职务内的满足，是一个人在进行工作时就能得到的某种满足。这种满足是从工作本身及工作过程中人与人的关系中得到的，直接的满足能使职工工作有兴趣、有热情、不消极、不偷懒。外在激励，即间接满足，也叫职务外的满足。这种满足不是从工作本身获得的，而是在工作后获得的，如工资和奖酬。人们可以用它去购置衣物、食品，从事娱乐和进行社交活动，这些都是在工作范围之外，办好食堂、子弟学校、业余学校、俱乐部、图书室，也都是间接满足。间接满足有一定的局限性，由于需要的满足与承担的工作之间缺乏直接联系，因而常常会使员工感到它与工作关系不大而满不在乎。

### （一）内在激励

内在激励是从工作本身得到某种满足，如对工作的爱好、兴趣、责任感、成就感等。这种满足能促使教职工努力工作，积极进取。可见，内在激励是教职工自身发自内心的一种激励力量。学校管理者如果想持久有效地激励教职工，必须重视工作本身对他们的激励。具体有以下几种做法。

1. 工作丰富化

学校管理者要根据学校教育教学的实际情况改进工作内容，进行工作任务再设计，实行工作丰富化，从而使教职工从工作中感到成就、责任和成长，避免教职工经常从事某一项活动带来的不满。

2. 简政放权，实施目标管理

对高层次的学校管理者来说应简政放权，实施目标管理，减少过程控制，扩大教职工的自主权和工作范围，并敢于给予教职工富有挑战性的工作任务，使他们的聪明才智得到充分发挥。

3. 信任教职工

对教职工的成就及时给予肯定、表扬使他们感到自己受到重视和信任。学校管理者通过信任教职工来使教职工树立教育教学改革的信念，形成搞好教育教学的强烈的使命感和持久的内驱力。在学校管理工作中学校成员之间的相互信任是维护学校内部团结的重要心理因素。教职工对于学校管理者是否信任自己的感觉，很大程度上影响着这个成员的工作积极性。中国有句古话，“士为知己者死”，这正说明了信任的心理力量。

### （二）外在激励

外在激励是外部的奖酬或在工作以外获得的间接满足，如劳保、工资等。这种满足有一定的局限性，它只能产生少量的激励作用。因为人除了物质需要以外还有精神需要，而外在激励或保健因素只能满足人的生理需要却不能满足人的精神需要，并不能持久有效地激励人的积极性。

外在激励掌握在学校管理者手中，是由学校管理者作用于教职工的激励方式。外在激励可以从外部对教职工的行为进行导向，并把他们的行为引向一种理想状态。

1. 重点在于提高教职工完成任务的期望值

学校管理者提高教职工完成任务的期望值可以采用三种方法：一是有计划地对教职工进行教育培训，提高他们完成教育教学任务的能力；二是为教职工创造完成任务的良好条件，帮助他们克服工作中遇到的困难；三是重视工作效果的及时反馈，使其能迅速调整自身的行为。

2. 关键在于提高获得奖酬的可靠性

学校管理者要提高奖酬的可靠性，主要的方法有：一是贯彻“按劳分配”“按绩计酬”的原则，提高教职工对奖酬与绩效之间的关联性认识和公平感，从而提高对奖酬的期望；二是避免奖酬过分集中，使多数人经过努力能够达到；三是对于需要高度技巧与创造性的工作，要给予较高的奖励，使奖励的程度与贡献相当。

3. 应着眼于提高外酬的效价

每个教职工的需要、爱好、重视程度不同，奖励的效价就不尽相同。因而，奖励应考虑教职工的需要差异，如有的教职工偏重金钱，而有的偏重精神荣誉。学校管理者只有采用灵活多样的奖酬方法，才能提高教职工对奖酬的效价。

### （三）正确处理内在激励与外在激励的关系

大量的研究结果表明，内在激励和外在激励并不是孤立的，而是相互影响的。两者的关系如果处理得好，就会相辅相成，产生叠加效应，处理不好，则会相互削弱，呈现负相关。因此，学校管理者要正确处理内在激励、外在激励的关系。

1. 充分发挥次级强化效应

在现实生活中，我们经常发现，某些人对某项工作毫无兴趣，只是出于外力或某种外因才不得不为之。但在活动中，逐渐感受到了其中的趣味、学问及对自身发展、成就的帮助，于是爱上这项工作，产生了强烈的内在激励。这种由外在激励激发、增强内在激励的现象称为“次级强化效应”。次级强化效应的发挥取决于工作本身是否具有挑战性和吸引力以及教职工本人的特点。

2. 注意调节自我感知效应

自我感知理论认为，一个人是否把自己的行动归因于内在原因，取决于所受外在诱因或压力的强弱程度。外酬过弱便增强内激感；外酬过强则抑制内激感。也就是说，在外酬诱因力过强的情况下，内、外激关系受自我感知效应的操纵，呈负相关的相消关系。由此可见，学校管理者在学校管理实践中，对外在奖酬的使用应持谨慎的态度，注意做到适宜、适度，以调节自我感知的作用，使内、外激的关系正相关。

## 三、其他激励方式

### （一）情绪激励法

学校内部人与人之间的关系，对每个人的工作情绪和工作成绩都有直接或间接的影响。亲密、融洽的内部关系可以使学校教职工工作的效率提高。情绪激励法就是通过建立良好的内部关系，来提高士气，使工作效率得到提高的方法。

1. 情绪激励法的作用

（1）情绪激励法可以提高群体内聚力和工作效率。

情绪激励法通过建立良好的人际关系来提高士气。内聚力是群体工作效率得以发挥的前提，而良好的人际关系是群体内聚力的基础。学校组织内部人员人际关系的好坏，直接影响教职工的工作积极性和办事效率。如果群体人际关系良好，成员之间感情融洽，那么，群体士气就能提高，内聚力就能增强，成员就能被激发出工作积极性和工作热情，工作效益就会提高。反之，如果一个群体人际关系差，关系紧张，则会削弱群体内聚力，降低工作效益。

（2）情绪激励法可以改善教职工的身心健康。

我国著名的心理学家丁瓒教授曾经指出人类的心理适应，最重要的就是对人际关系的适应。所以，人类的心理和身体病态，如神经衰弱、高血压、偏头痛等，都与人际关系失调有密切关系。学校管理者可以通过情绪激励，对教职工进行心理调适，达到增强教职工身心健康的目的。

（3）情绪激励法可以促进教职工的自我发展和自我完善。

人是社会化的动物。人在自我发展的过程中，既受到自然环境的影响，又受到人与人之间相互关系的影响。在进行人际交往的过程中，人的情绪会影响到其他人的情绪，进而影响其发展。例如，学校中如果有人整天埋怨学校的各种福利、待遇，其他的人无形中就会受到影响。

2. 有效情绪激励的条件

首先，学校管理者必须体察“民情”。学校管理者必须具有体察人心的能力，能够及时感受到教职工的思想变化和情绪变化，并根据这些变化采取相应的措施。

其次，经常与教职工进行交流与交往。学校管理者要保持经常的意见交流和相互交往，这是达到相互了解的最重要的渠道。美国人喜欢简捷、明快、直来直去的交往；日本人则喜欢含蓄的交往。但是，人与人的交往是一种非常微妙的心灵交互作用。高明的学校管理者知道如何把握明快与含蓄之间的界限，既不至于因明快而挫伤教职工的积极性，又不至于因含蓄而使教职工摸不着头脑。

最后，相互信任。这是实现有效交往，保持良好的内部关系，达到情绪激励目的的最重要的前提和保证。信任可以使人精神振奋，猜忌则必使人心灰意懒。

### （二）榜样激励法

榜样像一面旗帜，具有一定的生动性和鲜明性，容易引起人们在感情上的共鸣。同时，有了榜样，使大家有学习的标杆、赶超的标杆，而且看得见，摸得着，说服力强，号召力大。在进行榜样激励时，要善于发现榜样，积极扶植和培养榜样，提高榜样，宣传榜样，组织大家学习榜样。

榜样激励法在运用过程中应注意以下几个问题。第一，榜样宜“近”不宜“远”。现实生活中，尽管我们选取榜样的素材来自于现实世界，但是对于大家而言是“遥远”

的现实世界，而不是“身边”的现实世界。这造成了人们无法亲眼目睹榜样的事迹与言行，相反他们总是用现实身边的情况来反观“榜样”的素材，进而怀疑远处的榜样是否可靠，是否真实。第二，榜样宜“实”不宜“虚”。榜样是实实在在存在的，其中的材料也是真实的。然而很多时候，我们在对榜样的宣传中将榜样理想化的色彩较为严重，使人们觉得严重脱离现实，显得是虚构的，那么自然而然就会给人造成一种错觉，会产生对榜样的抵制，认为榜样是我达不到的。第三，榜样人物宜“平凡”不宜“高、大、全”。现实工作中我们所树立的榜样很多都是高大形象，而不是现实生活中的平凡人物。这样会使我们树立榜样的示范作用产生虚假现象。第四，榜样宜“缺”不宜“全”。榜样也有自身的不足，毕竟人无完人。第五，榜样宜“生”不宜“死”。树立的榜样应该是活生生的人的鲜活事例，否则易对人产生不切合实际生活的影响。

# 第十二章　现代学校领导

学校领导核心系统是学校管理组织运行的中枢，一个学校办得好坏与否，取决于学校领导班子成员是否团结协调一致。尤其是校长作为学校行政班子的“班长”，应善于集中大家的意见和智慧，把每个成员的积极性最大限度地调动起来，把整个班子的集体效能发挥好。这就要求校长应充分认识提高自身素质的重要性和紧迫性，在提高自身素质上狠下功夫，努力去塑造、扮演好这个角色。对于学校领导班子来说，应强化班子成员思想业务作风建设，不断提高领导水平，发挥领导班子的群体效应。领导班子坚强与否，在很大程度上影响和决定着学校党组织领导力和凝聚力，因而应将加强和优化基层学校党组织领导班子建设作为重要任务，真正选好学校领导班子成员，持续加强领导班子思想作风与能力建设，以充分发挥学校领导班子在推进教育教学改革、加强教师队伍建设以及学校科学发展中的领导核心作用。

## 第一节　学校领导体制

### 一、学校领导体制及其发展

学校领导体制是学校领导工作的根本组织制度。学校领导体制是学校管理体制的核心内容，是学校中的决策机构与一定的规范相结合形成的统一体。它规定着学校领导工作的组织原则，职权划分以及权力隶属关系。学校领导体制具有法定性和相对稳定性。

自新中国成立以来，伴随着国家政治、经济形势的发展变化，我国中小学校的领导体制与时俱进，围绕着党政关系与民主集中两条主线不断变革，以适应时代发展的新要求。我国中小学校的领导体制大体可以划分为七个阶段：校务委员会制（1949 年至 1952 年）、校长责任制（1952 年至 1957 年）、党支部领导下的校长负责制（1957 年至 1963 年）、当地党委和教育行政部门领导下的校长负责制（1963 年至 1966 年）、革命委员会制（1966 年至 1978 年）、党支部领导下的校长分工负责制（1978 年至 1985 年）、校长负责制（1985 年至 2021 年）。在 2022 年 1 月，中共中央办公厅印发《关于建立中小学校党组织领导的校长负责制的意见（试行）》指出，加强党对教育工作的全面领导是办好教育的根本保证。建立中小学校党组织领导的校长负责制，是坚持为党育人、为国育才，保证党的教育方针和党中央决策部署在中小学校得到贯彻落实的必然要求。由此，我国中小学校的领导体制开始建立党组织领导的校长负责制。

我国中小学领导体制的发展经历了三个时期：第一个时期（1949 ~ 1978 年）即社会

主义革命和建设时期，对旧中国教育科学文化事业的社会主义改造时期和教育科学文化事业曲折发展时期。第一个时期经历了两种领导体制，即校务委员会制和校长责任制。1948年10月16日，《人民日报》社论指出：“恢复和发展中等教育是当前的重大政治任务，采用与工厂管理相同的方法来管理学校。”1952年3月，中央教育部颁布《小学暂行规程（草案）》规定学校实行校长责任制。校长负责领导全校工作，对学校一切问题，校长有最后决定权。后一时期经历了五种学校领导体制的历史沿革：党支部领导下的校长负责制、校长负责制、革命委员会制、党支部领导下的校长分工负责制、校长负责制。1957年反右运动以后，根据中共中央《关于教育工作的指示》，中小学普遍建立党支部，实行党支部领导下的校长负责制。1963年3月，中央颁发了《全日制小学暂行工作条例（草案）》规定：“校长是学校行政负责人，在当地党委和主管教育行政部门的领导下，负责领导全校的工作。学校党支部对学校行政工作负有保证和监督的责任。”“革命委员会制”是“文化大革命”时代的特殊产物。第二个时期（1978～2012年）即改革开放时期。1978年9月，国家教育部重新颁布《全日制小学暂行条例（草案）》，规定全日制小学“实行党支部领导下的校长分工负责制，学校的一切重大问题，必须经过党支部讨论决定”，“党支部统一领导学校各方面的工作”。1985年《中共中央关于教育体制改革的决定》提出学校“要逐步实行校长负责制”。1993年《中国教育改革和发展纲要》进一步明确指出：“中等及中等以下各类学校实行校长负责制。”第三个时期（2012年至今）即中国特色社会主义新时代。一是前十年延续了改革开放时期的领导体制；二是至2022年1月，中共中央办公厅印发《关于建立中小学校党组织领导的校长负责制的意见（试行）》（以下简称《意见》），要求稳慎推进建立中小学校党组织领导的校长负责制。该《意见》的发布,从政策上结束了在我国实行40年之久的校长负责制，开启了新的学校领导体制。

从中小学校领导体制改革的日的的角度看，中小学校领导体制改革是为了更好地落实党的教育方针，推进学校治理体系和治理能力现代化，落实好立德树人这一根本任务。始终把加强党对中小学校的领导作为核心主线,加强党对中小学校的领导，主要是通过两种途径实现的：一是强调上级党政部门对中小学校的领导，如1963年开始实行的“当地党委和主管教育行政部门领导下的校长负责制”；二是强调学校党组织的领导核心地位，如1958年开始实行的“党支部负责制”和1978年开始实行的“党支部领导下的校长分工负责制”。坚持党对中小学校的全面领导、确保党的教育方针的落实始终是改革的一条核心主线。其次，始终把提升教育教学质量，作为衡量学校改革成效的重要标准。学校领导体制改革的成效，要体现在教育教学质量的提升和人才培养任务的落实上。梳理中小学校领导体制变革的历程可知，在出学校领导体制改革过程中，始终把办学、治校质量作为主要衡量标准，进行不断修正、完善。其三，主要围绕党政部门权责定位促进学校治理体系的发展。学校党组织和校长权责划分一直是学校领导体制改革的关键问题。改革开放时期实行的“校长负责制”继承了之前中小学校领导体制改革的实践经验，确立了校长领导、党组织保证监督和教职工代表民主参与，在学校治理顶层设计上体现了教学管理、党的建设和群众利益保障三个方面的结合。新时代建立的“中小学校党组织领导的校长负责制”，要求牢牢把握学校工作特点和规律，牢牢把握教育发展新要求，积极推进学校基层党组织工作创新。把加强学校基层党组织建设同提升教育质量、学校内涵式发展有机结合，把党员队伍培养与教师队伍建设结合起来，把党性党风建设与加强师德师风结合起来，从而创造性地回答新形势下如何抓好学校基层党组织建设的问题。

新中国成立 70 多年来，从不断完善中小学校领导体制改革过程来看，我国学校领导体制基本上可以概括为两种类型：一长制（校长负责制、校长责任制）和合议制（校务委员会制、党支部领导下的校长负责制、党支部领导下的校长分工负责制、革命委员会制）。每一改革都是对前一次领导体制进行形式上的否定，而不是从内容上进行思考。这种否定建立在对不同学校领导体制的缺点的聚焦上。实际上，每一种学校领导体制都有自身的优点和缺点。一长制的优点是职权集中，责任明确，指挥灵活，行动迅速，可以减少不必要的权力冲突和内部摩擦；缺点是容易导致决策失误，容易出现独断专横、滥用权力的现象，处理问题容易粗糙和顾此失彼。合议制的优点是决策问题考虑比较周详，有利于分工合作，减轻主要负责人的工作压力，权力适度分散，相互监督，有利于克服专断独裁和滥用权力的现象；缺点是行动缓慢，效率低下，意见不容易统一，容易出现议而不决的现象，责任不专，容易出现相互推诿、互相扯皮、无人负责的现象。

既然每一种类型的领导体制都有自身的不足，就应在学校领导体制改革时，将注意力集中于学校领导体制内容的改革上，而不应仅仅从形式上来更换一种领导体制。现实的学校管理实践以及学校领导体制变化的规律告诉我们，学校领导体制的确立必须处理好以下几个关系。

第一，形式与内容的关系。学校采用何种领导体制，并不是关键的问题所在，关键是要做到形式与内容相统一，明确彼此的职责权限。根据我国现实的国情，无论学校是实行校长负责制，还是实行党支部领导下的校长负责制，学校中一定会存在党组织，这就必然会涉及如何处理党政关系的问题。只要明确党政组织各自的职责权限，理清彼此的职能，无论实行哪一种学校领导体制，都会给学校带来勃勃生机。

第二，内行与外行的关系。学校领导体制确立，最终是要通过活生生的人来执行的。因此，领导者对学校领导体制的理解以及熟不熟悉学校领导工作，往往决定了学校领导体制对学校管理工作是产生正面影响，还是负面影响。一般来说，学校党组织、行政组织的负责人应该各自熟悉各自的业务，也就是说应是各自领域的内行，这样往往会使他们将精力集中于各自的职责范围以内的事务。总之，无论是校长还是党支部书记都应该遵循教育规律，贯彻执行党的教育方针。

第三，集权与分权的关系。集权和分权是相对的。集权是分权的结果，分权是集权的过程。学校领导体制尽管规定了学校由谁负责，但是行政负责人应该通过划分彼此的职责权限，来处理好集权与分权的关系，即要明确哪些权力是集中到哪一级管理组织或者管理人员。

第四，教育与行政的关系。在中小学的实际管理工作中，尽管明确了领导体制，但是有些领导人员只是上级派下来的行政人员，他们没有在实际的教育岗位上从事过具体的教学工作。也就是说，他最多只懂得管理规律，而不懂得教育规律，结果是将学校领导体制等同于行政体制来运作，而不知道学校领导体制也是教育体制中微观层面的内容，不但贻误了人才的培养，违背了教育的基本规律，而且违背了学校管理的基本规律，并且将学校管理的本质理解为行政。

第五，政治体制与学校领导体制的关系。政治体制是一个国家政治生活的组织框架和制度基础，它决定了国家权力的分配、运行和监督方式，对社会各个领域产生深远影响。在学校领导体制中，政治体制发挥着基础性、指导性的作用。它确定了学校教育的根本方向，保障了学校教育的社会主义性质，为学校领导体制的建立和完善提供了政治保障和制度依据。通过宏观政策的制定和法律法规的颁布，政治体制引导学校领导体制与国家发展大局相协调，促进教育事业的健康发展。

学校领导体制是学校内部组织结构和管理方式的集中体现，它不可避免地反映了政治体制的精神和要求。在政治体制的框架下，学校领导体制需要遵循国家的教育方针、政策法规，确保教育教学活动的正确方向。同时，学校领导体制的创新与发展，也是政治体制适应时代变迁、推动社会进步在教育领域的具体表现。因此，学校领导体制是政治体制在教育领域的直接映射，二者相互依存、相互促进。

## 二、科学理解校长负责制

第一，对校长负责制的表述，要始终保持表述前后逻辑的一致性。第二，必须弄清校长负责制的科学含义，只有弄清校长负责制的科学表述，才能真正理顺政校关系、党政关系、行政组织与教职工民主管理的关系。第三，任何一个概念，都只能容纳它本应容纳的内涵，若硬把不属于该概念内涵的内容塞进去，势必会造成逻辑混乱。因此，基于上述的逻辑分析，校长负责制应定义为：是校长受国家和社会委托，为实现学校工作目标，依法协调学校内外部关系，对学校的教学及其他行政管理全面负责的学校领导制度。

首先，在这种定义中，确定了校长居于学校行政领导主体的地位，是学校最高行政负责人。之所以认为“校长受国家和社会委托”，是因为在社会主义市场经济条件下，一个完整的办学体系包括三种存在：一是各种体制并存的办学实体的存在；二是教育意识即将符合时代发展趋势和需要的各种教育思想的存在；三是各种关系的存在——产权拥有者（国家或社会力量）、经营者（校长）、参与经营者（师生员工）等。“委托”则说明办学所有权与经营权相分离，使学校由一个自在的组织成为一个自为的组织，有利于克服学校是行政机关的“附属”，是行政职能的“延伸”的弊端，摆脱学校过于依附于行政机关的地位，真正给校长“松绑、放权”，落实其“自主”地位。

其次，“依法”体现了校长负责制界定的法律依据。第一，《教育法》第 31 条规定：“学校及其他教育机构具备法人条件的。自批准设立或者登记注册之日起取得法人资格。”据此，一般的学校都取得了法人资格，校长作为学校行政首长，理所当然是学校的法人代表。第二，《教育法》第 28 条规定：学校“按章程自主管理”，“拒绝任何组织和个人对教育教学活动的非法干涉”。这明确了学校是具有“自主管理权”的办学实体。第三，《教育法》第 30 条规定：“学校的教学及其行政管理，由校长负责。”所以，定义中“对学校的教学及其行政管理全面负责”是言之有据的。同时，“教学及其行政管理”本身就强调了行政组织与非行政组织、行政主体与非行政主体在管理职能上的区别。

再次，“协调学校内外部关系”，即以校长为本位，对外应处理好学校与政府教育行政部门或社会其他相关组织的关系；对内应处理好党政关系、行政与教代会的关系以及在内行政组织内部关系。

最后，从法源上来讲，“领导制度”的表述是学校领导体制的规范化、固定化形式。

1985年5月颁布的《中共中央关于教育体制改革的决定》指出："学校逐步实行校长负责制"。1993年2月中共中央印发的《中国教育改革和发展纲要》第17条明文规定："中等及中等以下各类学校实行校长负责制。校长要全面贯彻国家的教育方针和政策，依靠教职员工办学。"1995年9月1日起施行的《教育法》第30条规定："学校的教学及其行政管理、由校长负责。"上述这些法律、法规文件中都做了相应的规定。

综上所述，这种定义有助于理顺政校关系、党政关系和行政组织与教代会之间的关系。更加明确了"上级领导""党支部""教代会"各自的地位和职能，各自成为相对独立的概念，并各自以不同的关系与"校长负责"有机联系、相互作用、相互制约、共同构成学校管理理论逻辑体系的概念范畴。

# 第二节 学校领导群体结构

## 一、领导者群体优化组合的必要性

所谓领导者群体优化组合是两个或两个以上领导个体，按照一定的序列和比例形成专业知识结构、智能结构、气质结构和年龄结构方面的合理构成，并成为完成特定目标具有多种功能的动态综合体。

根据系统理论的分析，在一个整体中诸要素之间是有机联系相互作用，而又相互依赖的。如果把诸要素按照逻辑统一性的要求构成一个整体，即使单个要素并不都很完善，也能够综合、统一为具有良好功能的系统。反之如果每一个要素很好，但其结合结构不甚合理仍不能成为具有良好功能的系统。在管理实践中，一个领导的群体组合是否合理其整体效能大不相同，如果组合合理，联系紧密，相互补充，其整体效能将远比个体效能之和大得多，即人们常说的"1+1>2"。如果只是领导者个体优秀，但组合不合理，搭配不当，磨损内耗，就不能形成一个强有力的整体，很可能是"1+1<2"甚至出现负数。俗话说"三个臭皮匠赛过诸葛亮"和"一个和尚挑水吃，两个和尚抬水吃，三个和尚没水吃"就是这种情况的写照。

随着生产力和科学技术的迅速发展，现代社会活动日趋复杂，领导个体在组织管理活动中的支配能力和影响作用，已经逐渐被领导人才群体的支配能力和影响作用所取代，在管理活动过程中，德才素质再好的领导人才个体，也不过是整个管理机器中的一个零件，他必须通过和其他"零件"组装成正常运转的管理机器，才能对管理对象发挥显著的组织领导作用。因此，我们在重视提高各级管理人才"个体素质"的同时，更应重视提高各级管理人才的群体素质。只有按照科学组合原则，建立起各级领导班子的最佳群体结构，管理人才的良好个体素质，才有用武之地。

## 二、领导者群体优化组合的要求

领导者群体优化组合是一个很高的综合要求，既包括气质结构的互补协调又要求在年龄上形成梯队。

## （一）知识结构

合理的专业知识结构是领导者群体优化组合的重要因素，也是其整体效能得以充分发挥的重要条件之一。对领导者群体来讲，优化的专业知识结构应能做到成龙配套、结构合理。这就要求其成员首先具有较高的文化水平和专业知识，并经过合理搭配，科学组合，达到互补，形成一个具有综合业务、管理能力的群体。

（1）在领导者群体中，通才和专才应用适当的比例。所谓通才是人才懂得多学科的知识，善于融会贯通，又具有战略思想和眼光，并能运用丰富的软科学知识，审时度势，运筹帷幄，开创新局面。所谓专才，是在某一领域有较深的硬科学知识和很强的研究、开发能力。通、专才配合得当，才能相得益彰。一般而言，在一个领导班子中，通、专才比例以 1∶6 为宜。

（2）不同类型的组织，其领导者群体组合结构也不同，在专业知识结构上也各有其特殊要求。例如，学校的领导者群体中的每一位成员应该强调除具备各自学科的专业知识以外，还应具备经济学、教育学和心理学等方面的知识。

（3）同一类型的单位中，上下级的不同层次对领导者群体所需知识也应有所区别。上至学校决策者，中到教务、总务等中间管理层，下至年级组、班级实施层，都有各自的领导群体组合，但一般来说，层次越高的领导者群体，其专业门类应当越全，其成员知识水平应当越高，其宏观决策与应变能力应该越强。

（4）同级同一类型的领导者群体，在不同地区配备也应不同，应根据该地区的社会、经济、文化特点来考虑，不可强求一律。

## （二）智能结构

领导者群体要具有合理的智能结构，要善于把不同智能类型的人合理配置，协调组合起来，使其发挥出更大的效能，这是领导者群体优化组合的又一个重要因素。一个人的知识并不是智能，智能是人们运用知识、经验去解决实际问题的能力。人的智能包括观察力、理解力、记忆力、思维力、想象力、创新能力、组织指挥能力和语言表达能力，在具体配置者群体的智能结构时，要注意以下两个问题。

第一，根据单位事业的性质以及发展方向把帅才型、将才型和智囊型人才按一定序列和比例组合成优化的管理者群体。在管理实践中，人们常常把那些具有战略眼光和雄才大略、善于决策和富于组织才能，勇于开拓和不畏艰难的领导者称为帅才，他们往往是领导者群体中的领导人，具有超过班子其他成员的特别素质，并对整个群体有较大的影响力。一个领导者群体中如果缺乏这样的核心角色或核心角色较弱，会使整个领导者群体松散和脆弱。所谓将才型人才则是擅长于战术指挥和运营管理的人才，他们多具有勇于带头、敢于担当、善于操作等特点，是日常工作和业务指挥的中坚力量。对于那些具备严密逻辑思维能力和调查预见能力，并善于运筹谋划，深谋远虑的管理者，又称为智囊型人才。这类人才善于捕捉和搜集信息，善于发现问题，长于分析研究，尤能进行预测，是领导者群体中足智多谋的“思想源”。这些人才在管理群体中缺一不可，要按一定的比例和序列进行优化组合。有的研究者提出，在领导班子中，帅才型人才以一个为宜，其他两类人才可根据管理需要，分别组成一个“人才团”，智囊型人才出谋划策，提出方案，帅才型人才统筹分析，做出决断，将才型人才组织实施，化虚为实。如此，整个领导班子，就能扬长避短，效能叠加。

第二，要按照能级原则合理安排管理者，做到能位适宜。也就是说，把帅才型人才放在“帅位”上，让他大展宏图；将才型人才用到将位上，让他开拓局面；智囊型人才放到“幕僚”的位置上，使他充分发挥聪明才智。

### （三）气质结构

气质是一个人的比较稳定的个性特征。气质结构指的是领导班子中各种不同气质类型的成员的配比组合。在繁重复杂的组织管理活动中，不仅要求领导班子具有良好的智能结构，而且要求领导班子具有协调互补的气质结构。

协调互补的气质结构是领导者群体优化组合的重要基础。如果没有这样一个好的基础，即使专业知识结构、智能结构都组合得当，也难免影响其整体功能发挥。例如，急躁的人凑在一起就容易浮躁冒进，意见不一致时，甚至会“针尖对麦芒”互不相让；相反，一个组织中稳重型的领导者太多，则会导致四平八稳举棋不定，缺少决策的魄力；把活泼型的人凑在一起，可能有利于灵活应变，但可能毛手毛脚，欠稳重；把迟缓的人凑在一起，则可能暮气沉沉，万马齐喑，缺乏朝气。因此，在组合领导者群体时，应当十分注意群体气质结构的合理搭配。把具有不同气质类型和性格特点的领导者组合在一起，使他们长处短处互补，刚柔相济，相辅相成。这样不仅可以充分发挥每个领导者气质、性格上的长处，各抒己见，各展其能，互相促进，而且也可以大大增强领导者群体的整体功能，形成一个协调一致、战斗力强的优化群体。

### （四）年龄结构

合理的年龄结构，不仅是领导者群体能够可持续和稳定的重要因素，也是影响领导者群体创造力、生命力的重要因素，处于不同年龄阶段的管理人才，既有不同的智力和精力，也有不同的职能特点。在通常情况下，老同志可以运用其丰富的阅历和深邃的观察力，从事重要的指导、统御、参谋、管理工作，可以培养人才，统筹全局，把握方向，亲自处理一些比较复杂的社会问题和工作问题；中年人可以发挥其年富力强，思路开阔，反应敏捷，才华正茂的优势，在第一线从事艰巨繁重的开拓性工作；青年人则可以利用其充沛的体力和精力，活跃的思想，饱满的创造热情，虚心好学的进取心，从事中老年人难以胜任的攻坚性工作。总之，老、中、青管理人才各有其特有的智力优势，只有通过合理的搭配，才能各尽所能，各献其智，取长补短，共同提高。所以一个理想的校长群体，应该由“深谋远虑”的老年、“中流砥柱”的中年、“奋发有为”的青年组成一个具有合理比例的综合体，并处于不断发展的动态平衡之中。

什么样的年龄结构比较合理呢？这要从实际出发，对不同特点和不同层次的领导者群体提出不同要求。根据我国具体情况，一般说来，大体上是“两头小，中间大”的菱形结构。但应根据其具体工作性质和特点，采取不同的配备，但仍要以中青年为主，这样一种年龄结构就基本符合各级领导者群体开展工作的需要，也有利于新老干部的交替与合作。同时，领导者群体的优化组织，还必须是流动性的，随着人的年龄增长，智能的变化或外界环境的更替，要经常调整领导者群体的组合，有进有出，能上能下，达到动态平衡，以保持领导者群体具有创造性活力。

# 第三节 校长制度及其职能

## 一、校长的资格及产生方式

世界各国的各级各类学校皆设置校长。中国清代末年学校称学堂，学校行政负责人称“总理”或“监督”。1912 年学堂改为学校，学校行政负责人改称校长，沿用至今。一般地说，各国对校长条件的共同要求是：必须懂得学校教学、教育和管理工作，并受过专门的教育管理专业的教育或培训，应具有教学管理和行政管理的能力，要有相当的教学、教育和管理的教育实践经验和理论素养，思想品德好，在教师中有一定威望。

### （一）选拔校长的资格

校长对学校工作全面负责，全面领导，在整个体制中处于核心地位，有着举足轻重的分量，因此选好校长就成为一个重要环节。

校长的资格有一定的要求和规定，最基本的就是德才兼备。总结多年来的实践经验，结合国外的发展，校长还应具有以下资格：第一，中小学校长必须取得教师资格。英国要求中小学校长必须是优秀教师；加拿大要求中小学校长必须是省教师联合会会员；法国还要求中小学校长在任职期间兼任教师工作，必须上相当于教师的四分之一的课程。做了教师，才会有教学的体会和经验，才理解教师，才知道怎样去组织、管理教学，才知道怎样领导教师。第二，中小学校长必须具有一定教龄。英国规定，具有五年教龄的教师才可以提拔为校长；加拿大规定，具有七年教龄的教师才可以被正式任命为校长。在教育机构服务一定的年限，养成忠于教育、献身教育之职志，对校长来说是必不可少的。教师要“为人师表”，校长更应当成为教师的师表，无限热爱教育事业，具有强烈的事业心。第三，中小学校长必须具有一定的学历。美国要求中小学校校长必须是大学毕业生，取得学士学位；加拿大规定校长必须取得学士、硕士或博士的学位，并且要通过心理学、管理学课程的考试和面试。我们不能“唯学历论”，但校长具备一定的专业知识还是必要的，掌握一定的教育学、心理学和管理学的知识，对于按教育规律办事，搞好教育、教学和行政工作必不可少。总之，国内外对中小学校长资格的要求是严格的，我们一定要对校长的从选资格进行认真审查，全面考核。

21 世纪以来，为满足人们对教育的要求，在基础教育改革的过程中，制定校长专业标准，提升校长专业素质，提高学校管理效能，已成为迫在眉睫的重要课题，因为专业标准决定了该职业是否发展成熟并成为一门专业。早在 1996 年，美国率先制定了校长专业标准，并在 2007 年对其颁布的《学校领导标准》（Standards for School Leadership）进行了修订和完善。2012 年，为促进我国义务教育学校校长专业发展，建设高素质义务教育学校校长队伍，深入推进义务教育均衡发展，我国颁布了《义务教育学校校长专业标准（试行）》，并开始公开征求意见。这一标准不但是对义务教育学校合格校长专业素质的基本要求，也是制定义务教育学校校长任职资格、培训课程标准、考核评价标准的重要依据。该标准坚持“以德为先、育人为本、引领发展、终身学习”的先进理念，在规划学校发展、营造育人文化、领导课程教学、引领教师发展、优化内部管理、调试外部环境六个方面从专业理解与认识、专业知识与方法、专业能力与行为三个角度对校长行为做了具体要求[①]。

### （二）国内外校长的产生方式

校长的来源有三种渠道：一是从内部提升。在一般情况下，毫无疑问，教职员工绝大多数都赞成从内部一脉相承的旧习。二是公开竞争。条件公开，政策透明，机会均等，给予校内最佳候选人为学校服务的机会。这种方法，可以克服一脉相承的短处，消除继承人自满自足，不求进取的弊端。三是外界选用。外界候选人与内部竞争者相比，可以更多地引进新的理念和风气，有利于注意到并克服学校存在的停滞落后、故步自封状态，从而给学校带来新的转机。国内外校长的产生方式有以下四种。

1. 任命制

任命制，即由上级机关任命一人为校长，派他去领导，管理一所学校。这种方法能较好地保证统治阶级的意志在学校中实现，而且如果能根据用人标准，发现人才，使用人才，选贤任能，又结合下级意见，走群众路线，反映民意，代表民意，则是一种可行的办法。我国各级学校领导的产生基本上一直是这种方法。但由于统治阶级的局限和官僚主义的痼疾，常常是任人唯亲，党同伐异，排斥异己，真正的人才反而不被任用。我国长期以来，校长完全由上级确定，任命前严加保密，群众没有发言权，任命时没有规定任期，实际上成了终身制。这样产生的校长，只对上负责，不对下负责，只对人负责，不对事负责，对群众指手画脚，对上面唯命是从，对学校有极大的害处。

2. 选举制

选举制，即由教职工选举产生。这种方法注意了发扬民主，重视教职工的意见，加强校长与教职工之间的联系，有利于教职工对校长的信任，有利于提高工作积极性，也有利于培养校长的责任感。但这种方法并不一定能真正代表民意，选举中出现漏洞，危害很大。西方教育比较发达的国家大都采用任命制确立校长，只有德国实行选举制，但他们严格规定，候选人必须先通过国家考试合格，才能参加选举。我国近些年进行了这样的试点，但效果都不理想，有待进一步改进。

3. 聘任制

聘任制，即上级教育行政部门或学校董事会聘请有一定资格和条件的人担任学校校长。聘请者介绍学校情况，提出应聘条件，公开招聘校长，应聘者根据学校情况，应聘条件，提出自己的办学方案，包括办学目标，实现目标的具体步骤，聘请者在诸多应聘者中

① 高巧．中美校长专业标准比较研究．教育管理研究，2014，（57）：7.

选一个最好的。实行聘任制，由校长“组阁”，物色副校长和教导处、总务处主任，再由校长和主任物色教师。国外和旧中国私立学校多采用这种做法。这种做法能从社会各阶层中广泛选用校长，而且双方都受聘约限制，评价、检查很方便。但对就聘者的考察上难以十分准确，聘约定起来也很复杂。

4. 考任制

考任制，这是一种采用考试、考核的方法，了解应试者德才而择优任用担负校长职务的制度。

其过程第一阶段是应试资格审查。经过广泛动员，在自荐、群众推荐的应试者中，先按公布的校长条件，进行应试资格审查。符合条件的，发给准考证与考试大纲，经过一定时间的准备，然后参加考试。第二阶段是考试。考试内容分一般知识与专业知识两部分。其中一般知识包括马列主义基础理论、领导科学常识等。专业知识包括党的教育方针政策、教育法规、教育心理学、课程与教学论和学校管理学等，重点是学校管理学。第三阶段是撰写论文，同时进行任职资格考核。初选上的同志通过各种方式对学校进行调查研究，写出论文阐明个人治校方案，再由评委按规定标准评分。在撰写论文的同时，进行任职资格考核，即由组织部门组成考核小组到初选人所在单位里，用访问、座谈、问卷、查阅资料等方式对其思想伤风、办事能力和实际业绩进行考核，并量化结果，然后按文化考试分、论文分、任职资格考核分，决出前 3 ~ 5 名，参加论文答辩。第四阶段是公开进行论文答辩。第五阶段是按文化考试分（可占 15%）、论文分（可占 20%）、任职资格考核分（可占 45%）、答辩分（可占 20%），计算出每人的总分，将总分最高的上报上级领导审准。

## 二、学校组织中的党政关系

解放初期，为了接管和改造旧学校，贯彻人民政府和党的政策法令，稳定学校秩序，在学校实行校务委员会制，教师和学生代表直接参加学校管理。校务委员会制在当时是起了积极作用的。在对旧学校进行改造和整顿后，为了适应经济建设的需要，经国务院批准，教育部于 1952 年颁布了《中学暂行规程（草案）》和《小学暂行规程（草案）》，规定学校实行校长负责制，校长代表学校，负责领导学校的一切教学和行政工作。校长由政府委派，直接对人民政府负责，学校的一切重大问题均由校长决定。这实际上是从苏联移植过来的“校长一长制”的模式。这与当时的干部队伍状况以及学校运行规律的某些要求相符合，对加强学校行政领导，克服前一时期学校无人负责的现象，提高教学质量是有积极作用的，但忽视党组织的保证监督，也没有发挥教职工的作用，容易形成校长的独行专断。

1957 年，基于对当时政治形势的考虑和对“校长一长制”弊端的认识，中共中央、国务院发布了《关于教育工作的指示》，指出“一长制容易脱离党委领导，所以是不妥的”“一切中等学校和初等学校也应放在党领导下”，这就是党支部领导下的校长负责制。规定校长是学校行政负责人，党支部对学校行政负有领导责任和监督责任，突出了党对学校的领导，但与此同时，又产生了以党代政、党政不分、支部书记领导一切的现象。这种体制再加上其他一些违背教育规律的错误做法，导致教育质量严重下降。

20世纪60年代，在“调整、巩固、充实、提高”的方针指导下，1963年教育部制定《全日制中学暂行工作条例（草案）》和《全日制小学暂行工作条例（草案）》，规定校长是学校行政负责人，在上级党委和行政主管部门的领导下，负责领导全校工作，学校党支部对学校行政负有保证和监督作用。这一体制既保证了党对学校的领导，又强化了校长领导行政的职能，校长能充分履行职权，领导教育教学工作。这一体制的实践效果是好的。

“文化大革命”时期，学校实行革命委员会制，工宣队、贫管队和军宣队领导学校。这一时期是新中国以来教育发展的特殊阶段。1987年，教育颁布《全日制中学暂行工作条例（草案）》和《全日制小学暂行工作条例（草案）》又规定在学校实行党支部领导下的校长分工负责制，学校的一切重大问题须经过党支部的讨论决定。这一规定总结了“文化大革命”的严重教训，突出了党的领导，也肯定了校长的职能，对恢复遭受严重破坏的学校教育起了很大作用。1984年，教育部在《关于普通中学学校领导班子调整工作的几点意见》中，改“党支部领导下的校长分工负责制”为“党支部领导下的校长负责制”，但领导体制的基本精神并没有改变。

1985年5月29日中共中央发布《中共中央关于教育体制改革的决定》，规定“学校逐步实行校长负责制，有条件的学校要设立由校长主持的、人数不多的、有威信的校务委员会，作为审议机构。要建立和健全以教师为主体的教职工代表大会制度，加强民主管理和民主监督。学校中的党组织要从过去那种包揽一切的状态中解脱出来，把自己的精力集中到加强党的建设和加强思想政治工作上来；要团结广大师生，大力支持校长履行职权，保证和监督党的各项方针政策的落实和国家教育计划的实现；要坚持用马克思主义教育广大师生，激励他们立志为祖国的富强奋勇进取、建功立业，保证学生德智体的全面发展，使学校真正成为抵御资本主义和其他腐朽思想的侵蚀，建设社会主义精神文明的坚强阵地。”这是新中国教育发展史上第一次提出校长负责制。

1993年2月13日，中共中央、国务院颁布《中国教育改革和发展纲要》，其中第17条，“中等及中等以下各类学校实行校长负责制。校长要全面贯彻国家的教育方针和政策，依靠教职员工办好学校”。第38条，“坚持党对学校的领导，加强学校党的建设，是全面贯彻教育方针，加快教育改革和发展，全面提高教育质量的根本保证”“实行校长负责制的中小学和其他学校，党的组织发挥政治核心作用”。这里去掉了“逐步”二字，各地开始陆续实施校长负责制。《国务院关于〈中国教育改革和发展纲要〉的实施意见》（国发〔1994〕39号）提出，“切实加强党对教育工作的领导，大力加强和改进德育工作”“要遵循青少年和儿童思想品德形成发展的规律和社会发展的要求，科学地规划大、中、小学德育的目标、内容和实施途径，加强整体衔接。对中小学生重点进行文明礼貌、遵纪守法、公民义务和基本道德规范教育”。

1995年3月18日第八届全国人民代表大会第三次会议通过的《中华人民共和国教育法》第30条，规定：“学校的教学及其他行政管理，由校长负责。”《〈中华人民共和国教育法〉释义》指出：“校长全面负责学校的行政管理包括人事管理、教学管理、科研管理和总务管理。”《中华人民共和国教育法》是由人民代表大会通过的关于教育的基本法，其效力仅次于《宪法》，无疑在所有关于校长负责制的法律规定中具有最高效力。这是新中国第一次将校长负责制写入法律。1986年4月12日通过，2006年6月

29 日十届全国人大常务委员会修订的《中华人民共和国义务教育法》，第 26 条规定："学校实行校长负责制。校长应当符合国家规定的任职条件。校长由县级人民政府教育行政部门依法聘任。《中华人民共和国义务教育法》释义："校长负责制是指校长对学校工作全面负责，党组织保证监督，教职工代表大会民主管理相结合的管理体制。"2022 年 1 月，中共中央办公厅印发《关于建立中小学校党组织领导的校长负责制的意见（试行）》（以下简称《意见》），要求稳慎推进建立中小学校党组织领导的校长负责制。该《意见》的发布,从政策上结束了在我国实行 40 年之久的校长负责制，开启了新的学校领导体制。其中《意见》第十二条规定："选好配强学校领导班子特别是党组织书记和校长。党组织设置为党委、党总支的中小学校：党组织书记、校长一般应当分设，党组织书记一般不兼任行政领导职务，校长是中共党员的应当同时担任党组织副书记；党组织设置为党支部的中小学校：党组织书记、校长一般由一人担任，同时应当设 1 名专职副书记；学校行政班子副职中的党员一般应当进入党组织班子。"并且规定该试用意见适用于具有独立法人资格且设立党的基层委员会、总支部委员会、支部委员会的公办中小学校（含中等职业学校），公办幼儿园参照执行，民办中小学校党的工作按照有关规定执行。

单就体制论，主要围绕这样一些问题展开，一是党的领导和行政领导的关系问题。学校坚持党的领导是不容动摇的，但党怎样领导学校和行政领导在学校中地位多年来一直没有处理好。要么党组织事无巨细都参与决策与指挥，包揽一切事务，党政不分，以党代政，取消行政领导；要么党组织不进行保证监督，党的领导有名无实。学校管理一直在这两个极端之间摇摆，未能被准确把握，应引以为戒。二是个人负责和集体负责的问题。管理的一个基本原则是一定的人对所管的一定工作负责，而长期以来，我们体制的弊病是集体负责却实际上是无人负责，办事拖拉，相互推诿，管理效率低下。克服这种弊端，却又走向另一面，"一长制"没有制约机制就倒向缺乏民主的独断专行。

## 三、学校党组织的作用和职责

中国共产党第十七次全国代表大会部分修改，2007 年 10 月 21 日通过的《中国共产党章程》（以下简称《党章》），在我国，由于中国共产党作为唯一合法的执政党，《党章》的规定对于党内来说就是党内的"宪法"，目前我国所有的法律法规都必须符合《党章》的规定，特别是关于领导权的规定更是所有法律参照的标准。第 31 条，"党的基层组织是党在社会基层组织中的战斗堡垒，是党的全部工作和战斗力的基础。它的基本任务是：（一）……充分发挥党员的先锋模范作用，团结、组织党内外的干部和群众，努力完成本单位所担负的任务……（三）对党员进行教育、管理和监督，提高党员素质，增强党性，严格党的组织生活，开展批评和自我批评，维护和执行党的纪律，监督党员切实履行义务，保障党员的权利不受侵犯……（七）监督党员干部和其他任何工作人员严格遵守国法政纪，严格遵守国家的财政经济法规和人事制度，不得侵占国家、集体和群众的利益"。第 32 条，"实行行政领导人负责制的事业单位中党的基层组织，发挥政治核心作用"，"各级党和国家机关中党的基层组织，协助行政负责人完成任务，改进工作，对包括行政负责人在内的每个党员进行监督，不领导本单位的业务工作"。

党组织发挥政治核心作用，主要职责是五项：一是党组织的自身建设；二是保证监督党和国家的方针、政策在本单位的贯彻执行以及监督有关人员遵纪守法；三是支持行政负责人依法行使职权、完成本单位任务；四是参与单位重大问题的决策，培养教育干部，推荐干部人选；五是领导思想政治工作、精神文明建设和工会、共青团等群众组织。

按照《党章》及相关法律规定，中小学校党组织就是发挥政治核心作用的党的基层组织。因此，我们可以从“政治”与“核心”两个角度，理解中小学党组织政治核心作用的深刻内涵。所谓“政治”，强调的是方向和立场。政治方向犹如一面旗帜，指引着中小学校的前行的方向。这个政治方向就是社会主义办学方向，它要求中小学校必须要坚持党的领导，坚持党的教育方针。中小学校党组织的政治引领要与国家政治相统一，中小学校党组织应发挥自己的组织优势以及政治优势，宣传党的政策，传播党的声音，落实党的要求。这种优势发挥的范围，并不只是局限于教学与管理，还应通过参与重大决策，做好思想和文化建设，领导群团工作等方式和途径，渗透融入到学校运行发展的各个领域。同时，政治立场还体现着“代表谁”“为了谁”的问题。中小学校党组织应牢牢把握全心全意为人民服务的宗旨，要能够代表最广大人民的利益。这里的人民既包含广大的教职员工，也包括学生与家长；这里的利益既有党员的需求，也含有群众的诉求。中小学党组织唯有始终坚守这一立场，把握群众路线这条生命线，才能切实有效提升基层党组织的影响力和凝聚力。

所谓“核心”，强调的是地位与重要性。在中小学的发展中，党建工作至关重要。党组织在思想引领方面的地位不是从属或附着的状态，而是处于领导地位和“走在前面”的状态，这是学校党组织作用发挥的底气来源。在中小学校中，党组织应敢于领导和善于领导思想政治工作以及精神文化建设，为学校各项事业发展提供政治保证与思想保证。同时，“核心”还有另一层含义，即其所反映的是由内而外的，由核心向四周发散的辐射力。这决定了中小学党建工作不是“纯粹的政治工作”，而是围绕学校中心工作开展的。党建工作在学校中心工作中生根生发，覆盖学校的各项工作。这种“辐射”还体现在广大党员的先锋模范作用，广大党员是党组织作用发挥的最直接的践行者、体现者和推动者。每位党员立足于本职工作充分发挥先锋模范作用，以此来影响带动更多的教职员工，为学校发展的共同目标而不懈奋斗。

当然，学校校长作为党员或党支部成员，在落实校长责任制的同时，其本人必须服从党支部的领导。其作为党员领导干部，按照《党章》规定，还必须定期向党组织汇报个人从事领导干部职务中的工作、学习及思想情况，包括财务、人事、资源管理与使用情况，重大问题必须向党支部汇报并取得党支部的同意和配合。

## 四、校长的职能

校长的职能有三个方面，即领导教育、管理学校、维护学校——社区关系。

1. 领导教育

领导教育是对校长提出的最高要求，也是新时期校长工作的重要职能，即确立方向，努力构思未来；讲求策略，促使观念到位。其本质是“教育思想的领导”，具体表现在两个方面：一是形成发展目标，构思改革方案，使学校的发展具有明确的方向和持久的动力，形成学校特色；二是深入教育一线，确立先进观念，通过保质、保量的听课，得出规律性的结论，形成教师的集体教育信念。

2. 管理学校

一类是常规性管理，即学校的正常运行具有了基本保证；另一类是非常规性管理，即人际关系管理、非权力的影响管理。只有把这两类管理结合起来，才能产生组合质变的功能。常规性管理中，一是突出管理重点，如现阶段要突出学生负担、教师师德、学校收费这三个重点。二是探索管理规律，如在教师管理中，要按照教师业务成长的三期理论（即新教师三到五年的适应期、突破教育教学定势的高原期、形成自身特色的成熟期）进行分层次教师业务培训。在非常规性管理中，一是激励成就，对教师和学生采取激励措施，以满足其包括认知、审美和自我实现在内的高级需要。二是营造氛围，不仅要激发个人士气，而且要有效形成整个学校的组织氛围，以影响学校工作的所有方向。三是人际支持。

3. 维护学校——社区关系

校长应努力做到让公众了解学校的使命、目的和目标，让政府、家长委员会、德育顾问团、关心下一代工作委员会等机构参与到学校的规划、决策、评价等活动中来，使学校工作有效纳入社区之中，成为社会的一部分。同时，校长要听取公众对学校的反应和呼声，从而认真地审视学校的工作，有效地组织实施有益的建议，使学校与社区在观念上一体化。

## 五、副校长的地位和作用

从学校管理体制的整体结构角度来看副校长的地位。学校管理体制是学校管理机构与管理规范的结合体或统一体。学校的管理组织机构包括学校的决策组织机构，它指的是我国以校长或以书记为首的领导班子，即校长、书记、副校长、副书记；学校的执行组织机构，它指的是学校的各职能部门，即各处（室）主任、年级组长；学校的咨询组织机构指的是校务委员会；学校监督反馈组织机构，中小学一般无这方面的组织机构，其监督反馈方面的职能是由党团组织和工会等来完成的。学校的管理规范包括学校章程以及各种机构的规范、各种人的规范、各种工作的规范。学校决策机构与一定的规范相结合就构成了领导体制；学校执行机构与一定的规范相结合，就构成了执行体制；学校咨询机构与一定的规范相结合就构成了咨询体制；学校监督反馈机构与一定规范相结合，就构成了监督反馈体制。可见，学校管理体制是由学校管理机构与管理规范两个要素所构成的学校领导体制、执行体制、咨询体制、监督反馈体制四部分组成的，其中领导体制处于核心地位。因为它规定了学校管理体制的性质，以及学校由谁决策和怎样决策等。

从学校领导体制中组织成员之间的相互关系来看副校长的地位。根据系统理论观点，领导组织内部分为不同的层次、职位，即不同的结构、组织可分为下列三个层次：①最高战略层，负责制定组织的战略、目标、方针；②中间协调层，负责组织内部各部门的协调；③最低执行层，负责执行各种指令，完成具体作业任务。因此在学校领导体制中，虽然校长居于最高行政首长之位，对内主持校务，对外代表学校，但作为校长的副脑和助手的副校长，对上参与校长的决策，对下参与职能部门的执行活动，是联系校长和职能部门管理人员的桥梁和纽带，与校长共属学校领导班子的核心层。

从学校领导体制的运作机制来看副校长的作用。在中小学领导体制运作过程中，正职的校长作为领导核心具有重要的地位和作用，但决不能认为学校的决策是校长一人的事情而忽视副校长在领导班子中的核心地位，事实上，他们共同组成了学校的决策层。之所以这样认为是因为。首先，在领导班子构成上，副职总是占居多数。副校长的素质和作用发挥如何，直接影响着领导班子建设和集体领导能力。其次，在领导决策的制定方面，副校长有着重大的影响力。在委员会领导体制下，班子成员参与集体决策时副职成员“一人一票”中表决方式与正职共同行使决策权，在行政首长负责制下，副职具有较大的决策建议权，不同程度地参与决策。再次，在决策的贯彻执行方面，副校长一般都担负着某一方面的直接指挥和协调任务，决策能否落到实处，往往取决于副校长的工作。最后，在领导人才的发展方面，一般地说，副校长是不可逾越的台阶。渴望在校长岗位上有所作为的人，大都要经过副校长阶段，以便熟悉相关情况，为过渡到正职积累必要的经验。

# 第四节　校长的能力与自我管理

## 一、校长的责任与能力

责任是分内应做的事，能力是能胜任某项任务的主观条件。校长责任意识与能力的强弱能够直接或间接地影响到其执行能力和管理水平的高低，而责任意识最终要转化为责任能力，即校长在能力上能承担其责任才有意义，所以完成责任需要校长的能力。

1. 责任与能力的关系是辩证的关系

责任与能力相互依存，又相互作用；既是相对的，又是统一的。有责任而无能力者，难以尽好责任；有能力而无责任者，又难以尽到责任。责任依靠能力发挥作用，责任是前提，能力是条件，两者兼而备之，方可发挥好校长的作用。不同的人担任的职务不同，所享有的权利和承担的责任也就不同。因此，必须坚持职责权一致的原则，要做到职务到人、责任到人、权利到人。校长应该经常反思自省，树立责任意识，不断更新观念，学习先进典型，用政策解疑心、用保障稳人心、用解困感人心、用真情换真心、用对话聚人心、用奖惩激人心，切实提高个人的责任意识、责任能力，将能力与责任结合起来，把形势与任务明确起来，用自己的能力使自己的责任更加到位。

2. 责任是反映能力的前提

作为校长，无论职位高低都应对所从事的工作负有责任。实践证明，一个负有责任心的人才会给别人信任感，才会吸引更多的人与自己合作。责任心是对事情能敢于负责、勇于主动负责的态度。从主观上说，校长无论处在哪个位置上，都不应轻视自己的工作，忽视自己的作为，都要担负起工作的责任。马可·奥勒留在《沉思录》中说：“洞察每个人的支配能力；也让所有其他的人洞察你的支配能力。”责任是一种能力，一个不愿为下属承担责任的领导，会失去下属和群众的信任。所以，作为校长，不但要对上级负责，也要对下级负责，这是校长的职责。因此，校长应用行动告诉下属，自己愿意为他们承担责任。无论在一个单位或者部门，都应该形成人人负责、个个敬业的良好氛围。

3. 责任本身就是一种能力

从管理的角度来看，理论是校长行为的“金钥匙”，知识是校长“腾飞的翅膀”。如果一个校长没有扎实的理论基础，精深的专业知识，缺乏对客观现实的深刻了解，就不可能有正确的努力方向，这个努力方向就是责任目标。换言之，即使一个校长有雄厚的理论基础，懂专业、有能力，但责任意识模糊，缺乏前瞻性、预见性、科学性，也可能造成前边决策后边改变的不良后果。正所谓“不谋万事者，不足以谋一时；不谋全局者，不足以谋一域”。能力依据责任转化体现，有两种可能性：一方面，责任明确，能力充分，用科学发展观看待问题、分析问题和解决问题，能够未雨绸缪、了然于心，把能力依据责任转化到位；另一方面，如果认知不清、责任不明，即使有能力也可能转化到另一个方向，造成决策失误，还可能出现“前任决策，后任买单”的现象。能力依据责任转化体现有两种可能性。因此，无论二者如何转化，能力永远由责任来承载，而从某种程度上来说，责任本身就是一种能力。

## 二、校长的执行力

### （一）校长执行力的含义及其特征

经验表明三分决策，七分执行。执行力，就个人而言，就是把想干的事干成功的能力；对于学校，则是将长期战略一步步落到实处的能力。执行力不是某项单一素质的凸显，而是多种素质的结合与表现，它体现为一种总揽全局、深谋远虑的专业洞察力；更体现为一种勇挑重担、敢于承担风险的工作作风。有执行力的管理者具有以下三方面素质特征。

1. 执行力来自迅捷

迅捷源自能力，简洁来自渊博。管理者的快速执行首先是建立在强大的思维能力基础之上的。杰出的管理者能够不断地探寻业务模式和事物因果关系，能够尝试着从新的角度看问题。一是同事的角度。特别是其他部门的同事，这样更能从不同的角度找出可能遗漏的错误提出建议。二是学生及其家长的角度。谁能够更准确地理解和把握学生及其家长需求，谁就能赢得学生及其家长，我们必须从学生及其家长的角度来审视自己的计划和方案。三是竞争对手的角度。我们要对竞争对手将要采取的每一个行动了如指掌，而不能凭感觉盲目猜测。四是学校的角度。请上级解释自己的工作与学校的目标是何种关系，从而使自己能够站在学校的立场上考虑问题。五是创造性的角度。摆脱本领域的条条框框，接受其他领域中的优秀思想。

2. 执行力来自团队协作

对管理而言，真正意义上的成功必然是团队的成功。脱离团队，即使得到了个人的成功，往往也是变味的和苦涩的，长此以往对学校更是有害的。因此，管理者的执行力绝不是个人的勇往直前、孤军深入，而是带领下属共同前进。这就要求团队成员之间必须做到以下几点。一是同心同德，组织中的教师应相互欣赏，相互信任，而不应相互瞧不起，相互拆台。管理者应该引导下属发现和认同别人的优点，而不是突显自己的重要性。二是互帮互助，不仅是在别人寻求帮助时提供力所能及的帮助，还要主动地帮助同事。反过来，我们也能够坦诚地接受别人的帮助。三是奉献精神，组织成员愿为组织或同事付出额外的努力。团队自豪感，即每位成员的一种成就感，这种感觉集合在一起，就凝聚成战无不胜的战斗力。

3. 执行力来自坚韧

坚韧指具备挫折忍耐力、压力忍受力、自我控制力和意志力等；指能够在艰苦的、不利的情况下，克服外部和自身的困难，坚定不移地完成任务；指能在巨大的压力下坚持目标和自己的观点。坚韧性首先表现为一种坚强的意志，一种对目标的坚持。对于认准的事，无论遇到多大的困难，仍千方百计完成。在工作中能够保持良好的体能和稳定的情绪与状态，同样体现出坚韧。当处于巨大的压力下或产生可能会影响工作的消极情绪时，能够运用某些方式消除压力或消极情绪，避免自己的悲观情绪影响他人，这点并不是每个人都能做到的。

## （二）校长角色定位与执行力

1. 校长必须具备执行力

“执行力”是否到位既反映了学校的整体素质，也反映出管理者的角色定位。管理者不仅仅是制定策略和下达命令，更重要的是管理者必须具备执行力。如果某一管理者认为从事管理工作不需要执行力，所谓执行就是下达命令后由下属去实施的话，那么说明这个管理者角色定位有问题。学校执行力的培养不能只停留在管理者知识和技能层面上，更应着重于管理者角色定位的观念变革。学校要培养执行力，应把工作重点放在各层管理者身上。管理者的执行力能够弥补策略的不足，而一个再完美的策略也会在没有执行力的管理者手上夭折。从这个意义上说，执行力是学校管理成败的关键。

2. 校长需要一手抓策略，一手抓执行

再好的策略也只有成功执行后才能够显示出其价值。因此，作为管理者必须既要重视策略又要重视执行力，做到一手抓策略，一手抓执行，两者都不放松，策略和执行力对于学校的成功来说，缺一不可，二者是辩证统一的关系。策略是学校未来发展的指南，由策略去指导制定出各式各样的执行方案；执行是策略能够实现的保障，没有执行再好的策略也只是一纸空谈。管理者不应将执行力和策略割裂，把它们看成完全对立的部分。一方面，管理者制定策略时应该考虑这是否是一个能够切实得到“执行”的策略。无法执行的策略形成以后只能束之高阁，没有什么实际的价值。另一方面，管理者需要用战略的眼光诠释“执行”，也就是说不要陷入“执行”的泥潭，执行是需要策略来指导的。因此，管理者在制定策略的时候必须考虑执行力问题。

3. 校长是策略执行最重要的主体

许多人认为管理者就是制定策略，而执行属于细节事务的层次，不值得管理者费神。有些管理者把自己的角色定位于描绘学校远景，定好策略，至于执行，那是下属的事情，作为管理者只需要授权就行。这个观念是绝对错误的。相反地，执行应该是管理者最重要的工作。实际上，真正优秀的管理者必须脚踏实地，深知自己所处的大环境、问题的真正所在，然后不畏冲突勇敢面对。管理者制定策略之后需要自身也参与执行，只有在执行过程中才能够准确及时地发现执行是否能够实现策略，原来策略有哪些应该调整，只有根据执行的情况随时调整策略，才能及时地应对变化的环境。如果管理者的角色定位错误，忽视执行，等到发觉策略不能执行再做修改调整，可能为时已晚矣。也只有管理者能对学校提出一针见血的高难度问题，促使各项计划不浮于表面，植于现实而执行，并于每个阶段都能实现预定的目标。

4. 校长应重视对部属执行力的培养

我们说管理者是策略执行最重要的主体并非要管理者大小事务都亲自过问处理，管理者角色观念变革很重要的一点就是在重视自身执行能力加强的同时，作为管理者，必须重视对部属执行力的培养。执行力的提升应该是整个学校范围内的事情，而不应只是少数管理者的专利。但管理者在其中所起的作用非常巨大，就像一个火车头，有意识地对学校进行引导，从而使“执行”成为一个学校的核心元素。管理者如何提升个人执行力并培养部 属的执行力，这是学校总体执行力提升的关键。

5. 校长应致力于营造学校执行力文化

执行力的关键在于透过学校文化影响学校所有教师的行为，因此管理者很重要的任务就在于营造学校执行力文化。如果学校里的每一个教师每天能多花十分钟替学校想想如何改善教学工作，如何将工作做得更好，管理者的策略自然能够彻底地执行。让教师心悦诚服地自愿多用心在工作上，关键就在于学校要拥有良好的执行力文化。执行力文化良好的学校，教师一定用心去做事情，讲究速度、质量、细节和纪律。有执行力的学校一定有追根究源的文化。学校由不同的部门和员工所构成，不同的个体在思考、行动时难免会产生差异。如何尽可能使不同的“分力”最终成为一股推动学校前进的“合力”。在学校的管理中，建立学校的愿景、战略与计划以及强调对人力资源、财务资源和实物资源的管理固然重要，但如何将这些管理的重要方面有效地联结和整合起来，才是学校真正在竞争中取胜的根本保证，这种整合的能力就是执行力。

### （三）强化校长执行力

1. 明确的目标是引领执行的方向

确定目标并不是一件容易的事。它是建立在对学校内外部信息和各类资源进行认真分析，特别是对一系列问题得以确认并提出构想的基础上的。这是确立目标的基础，前期需要我们做大量的分析调研工作。就学校运行而言，目标是系统的、有层次的。作为一名教师，他的工作职责与工作标准的达成，都会对学校的总体目标做出贡献，这就是目标的系统性。学校目标、部门目标和教师目标，体现了目标的层级关系。所以目标必须分解，以求更具体、更细致、更具操作性。学校目标明确了，执行力才有了前进的方向，而不是像盲人骑马，走到哪儿算哪儿；学校目标明确了，不同的职能部门、不同的教师在工作中才能形成一股合力，从而更好地发挥知识与技能的聚合作用，更好地促进目标的达成。

2. 团结协作是执行力的保障

团结协作是一种良好的职业道德。但由于每个人在学校中所追求的利益上的偏差和自身素质的不同，并不是人人都能做到这一点。这就需要学校创造培养一种团结协作的环境。

如何做到这一点？可以从以下几个方面入手：一是要树立一种美好的愿景，让教师看到学校发展的前途和方向，为共同的奋斗目标而努力。一个拥有美好愿景的学校，它在一定程度上会过滤教师的不正当思想和行为，有利于教师的团结。二是明确每个人的工作职责与工作目标，建立合理的薪酬体系。清晰的工作职责与目标，有利于教师在工作中找准努力的方向，并加强团结。因为任何目标的达成多数是在团队协作下完成的，一个不具备协作精神的团队往往无法达成目标。三是要加强对教师的培训，培养他们的团队意识与合作精神。对教师的培训不仅是教师自身发展的要求，也是学校向前发展的需要。

3. 知识与技能是提高执行力的基础

知识与技能是靠人员来提供的。它不仅体现在完成任务的能力要求上，而且体现在完成任务的效率与质量上。所以对知识与技能的考核不应仅仅局限于某个人的能力素质，而是要在时间、费用、质量、对周边环境的影响等多方面进行评估。同样，完成一件事，也有花费时间的长短、费用的高低、完成的质量的好坏、资源使用的多少、对周围环境的影响等问题，所以也要从多方面进行考量。现代社会是一个讲求效率的社会。任何一个项目的成功运作都有时间和资源的要求，同时要把它放到一个系统中去给予重视。一项任务完不成，下一项任务就无法开展；一个目标实现不了，就会影响整个目标。这样就对我们的从业人员在知识层面和技能层面都提出了更高的要求。这一点是我们应该给予高度重视的。

4. 领导风格是执行力的重要影响因素

对执行力的维持，我们可以列举很多因素，包括战略层面、人员层面、制度层面、文化层面等。其中领导风格对执行力的影响是一个重要因素。把深入一线作为一项非常重要的工作，对领导者来说大事与小事并没有什么明确的界限，有些小事是作为领导必须要做的，这也是一种领导风格。这种风格导致的结果就是执行力的强化。通过与教师的交流，来搜集信息，评价教师，发现执行力的强弱和目标与执行之间的差距。长期以来，这种风格已成为执行力文化的一部分。学校执行力的实现，还受许多的条件和因素的制约，要经过许多的流程和步骤。只要学校的校长和属下同心协力，顺利地将计划执行，完成既定的目标，就必定能突破学校发展的瓶颈，走出一个全新的未来。同时，学校和教师也才能共筑事业发展的平台，达到共赢的目的。

## 三、校长自我管理

### （一）校长自我管理的含义

我国的学者从心理学的角度出发，提出自我管理是主动调整自己的心理活动和行为，控制不当冲动，克服不利情境，积极寻求发展，取得良好适应的心理品质。这种心理品质的好坏是影响个体社会适应效果和活动绩效以及心理健康状况的重要因素。一般认为校长的自我管理是校长在对自身价值、长处、目标等各方面进行自我认识的基础上，进行自主学习、自我控制和自我完善，来不断完善自身能力，提升自身素质，带领学校向前发展。

## （二）校长自我管理的特点

1. 管理的主体和客体具有同一性

自我管理的管理主体和管理客体都是其自身，这使得自我管理不同于其他管理。因此，校长在自我管理的过程中，不仅是管理行为的实施者，还是管理行为的承受者。校长需要把自己当做被管理者，在认识自己和了解自身与外部环境间的关系的基础上，进行自我评价、自我调整、自我审视和自我控制，充分发挥自身的主观能动性，引导自身向正确的方向前进，逐步实现自己的既定目标和人生价值。

2. 个人发展与学校、社会发展的一致性

校长是学校的领导者，他自身的发展与学校的发展是密不可分的。马斯洛需求层次理论中将人的需求从低到高进行了分层，人最高层次的需求就是人的自我实现。校长的自我管理是其实现自身价值的有效途径之一，是其自愿自觉的心理和行为活动。校长的自我管理不仅依赖于其主观能动性，还受到社会、经济、学校文化、办学条件等多方面因素的影响和制约。也就是说，校长的自我管理过程中不仅有其自身的内在发展规律，还有学校发展规律和社会发展规律。校长的自我管理，即校长通过自我认识、自我评价、自我调节、自我学习等方式，把握好个人发展与学校发展、社会发展的关系，挖掘自己的潜能，提高自身的能力和素质，在个人全面发展的同时，促进学校的健康向前发展，推动基础教育发展，为社会贡献自己的一份力量。由此可见，校长通过自我管理，不仅可以促进其个人发展，还可以推动学校和社会的发展。

3. 自我管理过程的长期性

校长的自我管理是一个长期的过程，要经过预备、适应、称职和成熟四个阶段。显而易见，这四个阶段是不断递进的，校长在这四个阶段中由最初的不适应向成熟发展。校长在自我发展过程中不断实践，完善自身素质结构，提高自身能力水平；与此同时，不断发展的外部环境和教育事业，也推动着校长依据变化着的要求和目标，有意识地进行自我调整和不断创新。校长的自我管理要求校长进行终身教育，是一个促进校长不断成长的长期的循环的过程。

## （三）校长自我管理的内容

1. 自觉履行职责

职责，即职务和责任。校长是学校的管理者、领导者，是学校的最高负责人，一个称职的校长要具备相应的管理职能，自觉地履行其各项职能、完成工作使命，并承担相应的责任。《全国中小学校长任职条件和岗位要求（试行）》和《小学管理规程》两个文件明确了校长的职责。校长的基本职责是全面贯彻和执行教育方针、政策和法规。校长的主要任务是全面领导和负责学校的行政工作。

2. 正确认识自己

一是校长必须了解自己有哪些长处，花更多的时间充分发挥自己的长处，并强化自己的长处，创造管理的绩效和成果。二是校长要了解自己的做事方式，是喜欢独立完成工作？还是喜欢与他人合作？三是校长要了解自己的价值观。校长在学校管理过程中要明白自己要坚持什么、追求什么、实现什么，明确自己教育奋斗的方向与教育行动的准则。

3. 善于自我反思

一是校长要以更宽广的视野去看待自己的职务和责任，来获得更大的能力提升。在学校管理的过程中，校长要勇于尝试新的事物，进行全新的体验。校长可以充当教职工、学生，亲自体验教职工与学生的感觉，了解他人的想法。在实践中总结，发现自己的错误并及时改正。二是校长要善于自我反思。校长不仅要学习自己的专业，还要学习教育科学与学校管理。校长要通过学习，使自己精通自己的专业，从而领导教学；遵循教育规律，坚持自己的教育理念，不断学习，勇于实践，善于总结，乐于反思，成为学校管理的专家，提高学校教育质量。

4. 不断提高自身素质

一是政治素质，涉及政治方向和政治立场问题，校长要能够领会党和国家的方针、政策、法规，贯彻落实党的教育方针、教育政策和教育法规。校长应该明确自己的政治方向，提高自己的政治觉悟，端正自己的工作态度，增加自己的工作责任感。二是业务素质，主要包括两个方面，即专业知识和管理才能。专业知识包括教育理论知识、教育心理知识和研究方向专业知识等；管理才能主要包括组织能力、社交能力、领导艺术等。三是必须要具备良好的心理素质。学校管理过程中会遇到一些困难，校长要有顽强的毅力和自信心；学校管理具有不确定性，校长要沉着冷静，处变不惊；校长要乐观向上，化解人际矛盾，不能冲动；校长要待人宽容，能够倾听教职工和学生的意见。四是道德素质。校长是教职工和学生的榜样，必须具备良好的道德修养和道德情操，如爱祖国、爱人民、举止文明、礼貌待人、维护社会公德、遵守校纪校规和诚实守信等。唯有如此，才可以影响教师的言行，引导学生学会做人。

# 第十三章　现代学校组织发展

课程改革与学校发展是互动的。新课程理念与方案的最终实现是在学校，其成功与否在于学校的校长、管理者与教师。那么，什么样的学校才能成就新课程？新课程又将为学校的发展提供什么样的契机？这值得我们深思。新课程方案是在学校中通过校长领导下的教师队伍的创造性的劳动变成现实的。参与者，即学校管理者的管理理念及所产生的行为将直接决定新课程在学校中的实施状况，而新课程中的新的教育理念与创新，要求学校管理发生相应的变革。因此，需要对学校以及学校管理有一种新的思考和认识。

## 第一节　学校及其现实运行模式

### 一、史学上的学校观

#### （一）“真空”假说

“真空”假说的主要代表人物是 18 世纪法国的爱尔维修、狄德罗。其主要观点是“教育万能论”，这个论断或类似的论断其背后隐含的假设便是学校是一堵屏蔽社会影响的堡垒，是一个无细菌污染的真空，把少年、儿童置于其中就可全盘接受那些教育先知们所规定的理想价值，然后，将这些理想的人释放出校园，流向社会，便会促进社会的进步。但这种观点：①认为教育就是在真空中灌输某些价值。②忽视了少年、儿童原有的经验与社会的影响。

#### （二）“中立”假说

“中立”假说主要代表人物是杜威。20 世纪初，杜威修改了“真空”假说，提出了学校中立的说法。其主要观点是“学校即社会”。其一，学校不能成为某种偏狭（当然除民主之外）价值的工具；其二，面对各种价值，学校应该持中立态度，除民主之外，一切都可以接纳但都可以加以批判；其三，学校可以培养出有思考力、判断力、眼界开阔、自立自主的学生，即能形成民主的态度。因此，认为学校不能置于某些团体的控制之下，应该由地方政府控制，因为政府是民主的，就不怕学校不民主。由此可见，学校中立，即学校独立于各种价值。其与“真空”假说不同之处，凸显在以下两点。

（1）重视社会中的各种价值对学校的影响。

（2）十分重视少年、儿童校内外的各种经验，强调经验的连续性与交互作用。但这种观点也有其不足之处：①学校“中立”假说带有鲜明的价值偏向，教育无外乎是国家、政党、宗教团体施加自己影响的工具。②由于少年、儿童自我意识的薄弱，是不能自主地选择与批判的。③倡导民主价值，并将之绝对化。

### （三）“社会同构”假说

“社会同构”假说主要代表人物是涂尔干（结构功能主义派别）。其主要观点：一方面，承认学校与社会其他机构在功能上的差异，继涂尔干以来的结构功能主义派别一直视学校的功能为社会化、筛选等，使之独显学校之存在的合理性。另一方面，将学校视为社会、文化层次中的一个亚单元，从组织原理、文化特点上发现学校与社会、文化的同一性。认为学校是一个十分保守的社会机构，它的主要功能就是保存，只有在社会文化变化的前提下，学校才会随之变化。从微观方面看，学校中的人际关系互动，如教师、学生、员工将家庭、社会中的种种价值与行为方式带入学校进行相互作用，从而使学校与社会、文化相一致。

“社会同构”假说，其方法是依据社会科学从事实判断而得，与前两种价值判断的假设不同，为我们认清学校的真实提供了新的视角。尤为重要的是在社会科学的显微镜下，学校绝对不是真空，社会中存在的一切，学校中也在发生。学校是开放的，但这不是杜威主观要求它开放，而是它的自身本然的事实。因为它存在于一定社会文化背景之中，因而它不可能摆脱这个社会文化背景中的各种性质与特征，任何高筑围墙试图屏蔽不良影响的做法总是枉然的。因此，要求学校中立这一愿望在事实面前也总是做不彻底。

综上所述，一方面，我们不能夸大学校教育的作用，另一方面，又要客观分析学校的性质，为实现理想价值而研究现实的可能性与可行性。这样才能使学校得到逐步改造，并使学校教育理论逐步从浪漫主义回到现实中来，使之切实有益于社会与人的发展。

## 二、影响学校的因素及运行模式

### （一）影响学校的社会因素

1. 意识形态

学校首先是一定时期一定国家保证自身的统治性意识形态得以再生产的工具。一般是以两种方式进行的。一方面，“显性课程”，即通过传递国家所规定的种种明显带有意识形态意义的课程，使少年、儿童获得完整的意识形态体系，如世界观、人生观、方法论、政治观点、历史知识等。另一方面，“隐性课程”（hidden curriculum），意识形态又通过教师、学生在语言、行为、礼仪等互动过程中的交往方式而隐蔽地得到再生产。

2. 教育理想

教育理想主要指哲学家、教育理论家们构想的那种理想人格模式，并试图使之在学校实践中得到实现。从本质上说，理想人格虽完善，但受到现实条件的制约。而教育理想得到实现的途径一是具备正规课程的设备；二是有教育理论家的保证和监督。

3. 社会制度与组织方式

学校是社会整体中的一个有机组成部分。它总是一定时期的社会制度和组织方式相一致的。以美国为例从社会政治活动方面看，学校以“民主”的活动原则为主。所谓民主，按杜威的说法，就是一种人人参与活动，享有发言权、自主权的活动，人与人之间既相互竞争，又相互协作。这种组织活动方式在学校中的渗透主要有两种途径：一方面，制度上的权力分层控制；另一方面，教师集团的传统惯性——教师是成人集团的代表，也是社会的代表，他们无意地把这些方式带入课堂。

4. 社会文化价值

社会文化因素包含两个层面，一是社会传统的文化、习俗、礼仪、态度以及行为方式，这些是深层的稳定的，如“学而优则仕”。二是当前社会变动中所表现出的价值取向，它是浅层的，且随社会进一步变化而发生变化，如片面追求升学率、拜金主义等，这些文化因素都会无意识地侵入学校。

5. 学生的亚文化与反文化

学生的年龄特点使其在学校中构成了一个特殊的团体。一是通过社会化过程而逐步逼近成人文化。例如，“追星”现象就构成了中学生亚文化层的一个显著特点。并为许多社会有识之士所痛诋。实际上，这并不是中学生自发的文化现象，而恰恰是成人文化中的一个侧面在学校中找到了回应。二是在这一过程中又显示出自己的特点，如与成人文化相矛盾的“代沟”问题。

### （二）学校现实运行模式

1. 受教育理想支配

这种运行模式仅局限于零星的教改实验。其中心思想是从教育理想出发，构建某种符合预设目标的学校生活方式，来保持学校的正常运作。一般来说，这种思路的特点，是希望学校超越社会功利以及传统势力的局限，而走在社会发展的前列，把学校变成社会发展前沿的“实验室”，如当前我国一些小学进行的“愉快教育实验”。

2. 接受社会功利需要的支配

这一模式既有国家层面的宏观考虑，又是民间的反映。例如，在亚洲，学校基本上以学历竞争为指导思想来运作，至于其他的社会因素则很少考虑。而国家也将“筛选”作为学校的重要功能之一。总的来说，学校运行就是在这两种势力的支配之下左右摇摆的。

### （三）学校的独特性何在

学校到底有什么作用？它与其他社会机构相比有什么独特性？关于这个问题，有很多学者给出了自己的答案。一些答案的立足点就是探讨学校独特的社会功能。有的学者从价值维度对学校进行定位。认为学校教育本质上属于一种制度化的教育，作为一种文化现象，它与社会的政治、经济有着密切的联系，同时作为人的发展的主要手段又必须对人的需要做出应答。据此，学校的职能主要可划分为两方面：用以满足社会政治、经济需要的工具职能以及用以满足人身发展需要的固有职能，即个体社会化的职能和个体个性化的职能。另外，还有诸如“保姆”等一系列派生职能。从价值维度的角度来看，给予学校主要职能的定位是一种制度化的教育组织形态，同时它又体现着一种社会的文化现象。

从20世纪80年代中期开始，我国学校管理体制重点由原来的适应计划经济开始向适应社会主义市场经济转变，现代学校如何在顺应社会变革和发展中保持相对独立性和自主性，在满足社会发展需要的同时坚守自己更深层次、更长远的追求，使学校外在需求与学校内涵发展相协调，是我国学校管理系统改革，尤其是学校管理体制改革所面临的重大课题之一。从我国当前学校管理改革实践来看，一是现有的学校管理改革往往是在理论与实践相对立的思维方式指导下进行的，比较侧重实务层面的改革，对行政层面有很强的依附性，学校管理改革的自觉性、独立性与特殊性尚待开发。二是人们比较关注的是学校硬件设施的完善、学校品牌效应的形成、学校外在声誉的改善。但是，这些改革毕竟是学校的外延发展，不能替代学校的内涵发展。

对于现代学校改革和管理来说，最核心、最艰难的就是学校的内涵发展。致力于学校日常生活的更新，致力于学校中人的生存方式的整体转换，致力于创建一种新的学校生活形态。因此，一是其具体内涵“即学校教育的整体形态、内在基质和日常的教育实践要完成由‘近代型’向‘现代型’的转换”，转型的具体内容包括价值提升、重心下移、结构开放、过程互动、动力内化五个方面[①]。二是现代学校管理并不认为学校管理者只是理论的应用者，而是认为其同样需要思考教育问题，形成教育观念，培育教育智慧；认为学校管理者是有思想、有智慧、有发展潜力的生命体，而不是照本宣科的操作者。因此，现代学校管理，要求促进学校管理者更加自觉地学习、思考和实践，在实践中更新教育观念。三是现代学校管理改革非常关注学校管理者和教师的自我革新。具体而言，这种自我革新包括人的观念系统的革新、思维方式的革新、价值取向的革新和行为方式的革新等。这种自我革新，是渗透在教师、学校管理者的日常工作之中，并通过其日常工作方式的转变而体现出来的。现代学校管理改革关注的是着力于认识日常平凡的教育活动所内含的“人”与“事”的关系，确定了既“成事”又“成人”，在“成事”中“成人”，为“成人”而“成事”，用“成人”促“成事”的处理“人”与“事”的原则，既关注师生的学校生存状态，充溢着生命关怀，又关注教育的内在本真价值[②]。因此，通过传播理念和改革实践，唤醒学校管理者和教师的自我意识、发展意识和生命意识。

## 第二节 重构学校管理

### 一、重新认识学校

#### （一）学校的生命力

学校是有生命的。过去，我们称学校是一个“专门的教育机构”，机构往往会给人

① 叶澜．实现转型：世纪初中国学校变革的走向．探索与争鸣，2002，（7）：13-14.

② 叶澜．“新基础教育”研究引发的若干思考．人民教育，2006，（7）：6.

一种无生命的感觉，而实际上学校作为机构是一个有生命的实体，也许，我们将学校视为“生命体”可能更有助于对学校生命的理解。作为生命体，学校是有个性的，学校发展是有周期的。学校发展的动力就是它的生命力。

学校的生命力和个性首先来自学校所有有关的人，即学生、教师、校长、家长、社区中的邻居们以及与学校中的人们有着各种联系的有共同价值追求的人们。学校的生命力和个性根植于学校的文化，而文化来源于本土、来源于传统，生成在学校中的人们的积极的、合作的、创新的精神中。当我们打开我们的视野，开发一切教育资源的时候，学校的生命力将永远不会枯竭。新课程改革的实施又为学校注入新的生命活力。新课程改革要求将学生的发展作为课程的总目标，要求教师成为课程的开发者和创新者，要求校长成为积极有效的课程开发者和管理者。总之，新课程要求学校成为一个充满生机的地方，同时，也只有充满生机的学校才能实现新课程。

### （二）学校的生命意义

学校的生命意义，即功能是多方面的，但学校的最根本的生命意义是学生的发展。学校的目的不应该是单一的传授知识，而应该是最大限度地促进学生的发展。因此，学校应该成为学生发现自己潜能的地方，能够成为学生提供最大帮助的地方。

学校中学生、教师、校长都要得到发展，其中，学生的发展必须摆在第一位。任何人的发展都不应该以牺牲学生的发展作为代价（如表演性的做课或片面追求升学率以得到“某种认可”）。可是，学生的发展并不意味着必须牺牲教师和校长的发展。相反，只有教师、校长真正发展了，学生才能得到真正的发展。

### （三）学校应成为一个幸福的地方

学校应该成为一个幸福快乐的组织。学生、教师和校长都应该在其中获得一种幸福感，这是学校成功的最终标志。学生喜欢自己的老师，在课堂上思维活跃、投入，热爱自己的班级，并能够得到同学和教师的爱护；教师们工作很投入，能够经常在一起研究各种问题，同事间充满关爱；校长周围有一个和睦、向上的领导班子，有明确并得到师生拥护的办学思想和措施。其实，学生、教师和校长的幸福感会在学校的任何一个地方体现出来。

如何使学生、教师和校长都获得幸福感，是学校应该研究的重要问题。过去，我们将教师比成蜡烛，照亮别人，牺牲自己，这种精神是可贵的。但是，怎能只是牺牲，而不去不断地丰富和发展自己，如果没有一种主体的、个性化的、追求幸福人生的积极精神状态，教师何以能不断地照亮学生？师生之间如此，校长与教师之间也是如此。因此，在学校中，我们不仅要关注学生的成长和幸福，也要关心教师与校长的成长和幸福[①]。

① 关鸿羽. 现代中小学教育理论与实践. 北京：教育科学出版社，2003：68.

## 二、重构学校管理

### （一）学校管理的转型

随着我国教育行政体制的改革、教育管理理论研究的深入以及学校管理任务的变化，请您从自己切身的工作体验出发谈谈管理已经发生了哪些重要变化：①学校管理任务与行为发生了什么变化？②学校管理本质和内涵发生了什么变化？

控制和协调是在现有的资源范围中进行的，而开发和促进则能够不断发现和拓展资源，因而管理既是控制、协调，又是开发、促进。

管理在过去更多是政治的，在现在更多是经济的，在将来更多应该是教育的。在制定管理制度时，如果更多地考虑政治和经济的要求，那么管理制度所传递出来的信息和价值观就可能与教育不一致。例如，我们的教师工资制度正在将教师引向何处、我们的校园给人一种怎样的整体印象、校长有时间与学生在一起吗等。赫尔巴特曾经将教学分为两类，即管理性教学与教育性教学。实际上，我们同样可以将管理分为控制性管理与教育性管理。所谓教育性管理是有利于学生、教师和校长健康、有效发展的管理，类似于我们平常所说的以学生为本的管理。学校管理已经从国家包揽的行政管理逐渐转向学校管理者根据本校的具体情况实行的校本管理。管理不仅仅是封闭的学校的管理，随着教育资源观念的引入，学校与社区、家庭的互动和学校与学校之间的互动的增强，学校管理的范围也在扩大。

### （二）学校管理面临的挑战和机遇

《基础教育课程改革纲要（试行）》中的很多内容都对学校管理提出了新的要求，改变课程管理过于集中的状况，实行国家、地方、学校三级课程管理政策，增强课程对地方、学校及学生的适应性。基础教育课程改革必须坚持民主参与和科学决策的原则，应建立教育部门、校长、教师、学生、家长以及社会各界有效参与课程建设和学校管理的制度。积极发挥新闻媒体的作用，引导社会各界深入讨论、关心并支持课程改革。如何建立一项开放的课程建设和学校管理制度？几乎所有的改革都必须最终落在制度和机构的改革上，并以制度和机构的改革为保证，课程改革同样如此。新课程需要我们对制度和机构进行哪些改革和建设？制度可以制约人，也可以激励人。学校制度怎样建立一种合理的既能够制约而又能够激励的机制，最大限度地促进学校的健康发展呢？制度是制定制度的人的价值观的体现，因而它将向人们传递某种相应的价值观。因此，实际上，制度也是一种课程，被人们称为隐蔽课程。这种隐蔽课程对教师和学生会产生重大影响。

### （三）如何使管理具有教育性

#### 1. 管理与教育

赫尔巴特将管理与教育做了泾渭分明的划分，即管理是强制性的，而教育是柔性的。教育是教育者将学生看成是可爱的人，以自己的坦率诚恳的人格，用生动而亲切的话语，与学生进行交流，从而可以使学生放心地将心寄托于自己。

2. 管理性教学与教育性教学

可能正是因为对管理与教育做了明确的区分，促使赫尔巴特提出了一条重要的教学原则——教育性教学的原则。所谓教育性教学是相对于管理性教学而言的。管理性教学是教师以一个管理者的形象出现，强制地、不由分说地按部就班地将知识教给学生，要求学生掌握；而教育性教学则是在教师与学生平等、民主的状态中进行的。其实，在我们现在的课堂中仍然可以看到这两种不同性质的教学。显然，我们主张教育性教学原则。

3. 管理性管理与教育性管理

在赫尔巴特对管理与教育做出区分时，似乎给人一种这样的感觉甚至是定势，管理与教育是不同的。于是，管理者似乎可以纯粹从管理的方面出发进行管理。认为可能再也没有什么比用分数来说明教师和学生的成绩更方便的了，也再也没有什么比用金钱鼓励人最简单的了。有一些学校，主要就是靠这样的办法在进行着管理，一切都非常简单。简单到了当我们走进这种学校时，会感觉到这样的学校没有真正的精神与文化，而只有知识，知识也似乎成了商品化的知识。这样的管理，我们可以将其称为管理性管理，与这种管埋相对应的是教育性管理。所谓教育性管理是管理者真正根据学生和教师发展的需要，确定管理制度和机构进行管理。教育性管理既是强制性的，也是柔性的、开放的。教育性管理的管理者既是管理者，更是教师。教育性管理与教育性教学一样，更重视管理中人与人之间的真诚交流，精神、情感与文化氛围的建设，即心灵的相互寄托。

4. 管理对教育的影响

美国学者伊里奇提出了“隐性课程”的概念。它对于我们理解管理与教育的关系有深刻的启发意义。隐性课程是相对于显性课程而言的。所谓显性课程指的是通过显在课程计划、课程标准（或称教学大纲）、教科书对学生进行的教育教学，教育教学的目的和方法都是公开和明确的；所谓隐性课程又称隐蔽课程，是学校中体现着某种价值的制度和机构，即隐蔽结构在“无意识”的状态下不断地向学生传递着价值观念。例如，学校的教师工资制度的制定依据直接影响着教师工作的价值取向和工作状态并最终影响到学生。如果一所学校的教师工资主要是根据学生的分数来定，那么这所学校的素质教育恐怕就很难推行；如果一所学校的校长与其他管理者之间、管理者与教师之间有着明确的等级关系，那么教师与学生之间的关系大多数也很难是平等的。

隐性课程的提出对于深入思考校园文化和学校制度有教育意义，对有目的地规划校园文化和改革学校管理制度具有重要的意义。管理者常常会不由自主地为了管理而管理，不出事、安全和秩序是作为法人的校长首先关心的问题，有时甚至会成为一切决策的唯一原则，这就滑向了管理主义；而教师在教育教学工作中稍不注意就会更多地关心怎样工作更省事，更便捷，而忽视学生的真实需要与学习状况，忽视教育应有的丰富性。几乎在每一个人身上都存在一定的惰性，因而人们的思想与行为之间总是存在一定的差距。这就需要我们不断地改革学校的制度，对管理人员与教师的行为起 ·种积极的规范和导向作用。隐性课程告诉人们，制度的改革是其他教育改革的保障。

# 第三节 历史回眸与现实审视

## 一、历史的回眸

在人类发展的历史长河中，20 世纪是人类发展的高峰，也是教育大普及的百年，或者是教育大改革的世纪，有太多的东西值得人们欣赏、回味和思考。澳大利亚著名比较教育学家康奈尔在 20 世纪 60 年代末就按捺不住内心的激动，在 20 世纪刚过 2/3 岁月时，就动手撰写巨著《二十世纪世界教育史》。因为他从 20 世纪汹涌而来的巨大财富中，从犹如春笋般的新发现、新发明的创新成果中，从科学、发展与和平的较量中，也从两次残酷的世界大战中以及全球资源遭到毁灭性破坏之中，看到了教育在其中的独特作用，感悟到一个新教育在向他招手。他以比较教育学家独特的笔触，全面解释了 20 世纪以来人类教育遇到的各种问题和发展经验，其论述之系统，分析之深刻，赢得了广泛的赞誉。他开篇的第一句就写道："20 世纪是一个深刻革命的时代，教育在促进和形成这一时代变革中发挥了日益重要的作用。"①20 世纪以来，人类开始了全面关注教育的历史。杜威最先发起改革教育的现代教育运动，要转变传统教育，为 21 世纪建立崭新的学校模式，提出现代学校模式的理念，即学校即社会，教育即生活，以经验为核心，儿童中心论等。他还创办了多所实验学校，开展现代教育研究，掀起了以美国为首的世纪学校重建运动，使学校问题首次受到广泛关注。第二次世界大战后，随着人们对教育认识的深化，教育受到广泛的重视，被赋予解决各种问题的新职能，由此掀起一波又一波的教育改革浪潮。20 世纪 50 年代世界各国学校大扩张，为世界性的扫盲谱写了新的篇章。在 20 世纪的学校发展过程中，50 年代学校增长最快，变化也最大，从贵族学校到平民学校，从大城市的街头小巷，到乡村的山间僻壤，都建立起各式学校。学校成了新时代的文明使者，有效地推动了战后的重建和复兴。

随着第二次世界大战后高新科技的兴起，学校教育中传统的教育方法越来越不适应现代社会发展的需求。其主要表现在以下几个方面。一是要求学校职能从单纯选拔升学转向多元化发展，担负更多的社会发展重任；二是要求学校从知识教学转变为发展人的智慧，培养健康的、德才兼备的新型人才；三是要求学校从传统堡垒转变成为变革传统文化和旧社会体系的重要工具，传播文化，传承文明，推动社会和民族的发展。美国哈佛大学前校长康南特为此提出学校的四大任务，即满足人的生活要求、求知和发展智慧的要求、健康和快乐生活的要求以及职业的需求。学校的功能得到了前所未有的扩张。

20 世纪 60 年代在苏联卫星冲击波下，全世界都开展轰轰烈烈的教育大改革，教育现代化运动紧锣密鼓地开展起来。然而，随着"五月风暴"和 20 世纪 70 年代经济危机到来，暴露出许多在繁荣之下被掩盖起来的教育问题，学校也备受关注。一些人认为现有学校模式无法适应社会发展，已成为教育功能的最大羁绊，提出"学校消亡论"；一

---

① 康奈尔 WF. 二十世纪世界教育史. 张法琨译. 北京：人民教育出版社，1990：195.

些人指责学校对社会问题束手无策，产生了大量的反叛青年，必须进行坚决彻底的改革。美国民众认为20世纪60年代教育改革制造了不平等，发展了只适应少数人需要的英才教育，忽视了大多数人的发展需要，因此发起回到基础运动，并伴随美国政策的调整，美国开始了20世纪第3次学校重建运动。20世纪80年代随着高科技的兴起，新一轮教育改革又重开战鼓，学校再次成为教育改革的核心，各国开始把学校课程与教育质量作为共同问题来探讨。美国第4次掀起学校重建运动，以致力于创新学校办学模式。高新科技发展、信息社会和知识经济的到来，为人类展示了一种全新的生活方式，人们开始把新的希望寄托在课堂上，集中在学校的各种行为中，期盼把崭新的学校面貌带到21世纪，成为人类走向21世纪的桥梁。与第3次学校重建运动不同，美国除了要改革公立学校无作为的现状之外，还全力推进在公立的背景下的学校私营化，全面把学校推入市场，从根本上提高办学质量，满足21世纪发展的需求，其中特许学校这一办学形式的出现，受到公众的关注，连小布什与戈尔两个人在总统竞选时都一再声称支持特许学校运动。新学校运动体现了人类对教育作用的认识在提高，认识到教育在社会发展中的巨大作用。因此，我们在21世纪积极推行新学校模式，正象征着人类对新学校的满腔期待。

## 二、现实的审视

21世纪将是更加辉煌的世纪，将赋予学校以极为崇高的历史使命，我们必须秉承这一时代新理念，为21世纪创建出一个崭新的学校模式。

正如设计师头脑中的样式与建筑师手下的楼房实物。著名物理学家卢瑟福把“原子”表达为“三个椭圆圈以一点为中交错相叠”这一模式，很深刻地揭示了原子的本质特征，受到社会认可，这一符号今日已成为人们表示科技的代号。因此，模式既可以是对事物发展本身的摹写，也可以是对事物发展方向的设计，但不管是摹写还是设计，都必须是规律的反映，也是一种简化认识对象，抽象概括主要因素的方式，因为这样人们可以排斥开许多繁杂的次要因素，有效地认识研究对象。而模式的归纳，也有利于按照研究的需要，专门研究事物的某个方面或某种运动形式。其实世界上的任何实际的部分不可能这样简单，以至不用抽象就能为人们所理解和控制。所谓抽象，就在于用一种结构上相似但又比较简单的模型来取代所研究的事务的那一部分。研究模式，也可以帮助我们把握理想中的事物发展，当我们把认识或研究的结果概括为某种模式，就有利于人们认识和验证它。由此，通过对学校模式的考察，有助于我们把握21世纪学校发展的本性。

为了对21世纪学校模式有一个深刻的理解，首先应对这一新时代的发展特征有一个相应的了解，通过把握信息化社会和知识经济对培养人提出的新要求，洞察当代教育改革的重要特征，再进一步研究21世纪学校的主要任务，从而探讨21世纪学校发展的基本模式。这种21世纪的学校模式不是单一的，更不是统一的，也不会是某些人杜撰出来的，而是在对学校教育规律的深刻把握和灵活运用的过程中，在具体的实践中实现的。不同的教育实践会产生不同的学校模式、办学传统和文化内涵，也会塑造出不同的教育精神，注入学校模式以独特的内涵。学校模式是多样的、发展的，21世纪的学校模式的内在不仅包含着对21世纪教育发展和中国未来教育走向的深刻阐述，也体现着对国外各种教育以及办学模式的探讨和中国近年来对学校模式建设的有益经验。

21世纪学校模式必须充分体现现代教育发展的特点，研究和运用这种特点能有利于培养出高质量的时代人才。1995年欧盟教育革新与研究中心组织专家经过数年研究，提出一个优质学校的模式，其特征体现在以下六个方面：第一，建立共同的愿景和教育价值观，对如何办好学校和学校的发展达成共识，每个人都认同学校是一所可以使自己成功的学校；第二，优化的教与学的组织，即依据学校特点对教与学的组织结构做出更科学更实效的设计，以配合学校和学生的发展；第三，有良好的管理安排，全体师生能有秩序地工作和学习，工作效率高并能使大家成功地一道工作；第四，有现代意识的领导，不仅教育艺术出类拔萃，而且领导才能超群出众，受到广大师生拥戴；第五，有积极的教职员发展，为教师和职员提供发展的各种机会；第六，学校与大学、学区和社区具有良好的互动关系，得到大学的学术辐射，也得到社区的全面支持。

21世纪学校模式是在原有学校的基础上变革发展起来的，新学校既要继承传统又要重新阐释传统，营造以实现办学模式转型的新文化氛围。本书提供了世界各国不同的教育模式，也提供了各种名校个案。这些办学模式和名校个案都是长期以来，甚至是数个世纪以来发展的产物。考察这些世界名校的办学模式，可以从中归纳出10大最具特色的重要特征：①历史悠久，如英国公学最早的创办于1380年间；②人才辈出，这些名校由于办学时间长，成效显著，培养了不少著名人物，如公学实为领袖人才的养成所，著名的撒切尔政府内阁的22人中就有17人毕业于公学，其他行业更不在话下；③国际化，开放办学，受国际认可，有很高的国际知名度；④名师荟萃，名校实为名师之地，仙山藏龙，师资雄厚且多元化；⑤设施先进；⑥管理精到，建立了成功的管理机制，赢得良好的财政支持；⑦以人为本，学校有教无类，唯才是重；⑧治学严谨，办学特色鲜明；⑨教改成果杰出，有崭新而独特的办学思想；⑩联姻大学，得到大学学术上的支持和辐射。

21世纪学校模式的建构和发展，是教育工作者对现代教育发展规律的深刻理解并使之实践的产物，学校的发展是教育者观念提高而建设起来的，但是教育者的现代教育思想不是天生的，只能在改造学校，建设学校的实践进程中得到。历史反复证明，唯有认真把理论与实践结合起来的教育家，唯有关注人类未来，把握21世纪发展的教育家，才能使人们的现代教育思想转变为改造旧学校，改造自我，实现革命的实践。

## 第四节　创建学习型学校组织

### 一、学习型组织的内涵

20世纪70年代初，联合国教科文组织就提出了“向学习化社会前进”的目标。美国、日本等发达国家在20世纪80年代就决定了由学历社会向学习化社会过渡的策略。21世纪的人，应是能系统思考、不断自我超越、不断改善心智模式、积极参与组织学习、能在共同愿景下努力发展的人，不仅把学习看做人的天性，而且把学习看做生命趣味盎然的泉源。人的学习和发展，需要“学习型社会”。1997年7月15日至18日，由在全球工商管理学界极负盛名的国际管理学者协会联盟（International Federation of Scholarly Associations of Management，IFSAM）和中国国民经济管理学会等在上海召开了“97 世界管理大会”，来自 30 多个国家和地区的 300 多位经济学和管理学专家、学者出席了会议。管理专家提出了未来世界管理变革的 10 大趋势，把“学习型组织”指认为未来成功组织的模式。当今世界的所有组织，不论遵循什么管理理论进行管理，不外乎两种类型：一类是等级权力控制型；另一类是非等级权力控制型，即我们讲的“学习型”。

学习型组织的内涵可以从以下几个层面来理解。

第一，它是全体成员全身心投入并有能力不断学习的组织。按照学习型理论，认为组织竞争说到底是学习力的竞争。学习力包括学习动力、学习毅力和学习能力三要素。学习力是学校生命力之根。当今学校，不论你采用什么管理模式，根本的一条是要注意激发三个层面的学习力，即个人的学习力、是团队的学习力、组织的学习力。

第二，它是让成员体会到工作中生命意义的组织。今天学习型组织理论非常强调活出生命的意义，强调让组织成员体验工作中的生命意义。今天学校要生存发展，必须注意“双元双层”原则。所谓双元，第一元就是学校的发展，第二元要注意师生员工的发展。一个只注意学校发展而不注意员工发展的学校是不会成功的。所谓双层，第一层是组织，第二层是个人。对组织来说在考虑学校发展的同时，必须注意考虑员工的发展；而对个人来说，在考虑自己个人的发展的同时，也必须考虑组织（学校）的发展。否则个人也不会成功。这个对立统一的辩证关系，不可偏废。

第三，它是通过学习创造自我、不断扩大未来的能量的组织。注意“创造”“能量”这四个字。一个组织如果仅仅为了学习而学习，是毫无意义的。一个组织整天学习而不能把学习转化成创造自我与未来的能量，那就不是一个学习型组织，只是一个形而上学的组织。学习型组织的学习是强调能把学习转化为创造力。

## 二、学习型组织的特征

1. 组织成员拥有一个共同的愿景

组织的共同愿景，来源于员工个人的愿景而又高于个人的愿景。它是组织中所有员工共同愿望的景象，是他们的共同理想，从而使大家有了共同的目标来追求。

2. 组织由多个创造性团体组成

在这里团体是最基本的学习单位，团体本身应理解为彼此需要他人配合的一群人，组织所有的目标都是直接或间接地通过团体努力来达到的。

3. 善于不断学习

这是“学习型组织”的本质特征。所谓“善于不断学习”，主要有四点含义，即终身学习、全员学习、全过程学习及团体学习，总之，学习型组织通过保持学习的能力，及时铲除发展道路上的障碍，不断突破组织成长的极限，取得惊人的发展。

4. 扁平式的组织结构

学习型组织内的学校内部组织机构，是扁平的，即从最上面的决策层到最下面的操作层，中间相隔层次极少。只有在这样的体制下，上下层才能不断沟通，下层能直接体会到上层的决策思想和智慧光辉，上层能亲自了解到下层的动态，吸取第一线的营养，从而形成互相理解、互相学习、整体互动思考、协调合作的群体，才能产生巨大的、持久的发展动力。

5. 自主管理

学习型组织理论认为，自主管理是使组织成员能边工作边学习，并使工作和学习紧密结合的方法。团队成员在自主管理的过程中，能形成共同愿景，能以开放求实的心态互相切磋，不断学习新知识，不断进行创新，进而使学校应对变化更为从容。

6. 组织边界被重新界定

学习型组织边界的界定，建立在组织要素与外部环境要素互动关系的基础上，而不再按职能或部门来划分。

7. 领导者的新角色

在学习型组织中，领导者的设计工作是一个对组织要素进行整合的过程，它不只是设计组织的结构和组织政策、策略，更重要的是设计组织发展的基本理念。领导者的仆人角色表现在他对实现愿景的使命感，他自觉地接受愿景的召唤；领导者作为教师的首要任务是界定真实情况，帮助组织中的个体与团队不断学习。

总而言之，我们可以认为学习型组织是用来描述这样一种状态，即组织中的成员在不断地研究所采取方式的最佳途径的范围中，去实现或大或小的目标。学习型组织不断地审视组织内成员行为的具体内容，并根据成员间相互分享的内容，从而得到其所需要的有关信息。

## 三、创建学习型学校组织的思考

创建学习型组织的思考和实践，在为我们重新理解学校组织提供新的视角的同时，证明创建学习型组织是学校建设的题中之意。学校作为正规的教育机构，人们一般更多地从操作层面、硬件层面去认识它，规范它，而极少从观念层面去探究它，更少把它作为学校管理理论体系最基本的逻辑范畴来认识。

首先，学习型组织适应于团队工作而不是个人工作。传统的直线结构以自上而下的指挥，取代了人们寻求合作的自然能力，这是不可能适应时代发展需要的。管理创新在一定程度上也依赖于团队的力量。教师的观念、态度、拥有的知识量和工作水平无不影响着学生的成长与发展，而校园中的学习、合作氛围不仅直接影响着教师的专业水平，更重要的是它作为一种特有的校园文化，本身就对学生产生重大影响，一直影响到学生的未来。因此，师生的心智活动成为学校的基本活动，教师劳动过程的个体性与劳动成果的集体性，必然要求学校的教育教学工作必须树立团队意识。

其次，学习型组织适应于创新而不是重复性的工作。有人说，教师的工作与其他工作的不同之处，在于其服务对象的不同，教育工作的对象是活生生的人，而不是被加工的“产品”。实际上，这还只说到了表面，教育工作的根本特点是，教师所创造的“产品”还参与自己“产出”的过程，“产品”本身具有主体地位。教师劳动的对象是活生生的具有主观能动性的人，所以，教师需要根据学生的成长规律和个性特点进行因材施教。同时，教育活动是一种师生互动的过程，它无时无刻不体现出特有的创造性。

最后，学习型组织有利于师生的相互影响、沟通和知识共享。学习型组织着力于形成一个宽松的、适于学习和交流的气氛，以利于学校师生之间的沟通和知识共享，有利于学校的知识更新和深化。人们常把教师或教育者称为“人类灵魂的工程师”，其实这个比喻有许多不恰当之处。工程师所做的工作只是提供设计、提供方案，教师所提供的远不只是“设计”和“施工方案”，教师还提供理性、提供情感、提供信息；工程师设计什么，直接决定产品基本上就是什么样子，然而，教师对于学生的作用远不是那么直接；工程师对产品的作用基本上是单向的、无交流的，而教师与学生之间的作用是双向的、有交流的。“灵魂的工程师”的说法还意味着学生的灵魂是由教师塑造的，实际上，更主要的是学生自己塑造出来的，教师只是引导他们更好地塑造自己。因此，知识管理贯穿于学习型组织的始终。知识管理只有通过组织学习，这些知识才能转化为学校师生的动力，让知识真正成为学校最重要的资源并发挥作用。

在校园文化建设中，最重要的是课程文化、学生文化、教师文化及管理者文化。学生文化、教师文化及管理者文化是由于文化主体的不同而形成的有各自特色的学校主体文化。学生文化、教师文化和管理者文化形成相对的分离和矛盾，实现三者的协调和共存是校园文化建设的重要任务。

任何组织一旦形成某种独立的组织文化，它就将反过来对组织产生巨大的作用。拥有不同文化的人们对同一种客观事实就会产生不同的理解，进而产生不同的行为方式。在这一过程中，文化实际上已经成为了一种“权力”，一种起控制或强制作用的支配力量。它对组织成员进行着控制，对其成员的行为进行引导、约束和选择，并使成员产生心理上的认同感和归属感。

因此，在学校的管理实践中，必须加强校园文化建设，形成有利于知识交流和共享的文化氛围和有利于知识传播、知识生产、知识应用的良好环境。倡导教师与教师之间、教师与学校领导之间、教师和学生之间建立平等、和谐的人际关系，鼓励教师之间在正常的工作关系之外，建立健康的有利于知识共享、知识创新的机制，要求学校组织成员共同分享他们所拥有的知识，并实现真正的知识成果的共享。

# 参考文献

安文铸. 1995. 现代教育管理学引论[M]. 北京：北京师范大学出版社.
北京教育行政学院. 1988. 学校管理学[M]. 北京：海军出版社.
卞梧生，康尔硅. 1987. 学校管理学[M]. 哈尔滨：黑龙江科学技术出版社.
布什 T. 1998. 当代西方教育管理模式[M]. 强海燕译. 南京：南京师范大学出版社.
陈沛霖. 1992. 学校管理心理学[M]. 武汉：武汉工业大学出版社.
陈孝彬. 1999. 教育管理学（修订本）[M]. 北京：北京师范大学出版社.
程振响，刘五驹. 2001. 学校管理新视野[M]. 南京：南京师范大学出版社.
褚宏启. 2000. 教育现代化的路径[M]. 北京：教育科学出版社.
达林 B. 2002. 理论与战略：国际视野中的学校发展[M]. 范国睿译.北京：教育科学出版社.
丁雅娴. 1994. 学科分类研究与应用[M]. 北京：中国标准出版社.
董祥智，萧斌衡. 1996. 学校管理学[M]. 武汉：湖北人民出版社.
恩旺克沃. 1987. 教育管理的理论与实践[M]. 史景文译. 山西：教育科学出版社.
范国睿. 2002. 多元与融合：多维视野中的学校发展[M]. 北京：教育科学出版社.
傅宗科，袁东明. 2002. 《第五项修炼》管理法则[M]. 上海：上海远东出版社.
关鸿羽. 2003. 现代中小学教育管理理论与实践[M]. 北京：教育科学出版社.
关培兰. 1988. 管理行为学[M]. 武汉：湖北人民出版社.
贺乐凡. 1993. 学校管理研究[M]. 北京：文化艺术出版社.
黄济，王策三. 1996. 现代教育论[M]. 北京：人民教育出版社.
黄葳. 2000. 教育管理学：概念与原理[M]. 广州：广东高等教育出版社.
金含芬. 1993. 学校教育管理系统分析[M]. 西安：陕西人民出版社.
劳凯声. 2000. 教育法学[M]. 沈阳：辽宁大学出版社.
李冀. 1989. 校长管理职能[M]. 北京：高等教育出版社.
李全享. 1990. 学校管理学原理[M]. 北京：文化艺术出版社.
李晓燕. 2001. 教育法学[M]. 北京：高等教育出版社.
李永铭. 1997. 逻辑引论[M]. 兰州：兰州大学出版社.
梁孝. 2009. 社会科学中的价值问题研究[M]. 北京：中央民族大学出版社.
罗竹风. 1993. 汉语大辞典[M]. 第 10 卷. 上海：汉语大辞典出版社.
马斯洛 A H. 1987. 人的潜能和价值[M]. 林方译.北京：华夏出版社.
曼昆 N G. 2012. 经济学原理：微观经济学分册[M]. 第 6 版. 梁小民，梁砾译. 北京：北京大学出版社.
摩根 G. 2002. 驾御变革的浪潮：开放动荡时代的管理潜能[M]. 孙晓莉译. 北京：中国人民大学出版社.
欧文斯 R G. 2001. 教育组织行为学[M]. 窦卫霖，温建平，王越译. 上海：华东师范大学出版社.
邱仁宗. 1984. 科学方法和科学动力学：现代科学哲学概述[M]. 北京：知识出版社.

芮明杰. 1999. 管理学：现代的观点[M]. 上海：上海人民出版社.
孙灿成. 1993. 学校管理学概论[M]. 北京：人民教育出版社.
孙绵涛. 1999. 教育管理原理[M]. 广州：广东高等教育出版社.
孙绵涛. 2006. 教育管理学[M]. 北京：人民教育出版社.
孙彤. 1990. 组织行为学教程[M]. 北京：高等教育出版社.
唐子畏. 1986. 行为科学概论[M]. 长沙：湖南大学出版社.
王道俊，王汉澜. 1989. 教育学[M]. 北京：人民教育出版社.
王坤庆. 1986. 现代教育哲学[M]. 武汉：华中师范大学出版社.
王坤庆. 2000. 教育学史论纲[M]. 武汉：湖北教育出版社.
王世忠. 2003. 现代学校管理观引论[M]. 西宁：青海人民出版社.
王世忠. 2004. 学校管理概论[M]. 武汉：中国地质大学出版社.
王世忠. 2009. 学校的社会责任与校长智慧[M]. 武汉：湖北人民出版社.
王世忠. 2011. 教师专业化与中小学教师资源配置研究[M]. 广州：世界图书出版公司.
王世忠. 2014. 教育管理学[M]. 第二版. 北京：科学出版社.
萧宗六. 2001. 学校管理学[M]. 北京：人民教育出版社.
熊贤君. 1989. 中国教育管理史[M]. 武汉：华中师范大学出版社.
雅赫尔 N. 1981. 科学社会学：理论和方法论问题[M]. 顾镜清译. 北京：中国社会科学出版社.
雅罗森 B. 2000. 科学哲学[M]. 张莹译. 北京：北京大学出版社.
余雅风. 2008. 新编教育法[M]. 上海：华东师范大学出版社.
俞文钊. 1995. 管理心理学[M]. 兰州：甘肃人民出版社.
袁振国. 1992. 教育改革论[M]. 南京：江苏教育出版社.
张斌贤. 1996. 现代国家教育管理体制[M]. 西安：陕西人民出版社.
张楚廷. 2000. 学校管理学[M]. 长沙：湖南师范大学出版社.
张济正. 1990. 学校管理学导论[M]. 上海：华东师范大学出版社.
张连发. 1993. 学校管理的理论与实践[M]. 南京：东南大学出版社.
张声雄. 2000. 二十一世纪管理模式[M]. 上海：上海科学技术文献出版社.
张新平. 2006. 教育管理学导论[M]. 上海：上海教育出版社.
张旭昆. 2007. 制度演化分析[M]. 杭州：浙江大学出版社.
郑燕祥. 2002. 学校效能与校本管理：一种发展的机制[M]. 陈国萍译. 上海：上海教育出版社.
朱晓蔓. 2000. 教育的问题与挑战：思想的回应[M]. 南京：南京师范大学出版社.
Silverzhu P F. 1983. 教育行政原理[M]. 黄昆辉译. 台北：三民书局.